마이스터 에크하르트와 구원의 지평

김형근 지음

도서출판 은소몽

김형근 약력
    연세대학교 신과대학 신학과 졸업
    장로회신학대학교 신학대학원 졸업
    연세대학교 연합신학대학원 졸업
    독일 로스톡(Rostock)대학교 신학부 신학박사

    온무리교회 부목사
    서교동교회 부목사
    베를린소망교회 교육목사
    현재 구일교회 협동목사

다른 저서: 『에크하르트의 하나님과 신성 그리고 불교의 무 이해』(독일어원서)
    『본회퍼의 통전적인 영성』
    『마이스터 에크하르트와 불교』
    『상황과 신학: 절망 속의 희망』
    『평신도를 위한 신학자 연구』

번역서: 버나드 맥긴의 『마이스터 에크하르트의 신비주의 사상』

마이스터 에크하르트와 구원의 지평

초 판 1쇄 인쇄─2025년 8월 22일
초 판 1쇄 발행─2025년 8월 29일

지은이   김형근
펴낸이   최양순
펴낸곳   **도서출판 은소몽**
등 록   2016년 9월 21일 제 2016-000002호
주 소   충북 옥천군 군서면 금산4길 13-6
전 화   043-732-8317/ 010-3347-8317
메 일   bonhoe@daum.net
ⓒ 김형근, 2025

ISBN: 979-11-958995-7-9   93230

저자 서문

　살다보니 어느덧 육십 평생을 넘기게 되었습니다. 요즘은 백세시대라지만, 은퇴할 날도 다가오고 건강도 약해져 하나님 앞에 갈 날도 얼마 남지 않은 것 같다는 생각이 듭니다.

　젊은 시절 부름을 받았을 때에는 "부름 받아 나선 이 몸 어디든지 가오리다, 괴로우나 즐거우나 주만 따라 가오리니, 어느 누가 막으리까 죽음인들 막으리까. 아골 골짝 빈들에도 복음 들고 가오리다, 소돔 같은 거리에도 사랑 안고 찾아가서, 종의 몸에 지닌 것도 아낌없이 드리리다. 존귀 영광 모든 권세 주님 홀로 받으소서, 멸시 천대 십자가는 제가 지고 가오리다, 이름 없이 빛도 없이 감사하며 섬기리다."라고 고백했지만, 일평생 덧없는 것들을 추구하며 살고 별로 남긴 것이 없으니, 진즉에 하나님의 영광을 위해 더 애쓰지 못한 것이 후회스럽습니다.

　부끄럽지만 그동안 논문형식으로 쓴 글들이 책과 신학 잡지에 실렸는데, 이것들을 다시 모으고 거기에 한편을 더 써서 추가하여 총 10장으로 내놓게 되었습니다. 이미 게재되었던 것들은 각 장의 서두에서 그 출처를 밝혀놓았으니 참고하시기 바랍니다. 그동안 강의할 수 있게 기회를 주신 하나님과 제자들과 가족들에게, 특히 추천사를 써주신 김덕기 교수님과 교정을 꼼꼼히 보아준 김승국 목사에게도 깊이 감사합니다.

　비록 중복되는 내용이 조금 있지만, 예수 그리스도의 구원의 빛에서 바라본 마이스터 에크하르트에 대한 이 작은 글들이 욕심을 버리고 마음 편히 살고, 하나님으로부터 하나님과 함께 하나님 안에서 하나님과 하나가 되어 살아가시는 성도들의 영생의 삶에 조금이나 도움이 되시기를 바라는 마음으로 엮어서 출판하오니 양해바랍니다.

2025년 8월 13일 대전신학대학교 연구실에서

추천사

에크하르트의 영성과 함께 만나는 구원 이야기

이 책은 영성과 신학이라는 두 지평의 융합을 통해서 기술시대를 돌파하는 구원론의 새 모델을 제안하는 창의적인 저서이다. 도미니크회 수도사 마이스터 에크하르트(Meister Eckhart)의 설교와 논문들에 나타난 영성의 지평과 우주적 구원을 말하는 몰트만의 만유구원의 지평이 만나게 되는 독특한 저술이다. 목회 현장을 염두에 둔 논문과 설교는 새로운 영성 창출을 위한 신학과 설교, 영성과 구원, 초현대와 중세의 창의적인 만남을 시도한다. 포스트모던 AI 기술 시대는 사실 새로운 중세가 도래하는 시대로서 중세의 영적 감수성과 만날 것을 권장한다. 지금은 이성 중심의 모더니즘을 넘어서 광활한 포스트모던 AI 시대가 다가오고 있다. 이에 부응하여 우리로 하여금 에크하르트의 인식과 존재 그리고 사랑의 삶을 통전하는 영적 감수성과 만나게 한다. 더 나아가 이는 삼위일체 하나님을 넘어서 부정신학적인 인식론에서 제시하는 감추어진 신성의 어두움의 한가운데 스스로 숨어계신 하나님과 불교의 공(空) 사상이 서로 대화하도록 중세 수도원 영성의 세계로 우리를 초대한다. 또한 이는 시장의 휘황찬란한 상품의 진열과 정보의 홍수에 찌든 가엾은 영혼들에게 하나님 이외의 모든 것을 비워내고 하나님으로 충만해지는 가난한 영혼을 부르짖으며, 하나님과 영혼이 온전히 하나가 되는 신비한 일치로 우리를 인도한다. 특히 과학기술이 고도로 발달된 인간성 파멸의 AI 로봇 시대에 에크하르트가 제시하는 영혼의 초연(Gelassenheit)과 초탈(Abgesheidenheit)과 돌파(Durchbruch)의 영성은, 우리에게 기술 진보의 이데올로기를 비판하는 분별력을 줄 것이고, 일중독에 시달리는 사람이나 발전하는 기술을 따라가지 못하여 직장을 잃은 사람이나 기술을 연마하지 못하여 육체적으로 곤비한 청춘들에게도 하나님이 주시는 위로와 평강과 자유와 지극한 행복을 누리게 할 것이다.

2025년 8월 18일 대전신학대학교 은퇴교수 김 덕 기

목 차

저자 서문
추천사

Ⅰ. 인간의 깊은 죄와 하나님의 구원의 사랑---9

Ⅱ. 『그리스도를 본받아』의 신학적 배경과 주제들---46

Ⅲ. 고통당하신 예수 그리스도의 구원사역의 지평---72

Ⅳ. 에크하르트의 "분별에 관한 담화"와 초탈---100

Ⅴ. 에크하르트의 부정신학적인 하나님 이해---119

Ⅵ. 에크하르트의 "영혼의 가난"의 기여에 대한 성찰---147

Ⅶ. "하나님의 위로"에 대한 에크하르트의 통찰---176

Ⅷ. 에크하르트의 "고귀한 사람"과 하나님의 형상---201

Ⅸ. 칼뱅의 이중예정론에 대한 신학적 수용과 비판---212

Ⅹ. 목양의 사명을 수행하기 위한 필수조건---246

Ⅰ. 인간의 깊은 죄와 하나님의 구원의 사랑[1]

골로새서 1장 13-14: 그가 우리를 흑암의 권세에서 건져 내사 그의 사랑의 아들의 나라로 옮기셨으니, 그 아들 안에서 우리가 속량 곧 죄 사함을 얻었도다.

1. 서론

대한예수교장로회 통합 측 총회신학교육부의 결의에 따라 본 교단 직영신학대학교의 여러 교수님들이, 교단의 신학에 입문하는 신학생들에게 간추린 『조직신학개론』 교과서를 2019년 3월에 내놓게 되었다. 이러한 작업에 참여하여 구원론을 다루었던 필자는, 여기에 그와 동일한 내용을 옮겨 평신도들에게 소개하려고 한다. 그러므로 여기서는 영원한 생명으로 다시 태어나는 부활의 소망을 보증하는 하나님의 구원에 관한 교리, 즉 구원론을 취급하려고 한다. 전통적으로 그리스도론에서 참 하나님이고 참 사람인 예수 그리스도의 인격과 그분의 선포하고 가르치며 치유하는 사역을 논하면서, 그리스도의 사역이 바로 구원론에 해당하는 것으로 말하여져 왔다.[2] 필자는 주로 그리스도의 구원사역을 증언하는 복음서들과 바울서신에 기초하여, 종교개혁가 마르틴 루터(Martin Luther, 1483~1546)와 장 칼뱅(Jean Calvin, 1509~1564)의 견해들을 중심으로, 영국의 『웨스트민스터 신앙고백』(1648)과 "대한예수교장로회 신앙고백서"(1986)에 근거하여, 부차적으로 여러 신학자들의 다양한 견해들을 심사숙고하여, 개혁교회의 구원론을 간략하게 소개하고자 한다.

그 무엇보다도, 우리 주 예수 그리스도를 통하여 제공되는 구원론

---
1) 이 논문은, 김형근, "구원론," 대한예수교장로회 총회교육자원부 편, 『조직신학개론』 (서울: 한국장로교출판사, 2019), 239-282. 그리고 김형근, 『상황과 신학: 절망 속의 희망』 (도서출판 은소몽, 2019), 29-77에 실린 것이다.
2) 윤철호, 『너희는 나를 누구라 하느냐: 통전적 예수 그리스도론』 (서울: 대한기독교서회, 2013), 35.

이 담당하는 기능과 조직신학의 각론들 가운데서 차지하는 위치는 아주 특별하다. 삼위일체론은 유대교나 이슬람교의 유일신론이나 힌두교나 신도(神道)의 다신론과 질적으로 다른 신관을 가진 그리스도교의 정체성을 명확하게 확립해 준다. 이와 마찬가지로 그리스도의 십자가를 통하여 일어난 구원의 사건이야말로 타종교들 가운데서, 특히 자력적인 선(禪)수행을 통하여 하나님의 존재나 은총을 필요로 하지 않는 비신론(非神論)적인 연기(緣起)법문을 깨달음으로 니르바나(열반)에 도달하려는 불교로부터, 맹자가 말한 인간의 선천적인 품성들인 인의예지(仁義禮智) 사단(四端)을 수양하여 성인군자에 이르려는 유교로부터, 호흡수련을 통한 내단(內丹)의 증진과 영약의 섭취를 통한 양생(養生)으로 신선이 되려는 도교로부터 복음의 정체성을 분명하게 구별하는 기능을 지니고 있다. 그런 점에서 구원론의 위치는 그리스도교의 신앙고백적인 교리들 가운데 중심에 있다고 할 수 있을 것이다. 따라서 구원론은, 하나님으로부터 시작하여 그리스도 안에서, 그리스도를 통하여 인간과 세계를 위해 일어난 복음의 선포와 가르침에 있어 그리스도교가 증언해야 할 모든 것을 그 속에 포괄한다고 말할 수 있다.[3]

2. 성서의 구원개념

오랜 번민과 연구 끝에 은혜의 하나님을 발견한 루터는, 로마서 1장 16-17절에 나오는 "하나님의 의"라는 개념이 죄인들을 정죄하고 심판하는 의가 아니라, 자신이 죄인임에도 불구하고 그리스도의 복음에 나타난 하나님의 의를 믿는 자들을 의롭다 여겨주시는 의, 즉 인간의 노력으로 성취한 공로적인 의가 아니라 덧입혀진 은총이나 그리스도로부터 전가되는 외래적인 의로서 이해하여 자신의 구원을 확신하게 되었다. 이와 마찬가지로, 자신이 지키던 죄수들이 도망한 줄로 생각하여 자결하려던 빌립보 감옥의 간수가 바울과 실라에게 던진 질문은, "선생들이여 내가 어떻게 하여야 구원을 받으리이까"(행16:30)와 같이 구원의 방편에 대한 질문이었다. 그에 대한 바울의 대답은, "주 예수를 믿으라, 그리하

---

[3] 김균진,『기독교 신학 3』(서울: 새물결플러스, 2014), 277.

면 너와 네 집이 구원을 받으리라"(행16:31)는 것이다. 이처럼 성서는 구원의 문을 두드리는 죄인들을 구원에 이르게 하는 책이다. 구약이 인간의 궁극적인 구원을 예비하고 약속하는 책이라면, 신약은 그 구원의 약속이 죄로 물든 세상 속에서 살아가는 인간들에게 성취되었다는 것을 선언하고, 그리스도의 재림에 이어지는 영원한 생명의 부활을 약속하는 책이라 할 수 있다. 즉 성서는, 하나님의 형상을 따라 창조된 인간이 불순종으로 타락하여 죽음을 맞이하게 되었으나 하나님의 예비하신 은혜로 구원을 받을 수 있다는 것을 보여주는 장편의 위대한 드라마이다.[4)]

2.1 구약성서의 구원

구약에서 하나님은 창조를 통하여 존재와 생명이 없는 무로부터 인간과 세계에 존재와 생명을 주신다. 이것이 바로 창조주 하나님께서 인간과 세계에 새로운 생명의 세계를 부여하는 구원자 되시는 이유라 할 수 있다(사43:1). 그런 창조의 하나님은 원초적으로 이스라엘 민족에게 출애굽을 행하시는 해방자나 구원자 하나님으로 경험된다. 이스라엘이 속박당하며 신음하던 애굽의 종살이로부터 그들을 구원해 내신 하나님은, 시내산 계약을 파기하여 범죄한 이스라엘 민족을 징벌하여, 바벨론으로 끌려가 눈물과 한숨의 포로기를 겪게 한 후에 회개한 그들을 다시 예루살렘으로 돌아오게 한다. 그래서 포로기 전에 이사야는, 어떤 주변의 강대국들을 의지할 것이 아니라 하나님만을 굳게 믿어야만 유다왕국이 굳게 선다고 외쳤다(사7:9). 그리고 포로지에서 신음하는 이스라엘 백성에게 임박한 새로운 출애굽을 예언하며 그들에게 위로의 말씀을 전한 이사야는 다음과 같이 증언한다. "나 곧 나는 여호와라 나 외에 구원자가 없느니라"(사43:11). 또한 포로기 이후의 이사야는 경제적 빈곤과 이스라엘의 정치적 왕국의 회복이 불가능한 절망적인 상황에서, 이스라엘의 참된 회복과 구원은 메시아를 통한 새 하늘과 새 땅의 창조를 통해서 이루어진다는 묵시문학적인 희망을 노래하였다.[5)]

---

4) 브루스 데머리스트, *The Cross And Salvation*, 이용중 옮김, 『십자가와 구원』 (서울: 부흥과 개혁사, 2006), 37.
5) 박준서, 『성서와 기독교』 (서울: 연세대학교출판부, 1985), 114, 125, 131.

구약의 구원개념을 어원적인 차원에서 살펴보면, 히브리어 동사 야사(yasa')와 그 파생어들은 구약에 353회에 걸쳐 사용된 것으로 나타난다. 야사의 단순 수동형은 "구원받다"나 "해방되다"라는 의미를 지니고 있고, 야사의 사역 능동형은 "해방하다"나 "승리를 주다" 혹은 "구원하다"라는 뜻을 지니고 있다. 또한 구약에서 64회 사용된 명사 예수아(yesu'ah), 31회 사용된 명사 예사(yesa'), 19회 사용된 테수아(tesu'ah)는 각기 "도움"과 "해방"과 "구원"을 의미한다. 이러한 단어들은 여러 가지 형태의 낙심이나 위험, 또는 속박에서 해방됨을 표현할 때 가장 빈번하게 사용되는 어휘들이다. 다시 말해서, 그것들은 현실적인 의미에서 출애굽의 해방이나 대적자들에 대한 이스라엘의 승리, 혹은 포로에서 풀려남이나 국가적인 위기 탈출을 묘사하고, 영적인 의미에서 범죄와 그 범죄의 결과로부터의 해방을 말하는 데에 사용되었다. 구약은 구원을 가져오려는 모든 종류의 인간의 노력은 헛되기에, 유일한 구원자는 바로 창조주이시며 역사의 주님이신 하나님이라고 선언한다.[6] 다른 한편으로, 하나님의 구원을 드러내는 히브리어 동사 파다(padah)와 가알(gaal)이 있다. 파다는 속전이나 몸값을 지불하고 "풀어주다," "되찾다," "해방하다"를 의미한다. 파다는 법적이나 제의적인 개념으로 사용되기도 하고, "도와주다"라는 일반적인 의미로 사용되기도 한다.[7] 그리고 가알은 법적으로 훼손된 상태에서 본래의 상태로 돌아가는 해방이나 회복을 말하는 "속량하다," "구원하다"라는 의미를 지니고 있다. 가알로부터 파생된 히브리어 명사 고엘(goel)은 해방자, 속량자, 구속자, 보호자, 피의 복수자를 뜻한다.[8]

이런 어휘들을 통하여 구약의 구원관의 두드러진 특징들은 다음과 같이 요약된다. 첫째, 하나님의 구원은 피안적인 것이라기보다는 차안적이며 현실적인 구원이다. 둘째, 인간의 영혼육을 포함한 삶의 영역 전체가 하나님의 구원의 대상이기에, 하나님의 구원은 총체적이고도 보편적인 구원, 즉 육체적이고도 물질적인 구원이다. 셋째, 하나님의 구원은

---

6) 브루스 데머리스트, 『십자가와 구원』, 38.
7) 김균진, 『기독교 신학 3』, 298.
8) 위의 책, 300.

사회와 정치적인 영역도 포함하는 공적인 영역의 구원이다. 넷째, 하나님의 구원은 자연의 세계를 포함하는 생태학적이고도 우주적인 구원이다. 다섯째, 하나님의 구원은 율법과 희생제물을 통하여 개인의 죄를 용서하는 개인 구원의 차원도 포함하고 있다. 구약에서 개인구원은, 율법을 준수하는 것을 통하여 하나님으로부터 의롭다고 인정받음으로 성취되거나, 또한 율법을 어겨 하나님 앞에 죄를 범했을 때에는 희생제물을 드려 하나님으로부터 그 죄를 용서받고 죄인과 하나님의 내면적인 관계가 회복되는 화해가 이루어진다. 여섯째, 하나님이 베푸시는 궁극적인 구원은, 신음하는 피조세계에 하나님의 정의와 사랑과 평화의 통치가 임하여 온전하게 살아가는 삶을 위하여 메시아에 대한 약속이 실현되는 데에 있다. 이러한 전 세계적인 보편성을 상실하고 국수적인 민족종교로 전락한 유대교를 넘어서, 구약의 메시아적 구원관은 신약으로 이어진다. 일곱째, 예언자들을 통하여 약속된 후기 유대교의 묵시사상적인 구원은 세계사의 마지막에 오는 악의 통치의 종말을 고하는 새로운 시대의 열림이다. 그러나 이스라엘 역사는 주변의 강대국들에 의하여 지속적으로 반복되는 식민통치의 경제적 수탈과 종교적 탄압으로 인해 더욱 더 고난의 질곡으로 떨어져 왔다. 묵시사상은 역사의 마지막에 선악의 통치가 바뀌는 극단적인 시간적 이원론을 말하였지만, 그것이 세상의 종말에 이르러 성취된다기보다, 오히려 일반적인 시간을 넘어서 구원의 특별한 때로 진입하는 신약적인 의미에서, 그리스도의 십자가와 부활을 통하여 이미 하나님의 나라가 선취되었고, 그것은 지금 여기에서 점점 확장되어 가며, 결국 종말에 완성될 것이다.9)

2.2 신약성서의 구원

신약에서 구원과 관련된 동사는 소조(sozo)로 "구조하다"와 "해방하다"나 "구원하다"의 의미로 100회 이상 사용되었다. 이것의 명사형 소테리아(soteria)는 "구원"의 의미로 49회나 나타나고, 인칭명사형 소테르(soter)는 "구속자"와 "해방자"나 "구원자"의 의미로 24회나 쓰였

---

9) 위의 책, 303-307.

다. 신약에서 이러한 단어들은 대개 위험과 질병이나 대적자들과 속박으로부터 벗어나는 구조와 해방을 의미한다. 구약에서 구원자로 활동하신 성부 하나님께서 이제 예정하신 때가 차매 자신의 독생자를 아낌없이 내어줄 정도로 세상을 사랑하사 그 아들을 보내시니, 이는 누구든지 그를 믿어 갈망하던 구원을 얻게 하셨다는 것이다(요3:16). 하나님의 구원의 경륜은 예수라는 이름의 뜻, 즉 "야웨는 구원자이시다"라는 뜻을 지닌 히브리어 조수아(Joshua)의 음역인 헬라어 "예수스"(Jesous)가 "저희 백성을 죄에서 구원할 자"라는 의미를 지닌 데서 더 분명하게 드러난다. 부르스 데머리스트(Bruce Demarest)는 예수의 삶과 죽음의 목적이 잃어버린 죄인들을 되찾아 회복시키는 것이었기에, 예수를 통해 일어나는 구원은 주로 개인적이며 영적인 축복의 차원의 것이라고 말하지만,10) 이는 예수가 구원하는 사회와 세계와 전 우주의 구원론적인 차원을 너무 소홀히 취급하여 그것을 너무 협소한 의미로 축소화시키는 해석인 것 같다. 왜냐하면 신약에서 구원의 출발점이 되는 기초는 예수 자신을 통하여 선취되어 시작된 하나님의 나라를 선포한 그리스도 사건에 있기 때문이다. 또한 바울 신학에서 하나님의 구원은 개인의 내면적인 칭의로 해석되기도 하지만, 또한 하나님 나라의 총체적 구원을 소홀히 여기지 않기 때문이다.11)

  이런 단어들을 통하여, 신약의 구원관의 두드러진 특징들은 다음과 같이 요약된다. 첫째, 구약의 구원관의 주요 내용들을 계승한 신약의 구원관은 이원론적인 세계관을 극복하는 총체적이고도 차안적인 것이다. 다시 말해서, 신약에서 말하는 하나님의 구원이란 "세상의 구주"이신 예수가 선포한 "하나님의 나라"라는 말에서 잘 나타나듯이, 그것이 피안적인 것이라기보다는 이 땅 위에서 이루어져야만 하는 하나님의 통치이기에 차안적이며 현실적이라는 것이다. 바울에 따르면, 예수의 십자가의 죽음은 인간의 죄를 용서하기 위한 대속적 죽음으로 칭의의 근거이고, 인간의 죄 때문에 신음하며 고통당하는 피조물들도 해방되어 하나님의 자녀들이 누리는 영광스런 자유(구원)에 이르기 위해 인내하며 기다리는

---

10) 브루스 데머리스트, 『십자가와 구원』, 38-39.
11) 김균진, 『기독교 신학 3』, 307-308.

소망의 근거이기도 하다. 게다가 죽음과 슬픔과 울부짖음과 고통이 없는 "새 하늘과 새 땅"을 노래하는 요한계시록의 비전은 구약의 총체적이고도 차안적인 구원관을 계승한 것이라 할 수 있다. 둘째, 그리스도교에서 하나님의 구원을 영혼 구원이라 말하지만, 그것은 이원론적인 인간관을 극복하는 것으로서 영혼뿐만이 아니라 육체의 구원을 포함한 전인적이고도 총체적인 구원이다. 셋째, 메시아의 의역인 그리스도가 이룩하신 구원은 하나님의 정의로우신 메시아적 통치가 모든 영역에 걸쳐 이루어지는 하나님의 나라를 선포하는 구약의 메시아적인 구원관을 계승한 것이다. 넷째, 복음이 전파되던 로마제국의 암울한 역사적 상황 속에서 성행하던 것이, 영적인 어두움과 지배와 착취와 술취함과 방탕한 음행이었다면, 예수의 복음이 주는 구원은, 빛과 진리로 가득 찬 성령의 위로하심 속에서 누리는 참 생명과 사랑과 평안이 있는 새로운 소망의 삶이었다. 다섯째, 예수를 믿어 이미 구원을 얻은 사람들의 구원의 완성은 그리스도와 그의 영 안에서 현재적으로 체험되는 동시에 그리스도의 재림을 통하여 종말론적인 미래에 완성될 것이고, 그러한 부활의 소망을 지닌 성도들에게 성령은 그 약속의 보증자가 되신다. 새로운 구원의 시대를 개방시킨 예수의 죽음과 부활을 통하여 이미 성취되어 완성을 향하여 진행되어 나가는 성도들의 온전한 구원은, 구약에서 말하는 율법의 준행과 특정한 장소에 얽매인 희생제사를 통해서 구원받는 것이 아니라, 율법의 완성으로 이웃 간에 서로에 대한 용서와 사랑을 강조하며, 유대교의 지역적이고도 민족적인 한계를 넘어 전 세계로 퍼져나가며, 전 인류와 온 피조세계와 모든 우주의 영역들을 대상으로 하나님의 정의와 사랑과 자유와 생명을 부여하여, 하나님이 모든 것의 중심이 되는 샬롬의 질서와 참 생명을 누리게 하는 것이다.[12]

3. 구원은 오직 하나님의 은혜로만

대한예수교장로회 신앙고백서 "제6장 구원"에 따르면, 선악과를 따 먹어 전적으로 타락한 인간은 하나님의 은혜를 통하여서만 구원을 받는

---
12) 위의 책, 312-324.

다. 다시 말해서, 인간이 원죄를 범하여 타락함으로 인해 하나님과의 영적인 교제가 끊어지는 죽음에 이르게 되고, 결국 그것이 인간들 사이에도 죄가 들어서게 만들어 살인이 난무하고 하나님을 인식하는 영성을 상실하여 육체로 전락한 고통의 상태로 나아가게 만들었다는 것이다. 하지만 그런 죄의 상태를 극복하는 세계를 향한 하나님의 절대적인 사랑인 그리스도를 믿음으로써 성도들이 구원을 받은 것은, 오직 하나님의 은혜라는 것이다. 그리스도를 믿어 구원받은 성도는 하나님의 자녀가 되는 신분을 획득하게 되고, 또한 그리스도 안에서 성령의 인도함을 받는 복된 삶을 살게 된다는 것이다. 그러한 믿음의 종말론적인 현실은 그리스도의 재림을 통하여 완성되는 영원한 생명을 하나님께로부터 받아 누리는 부활의 영화(榮化)로 이어진다는 것이다.[13]

3.1 하나님의 은혜

『웨스트민스터 신앙고백』은, 구원에 있어서 인간 편에서의 자유의지적인 결단에 따라 응답하는 신앙고백적인 구원의 주관적인 측면보다도, 인간의 전적인 타락을 말함으로써 인간을 창조한 구원자 하나님의 절대적인 주권을 드높이는 구원의 객관적인 측면인 하나님의 은혜를 부각시킨다. 즉, "사람은 죄의 상태에 타락함으로써 구원에(롬5:6, 8:7, 요15:5) 따르는 어떤 영적 선을 원하는 모든 능력을 전부 상실하였다. 그러므로 자연인은 선을 행하기를 싫어하며(롬3:10, 12) 죄 안에 죽어 있어서 자기의 힘으로는 회개하거나 회개할 수 있도록 준비할 수도 없다(요6:44, 65, 고전2:14, 딛3:3-5, 엡2:2-5)."[14] 그 다음에 이어지는 고백에 따르면, 전적으로 타락한 인간이, 회개하고 은총의 상태로 옮겨져 자연의 멍에로부터 해방되며 영적인 선을 원하고 그것을 행할 수 있는 것은 전적으로 하나님의 은혜라는 것이다. 하지만 온전하게 선만을 원하는 영화의 단계에 이르기 전에는, 하나님의 은혜로 구원받은 인간이라 할지라도 그의 의지 안에는 여전히 부패한 일부분의 죄성이 남아 있다고 말

---

[13] 대한예수교장로회총회 헌법개정위원회 편집, 『헌법』 (서울: 한국장로교출판사, 2007), 147.
[14] 위의 책, 87.

한다.

개혁교회 전통에 따르면, 대체적으로 "하나님의 은혜는 생명을 지탱하고 죄인을 그리스도에게로 효력 있게 이끄는" 역할을 감당한다. 칼뱅주의 5대 강령[15] 가운데 "저항할 수 없는 은혜"는 많은 현대의 칼뱅주의자들에 의해서 "효력 있는 은혜"로 해석된다. 즉 하나님은 반항하는 인간의 의지를 꺾기보다는, 하나님 자신의 능력으로 인간의 의지를 하나님께 적대적인 태도에서 호의적인 태도로 바꾸시기에, 하나님께 택함을 받은 사람이 특별은총에 끝까지 저항할 수는 없다.[16]

"오직 은혜로만"(sola gratia) 구원을 받는다고 십자가 신학을 외쳤던 루터는, 타락 이후의 인간의 자유의지는 죄를 저지를 뿐이라고 말하며, 구원은 선행하는 하나님의 은혜에 대한 죄인의 반응이나 협력에 근거한 것이 아니라고 주장하였다. 그리고 은혜란 가톨릭에서 말하는 것처럼 영혼 안에 주입되어 영혼을 의롭게 만드는 피조된 속성이 아니라, 하나님 안에 있는 성향이며 활동이라고 말했다. 즉, 하나님의 "은혜란 하나님이 우리를 받아들이시며, 우리의 죄를 용서하시고, 그리스도로 말

---

[15] 총회교육자원부 편, 『개혁교회의 신앙고백』(서울: 한국장로교출판사, 2007), 287-315에 따르면, 무조건적인 선택(예정)과 불가항력적인 은총을 주장한 고마루스(Franciscus Gomarus, 1563~1641)와는 달리, 그리스도는 선택된 자들만을 위해서가 아니라 만인을 위해서 죽으셨고, 또한 하나님의 은혜를 인간이 의지적으로 저항할 수 있다고 주장한 아르미니우스(Jacobus Arminius, 1560~1609)의 가르침을 따르는 제자들로 구성된 항변파에 대응하기 위하여, 네덜란드의 도르트레히트(Dordrecht)에서 도르트 장로회총회가 1618 11월 13일부터 1619년 5월까지 열렸는데, 여기서 결정된 것이 도르트 신조(Canons of Dort)이고, 이 신조의 주요내용이 칼뱅주의 5대 강령이다. 그것은 1. 전적 타락(Total depravity), 2. 무조건적인 선택(Unconditional election), 3. 제한 구속(Limited atonement), 4. 불가항력적인 은총(Irresistible grace), 5. 성도의 견인(Perseverance of the Saints)으로 구성되어 있다. 이것들의 머리글자를 합쳐 약어로 만들면 공교롭게도 네덜란드의 국화인 튤립(TULIP)이 되는데, 칼뱅주의 5대 강령을 약칭하여 "튤립교리"라고도 한다. 이것을 풀어서 설명하면, 인간은 전적으로 타락하여 오직 하나님의 은총으로만 구원을 받을 수 있고, 그리스도를 통하여 하나님께 구원받을 사람들은 창세전에 무조건적으로 선택되었으며, 그렇게 예정된 사람들만이 제한적으로 구원을 받고, 구원받기로 선택된 사람들은 하나님이 불가항력적인 은혜를 통하여 어떻게 해서든지 구원하시며, 구원받은 성도들은 약하고 결점이 있지만 천국에 이를 때까지 하나님이 자신의 은혜로 그들을 온전하게 보존하고 굳게 붙들어 은혜로부터 완전히 벗어난 타락의 나락에 떨어지지 않도록 견인한다는 것이다.
[16] 브루스 데머리스트, 『십자가와 구원』, 93.

미암아 값없이 우리를 의롭다 하시는 은총이다."17) 그래서 은혜는 성령께서 우리 심령에 그리스도의 의를 부어주시기에 전가된 것이다. 루터가 일반은총과 같은 개념을 명시적으로 언급한 것은 아니지만, 너무나도 뿌리 깊은 인간의 죄악성 때문에, 모든 인간의 생존을 위해서 하나님의 선하신 자비와 능력을 베풀어 주심이 절대적으로 필요하다고 그 여지를 남겨두었다. 하지만 하나님은 자신의 영원한 선택과 예정에 따라서 의롭다 하시는 은혜를 택함을 받은 자들에게 내려주신다. 그리스도를 통해 나타난 하나님의 의라는 특별은총은, 아무 공로와 가치가 없는 사람들에게 값없이 주어지는 하나님의 주권적인 선물이기에, 인간의 선의나 선행은 구원을 얻는 데 있어서 아무런 소용이 없다. 그래서 루터는 칭의의 은혜가 오직 그리스도를 통해서만 전달되며 복음을 통해 알려진다고 주장하면서 다음과 같이 말했다. "그리스도가 아닌 것은 무엇이든지 길이 아니라 오류이고, 진리가 아니라 거짓이며, 생명이 아니라 죽음이다."18)

칼뱅은, 창조 당시에 인간이 받아 간직한 하나님의 형상이 타락한 이후에는 무너진 건물의 터와 잔해처럼 그 흔적이 인간 안에 여전히 남아 있지만, 그 본래의 온전한 기능은 다하지 못하는 것으로 생각하였다. 그리고 "불신자들에게 나타나는 모든 주목할 만한 재능은 다 하나님의 선물"이라고 일반은총의 역할을 인정하였음에도 불구하고, 원죄로 인하여 전적으로 타락한 인간의 지성은 하나님을 인식할 수 없을 정도로 어두워졌으며, 그런 인간의 왜곡된 의지는 하나님께 응답할 수 없게 되었다고 주장하였다. 그러므로 전적으로 타락하여 인간의 눈먼 지성과 구부러진 의지는, 하나님이 아무 대가 없이 주시는 그리스도 안에서 베푸시는 특별은총을 통하여서만 하나님을 인식하고 기쁘시게 할 수 있게 된다는 것이다. 특별은총은 하나님을 반역한 죄인들에게 하나님이 먼저 찾아오셔서 구원하는 사랑과 자비이며, 즉 자격이 없지만 선택받은 성도들에게 부어주시는 과분한 의의 전가이다. 인간의 착한 행실들과 선행과 하나님의 은혜에 대한 인간의 협력 이전에 선행하는 특별은총은, 죄의 용서와 화해와 구원을 향하여 효력 있게 작용하여 타락하여 어두워진

---

17) 위의 책, 98.
18) 위의 책, 99.

죄인의 지성을 조명하고 죄에 속박된 의지를 자유롭게 만든다. 언제나 자기중심적이고 악한 것만을 생각하는 타락한 죄인은 그리스도 안에서 베풀어지는 자비로운 하나님의 은혜 없이 어떤 영적인 선한 일도 할 수 없고 구원받을 수 없다. 그러기에 그리스도를 통하여 하나님의 구원하시는 은혜를 인정하거나 인식하지 못하는 어떤 철학이나 종교는, 그 나름대로의 선함과 가치가 있지만 신약성서적인 온전한 구원의 통로가 되지 못한다.[19]

3.2 니르바나는 구원과 다르다

절대적인 진리를 거부하고 진리의 상대성을 주장하는 포스트모더니즘과 하나의 종교적 진리라는 가설에 입각하여 진리의 파편적인 다원성을 주장하는 종교다원주의적인 상황들 속에서 생성되어, 우리 사회에 만연한 붓다의 해탈과 그리스도의 구원을 동일시하는 풍조를 비판적인 시각으로 볼 필요가 있다. 세월의 무상한 흐름 속에서 늙고 병든 붓다의 인간적인 죽음의 과정이, 팔리 삼장(Pāli Text)의 대반열반경(大般涅槃經)에 장엄하게 상술되어 있다. 거기에 등장하는 제자 아난다(Ānanda)와 비구들의 무리에게 남긴 붓다의 마지막 유언을 통하여, 우리는 붓다의 연기(緣起)에 대한 깨달음의 특징이 연기론에 입각한 인간중심적인 비신론이라는 것을 짐작할 수 있다. 붓다는 다음과 같이 자신의 마지막 말을 남긴다. "아난다여, 너희들 각자 각자가 너희들 자신을 위한 의지처(원문에는 '섬')가 되어야 한다. 그렇지 않으면 아무도 너희들의 의지처가 될 수 없다. 너희들 모두는 법(dhamma)을 너희들의 의지처로 삼아라. 그렇지 않으면 아무것도 너희들의 의지처가 될 수 없다. … 만일 내가 떠난다면, 내가 너희에게 가르친 법과 계율을 너희들의 스승으로 삼아라! … 세상의 모든 것은 지나간다. 그러니 너희들의 해탈을 위하여 부지런히 힘써라!"[20]

이처럼 붓다는 인간 밖에 있는 진리를 말하는 것이 아니라, 오히려

---
[19] 위의 책, 100.
[20] 김형근, 『마이스터 에크하르트와 불교: 하나님의 신성과 공』 (옥천: 도서출판 은소몽, 2017), 213.

불교적 진리인 연기법을 인식하는 인간 안에 내재된 불성을 향한 추구와 자신이 깨닫고 가르친 연기법에 대한 믿음을 강조한다. 왜냐하면 붓다의 관점, 즉 모든 것이 무상하고 인과론적인 연기론의 도식 속에서는 하나님이란 존재가 필요치 않기 때문이다. 그러므로 붓다가 인간적인 자기 자신의 능력으로 도달한 니르바나는 하나님의 은혜를 통한 죄로부터의 구원이 아니라, 오히려 불교적 진리인 연기법에 대한 인식론적인 깨달음이다. 이미 니르바나를 체험한 붓다가 늙고 병들어 호흡을 거두고 정적(靜寂) 속으로 들어가는 죽음을 통하여 도달하는 반열반(般涅槃)의 최종적인 완성은, 예수의 십자가를 통한 죽음으로부터의 부활을 의미하지 않고, 그리스도와 성령을 통한 성도와 하나님의 연합된 일치를 말하는 것도 아니고, 하나님으로부터 새롭고도 영원한 생명을 받는 것을 뜻하는 것도 아니다. 오히려 붓다의 최고 수승한 열반은, 이 세계의 현실 속에서 지배적인 인과의 업보(karma)로부터 생겨나는 생사윤회(saṃsāra)의 끊임없는 악순환으로부터 벗어나는 해탈을 의미한다고 할 수 있다. 붓다에게 생사의 문제는 니르바나 안에서 인식론적으로 전혀 문제가 되지 않지만, 그럼에도 불구하고 그에게도 닥쳐왔던 죽음 그 자체는, 생명 그 자체에 의하여 극복되지 아니하고 여전히 문제로 남아 있다. 하지만 그리스도에게 있어서 모든 것을 무로 돌리는 죽음의 세력은 십자가의 고통스러운 죽음과 부활의 새 생명에 의하여 극복되어 이미 폐기처분된 대상에 불과하다. 즉, 죽음을 바라보는 인식론적인 시각을 전환시키는 해탈과, 죽음 그 자체를 전적으로 무력화시키는 부활은 본질적으로 다르다.[21]

    이런 점에서 붓다가 제법무아(諸法無我)와 제행무상(諸行無常)을 말하는 이유는, 고통생성의 원인으로서 무상하여 실체가 없는 것에 대한 갈애와 집착의 소멸을 통한 고통으로부터의 해방을 강조하기 위한 것이다. 그러한 붓다의 니르바나는 모든 인간이 자기 자신들의 능력을 통하여 도달할 수 있는 깨달음의 경지이다. 그러나 그리스도교는 전적으로 타락한 인간이 하나님의 은혜를 힘입어야만, 회개하고 구원을 받아 성령의 선물을 받으며 하나님의 자녀들이 될 수가 있다고 증언한다. 결과적

---

21) 위의 책, 214-215.

으로 하나님의 전적인 은혜로 그리스도를 믿고 성령의 선물을 받아 영생의 소망을 간직하고 살아가는 하나님의 자녀들에게는, 인과론에 입각한 연기론적인 세계관에서 말해지는 생사윤회의 고통으로부터 벗어나는 해방, 즉 열반은 필요치 않다. 이와 더불어 예수 그리스도를 통하여 영원한 생명 그 자체이신 하나님 안에 있는 하나님의 자녀들에게는, 건너가야 할 고통스러운 생사의 강도 없고, 그 강을 건넌 후에 버려야 할 뗏목도 없다.22)

4. 구원은 오직 믿음으로만

본 교단 신앙고백서에 따르면, 하나님의 명령인 율법을 지키지 못하고 타락하여 율법의 저주 아래에 있는 인간은 오직 십자가의 공로를 믿음으로써 의롭게 된다. 다시 말해서, 인간의 구원은 하나님의 섭리에 따르는 은혜로써 이루어진다는 것이다. 인간에게 영원한 생명을 보증하고 참다운 삶의 길을 열어주는 거룩하신 하나님의 명령과 율법을 지키지 못하여, 죄를 범한 인간이 하나님의 저주 아래에 놓여 있게 되었다는 것이다. 이렇게 타락하여 저주받은 인간을 위하여 공의로우며 사랑이 충만하신 하나님이 자신의 섭리에 따라 구원의 시간이 도래하매, 자신의 독생자 예수의 십자가를 통하여 인간이 당하는 율법의 저주를 소멸하여, 다시 하나님과 인간이 화해하는 구원의 길을 열어 놓으셨다는 것이다. 거저 주시기에 값없지만 생목숨을 버리는 값비싼 은혜인 십자가의 공로로 이루어진 하나님의 의를 믿으면, 인간은 누구든지 하나님으로부터 의롭다 칭함을 받으며 구원을 얻게 된다는 것이다.23)

4.1 십자가의 죽음을 통한 속죄

일부 교부들과 대부분의 개혁교회들은 그리스도의 속죄사역을 형벌적 대속(penal substitution)으로 이해한다. 영국의 안셀름(Anselm of

---

22) 위의 책, 215-219.
23) 대한예수교장로회총회 헌법개정위원회 편집, 『헌법』, 147.

Canterbury, 1033~1109)은 인간의 죄가 하나님의 명예를 더럽힌 것이므로, 그리스도의 십자가의 속죄가 하나님의 손상된 명예를 보상해주는 것으로 생각하는 만족설을 주장했다. 이와는 달리 형벌적대속설은 인간의 범죄는 하나님의 명령과 율법을 지키지 않은 것이기에, 죽음이라는 하나님의 공의로운 형벌을 초래할 수밖에 없다는 견해 위에 서 있다. 그러나 그리스도는 자신의 용서와 사랑의 삶으로 율법을 온전히 성취하시었고, 자신의 십자가의 고통스러운 죽음으로 인간의 범죄에 대하여 내려질 하나님의 정당한 형벌을 인간 대신 당하시었다. 이러한 그리스도의 대속적 형벌은 하나님의 율법의 정당한 요구를 만족시키고 하나님의 진노를 가라앉혔다는 것이다. 그리스도의 형벌적 대속에 관한 주장들은 로마의 클레멘스(Clement of Rome, ?~99), 이그나티우스(Ignatius, 35~107), 예루살렘의 키릴(Cyril of Jerusalem, 313~386), 아타나시우스(Athanasius, 295~373), 아우구스티누스(Augustinus, 354~430)를 거쳐 종교개혁자들에 이르러 만개하였다.[24]

이와 마찬가지로 루터도, 그리스도의 삶과 죽음이 저주받은 인간의 죄와 그에 따르는 죄책과 형벌을 대신 감당한 것이라고 주장하였다. 즉, 그리스도는 십자가 위에서 인간의 죄에 대하여 하나님의 진노와 율법이 요구하는 정당한 죽음의 형벌을 감당하셨다는 것이다. 나아가 죄에 빠진 인간 대신 희생과 저주와 죽음을 당하신 그리스도는, 자신의 화목제사의 결과를 믿는 성도들을 율법의 저주로부터 해방시키고, 그들에게 완전한

---

[24] 브루스 데머리스트, 『십자가와 구원』, 238-240에서, 클레멘스: "우리 주 예수 그리스도는 우리에게 품으신 사랑 때문에 하나님의 뜻으로 말미암아 우리를 위해 당신의 피를, 우리의 몸을 위해 당신의 몸을, 우리의 영혼을 위해 당신의 영혼을 주셨다." 이그나티우스: "이런 모든 고난을 그는 분명 우리가 구원을 받도록 우리를 위해 겪으셨다." 키릴: "그리스도는 '죄로 죽었던 우리가' 당신의 죽음으로 '의를 위해 살도록' 우리의 죄를 '십자가 위에서 당신의 몸으로' 짊어지셨다." 아타나시우스: "그리스도는 '인간이 사망에 진 빚을 청산하고 그를 태초의 죄악에서 해방하시기 위해 당신 자신의 성전(육신)을 만인을 대신해 죽음에 내어 주시며 만인을 위한 희생제사'를 드리셨다." 아우구스티누스: "그리스도는, 죄로 인해 인간 본성 위에 임한 바 죽음을 통해, 우리를 대신하여 죄를 지셨다." 아우구스티누스의 견해에 따르면, 그리스도의 대속적 죽음이 가져다주는 유익들은, 죄인들을 향한 하나님의 진노를 돌이키고, 성도들을 사탄의 속박에서 해방하며, 그들의 죄를 씻어주고, 그들을 성부와 화목하게 하며, 교회에는 겸손과 고난 중의 인내와 하나님께 대한 믿음의 본을 보인 것이다.

하나님의 의를 전가하며, 하나님과 죄인들을 화해시키고, 또한 죄와 죽음과 마귀를 정복하셨다는 것이다. 그리고 칼뱅은 죄인들이 율법의 형벌로부터 해방되기 위해서는 그에 상응하는 합당한 희생제사가 하나님께 드려져야 한다고 생각했다. 그래서 칼뱅은, 죄 없으신 그리스도가 죄인들의 희생제물이 되었고 그들이 지은 죄를 대신 담당하셨기에, 그가 걸머진 치욕스런 십자가를 대속적 희생으로 이해하였다. 그리스도는 십자가의 죽음을 온전한 순종으로 수락하여, 죄인들의 죄책과 하나님의 진노와 죄인들에게 부과된 형벌을 대신 받으셨다.[25]

한걸음 더 나아가 칼뱅은 그리스도의 대속적 희생이라는 개념을 다음의 세 가지 용어들을 통해 상술하였다. 첫째 하나님 편에서, 그리스도의 대속적 희생은 의로우신 하나님의 요구를 만족시키고 모든 신자들을 향한 그분의 진노를 가라앉히는 속죄제물(propitiation)이다. 둘째 인간 편에서, 그리스도의 희생적 죽음은 하나님이 선택하신 신자들을 죄와 죄책과 죽음의 형벌에서 해방하는 구속(redemption)이다. 셋째 하나님과 인간 양편의 관점을 모두 포괄하여, 그리스도의 십자가의 대속적 희생은 성부를 신자들과 화해하게 만들고, 인간을 감화시켜 하나님과 화해하게 만드는 화해(reconciliation)라는 것이다. 또한 루터파 교회들 사이에 자리 잡았던 개혁교회들의 신앙고백인 하이델베르크 교리문답(Heidelberg Catechism, 1563)에 따르면, 그리스도의 고난의 의미를 인류의 죄에 대한 하나님의 진노를 대신 짊어진 것으로 해석하고, 그것을 통하여 인류가 당할 영원한 심판으로부터 해방되고 신자에게 영생이 주어진다고 고백한다. 그리스도가 죽음의 길을 가신 이유는, 하나님의 공의의 진리가 그것을 요구하고, 오직 하나님의 아들의 죽음만이 성도의 죄 값을 치를 수 있기 때문이라는 것이다.[26]

4.2 형벌적 대속의 재해석

그리스도의 형벌적 대속을 거부하는 대표적인 신학자들은 스티브

---

25) 위의 책, 240-241.
26) 위의 책, 241-243.

살케(Steve Chalke)와 앨런 만(Alan Mann)이다. 이들의 비판에 따르면, 형벌적 대속설이 사랑의 성부 하나님을 복수심에 빠져 자신의 아들에게 분풀이 하는 잔인한 분으로 전락시킨다는 것이다. 그리고 이러한 형벌적 대속은 성서의 "하나님은 사랑이시다"라는 그분의 본성과 세상의 복수법을 떠나 "원수를 사랑하라"는 예수의 가르침과 모순되기 때문이다.27) 또한 윤철호 교수에 따르면, 형벌적 대속은 구약의 희생제사의 맥락과 근대의 법정적 사고방식으로부터 형성된 속죄론으로 그 당시에 상대적인 적절성이 있었지만, 오늘의 달라진 상황들 속에서 그것에 대한 새로운 이해의 지평이 필요하다는 것이다. 그래서 요엘 그린(Joel B. Green)은 예수의 구원론적인 죽음의 유일한 독특성을 역사적 예수의 섬김과 희생적인 사랑의 삶과 분리시키지 않고 하나의 연속선상에서 보기에, 그의 대속적 죽음을 섬김과 희생적인 사랑을 실천한 공생애의 종착역으로 이해한다. 이러한 견해는 성도들의 신앙이 탈역사화 되는 것을 막아주고, 예수의 뒤를 따르는 제자들이 구체적인 삶의 정황 속에서 역사와 문화를 변혁시키는 실천에 참여하게 하는 의미가 있다는 것이다.28)

    한걸음 더 나아가 구약의 희생제사의 원래적인 의미는, 죄인의 죄를 전가 받은 짐승을 바쳐 하나님의 진노를 잠재우는 율법적 행위가 아니라 죄인이 자신의 죄를 회개하면서 하나님께 나아올 때, 자비로우신 하나님이 그 죄를 값없이 용서해 주신다는 은혜의 약속에 있다는 것이다. 그런 점에서, 예수의 죽음을 하나님의 진노를 누그러뜨리는 대리적 희생의 화목제물로 여기는 형벌적대속설은 받아들이기에 무리가 따른다고 할 수 있다. 또한 자신의 아들을 형벌적 대속으로 요구하는 하나님의 상은, 원수까지 사랑하라는 예수의 무한한 용서의 가르침과 탕자의 비유를 통해 나타나는 아버지의 사랑과 예수가 십자가 위에서 자신을 못 박는 자들을 위하여 용서를 비는 기도와 너무 거리감이 느껴진다.29) 그러므로 윤철호 교수는 다음과 같이 말한다. "십자가는 하나님을 향한

---

27) 윤철호, "통전적 구속교리: 형벌 대속 이론을 중심으로,"『한국조직신학논총』32집 (2012), 8.
28) 위의 책, 30-31.
29) 위의 책, 32.

인간의 행위를 넘어 궁극적으로 인간을 향한 하나님의 행위이다. 십자가 위에서 하나님은 화해의 객체라기보다는 화해의 주체이다. '하나님이 우리를 사랑하사 우리 죄를 속하기 위하여 화목제물로 그 아들을 보내셨음이라'(요일4:10) … 화해를 통해 회복되어야 할 것은 하나님에 대한 세상의 관계이지 세상에 대한 하나님의 관계가 아니다. 하나님은 자신에 대한 세상의 관계를 회복시키기 위해서 인간이 받아야 할 형벌을 예수 그리스도 안에서 대신 담당 하셨다. 그러므로 그리스도의 십자가는 보복적 형벌의 상징이 아니라 가장 위대한 고통당하는 사랑의 상징이다."30)

따라서 그리스도의 죽음은, 죄인을 향한 하나님의 진노를 가라앉혀서 하나님이 죄인을 용서하도록 하나님을 설득하는 사건이라기보다는, 오히려 하나님의 세 위격들 사이에 상호내주(perichoresis)적인 하나됨 속에서 활동하시는 삼위일체 하나님 자신의 의도된 고통으로서 아들의 죽음은 아버지의 고통이다. 즉, 십자가에서 아들과 함께 버림받은 분은 성부 하나님 자신이시다. 이렇게 아들의 버림받음에 함께 참여하시는 성부의 고통 속에 인간을 향한 하나님의 무한하고도 극단적인 자비와 사랑이 나타난다. 그러한 사랑의 발로인 십자가의 고통스러운 대속적 죽음은, 성도들을 죄와 죽음으로부터 해방시키고 하나님과 다시 화목하게 만드는 절대적인 구원의 능력과 지혜이며 사랑인 것이다. 그런 점에서 그리스도의 십자가의 대속적 죽음을 통해서 나타난 하나님의 자기희생적인 극단적인 사랑은, 하나님의 정의와 거룩을 충족시킬 뿐만 아니라 동시에 그 정의와 거룩을 넘어선다.31) 다시 말해서, 그리스도의 고통스러운 죽음은 인간의 죄를 대신하여 하나님 자신이 심판받는 하나님의 정의를 드러낼 뿐만이 아니라, 또한 그 정의는 그것을 믿는 성도들에게 너무나도 큰 사랑의 계시로서 그들의 죄를 흰 눈처럼 덮어서 의롭다 여겨주시는 절대적인 하나님의 은총이다.32)

---

30) 위의 책, 33.
31) 위의 책, 34-35.
32) 브루스 데머리스트,『십자가와 구원』, 239에서, 예루살렘의 키릴도 다음과 같이 그리스도의 죽음을 통하여 하나님의 정의와 사랑이 둘 다 나타나고 있다고 생각하였다. "우리는 죄로 말미암아 하나님의 원수가 되었고 하나님은 죄인의 죽음을 명하셨다. 그러므로 하나님이 당신의 진리로 만인을 멸하시든지, 당신의 인자하신 사랑으로 형벌을 사해주시든지 둘 중 하나는 필연적이었다. 그러나 하나님의 지혜를 보

5. 믿음에 따르는 회개

　　본 교단 신앙고백서에 따르면, 하나님의 은혜인 구원을 얻기 위해서는 믿음이 필요하지만, 그 믿음은 불순종에서 순종으로 180도 돌아서는 회개를 동반해야만 한다. 다시 말해서, 구원을 얻는 믿음은 자비로우신 하나님의 은혜이지만, 믿음의 주관적인 응답의 차원에는 반드시 자기중심성으로부터 벗어나 하나님 중심적인 인식과 삶으로 방향전환 하는 인간의 회개가 뒤따른다는 것이다. 즉, 예수를 믿는다는 것은 회개한다는 것이며, 그것은 불순종의 인식과 삶으로부터 순종으로 나아감을 의미한다는 것이다. 회개를 통하여 체험되는 구원의 삶은, 하나님의 자녀가 되어 하나님과 화목하게 지내며, 하나님을 알고 적극적으로 하나님이 기뻐하시는 일들을 행하며, 창조주 하나님의 영광과 왕 되신 주권을 즐겁게 찬양하는 것이다.[33]

5.1 믿음

　　그리스도의 영은, 택함을 받은 성도들이 복음의 초대에 적극적으로 응답할 수 있도록 그들의 어두워진 지성을 일깨우고, 완고한 의지를 자유롭게 하며, 그리스도에 대한 반감을 누그러뜨리는 효력을 발휘하신다. 칼뱅에 따르면, 하나님의 말씀은 해와 같아서 모든 사람들에게 그 빛이 밝게 비치더라도 장님만은 그 빛을 볼 수 없다는 것이다. 그와 마찬가지로 만민에게 그리스도의 복음이 선포되더라도, 그 복음이 전적으로 타락하여 선천적인 영적 장님이 된 죄인들의 마음속에 받아들여질 수 없다는 것이다. 그래서 내적 스승이신 성령이, 죄인의 어두워진 심령을 밝게 비추어 하나님의 말씀이 그곳으로 들어가는 출입구를 내시지 않으면 죄인의 머릿속에 들어올 수가 없다는 것이다. 즉, 영적으로 어두워진 인간의 이해력이 성령의 조명을 통하여 전과는 다른 수준으로 고양되어,

---

　　라. 하나님은 당신의 형벌의 진리와 당신의 인자하신 사랑의 행사를 둘 다 잃지 않으셨다. 그리스도는 '죄로 죽었던 우리가' 당신의 죽음으로 '의를 위해 살도록' 우리의 죄를 '십자가 위에서' 당신의 몸으로 짊어지셨다."
[33] 대한예수교장로회총회 헌법개정위원회 편집, 『헌법』, 147.

하나님 나라에 속한 것들에 대하여 보지 못한 것을 보게 되며, 알지 못한 것을 알게 되고, 믿지 못한 것을 믿게 된다는 것이다.34)

이처럼 성령의 조명을 통하여 그리스도께 효과적으로 인도하시는 구원으로의 부르심, 즉 특별한 소명은 전적으로 하나님의 은혜로부터 말미암는다. 『웨스트민스터 신앙고백』에 따르면, 하나님은 생명을 주시기 위하여 자신이 선택하신 모든 사람들을 말씀과 성령을 통해서 죄와 죽음의 상태에서 불러내어 그리스도를 믿어 은총과 구원을 받게 하신다. 또한 성도들이 하나님의 구원의 역사를 인식하도록 영적으로 계몽하여, 돌과 같이 굳어진 마음을 아기의 살과 같이 부드럽게 만들고, 그들의 의지를 새롭게 하여 자유롭게 그리스도께 가까이 나오도록 변화시킨다.35) 결과적으로 성령의 조명을 통한 하나님의 은혜의 효과적인 부르심은, 성도들을 그리스도께 인도하여 구주를 믿어 구원에 이르게 한다. 『웨스트민스터 신앙고백』에 따르면, 그리스도의 영이 성도들의 마음속에서 역사하는 믿음의 은사로 인하여 택함 받은 성도들은 자신의 영혼의 구원을 확신하게 된다. 그러한 믿음을 통하여 성도들은 말씀 안에서 계시된 모든 것들을 참된 것으로 믿게 된다. 하지만 성도들이 은혜의 약속의 힘을 통하여 하나님으로부터 의인과 성화와 영생을 선물로 받기 위하여 그리스도만을 영접하고 믿어 그리스도 안에서 안식하게 하는 것이야말로 구원에 이르게 하는 믿음의 주요한 역할이다. 이러한 믿음은 밤하늘에 빛나는 별빛처럼 때에 따라서 강약이 있을 수가 있다. 즉, 때로는 성도들의 믿음이 약해질 수도 있지만 최종 승리를 얻는다. 성도들의 믿음은 그리스도를 통하여 온전한 확신에 도달하기까지 다양한 모양들로 장성해 나간다. 왜냐하면 그리스도께서 성도들의 믿음의 창조자이시고 완성자가 되시기 때문이다.36)

5.2 회개

---

34) 브루스 데머리스트, 『십자가와 구원』, 314-319.
35) 대한예수교장로회총회 헌법개정위원회 편집, 『헌법』, 87-88.
36) 위의 책, 93.

전적으로 타락한 인간이 그리스도를 믿고 회개하는 것은 성령을 통한 하나님의 은혜의 역사라고 강조한 칼뱅은, 나무에서 열매가 열리는 것처럼 믿음으로부터 회개가 말미암는다고 주장하였다. 즉, 회개는 항상 믿음에 뒤따르고 믿음으로부터 나온다는 것이다. 하지만 예수는 "때가 찼고 하나님의 나라가 가까이 왔으니 회개하고 복음을 믿으라"(막1:15)고 선포하셨다. 이처럼 믿음으로부터 회개나 회개로부터 믿음은, 서로 구별되지만 선후를 따지기 어렵고 분리할 수 없는 두 측면을 가진 하나의 행위로 동전의 양면과 같다. 왜냐하면 죄를 버리는 참된 회개는 믿음을 요구하고, 그리스도를 신뢰하는 충만한 믿음은 회개하는 심령을 요구하기 때문이다.[37] 『웨스트민스터 신앙고백』에 따르면, 회개는 성도들의 죄를 용서해 주는 원인이 아니라, 그리스도 안에 있는 자유로우신 하나님의 은혜를 통하여 성도들이 회개함으로 영원한 생명을 소유하는 기쁨에 도달하는 것이다.[38]

인간의 공로로 죄에 대하여 보상하려는 노력인 고해성사와 회개를 동일시하는 가톨릭의 견해를 부정했던 루터는, 모든 악을 거부하고 지은 죄에 대해서 참으로 마음 아파하는 것을 회개라고 생각했다. 회개가 참회이고 동시에 믿음이기도 한 이유는, 참회하는 죄인이 멸망 받지 않도록 죄사함의 약속을 굳게 붙잡는 것이기 때문이다. 루터는 면죄부를 반박하면서, 회개는 성령이 죄인의 심령에 주권적인 은혜의 역사로 불러일으키는 것이고, 성도들에게 참회의 삶이란 평생에 걸친 과정이라고 주장하였다. 즉, 하나님은 성령을 통하여 성도들에게 회개하는 마음을 주시고, 그들의 심령으로부터 믿음의 응답을 불러일으키신다.[39]

6. 칭의와 성화

본 교단 신앙고백서에 따르면, 성도는 하나님의 선물인 믿음으로만 칭의를 받아 하나님의 자녀가 되고, 그들에게 역사하시는 성령의 임재를

---

[37] 브루스 데머리스트, 『십자가와 구원』, 397.
[38] 대한예수교장로회총회 헌법개정위원회 편집, 『헌법』, 94.
[39] 브루스 데머리스트, 『십자가와 구원』, 371-372.

통하여 거룩한 하나님의 자녀답게 살아갈 수 있다. 다시 말해서, 인간이 회개하고 그리스도의 십자가의 공로를 믿음으로써, 그리스도의 외래적인 의의 전가를 은혜로 받게 되고, 아울러 하나님의 자녀로 선택된 신분을 누리게 된다는 것이다. 그리고 하나님의 자녀가 된 그리스도인은, 일회적 은총인 칭의된 자리에 머물러 있지 않고, 성령의 지속적인 인도하심을 받아 그 신분에 걸맞는 우리 주 예수 그리스도를 닮아가는 거룩한 삶을 일생동안 살아가야 한다는 것이다. 지상에서 점진적으로 이루어지는 그리스도인의 성화의 삶의 완성은 그리스도의 재림을 통한 부활의 때에 이루어진다는 것이다. 성화의 완성인 부활은 영생으로 이어지는 최종적인 구원의 삶을 보증하기에, 성도는 고난이 극심한 현재의 삶속에서 그러한 종말론적인 소망을 굳게 붙잡고 포기와 흔들림 없이 자신의 문제 있는 현실들을 헤쳐 나가야만 한다.[40] 다시 말해서, 믿음으로 구원받은 그리스도인은 루터의 말처럼 "항상 의인인 동시에 (용서받은) 죄인"이기에 지상에서 완전성화에 이르지는 못하지만, 하나님의 지속적인 은총의 도우심을 받아 점진적으로 우리 주 예수 그리스도의 장성한 분량에 이르도록 늘 힘써야 한다. 즉, 믿음으로 구원받은 그리스도인은 이미 구원을 받았기에 아무렇게나 사는 방탕한 도덕폐기론자가 되거나, 이제 아무런 흠이 없는 완전한 의인이 되었다거나, 이미 온전한 성화를 이루었다고 자만하거나 교만해서는 아니된다는 것이다. 왜냐하면 성도는 지상에서 완전한 성화의 단계에 도달하지 못하고, 그리스도의 재림시에 하나님의 은혜로 부활하여 완전한 성화를 이루기 때문이다. 그렇지만 지상에서 온전한 성화를 이루기 위해서 힘써 하나님의 자녀답게 살고, 세상의 유혹들에 대하여 끊임없이 믿음의 선한 싸움을 싸우며, 그것들을 이겨나가야 한다는 것이다. 지상의 성도가 그리스도의 십자가에 나타난 하나님의 의를 믿는 믿음으로 의인화 되고, 성령의 역사로 인하여 어느 정도 성화 되었다고 할지라도, 불완전한 지상의 삶 속에서 부지중에 범한 죄를 용서받기 위하여 끊임없이 십자가의 보혈을 의지하여 죄 사함을 받아야 하고, 이미 성령의 세례를 받은 사람도 다시 성령의 충만함을 지속적으로 간구할 필요가 있다는 것이다.[41]

---

[40] 대한예수교장로회총회 헌법개정위원회 편집,『헌법』, 147.

6.1 칭의

『웨스트민스터 신앙고백』에 따르면, 그리스도의 의를 의지하는 믿음을 통하여 성도들이 덧입은 칭의는, 가톨릭처럼 하나님 자신이 선택한 성도들 안에 의를 주입한 것이 아니라, 그리스도를 통하여 그들의 죄를 용서하고 그들을 의롭다고 간주하며 용납하심으로써 이루어진다. 그러므로 칭의는 성도들이 무엇을 행하였거나 어떤 신앙적인 복종으로부터 말미암는 것이 아니라, 아들이 아버지께 순종한 십자가를 통하여 성취된 하나님의 의를 믿음으로만 가능한데, 그러한 믿음도 하나님의 선물이라는 것이다. 즉, 온전히 자유로우신 하나님의 은총에 의하여 성도들이 의롭다고 인정받은 것은, 인간이 아무것도 한 것이 없기에 값없는 은총이고, 죄인들을 대신하여 생목숨을 버린 그리스도의 십자가의 공로가 너무나 크기에 값비싼 은총이다.[42] 하나님의 전적인 은혜로 이루어지는 칭의에서 인간의 공로, 즉 "내가 무엇을 했다거나 나는 이런 저런 가치 있는 사람이다"라는 개념은 완전히 사라지고, "나는 아무것도 아니고 그저 죄인에 불과합니다"라는 고백과 함께 오직 그리스도의 의만이 홀로 남아서 하나님의 영광과 은혜를 찬양한다. 거룩하신 창조주 하나님 앞에서 인간은 "나"라고 말할 만한 것이 아무것도 없고, 오직 그리스도의 참혹한 십자가를 통하여 흐르는 하나님의 풍성하신 사랑과 은혜만이 온 누리를 덮는다.

    은혜로운 하나님을 발견하려고 몸부림치던 루터는, 하나님의 의가 죄인들에 대한 처벌을 가리키는 것이 아니라, 십자가에 달린 그리스도를 믿는 죄인들에게 그리스도의 외래적인(낯설은) 의를 전가하시는 하나님의 위대한 선물이라는 결론에 도달했다. 그리스도의 의에 기초한 하나님의 법정적 선언인 칭의로 인해, 죄인들은 하나님으로부터 값없이 용서받고, 의롭다 인정을 받으며, 영생을 받기에 합당한 하나님의 자녀들이 된다. 죄인임에도 불구하고 의롭다거나 흠이 없다고 선언하는 복음에 나타난 하나님의 의라는 것은, 믿음으로 사는 자들에게 은혜의 선물로 주어

---

41) 위의 책, 148.
42) 위의 책, 89-90.

지는 것이다. 즉, 인간들이 의로웠거나 신적인 공의가 요구하는 사항들을 만족시켰기 때문이 아니라, 단지 하나님께서 그리스도의 의를 믿는 자들에게 주시기를 원하셨기 때문에 주어진 것이다.43) 그러한 믿음은 전적으로 하나님의 선물, 즉 은총에 기인한 것이지, 우리가 무언가를 성취한 후에 하나님께서 보상하신다는 의미가 아니다. 그러므로 복음에 나타난 하나님의 의는 죄인을 정죄하는 의가 아니다. 오히려 하나님의 의는 인간의 죄를 대속하기 위하여 십자가형을 당한 그리스도를 믿고 받아들이는 사람이 여전히 죄인임에도 불구하고, 그가 지은 죄를 의롭다고 하는 것이 아니라 그 죄를 지은 사람을 의로움으로 덧입히는 하나님의 은총으로 거저 주시는 선물이다. 여기서 한걸음 더 나아가 루터에게 있어서 이신득의(以信得義)는, 의롭다고 인정하는 칭의만이 아니라 믿음에 의한 칭의와 그것에 기초한 삶의 의화(義化) 둘 다를 의미한다. 그리스도인의 의는, 그리스도의 "외래적인 의"를 믿음으로 인한 칭의와 그리스도의 외래적인 의와 더불어 행하는 "우리 자신의 의"와 같이 두 종류가 있다. 즉, 그리스도의 외래적인 의의 산물인 성도의 의화를 포함한 이신득의는, 믿음으로 말미암아 의롭다 칭함을 받고, 그 후 지속적으로 실제 생활 속에서 하나님이 기뻐하시는 의로운 일들을 행하는 선행으로까지 나아가는 믿음을 말한다.44)

    칭의를 "구원의 전 교리의 원리이자 모든 신앙의 기초"로 생각했던 칼뱅도, 칭의가 의의 주입이라고 말하는 가톨릭과는 달리 그것을 법정적 선언으로 이해했다. 칭의는 하나님이 죄인들에게 그리스도의 의를 전가하여 그들을 의롭다고 여겨주시는 값없는 은총이다. 칭의의 질료적 원인은 그리스도가 마신 고난의 쓴 잔인 십자가를 통해 드러난 전적인 순종이고, 칭의의 도구적 원인은 모든 행위나 개인적인 공로와는 상관없는 그리스도의 의를 믿는 믿음이다. 하나님은 십자가의 공로를 믿는 성도들에게 확실하게 그리스도의 의를 전가하며, 그들의 전생애에 걸친 모든 죄를 용서하고, 그들에게서 죄책과 정죄가 사라지게 하며, 그들과 화목하게 되고, 그들에게 영생이라는 선물을 주신다. "두 종류의 의"를 말했

---

43) 브루스 데머리스트, 『십자가와 구원』, 533-534.
44) 이양호, 『루터의 생애와 사상』 (서울: 대한기독교서회, 2002), 6-8.

던 루터와는 달리, 칼뱅은 의롭다고 인정받는 칭의와 그것에 뒤따르는 삶이 의롭게 변화되는 성화를 서로 의미가 다른 것으로 좀 더 분명하게 구분하였다. 하지만 종교개혁신학의 칭의론이 선행을 경시한다는 가톨릭의 비판 때문에, 칼뱅은 칭의와 성화를 태양과 그 빛의 관계를 들어 종합적인 것으로 말하기도 하였다. 그래서 그리스도가 성도에게 "지혜와 의로움과 거룩함과 구원함"이 되셨기에(고전1:30), 성화의 삶을 이루어 가는 자만이 그리스도를 소유하게 된다는 것이다.[45]

6.2 성화

개혁신학의 전통에서 칭의와 성화는 밀접한 관련이 있지만, 서로 뚜렷하게 구별되기도 한다. 즉, 전가되어 덧입혀진 의(imputed righteousness)를 말하는 칭의가, 하나님 앞에서 죄인에게 의인의 지위를 인정하는 법정적 선언의 은총이라면, 그와 달리 분여된 의(imparted righteousness)를 뜻하는 성화는, 삶이 실제로 거룩하게 변화되는 과정으로서 성령께서 성도들을 의롭게 만드시는 은총이다. 그리고 칭의가 일회적인 사건이라면, 그와 달리 성화는 평생에 걸쳐 지속되는 과정이다. 또한 칭의는 정도의 차이가 없지만, 성화는 그 성취에 있어서 정도의 차이가 있다. 다른 한편으로 칭의와 성화의 내적 통일성의 차원에서 보면, 칭의는 점진적인 성화로 귀결됨으로써 값비싼 은혜를 값싸게 만드는 싸구려 의인(義認)에서 벗어나게 된다. 그와 동시에 성화는 값없는 은혜인 칭의에 그 기초를 설정함으로써 행위로 말미암은 공로적인 의라는 잘못된 가르침을 피해갈 수 있다. 다시 말해서, 성화는 인간의 자력적인 성취가 아니라, 성령이 주도적으로 시작하여 계속하시고 믿음으로 소유하는 하나님과 성도의 상호작용이다. 순례자인 성도는 성령의 인도하심으로 삶 속에서 죄와 사탄을 거부하고 그리스도를 닮아간다. 성도는 회개하고 주 예수를 믿는 동시에 성령세례를 일회적으로 받지만, 성령의 충만함은 성도들이 하나님의 뜻에 순종할 때마다 반복적으로 일어나기에, 그것으로 죄에 물든 충동과 성향과 행실을 죽이고 거룩한 성향으로

---

45) 브루스 데머리스트, 『십자가와 구원』, 535-536.

변화되어 하나님이 기뻐하시는 선행을 실천한다. 루터의 말처럼 그리스도인은 항상 의인인 동시에 용서받은 죄인이기에, 넘어져도 다시 그리스도의 의를 믿음으로 용감하게 일어나 영적인 싸움과 전투와 고난과 연단을 통하여 점차적으로 그리스도를 닮아가게 된다. 그러므로 성화는 성령의 죄를 정복하시는 능력으로 인하여 성도들 자신 안에 있는 죄를 점차적으로 뿌리뽑아가는 과정이다. 성령의 감화하시는 역사 속에 있는 성도들은, 두려움보다는 믿음과 사랑으로 하나님의 성품과 뜻이 반영된 계명들을 순종하여 하나님께 영광을 돌린다.46)

　마찬가지로 『웨스트민스터 신앙고백』에 따르면, 하나님의 선택을 받아 중생한 사람들은, 그리스도의 죽음과 부활의 공로를 통하여 그들 안에서 역사하시는 말씀과 성령으로 인하여 실제로 또는 주체적으로 성화된다는 것이다. 성도들을 괴롭히는 죄의 권세와 그로 인한 죄의 소욕은 점차적으로 파괴되어 사라지고, 구속의 은혜 안에서 하나님이 기뻐하시는 거룩한 삶을 살도록 자극받는다. 하나님의 은혜 안에서 장성하고 하나님을 경외함으로 거룩함을 온전케 하는 성도는, 그리스도의 성화시키는 영의 지속적인 도움으로 전 생애에 걸친 지상에서의 영적 싸움인 성화를 점진적으로 이루어 나간다. 영혼육의 모든 부분에 부패된 어떤 부스러기가 여전히 남아 있는 성도들은, 지상에서 완전한 성화에 도달하지는 못하지만 종말론적인 부활의 때에 최종 승리를 얻을 것이다.47) 다른 한편으로, 아우구스티누스, 루터와 칼뱅 그리고 아르미니우스주의로부터 영향을 받은 존 웨슬리(John Wesley, 1703~1791)는, 의인화의 은총은 "제1의 축복"으로 성화를 "제2의 축복"으로 말할 정도로 성령의 은혜인 성화를 강조하면서, 출발점이 되는 순간적인 성화와 그 이후의 성장하는 과정으로 점진적인 성화를 말하였다. 웨슬리는 "회개가 종교의 현관이고, 신앙의인화가 종교의 문이라면, 사랑의 성화는 종교자체"라고 말하면서 성화중심적인 신학을 펼쳤다. 웨슬리가 말한 성화와 완전의 의미는 죄악으로부터의 성결과 하나님을 사랑하는 단순한 마음으로 요약된다. 신앙이 하나님의 자유로운 선물이라면, 하나님을 사랑하는 단순한

---

46) 위의 책, 597-599.
47) 대한예수교장로회총회 헌법개정위원회 편집, 『헌법』, 92.

마음은 죄를 싫어하고 영혼의 모든 가능성을 마음에 채우는 신인협조적인 성화의 행위이다. 이러한 웨슬리의 성화사상은, 개인의 내면적인 차원을 넘어서 사회에 참여하여 사회문제들을 개혁하는 성화운동에 큰 영향을 끼쳤다.48)

한걸음 더 나아가, 웨슬리는 그리스도인이 지상의 생애에서 도달 가능한 목표인 "완전성화"(entire sanctification), 즉 "그리스도인의 완전"(Christian perfection)을 주장하였다. 동생 찰스 웨슬리(Charles Wesley, 1707~1788)는 죽음의 문턱에 이르러서야 완전을 체험할 수 있다고 생각했지만, 존 웨슬리는 죽기 5년 전이나 10년 전에, 그보다 더 이전에 거듭난 즉시도 완전을 경험할 수도 있다고 믿었다. 존 웨슬리가 말하는 완전의 의미는, 온전한 인간성의 회복과 아울러 하나님의 거룩한 성품에 참여하는 것이며, 죄의 뿌리가 뽑혀 죄가 남아있지도 않다는 것이고, 하나님과 이웃을 순수하고 단순하게 사랑하는 성도의 생활이다. 여기서 웨슬리가 말하는 완전은, 어린아이와 같이 단순한 마음으로 순수하게 하나님과 이웃을 사랑한다는 의도의 순수성을 의미하는 것이지, 구원에 관계없는 육체적인 인간의 실수와 견해나 실천에서 범할 수 있는 실수, 무지, 연약성과 유혹의 요소가 남아 있지 않은 절대적 완전이 아니라 상대적 완전이다. 그러므로 웨슬리에게 완전성화란 고정된 상태가 아니라 지속적인 과정으로서의 완전이다. 이러한 성화중심의 웨슬리의 구원론은, 인간의 원죄로 인한 타락을 강조하면서도, 그 죄보다도 더 위대한 하나님의 은총이 역사할 때 인간의 능력과 책임성(하나님의 선재적인 은총으로 말미암아 변화된 인간의 자유의지)이 응답함으로써 구원을 이룬다는 "복음적인 신인협조설"(evangelical synergism)이고, "은총의 낙관주의"(optimism of grace)라 할 수 있다.49) 그러나 하나님의 불가항력적 은혜에 순응하거나 저항할 수 있는 인간의 자유의지의 역할을 강조한 아르미니우스주의적인 요소를 지닌 웨슬리의 성화신학은, 아우구스티누스가 언급했던 선재적 은총으로 인하여 변화된 인간의 자유의지가 하나님의 구원의 은혜에 협동적으로 반응한다는 것과, 성

---

48) 김홍기, 『존 웨슬리 신학의 재발견』 (서울: 대한기독교서회, 1993), 102-113.
49) 위의 책, 117-120.

변화되어 하나님이 기뻐하시는 선행을 실천한다. 루터의 말처럼 그리스도인은 항상 의인인 동시에 용서받은 죄인이기에, 넘어져도 다시 그리스도의 의를 믿음으로 용감하게 일어나 영적인 싸움과 전투와 고난과 연단을 통하여 점차적으로 그리스도를 닮아가게 된다. 그러므로 성화는 성령의 죄를 정복하시는 능력으로 인하여 성도들 자신 안에 있는 죄를 점차적으로 뿌리뽑아가는 과정이다. 성령의 감화하시는 역사 속에 있는 성도들은, 두려움보다는 믿음과 사랑으로 하나님의 성품과 뜻이 반영된 계명들을 순종하여 하나님께 영광을 돌린다.46)

마찬가지로 『웨스트민스터 신앙고백』에 따르면, 하나님의 선택을 받아 중생한 사람들은, 그리스도의 죽음과 부활의 공로를 통하여 그들 안에서 역사하시는 말씀과 성령으로 인하여 실제로 또는 주체적으로 성화된다는 것이다. 성도들을 괴롭히는 죄의 권세와 그로 인한 죄의 소욕은 점차적으로 파괴되어 사라지고, 구속의 은혜 안에서 하나님이 기뻐하시는 거룩한 삶을 살도록 자극받는다. 하나님의 은혜 안에서 장성하고 하나님을 경외함으로 거룩함을 온전케 하는 성도는, 그리스도의 성화시키는 영의 지속적인 도움으로 전 생애에 걸친 지상에서의 영적 싸움인 성화를 점진적으로 이루어 나간다. 영혼육의 모든 부분에 부패된 어떤 부스러기가 여전히 남아 있는 성도들은, 지상에서 완전한 성화에 도달하지는 못하지만 종말론적인 부활의 때에 최종 승리를 얻을 것이다.47) 다른 한편으로, 아우구스티누스, 루터와 칼뱅 그리고 아르미니우스주의로부터 영향을 받은 존 웨슬리(John Wesley, 1703~1791)는, 의인화의 은총은 "제1의 축복"으로 성화를 "제2의 축복"으로 말할 정도로 성령의 은혜인 성화를 강조하면서, 출발점이 되는 순간적인 성화와 그 이후의 성장하는 과정으로 점진적인 성화를 말하였다. 웨슬리는 "회개가 종교의 현관이고, 신앙의인화가 종교의 문이라면, 사랑의 성화는 종교자체"라고 말하면서 성화중심적인 신학을 펼쳤다. 웨슬리가 말한 성화와 완전의 의미는 죄악으로부터의 성결과 하나님을 사랑하는 단순한 마음으로 요약된다. 신앙이 하나님의 자유로운 선물이라면, 하나님을 사랑하는 단순한

---

46) 위의 책, 597-599.
47) 대한예수교장로회총회 헌법개정위원회 편집, 『헌법』, 92.

마음은 죄를 싫어하고 영혼의 모든 가능성을 마음에 채우는 신인협조적인 성화의 행위이다. 이러한 웨슬리의 성화사상은, 개인의 내면적인 차원을 넘어서 사회에 참여하여 사회문제들을 개혁하는 성화운동에 큰 영향을 끼쳤다.48)

한걸음 더 나아가, 웨슬리는 그리스도인이 지상의 생애에서 도달 가능한 목표인 "완전성화"(entire sanctification), 즉 "그리스도인의 완전"(Christian perfection)을 주장하였다. 동생 찰스 웨슬리(Charles Wesley, 1707~1788)는 죽음의 문턱에 이르러서야 완전을 체험할 수 있다고 생각했지만, 존 웨슬리는 죽기 5년 전이나 10년 전에, 그보다 더 이전에 거듭난 즉시도 완전을 경험할 수도 있다고 믿었다. 존 웨슬리가 말하는 완전의 의미는, 온전한 인간성의 회복과 아울러 하나님의 거룩한 성품에 참여하는 것이며, 죄의 뿌리가 뽑혀 죄가 남아있지도 않다는 것이고, 하나님과 이웃을 순수하고 단순하게 사랑하는 성도의 생활이다. 여기서 웨슬리가 말하는 완전은, 어린아이와 같이 단순한 마음으로 순수하게 하나님과 이웃을 사랑한다는 의도의 순수성을 의미하는 것이지, 구원에 관계없는 육체적인 인간의 실수와 견해나 실천에서 범할 수 있는 실수, 무지, 연약성과 유혹의 요소가 남아 있지 않은 절대적 완전이 아니라 상대적 완전이다. 그러므로 웨슬리에게 완전성화란 고정된 상태가 아니라 지속적인 과정으로서의 완전이다. 이러한 성화중심의 웨슬리의 구원론은, 인간의 원죄로 인한 타락을 강조하면서도, 그 죄보다도 더 위대한 하나님의 은총이 역사할 때 인간의 능력과 책임성(하나님의 선재적인 은총으로 말미암아 변화된 인간의 자유의지)이 응답함으로써 구원을 이룬다는 "복음적인 신인협조설"(evangelical synergism)이고, "은총의 낙관주의"(optimism of grace)라 할 수 있다.49) 그러나 하나님의 불가항력적 은혜에 순응하거나 저항할 수 있는 인간의 자유의지의 역할을 강조한 아르미니우스주의적인 요소를 지닌 웨슬리의 성화신학은, 아우구스티누스가 언급했던 선재적 은총으로 인하여 변화된 인간의 자유의지가 하나님의 구원의 은혜에 협동적으로 반응한다는 것과, 성

---

48) 김홍기, 『존 웨슬리 신학의 재발견』 (서울: 대한기독교서회, 1993), 102-113.
49) 위의 책, 117-120.

화의 목표점을 설정하여 성도들의 나태한 성화를 자극하려고 죽기 전에도 완전성화가 가능하다고 말한 것을 제외하면, 칼뱅의 성화신학과 내용적으로 크게 차이가 나지 않는다.

성령 하나님의 사역을 강조한 "성화의 신학자"로 불리는 칼뱅은, 그리스도를 통하여 의롭다 칭함을 받은 사람은 그와 동시에 거룩하게 변화된다고 말하였다. 하나님의 아들 예수를 닮아야만 천국시민이 된다는 것이다. 성령은 성도가 옛 사람을 멸하고 거룩함의 모범이 되시는 그리스도의 형상을 본받아 새사람으로 변화되어, 하나님이 기뻐하시는 일을 행할 수 있게 하신다. 칼뱅에 따르면, 성화는 일회적인 완성이라기보다는 점진적이다. 성도는 일생을 통하여 회개를 실천하고 죄와 싸우는 영적인 전투를 죽을 때까지 지속하기 때문이다. 모든 성도들이 힘써야 할 성화의 목표는, 그들의 생각과 행위가 하나님의 뜻에 온전히 일치하는 것이다. 하지만 성도들이 부패하고 무질서한 정욕이 자리 잡은 육신의 허울을 벗기까지는 그들 속에 죄의 속성이 잔존하기에, 이 땅에서 완전한 성결을 달성할 수가 없고 부활의 때에라야 거기에 도달하게 된다.[50] 칼뱅은 다음과 같은 이유로 지상에서의 완전성화를 거부한다. "나는 복음적 완전에 아직 이르지 못한 사람은 그리스도인이라고 인정하지 않을 정도로 그런 완전을 엄격하게 요구하지 않는다. 왜냐하면 그렇게 되면 그런 완전과 거리가 멀지 않은 사람이 아무도 없으니 모든 사람을 교회에서 몰아내야 할 것이기 때문이다."[51]

7. 그리스도 안에서 선택하시는 하나님의 섭리로 구원 받는다

본 교단 신앙고백서에 따르면, 전적으로 타락한 인간은 자신의 노력과 의로 구원받는 것이 아니라, 창세전에 그리스도 안에서 성도를 선택하시는 하나님의 섭리인 선행은총으로 구원받는다. 다시 말해서, 전적으로 타락한 인간의 구원에 있어서, 그 주도권은 인간 자신의 내재적인 덕과 선한 성품을 발견하여 함양하는 혹독한 수행과 고도의 인내에 있

---

50) 브루스 데머리스트, 『십자가와 구원』, 600-602.
51) 위의 책, 603.

는 것이 아니라, 거저주시는 하나님의 은혜인 그리스도의 십자가를 통하여 구원하시고자 하는 하나님의 예정하신 선택에 있다는 것이다. 한걸음 더 나아가 범죄한 인간의 구원에 있어서, 그 주도권은 하나님이 베푸신 구원의 은혜인 그리스도의 사랑에 응답하는 인간의 신앙고백적인 차원이 아니라, 즉 인간의 믿음보다 우선하여 창세전에 인간이 타락할 것을 예지한 하나님이 죄인들을 그리스도 안에서 선택하고 구원하시는 사랑의 예정섭리가 인간과 우주를 감싸고 있었음에 있다는 것이다. 이러한 그리스도를 통하여 베풀어지는 특별은총(Gnade)의 예정섭리는, 창조시에 하나님의 형상을 닮아 창조된 인간이 지닌 본성인 일반은총(Natur)을 무시하거나 파괴하는 것이 아니라, 특별은총은 일반은총을 장식하고 완성시키기에 상호 보완적이고 양자 모두가 하나님의 은총인 것이다. 즉, 타락한 인간의 양심으로부터 나오는 왜곡된 자유의지의 산물인 불완전한 인간의 선행은 그 나름대로 가치가 있지만, 거룩하신 하나님 앞에서 온전치 못하고 인간을 구원하기에 부족하기 때문에, 그리스도를 통하여 베풀어진 구원의 은혜인 하나님의 의가 절대적으로 필요하고, 그 특별은총을 통하여 일반은총인 인간의 양심은 밝아지고 의지는 곧아지며 하나님이 기뻐하시는 선행에 더욱 힘쓰게 된다는 것이다.[52]

7.1 하나님의 선택

복음이 모두에게 전해지는 것도 아니고, 전해진 복음에 대한 반응도 사람마다 다르며, 즉 어떤 사람에게는 구원이 값없이 베풀어지나, 어떤 사람에게는 구원에 들어갈 길이 막히는 일을 목회현장에서 경험한 칼뱅은, 하나님의 영원한 선택으로 말미암아 어떤 이들은 구원에 이르도록, 또한 어떤 이들은 멸망에 이르도록 예정되었다고 다음과 같이 말한다.

"그러므로 우리는 성경이 분명히 보여주는 바와 같이 그의 영원하고도 불변한 계획을 통해서, 하나님께서는 구원에 이르도록 받아들

---

[52] 대한예수교장로회총회 헌법개정위원회 편집, 『헌법』, 148.

이실 자들과 또한 그 반대로 멸망에 내어주실 자들을 오래 전에 단번에 정하여 세우셨다고 말한다. 택함 받은 자들에 대해서는 이 계획이 인간의 가치와는 상관없이 하나님의 값없이 주신 긍휼하심을 기초로 한 것이라는 것과, 반대로 정죄에 내어주신 자들에 대해서는 공의롭고 비난할 수 없으며 또한 불가해한 그의 판단에 의하여 생명의 문을 막아놓으셨다는 것을 주장한다. 택함 받은 자들에 대해서는 그 부르심이 선택의 증거라고 간주한다. 그리고 칭의를, 그들이 영광 가운데로 들어가 선택이 완성되기까지 그 선택의 사실을 드러내 주는 또 하나의 표징으로 본다."53)

사람들이 창세전에 차별적으로 생명과 영원한 저주로 이중예정 되었다는 칼뱅의 입장은, 그의 후계자인 테오도르 베자(Theodore Beza, 1519~1605)에 의해 예정론이 창조론과 결부되어 더욱 강경하게 계승되었다. 베자는 모든 일들이 영원 전부터 하나님이 뜻하신 방식으로 일어나고, 하나님이 어떤 이들은 생명을 위해서 또한 어떤 이들은 저주를 위해서 창조하셨다고 주장하였다.54) 그 후에 칼뱅의 예정론은 칼뱅주의 5대 강령 가운데 "무조건적인 선택"과 "제한 구속"이라는 강경한 교리로 체계화 된다. 이처럼 창세전에 결정된 선택과 유기를 말하는 이중예정론은, 전적으로 타락한 인간들 가운데서 하나님이 인간의 공로와 상관없이 무조건적인 은혜로 선택하신 사람들만이 제한적으로 구속함을 받고, 선택받지 못한 사람들은 버려져 구원받지 못한다는 것이다. 이러한 운명결정론적인 이중예정론을 고수하는 한국의 개신교 교단들은 자신들이 정통주의신학의 후예임을 자처하며 우리 주변에 여전히 존속하고 있다.

칼뱅과 거의 동일한 맥락에서 말하는 『웨스트민스터 신앙고백』은, "선택하시는 하나님의 영원하신 경륜에 관하여" 말하면서, 그것은 하나님이 인간에게 허락하신 자유의지를 침해하는 것이 아니라는 비교적 원숙한 개혁신학의 입장을 보여준다. 즉, 하나님의 영원 속에서의 예정이 하나님을 악과 죄의 창시자로 만들거나, 인간의 자유의지를 부정하거나,

---

53) 존 칼빈, *Institutes of the Christian Religion*, 원광연 옮김, 『기독교강요 중권』 (고양: 크리스찬다이제스트, 2003), 524.
54) 브루스 데머리스트, 『십자가와 구원』, 159-162.

제2원인의 자유와 우연성을 제거하는 것이 아니라, 오히려 그것을 확립하신다는 것이다. 다시 말해서, 하나님이 자신의 전능한 지성적 파악에 있어서 앞으로 발생하든지 발생할 수 있는 모든 것을 아신다 하더라도, 하나님이 그것을 미래로 예견하셨거나 혹은 일정한 상태로 일어날 것이라고 해서 그것을 정하신 것은 아니라는 것이다. 그러나 『웨스트민스터 신앙고백』은 다시 원점으로 돌아가 이어서 고백하기를, 하나님의 영광을 나타내고 하나님의 영화로운 은혜를 찬양하게 하시려고, 생명으로 예정된 사람들을 창세전에 그리스도 안에서 선택하셨다는 것이다. 즉, 어떤 이는 영생으로 어떤 이는 영원한 죽음으로 미리 경륜되었기에, 선택받은 무리들의 숫자는 특별하고 변함이 없게 결정되어 증감이 없다는 것이다.[55]

이와는 달리 온건한 개혁신학은 무조건적이고 이중적인 선택과 유기가 아니라, 유기를 제외한 구원받을 자에 대해서만 무조건적이고 단일한 선택을 말한다. 즉, 하나님의 자유로우신 은혜와 사랑을 통해 조건 없이 선택받은 죄인들이 구원에 이를 수 있지만, 죄인들이 버림받아 구원받지 못하는 것은 하나님이 미리 예정하신 것이 아니라, 차별 없이 전해지는 복음을 거부한 그들의 자유의지적인 반응에 기인한 것이다.[56] 마찬가지로 요한복음 3장 16-21절의 증언은, 세상이 구원을 받지 못하는 것은 하나님 탓이 아니라, 독생자를 내어주는 하나님의 지극한 사랑인 예수의 이름을 거부하고 믿지 아니하며, 자신의 악한 행위가 탄로날까 두려워 그것을 더 사랑하는 어두움으로부터 빛이신 그리스도에게로 나오기를 거부하는 것, 바로 그 자체가 하나님으로부터 스스로 버려지는 심판의 이유라는 것이다.

7.2 이중예정론의 재해석

창세전에 영원하신 하나님이 결정하신 선택과 유기를 말하는 이중예정론의 목적은, 인간의 구원에 있어서 하나님의 절대적인 주도권과 하

---
55) 대한예수교장로회총회 헌법개정위원회 편집, 『헌법』, 74-75.
56) 브루스 데머리스트, 『십자가와 구원』, 167.

나님으로부터 자유롭게 베풀어지는 은총을 찬양하려는 것이다. 이런 선한 의도에도 불구하고, 이중예정론은 아무 잘못도 없이 유기되기로 작정된 사람들의 억울함을 해명하지 못하고, 하나님의 선택과 그 선택을 완성시키는 불가항력적 은혜 앞에서 인간의 자유의지에 따른 응답이 무시되는 결과를 낳았기에 많은 비판을 받아왔다. 다시 말해서, 이중예정론은 운명결정론적이고, 인간의 자유의지와 상충하며, 하나님을 죄의 창시자로 만들고, 인간의 선한 동기들을 무효화시키며, 형평성의 원칙에 어긋나고, 열정적인 선교를 방해하며, 보편구원을 말하는 성경구절들과 부합하지 않는다는 것이다. 마찬가지로 위대한 칼 바르트(Karl Barth, 1886~1968)도, 고정된 체계를 말하는 기계적인 예정론이 역사 속에서 선택하고 버리시는 하나님의 활동의 자유와 주권을 침해하고, 인간의 자유의지와 결단을 무의미한 것으로 전락시키는 비성서적인 결과들을 불러왔으며, 진지한 회개로 부르시는 하나님의 소명에 응답하는 인간의 책임성을 약화시킨다고 비판했다. 무엇보다도 전통적인 예정론의 결정적인 문제점을 지적한 바르트에 따르면, 선택과 유기를 작정하신 하나님과 아들이 순종으로 감당한 십자가의 대속적 고통에 동참한 성부의 아픔과 사랑의 속성이 서로 일치하지 않는다는 것이다. 아들을 십자가에 내어주며 함께 고통에 동참했던 성부는, 무조건적으로 사람들을 유기하여 지옥에 보내는 하나님이 아니라, 그리스도 안에서 무조건적으로 사람들을 선택하여 모두가 구원받기를 바라는 보편적인 사랑과 은혜가 충만한 하나님이라는 것이다. 이런 점에서 바르트에게 예정론은, 하자가 있는 교리라기보다는 오히려 그리스도를 통하여 하나님의 은혜와 사랑을 전하는 "복음의 총화"이다.[57] 하지만 구원의 주관적인 차원에서 성령의 역사로 인한 믿음의 응답여부에 따라 그리스도 안에서 구원이 결정되기에, 결과적으로 하나님의 보편적인 사랑을 보여주는 만인화해론이 만인구원론이나 만유화해론이 되기 어렵고, 또한 종말론적인 이중심판을 피해갈 수 없다.

그리스도의 십자가 사건을 통해 나타나는 은총의 하나님을 발견한 바르트의 1942년의 예정론은, 만개한 은총의 복음을 보여준다. 그 내용

---

[57] 김명용, 『칼 바르트의 신학』 (서울: 이레서원, 2007), 150-157.

을 요약하면, 예수 그리스도는 영원 전에 일어난 하나님의 자기규정이다. 이것은 하나님이 그리스도 밖이 아니라, 그리스도 안에서 존재하고 세상을 창조하며 인간을 만나신다는 의미이다. 즉, 창조세계와 역사의 중심이신 그리스도 안에 있는 하나님은, 그리스도의 십자가를 통해서 자신을 계시하는 하나님이시다. 그리스도 안에 존재하는 하나님은, 영원 전에 인간을 사랑하기로 결의하였기에, 그리스도 안에서 인간을 선택하여 긍정하기를 원하시는 하나님이시다. 그러므로 하나님의 이중예정은, 그리스도 안에서 인간을 선택하고 인간을 대신하여 하나님 자신이 버림받는 하나님의 극단적인 사랑과 은총의 계시인 그리스도의 십자가 사건을 의미한다. 하나님은 인간을 무조건적으로 유기하는 것이 아니라, 즉 인간을 버리는 대신에 그리스도 안에서 인간을 선택하고 하나님 자신을 버림으로 예수 그리스도가 "단 한분 버림받으신 분"이 되신다. 그리스도 십자가 사건은 인간을 정죄하고 버리는 것이 아니라, 극단적인 대리적 교환으로 버림받은 그리스도를 통하여 인간을 선택하고 사랑하겠다는 하나님의 자기계시이다. 그래서 하나님의 만민을 향한 보편적인 선택은, 성령의 역사를 통하여 그리스도를 영접하는 믿음의 사건으로 현재의 시간 속에서 지속적으로 일어나는 것이다. 그럼에도 불구하고 버림받은 자들이 존재하는 이유는, 하나님은 언제나 그리스도 안에서 인간에게 사랑과 은총의 선택으로 다가서지만, 그러한 하나님의 선한 의지가 계속해서 거절당하기 때문이다. 결론적으로 그리스도를 믿는 성도는 하나님으로부터 영원 전에 그리스도 안에서 선택된 사람들이며, 그리스도의 십자가는 바로 하나님의 영원한 선택의 보증으로 서 있다.

에베소서 1장 4-7절: "곧 창세전에 그리스도 안에서 우리를 택하사 우리로 사랑 안에서 그 앞에 거룩하고 흠이 없게 하시려고, 그 기쁘신 뜻대로 우리를 예정하사 예수 그리스도로 말미암아 자기의 아들들이 되게 하셨으니, 이는 그가 사랑하시는 자 안에서 우리에게 거저 주시는 바 그의 은혜의 영광을 찬송하게 하려는 것이라, 우리는 그리스도 안에서 그의 은혜의 풍성함을 따라 그의 피로 말미암아 속량 곧 죄 사함을 받았느니라."고 말하는 바와 같이, 그리스도의 구원의 복음을 전하

고 하나님의 은혜를 찬양하는 교리가 바로 이중예정론이다.[58]

이런 점에서, 창세전에 선택과 유기를 말하는 칼뱅과 창세전에 그리스도 안에서의 선택을 말하는 바르트의 이중예정론의 내용은 다르지만, 칼뱅의 이중예정론의 목적과 그것에 대한 바르트의 재해석의 의도는 하나님의 절대 주권을 높이고 하나님의 은혜의 영광을 찬양한다는 점에서 일맥상통한다. 죄인의 구원에 있어서, 칼뱅은 엄위하신 하나님의 절대 주권의 주도권을 드높이고, 바르트는 그리스도의 십자가를 통해서 나타난 하나님의 극단적인 사랑과 자비의 주도권을 강조한 것 같다.

8. 하나님의 사랑에 사로잡힌 그리스도인의 자유

본 교단 신앙고백서에 따르면, 구원받은 그리스도의 제자는 죄를 지을 자유를 버린 자유인으로서, 공의로우신 하나님의 사랑의 고삐에 사로잡혀 교회와 사회 속에서 사랑을 실천하고 하나님의 공의가 이루어지도록 힘쓰고 하나님의 평화를 추구해야만 한다. 다시 말해서 구원을 받아 부활의 소망을 가슴속 깊이 아로새긴 그리스도인은, "눈은 눈으로, 이는 이로 갚으라"는 세상의 법칙을 따라가지 말고, 예수님이 산상수훈에서 가르치신 바와 같이 원수를 사랑하고 원수를 위해서 기도해야 한다. 성도가 원수를 위해 눈물로 통곡하며 기도하면, 그 원수가 자신의 잘못된 길에서 돌이켜 회개할 수도 있고, 그렇지 않더라도 성도는 직접적으로 원수를 갚지 말고 자신을 이유 없이 괴롭히는 원수를 공의로우신 하나님의 손에 맡겨야 한다. 이렇게 사는 삶이야말로 십자가에서 자신을 못 박는 자들을 용서하신 그리스도의 뒤를 따라가는 거룩한 삶이며, 시기와 증오나 보복살인이 난무하는 세상 속에서 그리스도인이 자신의 정체성을 잃어버리지 않고 살아가는 길이다. 성도는 자신의 이익을 위하여 남을 이용하고 이용가치를 상실한 친구를 헌신짝처럼 버리지 말고, 남을 위하여 자신의 생목숨을 버린 십자가 위의 그리스도처럼 대리적인 삶을 살아가야 한다. 하나님의 사랑과 공의를 따르는 그리스도인

---

[58] 위의 책, 162-174.

은, 하나님의 나라의 건설과 그리스도의 재림을 앞당기기 위하여 애쓰는 삶을 살아야만 한다. 그러한 그리스도인의 삶은, 신앙의 사적인 영역인 개인의 내면과 가정과 교회의 영역을 넘어서 직장과 사회와 국가의 영역에 이르기까지, 더 나아가 전 세계와 온 우주의 영역에 이르기까지 공적으로 책임지는 삶으로 확대되어야 한다. 하나님의 거룩하심이, 구원받아 부활의 소망을 품은 그리스도인들의 거룩한 생활을 통하여 죄악이 가득한 전 세계와 온 우주를 덮도록 힘써야 한다는 것이다.[59]

9. 성도의 견인과 영화

성도의 신앙은 성령으로 말미암아 주어지는 하나님의 선물이다. 그래서 칼뱅은 성도의 심령에 신앙을 일으키는 것이 성령의 주요한 사역이라고 하였다. 성령의 은밀한 에너지로 인하여 성도는 그리스도와 그의 모든 유익들에 도달하기에, 그리스도는 성령의 띠를 통하여 성도들을 자신에게 효과적으로 연합시킨다.[60] 중세후기의 신비주의자 마이스터 에크하르트(Meister Eckhart, 1260~1328)는, 성령의 역사로 인하여 초연하고 초탈되어 가난한 영혼의 근저 안에 하나님의 아들의 탄생이 일어나면, 하나님의 자녀가 된 성도들과 하나님이 인식론적, 존재론적, 윤리적인 일치를 이룬다고, 즉 하나님으로부터 하나님과 함께 하나님 안에서 신비적인 일치에 도달하는 하나됨을 설교하였다.[61] 하지만 칼뱅은 그리스도 안에서의 신비로운 연합은 그리스도의 본질과 성도가 합쳐지는 것이 아니라, 성도가 그리스도를 경험적으로 소유하는 것, 즉 그리스도로 옷 입는 것으로 생각하였다. 다시 말해서, 성도와 그리스도의 연합은 본체론적인 것이 아니라, 성도의 심령 속에 그리스도와 그의 은사가 영적으로 내주하는 것을 의미한다는 것이다.[62]

이처럼 그리스도와 연합하여 의롭다 칭함을 받은 성도들도 때로는 믿음이 약해지거나 하나님께 불순종하거나 죄를 지을 수도 있다. 하지만

---

59) 대한예수교장로회총회 헌법개정위원회 편집, 『헌법』, 148-149.
60) 이양호, 『칼빈: 생애와 사상』 (서울: 한국신학연구소, 2010), 176.
61) 김형근, 『마이스터 에크하르트와 불교: 하나님의 신성과 공』, 183.
62) 브루스 데머리스트, 『십자가와 구원』, 484.

하나님은, 자신의 사랑과 은혜로 그리스도 안에서 선택하여 구원으로 부른 성도들을 끝까지 인내하고 보존하시어, 성령을 통해 그들의 최종적 구원을 보증하신다. 칼뱅에 따르면, 하나님이 성령의 은혜로 인내하는 성도들의 견인을 확고하게 함으로써 자신의 구원사 전체를 완성하신다는 것이다. 그러므로 성도들은, 자신들의 의지가 아니라 그리스도와 성령의 은혜로 말미암은 의로운 하나님의 아들의 신분에서 버려지거나 탈락되지 아니하고 종말론적인 부활의 소망으로부터 끊어지지도 아니한다.63) 이렇게 하나님의 무한한 은혜로 끝까지 견인된 성도들은, 그리스도의 종말론적인 재림을 통하여 영생의 부활의 몸으로 영화될 것이다. 영화된 성도들은 그리스도를 직접 대면하고, 그들에게서 모든 죄의 흔적들이 사라지며, 영원한 그리스도의 온전한 형상으로 변화되는 성화의 완성이 이루어져, 구원하시는 하나님의 영광을 영원히 찬양하며 예배하게 될 것이다.64)

10. 결론

오늘의 다양한 상황들 속에서, 우리는 그리스도의 속죄론의 확대와 아울러 일어나는 구원론의 지평의 확대를 심사숙고해야 할 필요가 있는 것 같다. 즉, 전통적인 개혁신학의 구원론이, 기득권층들의 구원으로부터 고통당하는 여러 부류의 사람들에게로, 오직 선택받은 인간만의 구원으로부터 만인에게로, 자연과 우주적 지평으로까지 확대되어 말해지고 있다. 한편으로, 남미의 해방신학은 불의한 사회구조 속에서 경제적으로 착취당하고 정치적으로 억압당하는 가난한 자들을 우선적으로 편드는 선택과 그들의 구원을 위해 오신 해방자 그리스도를 말했다. 또한 북미의 흑인신학은 백인들로부터 인종적으로 차별받는 흑인의 해방과 구원을 위해서 오신 흑인인 그리스도를 외쳤다. 그리고 온건한 여성신학은, 그리스도를 통하여 이루어지는 구원이란 가부장제의 억압적이고도 침묵과 인내를 강요하는 구조 속에서 성차별 받는 것으로부터 해방되어, 하

---

63) 위의 책, 652-657.
64) 위의 책, 700-709.

나님의 형상을 따라 창조된 여성성의 온전한 실현을 여성의 완전한 구원의 완성으로 본다. 한국의 민중신학은 사회구원의 차원에서 고된 노동과 저임금에 시달리는 노동자들의 인권의 회복을 온전한 구원으로 보았고, 예수는 고난당하며 신음하는 민중들의 해방자로 오셨다고 증언하였다. 거기서 한걸음 더 나아가 생태신학은, 전통적인 인간중심적인 구원론을 비판하면서 생태계를 파괴하는 죄로 물든 인간의 이기심으로부터 창조질서를 회복하고 보존하는 것을 전 피조세계의 구원으로 본다.[65]

하지만 이런 상황신학들은 루터나 칼뱅이 말한 전통적인 구원론을 결코 간과해서는 안 될 것이다. 다른 한편으로, 그리스도의 십자가 사건을 통하여 일어나는 바르트의 객관적인 구원론인 만인화해론은 성령의 역사를 통한 믿음의 결단에 의해 그리스도 안에서 구원의 여부가 결정되기에 만인구원론은 분명히 아니다. 하지만 바르트의 만인화해론에 영감을 받은 가톨릭 신학자 칼 라너(Karl Rahner, 1904~1984)는, 하나님의 무한하신 은총에 기초하여 "익명의 그리스도인"을 언급하면서 만인구원론으로까지 밀고 나갔다. 그러나 만인구원론은 성서의 이중심판론과 명백히 충돌한다. 또한 바르트의 만인화해론을 발전시킨 개혁신학자 위르겐 몰트만(Jürgen Moltmann, 1926~2024)은, 『오시는 하나님』이라는 자신의 저서에서 하나님의 무한하신 사랑의 영원성에 근거하여 모든 인간의 구원을 넘어 피조세계 전체와 온 우주를 포함하는 만유구원론의 희망으로까지 그리스도의 구원을 확장시켜 해석하였다.[66] 하지만 이것은 정형화된 교리나 완결된 결론이라기보다는 몰트만의 희망의 신학의 차원에서 하나의 기도와 소망으로 머물러 있는 것으로 보는 것이 타당할 것이다.[67] 이처럼 하나님이 선택받은 자들을 넘어 세상 전체를 사랑하고(요3:16), 세상 전체와 화해하였고(고후5:19), 그리스도 안에서 만물의 통일(엡1:10)과 그리스도의 십자가의 피로 이룬 만물의 화해(골1:20)를 주장하는 라너와 몰트만의 견해들은, 이중심판론으로 영생과 심판의

---

65) 박만, 『최근신학연구』 (서울: 나눔사, 2002), 8. 그리고, 다니엘 L. 밀리오리, *Faith Seeking Understanding*, 신옥수·백충현 옮김, 『기독교 조직신학 개론』 (서울: 새물결플러스, 2106), 349-390의 "상황 속에서 예수 그리스도 고백하기"를 참고하라.
66) 김명용, 『칼 바르트의 신학』, 237-234.
67) 신옥수, 『몰트만 신학 새롭게 읽기』 (서울: 새물결플러스, 2015), 233-234.

부활을 말하는 성서의 증언들(요5:29, 계20:6,12-15)과는[68] 좀 색다르고 다양한 신학적 전망들을 제시한다. 이처럼 성서 안에는 다양한 신학들이 공존하기에, 성서를 교리적으로 획일화시키는 것보다, 오히려 그 다양성을 열어두는 것이 성서를 더 성서 되게 하는 것처럼 보일 수도 있다. 그러나 목회현장에서 분명한 진리의 길을 제시하며 하나님의 말씀을 선포하는 목회자들과 또한 그들로부터 하나님의 말씀을 듣는 교회의 성도들을 고려할 때, 만인구원론이나 만유구원론 보다 요한복음 5장 29절(선한 일을 행한 자는 생명의 부활로, 악한 일을 행한 자는 심판의 부활로 나오리라)에 근거한 생명의 부활과 심판의 부활이라는 이중심판론이 더 설득력을 가진다.

    결론적으로 말해서 전적으로 타락한 인간은, 자신의 공로나 자유의지가 아니라 오직 하나님의 은혜로만 구원을 받을 수 있고, 오직 사랑의 계시인 예수 그리스도를 믿음으로 의롭다 칭함을 받고, 오직 성령의 은혜를 통하여 점진적으로 성화되어 가며, 오직 그리스도의 종말론적인 재림을 통하여 영원한 생명의 부활로 영화롭게 변화되어, 성화를 완성하고 최종적인 구원에 이른다. 전적으로 타락하여 죄로 물든 인간의 구원에 있어서, 하나님 아닌 것과 죄인인 "나"는 사라지고, 오직 하나님의 은총만이 어두움을 몰아내는 아침 햇살처럼 영롱하게 빛난다. 즉, "나의 나 된 것"이라고 말해지는 인간의 존재됨을 포함하여 모든 것이 하나님의 은혜이기에, 영광은 오직 창조와 구원과 새 창조를 행하시는 하나님께만 돌려져야 마땅하다.

---

[68] 최윤배, "깔뱅의 구원론," 『구원론』 (서울:대한기독교서회, 2015), 154에서, 이중심판론을 지지하는 최윤배 교수에 따르면, "깔뱅은 신령한 몸의 부활을 영화로 이해하고, 예수 그리스도의 재림시에 있을 부활과 심판을 영생과 영벌이라는 이중결과로 이해함으로써 기독교역사 초기 오리게네스로부터 오늘날 몰트만에까지 이르는 만유구원론(총괄갱신론: *apokatastasis panton*)을 수용하지 않는다."

Ⅱ. 『그리스도를 본받아』의 신학적 배경과 주제들[69]

디모데후서 3장 1-7절: 너는 이것을 알라 말세에 고통하는 때가 이르러, 사람들이 자기를 사랑하며 돈을 사랑하며 자랑하며 교만하며 비방하며 부모를 거역하며 감사하지 아니하며 거룩하지 아니하며, 무정하며 원통함을 풀지 아니하며 모함하며 절제하지 못하며 사나우며 선한 것을 좋아하지 아니하며, 배신하며 조급하며 자만하며 쾌락을 사랑하기를 하나님 사랑하는 것보다 더하며, 경건의 모양은 있으나 경건의 능력은 부인하니 이 같은 자들에게서 네가 돌아서라, 그들 중에 남의 집에 가만히 들어가 어리석은 여자(영지주의와 같은 이단사상에 빠지거나 정욕에 이끌려 진리에 이르지 못하는 자들)를 유인하는 자들이 있으니 그 여자는 죄를 중히 지고 여러 가지 욕심에 끌린바 되어, 항상 배우나 끝내 진리의 지식에 이를 수 없느니라.

디모데후서 3장 12절: 무릇 그리스도 예수 안에서 경건하게 살고자 하는 자는 박해를 받으리라.

디모데후서 3장 15-17절: 또 어려서부터 성경을 알았나니 성경은 능히 너로 하여금 그리스도 예수 안에 있는 믿음으로 말미암아 구원에 이르는 지혜가 있게 하느니라. 모든 성경은 하나님의 감동으로 된 것으로 교훈과 책망과 바르게 함과 의로 교육하기에 유익하니, 이는 하나님의 사람으로 온전하게 하며 모든 선한 일을 행할 능력을 갖추게 하려 함이라.

1. 서론

토마스 아 켐피스(1380~1471)는 철저하게 성서에 기초한 『그리스도를 본받아』 1권 1장에서 그리스도를 본받는 것과 세상의 모든 헛된 것을 미워함에 대하여 다음과 같이 권면한다.

---

[69] 이 논문은, 김형근, "Thomas a Kempis의 De Imitatione Christi의 신학적 배경과 주제들," 『신학과 문화』 25집 (2021), 97-131에 실린 것이다.

"주께서 말씀하셨다. '나를 따르는 자는 어둠에 다니지 아니하고…'(요8:12). 우리가 진심으로 어두운 마음의 눈을 떠서 참된 깨달음을 얻고 싶다면, 그리스도를 따라야 한다는 말씀이다. 다시 말해서 주님은 우리에게 그의 삶과 행동방식까지도 본받아 살아가길 명하신다. 그러므로 우리는 예수 그리스도의 삶을 열심히 공부하고 묵상해야만 한다. 그리스도의 말씀이야말로 어떠한 성인의 가르침보다 탁월하다. 내면에 주님의 영이 거하는 사람은 그리스도의 가르침 속에서 만나를 거두어 먹는다(계2:17). 그러나 복음을 아무리 들어도 전혀 주의를 기울이지 않는 사람들이 있다. 이는 그들 안에 그리스도의 영이 없기 때문이다(롬8:9). 그러므로 그리스도의 말씀을 온전히 이해하고 싶은 사람은 자신의 전 생애를 그리스도의 삶과 일치시키기 위해 노력해야만 한다. 삼위일체 교리에 대해 깊이 있게 논할 수 있다고 한들, 겸손함이 없어 그 삼위일체 하나님의 마음을 아프게 한다면 무슨 소용일까? 학식이 높다고 해서 절로 거룩하고 정의로운 사람이 되는 것은 아니다. 진정 덕스러운 삶이야말로 하나님을 기쁘게 한다. 그리스도께서 회개에 대해 무엇을 말씀하셨는지 아는 것이 중요한 게 하니라, 실제 양심의 가책을 느껴 회개의 자리로 나아가는 것이 중요하다. 성경의 모든 말씀과 모든 철학자의 말을 다 이해하고 달달 외운다 할지라도 하나님의 은혜와 사랑을 받지 못하면 그 모든 것이 무슨 소용이 있단 말인가?"[70]

그러므로 영원하신 하나님을 사랑하고 섬기는 것 이외에 모든 것이 헛되기 때문에, 최고의 지혜는 세상(재물, 명예, 정욕)의 것을 따라가지 말고 하나님 나라의 실현을 바라보면서 하나님의 뜻을 따라 자기를 부인하고 십자가를 지고 인내하며 겸손하게 순종한 예수 그리스도를 본받아 그분의 뒤를 따라가는 것이다.

토마스의 『그리스도를 본받아』는 아우구스티누스(Augustinus, 354~430)의 『고백록』과 존 번연(John Bunyan, 1628~1688)의 『천로역정』과 더불어 성경 다음으로 가치를 인정받아 그리스도인들에게 많이

---

70) 토마스 아 켐피스, *De Imitatione Christi*, 최요한 옮김·정원래 해제, 『그리스도를 본받아』 (서울: 선한청지기, 2021), 15-16.

애독되는 그리스도교의 3대 고전에 속한다. 유재덕에 따르면, 『그리스도를 본받아』는 종교개혁자 마틴 루터(Martin Luther, 1483~1546), 예수회의 설립자 이그나티우스 로욜라(Ignatius de Loyola, 1491~1556), 감리교의 창시자 존 웨슬리(John Wesley, 1703~1791)와 구제불능의 노예무역상인이었다가 회개하고 목사가 되어 어메이징 그레이스(Amazing Grace: 나 같은 죄인 살리신)를 작사한 존 뉴톤(John Newton, 1725~1807)에 이르기까지 수많은 그리스도인들에게 그 영향력을 행사해 왔다. 즉, 『그리스도를 본받아』는 토마스 자신이 평생에 걸쳐 수련하고 실천한 신앙고백이며, 후배수도사들과 성도들에게 생활 속에서의 경건실천을 강조하는 간결한 권면으로서 그 책을 읽는 사람들에게 도전과 깨달음과 영적감화를 주기 때문에, 예수회는 경건훈련을 위한 공식교과서로 사용하고 있다. 그래서 브리태니커 백과사전은 『그리스도를 본받아』를 "그리스도교의 문학작품들 가운데 가장 영향력 있는 작품"으로 평가하고, 또한 뉴욕 타임즈는 "성경 다음으로 그리스도인들이 가장 많이 읽은 책"으로 극찬한다. 그리고 존 웨슬리는, "『그리스도를 본받아』는 천 번을 거듭해서 읽더라도 결코 만족을 얻을 수 없는 책"이고 "그 영적 원리들은 묵상의 씨앗들"이기 때문에, "거기에 담긴 내용들은 고갈되는 법이 없다"라고 말했다.[71]

2. 『그리스도를 본받아』
2.1 저자

지금까지 전해지는 가장 오래된 문서에는 토마스의 이름이 없고, 이 책의 원본이 발표되고 20여 년이 지난 1447년에 이르러 만들어진 사본부터 토마스가 이 책의 저자로 표기되었기 때문에, 이 책의 저자에 대한 논란이 있어왔다. 그리고 토마스가 이 책의 저자가 아니라 편집자로 밝히는 사본들도 많이 있기 때문에, 파리대학교의 총장이었던 쟝 드 거존과 토마스가 속했던 공동생활형제단을 시작한 헤르트 흐로테(Geert

---

71) 토마스 아 켐피스, *De Imitatione Christi*, 유재덕 옮김, 『그리스도를 본받아』 (서울: 도서출판 브니엘, 2018), 5-7과 뒤표지.

Groote, 1340~1384)를 저자로 간주하기도 한다. 그래서 쟝 드 거존을 저자로 인정하는 사본들도 있지만, 그는 사제였지 수도사가 아니었기에 이 책의 주제나 문체에 어울리지 않음으로 적격한 저자로 인정되지 않는다. 네덜란드의 데벤테르(Deventer) 출신으로 파리대학에서 공부하고 법률가로 살았던 흐로테는, 큰 병을 앓고 나서 자신의 덧없는 사회적 지위를 버리고 많은 재산을 가난한 사람들에게 나누어 주며 영성훈련에 몰입하여 카르투지오수도회의 금욕훈련을 수련하였고 많은 지역에서 대중들에게 열심히 복음을 전하였지만, 그가 가톨릭교회의 지도자들을 비판하자 그의 설교권이 박탈되어 그 후에 고향으로 돌아와 공동생활형제단을 시작하였다. 그러나 지금까지 전해지는 7백여 개의 문서들 중에 흐로테의 이름이 단 한 번도 언급되지 않는다. 하지만 독일 켐펜(Kempen)출신의 토마스 하메르켄(Hamerken: 작은 쇠망치)이라는 이름은 이 책의 초기 문서들 중에 빈번히 나타난다. 예들 들면, "이 책은 즈볼레 부근 성 아그네스 산의 수도사 토마스 아 켐피스에 의하여 집필되었다." 혹은 "주후 1441년 즈볼레 부근 성 아그네스 산의 켐펜 출신 토마스 형제의 손으로 마무리되고 완성되었다"고 전한다. 이런 점에서 그의 명성이 오늘까지 지속되어 토마스를 이 책의 저자로 인정하는 것이다.[72] 하지만 우리의 경건한 영성의 유지를 위하여서는 이 책의 저자가 누구인지 보다 이 책이 우리에게 무엇을 말하는지가 더 중요하다.

2.2 내용의 구성

이 책의 저자가 보여준 정확한 라틴어의 리듬감과 양식의 대담한 단순함 그리고 하나님과 인간에 대한 심원한 사랑으로 인해서 독보적인 인기를 누린 『그리스도를 본받아』는 총 4권으로 구성되어 있는데, 이는 본래 각각 기록되어 수도사들이 서로 돌려가면서 읽었다. 이 책의 4권은 진지한 성찬의 참여에 대해서 논하고, 1-2-3권은 하나님과 인간을 깊이 사랑하려고 열정적으로 헌신하는 영혼의 정화의 길과 조명의 길을 안내하고 있다.[73] 이 책의 1권은 25장으로 "영적인 삶에 도움이 되는

---

[72] 위의 책, 258-261.

생각들"에 대하여, 2권은 12장으로 "내면의 삶을 이끄는 권면들"에 대하여, 3권은 59장으로 "내면의 위로"에 대하여, 4권은 18장으로 "성찬에 대하여" 말한다. 이 책에서 그리스도의 고난에 참여하려는 헌신과 성찬에 대한 열정은 밀접하게 관련되어 있다. 이는 예수 그리스도의 고난의 삶과 구원사역의 의미를 가장 잘 나타내는 것이 성찬(찢겨진 몸과 흘린 피)이기 때문에, 이러한 성찬에 자신의 경건에 대한 모든 노력과 행위의 한계를 인정하고 은혜를 사모하는 마음으로 진지하게 참여하는 것이야말로 사랑으로 충만한 그리스도를 본받고 그분과 하나가 되는 경건의 완성인 것이다.74)

    1-2권에서 토마스는, 주님을 마음 깊은 곳에 모시어 들이기를 원하면서도 그렇게 하지 못하는 초심자들의 영적인 수련을 지도한 경험을 바탕으로 하여 영성훈련의 과제들에 대하여 친절하게 설명한다. 이는 인간의 내면적인 삶의 성숙을 방해하는 장애물들을 제거하고, 하나님이 임재하시는 덕스런 성품들을 함양시키려는 의도였다. 3-4권에서 토마스는, 예수님을 상담자로 내세워 그분이 직접 말씀하시고 나면, 그것을 들은 제자가 기도로 그 말씀을 따르지 못하는 자신의 절박한 상황을 주님께 아뢰고 그 말씀을 순종하고 실천할 수 있도록 은혜를 간구하며, 이런 제자의 탄식기도에 응답하는 주님이 또다시 음성을 들려주는 형식을 취하고 있다. 이러한 주님과 제자와의 상담적인 대화 속에서 내면의 깊은 마음의 언어가 드러나게 된다. 우리는 주님의 감미로운 사랑을 체험하고 그 사랑의 맛을 음미한 사람들이지만 주님을 따르고 그분과 함께 거하지 못한다. 모든 피조물들보다도 하나님을 최우선으로 사랑하는 내면의 올바른 질서는 성서(예수 그리스도의 말씀)에 기초한 영적인 훈련과 체험을 통해서만 바로 잡힌다. 그러나 우리가 경험 속에서 일시적으로 체득한 정확한 감정과 시각도 오래 지속되지 않기 때문에, 우리는 말씀의 거울 앞에 서서 그 거울에 비친 언제나 불완전한 우리 자신들의 내면부

---

73) 올리버 데이비스, "Ruysbroeck, a Kempis and the *Theologia Deutsch*," in: *The Study of Spirituality*, Edited by Cheslyn Jones, Geoffrey Wainwright, Edward Yarnold, SJ (New York·Oxford: Oxford University Press, 1986), 324. 이 원서는 기독교영성신학연구소가 감수하고 권순구가 번역하여 도서출판 영성이 『기독교 영성학』으로 2000년에 출판하였는데 번역본의 476쪽과 비교하라.
74) 토마스 아 켐피스, 최요한 옮김·정원래 해제, 『그리스도를 본받아』, 371.

터 성찰할 필요가 있다.75)

　　그리고 자상한 토마스는 이 책에서 그리스도를 본받는 전체적인 과정을 독자들에게 소개하지만, 우리는 단 한순간에 어떤 통찰력을 얻어 모두를 실천하기는 어렵고 지속적인 독서를 통하여 깨달음을 얻어 그것을 자신의 삶에 적용하다가 넘어지고 다시 일어나 전진하고자 하는 열정이 있을 때, 우리는 주님이 주시는 최종 승리(주님과의 분열이 아니라 세상으로부터 뒤돌아서 주님 안에 거하며 주님과 하나가 되는 일치)를 얻는다. 이제 하루에 한 장씩 천천히 반복하여 읽어나가다 보면, 우리는 분명히 주님과의 깊고도 내적인 영적 교제에로 깊이 들어가게 될 것이다. 이 책이 집필되어 출판될 당시에도(1420-1427) 교회가 타락하여 매우 혼란한 시기였는데, 이 책을 접한 수도사와 수녀들 그리고 성직자와 평신도들에 이르기까지 신앙을 정화하자는 운동이 일어났다. 이 책의 진가는 동시대의 전통적인 지식을 넘어선 이 책의 기원을 초월하여 오늘을 사는 우리에게도 그리스도를 본받는 영적인 삶을 추구하라고 호소하는데 있다. 이 책에 등장하는 수도원의 기풍을 가진 금욕적인 급진주의는, 세상의 헛된 욕심들을 부정하고 열성적으로 하나님께 나아가고자 하는 청년 성도들에게 적합하고, 또한 매일의 삶속에서 자신의 내면에 도사린 죄를 살피고 회개하고자 노력하는 나이를 먹은 어르신 성도들에게도 유익하다. 생활 속에서 그리스도를 본받으려는 우리들의 열망과 노력들은 성공과 실패가 있을 수도 있지만, 우리에게 따라오라고 손짓하는 주님은 언제나 우리를 사랑하시고 변함이 없으시기 때문에 우리를 붙잡은 손을 놓아버리심으로 동일하신 자신의 끈끈한 사랑으로부터 우리를 절대로 떨어지지 않게 하신다.76)

3. 생애

　　그리스도를 본받아서 내적으로 헌신하고 경건의 실천에 힘썼던 수도사로서 토마스는, 독일 라인 강 하류의 쾰른(Cologne) 근처의 켐펜에

---

75) 토마스 아 켐피스, *De Imitatione Christi*, 김지현 옮김, 『그리스도를 본받아』 (서울: 도서출판 낮은마음, 2003), 샐리 커닌의 서문, 1-2.
76) 위의 책, 3-4.

서 1380년경에 태어났고 네덜란드의 즈볼레에서 91세의 나이가 된 1471년에 하나님의 품에 안겼다.[77]

토마스는 켐펜에서 라틴어를 공부하고 12살쯤에(1392년) 부모의 지시로 그의 형 요한네스(Johannes)가 머물고 있었던 네덜란드의 데벤테르로 갔다. 여기서 토마스는 형의 주선으로 대성당 학교(Cathedral school)에 입학하여 더 공부하기를 바랐다. 토마스의 형 요한네스가 몇 년 전에 먼저 이곳에 와서 헤르트 흐로테가 시작한 수도회인 공동생활형제단(the Brethren of Common Life)에 가입해 있었고, 근대경건운동(Devotio moderna)을 일으켰던 흐로테의 제자인 플로렌티우스 라데빈스(Florentius Radewijns, 1350~1400)의 지도를 받고 있었다. 라데빈스는 흐로테가 시작한 공동생활형제단을 정식단체로 설립하였다. 여기서 7년 동안 토마스도 겸손한 생활의 모범으로 사람들을 그리스도께로 이끌었던 스승 라데빈스의 집에 기숙하며 지도를 받았고, 나중에는 공동생활형제단으로 거처를 옮겨 그 형제들과 깊이 사귀면서 세상으로부터 돌아서야만 한다는 영적 감화를 받았다. 19세가 된 1399년에 토마스는, 그의 형이 부원장으로 있었던 즈볼레의 외각에 위치한 성 아그네스 산(Agnetenberg)에 있는 아우구스티누스수도회에 속한 수도원에 헌신자로 입회하였다. 27살이 된 1407년에 토마스는, 수도원의 다른 사람들과 마찬가지로 청빈과 사랑과 순종의 신앙서약을 하고, 33살이 된 1413년경에 사제로 서품을 받았고 이때부터 켐펜의 토마스(라틴어 이름)로 알려졌다. 45살이 된 1425년에 토마스는, 수도원의 부원장이 되어 초심자들의 훈련을 지도하였다. 자신이 속한 수도회의 초심자들을 지도하기 위하여 토마스가 1420-1427년 어간에 『그리스도를 본받아』를 집필한 것으로 추정된다. 수도회 내에서 토마스는 행정직을 맡아서 일하기도 하였지만, 주로 그가 헌신한 경건한 일은 성경필사와 편지쓰기, 찬송시와 전기쓰기 그리고 상담이었는데, 그중에서도 가장 위대한 업적은 『그리스도를 본받아』를 저작한 것이었다.[78]

---

[77] 한정애, "종교개혁의 선구자 토마스 아 켐피스," 『신학과 교회』 제5호(2016년 여름), 135.
[78] 토마스 아 켐피스, *De Imitatione Christi*, 최치남 옮김, 『그리스도를 본받아』 (서울: 생명의 말씀사, 1992), 폴 벡텔의 머리말, 8-11.

1429년 6월에 토마스는, 교황 마틴 5세의 명령(토마스가 속한 수도회를 성직금지 주교구로 지정함)에 따라 자진해서 프리스랜드로 추방되었다가, 1432년 11월에 즈볼레의 성 아그네스 산 수도원으로 돌아왔고, 1448년에 수도원의 부원장으로 다시 선출되었다. 91세가 된 1471년에 토마스는, 성 아그네스 산 수도원의 연대기를 작성하던 중 사망하였고 그 수도원의 동쪽 안뜰에 안장되었다가, 1672년에 그의 유골이 즈볼레의 성 요셉교회 마당으로 이장되었고, 1892년에 즈볼레의 외곽에 위치한 성 미첼교회로 다시 이장되었다.[79]

4. 신학적 배경
4.1 성경

『그리스도를 본받아』는 무엇보다도 성경에 그 기초를 두고 있다. 토마스 자신이 성경 전체를 4번이나 필사할 정도로 성경에 정통하였고, 이 책 속에서 천 개가 넘는 성경의 구절들을 조직적으로 엮어서 그것이 관주적인 통일성을 가지도록 만들어 놓았다. 이 책이 경건문학의 고전이 될 수 있었던 이유는 그 바탕에 능력 있는 하나님의 말씀인 성서적 전거를 가지고 있기 때문이다. 그리고 토마스 자신이 예수 그리스도를 친구로 삼고 그분을 본받고 따르려고 한 것이 이 책이 가진 능력의 원천이다. 따라서 그리스도의 생애와 사역을 본받아 그분의 뒤를 따라 그분과 하나가 된다는 것은, 세상적인 자기추구의 욕구로부터 뒤돌아서서 내 안에 계신 그리스도와 그리스도 안에 있는 나를 발견하고 그분과 동행하며 살아가는 것이다. 우리가 예수 그리스도를 온전히 본받으려면, 완전한 겸손과 철저한 순종이 필요하고, 영혼의 지극한 가난과 순결 그리고 온순함을 유지하며, 하나님이 주시는 연단과 고난을 기꺼이 받아들이는 인내를 견지하고, 환난 중에도 하나님이 주시는 평화와 즐거움을 누리며, 지은 죄에 대한 깊은 탄식과 회개에 힘쓰고, 온전히 자기를 부인하고 하나님과 타인을 그리스도의 사랑으로 사랑하며, 나는 아무것도 아

---

79) 토마스 아 켐피스, 김지현 옮김, 『그리스도를 본받아』, 토마스 아 켐피스 연대기, 398-399.

니라는 자세(먼지와 티끌에 불과한 나)를 가지고 하나님의 은총을 겸손히 간구하는 기도에 힘써야 한다는 것이다.80)

다시 말해서 성도는 매일의 생활 속에서 진리의 빛과 생명의 은총으로 성육신하신 그리스도의 발자취를 따라 철저하게 순종하고, 말씀이신 그리스도의 음성을 항상 경청하며, 예수 그리스도와 더불어 연합하고 일치하여 함께 살아가고, 모든 것을 희생할지라도 예수 그리스도만을 사랑하며, 삼위일체 하나님을 슬프게 하는 마음 씀씀이나 행위들은 무엇이든지 짓밟아 버리고 돌아서며, 하나님의 영광을 위해서는 어떤 무거운 짐이라도 자진해서 기쁘게 짊어지고 감당하는 것이다. 이렇게 성경과 예수 그리스도를 고대의 격언들과 아리스토텔레스(Aristoteles, B.C. 384~B.C. 322)와 세네카(Seneca, B.C. 4~A.D. 65)의 글들과, 아우구스티누스와 클레르보의 버나드(Bernard of Clairvaux, 1090~1153)의 책들과, 토마스 아퀴나스(Thomas Aquinas, 1225~1274)와 마이스터 에크하르트(Meister Eckhart, 1260~1328)의 작품들과 연결시켰던 토마스 아 켐피스는, "마치 새것과 옛것을 그 곳간에서 내오는 집주인과 같은"(마13:52) 그런 사람이다.81)

4.2 아우구스티누스

아우구스티누스의 간결한 수도규율은, 수도공동체 내에서 사랑과 조화를 바탕으로 일상생활을 해나가고, 상호간의 권면과 지도, 사유재산의 포기와 금욕, 수도원장의 권위에 대한 복종, 규칙적인 기도생활이 그 중심적인 내용을 이루고 있다.82) 아우구스티누스수도회에 속해 있었던 토마스는 이 규율에 영향을 받았다. 필자의 생각으론, 『그리스도를 본받아』 3권 5장의 다음과 같은 구절이, 모든 피조물들보다 하나님을 최우선으로 사랑하라는 아우구스티누스의 "사랑의 질서"와 아우구스티누스가 방황하며 찾았던 "하나님 안에서 누리는 안식"을 잘 나타내는 것처

---

80) 토마스 아 켐피스, 최치남 옮김, 『그리스도를 본받아』, 폴 벡텔의 머리말, 11-12.
81) 토마스 아 켐피스, *De Imitatione Christi*, 김정준 옮김, 『그리스도를 본받아』 (서울: 대한기독교서회, 1992), 5.
82) 한정애, "종교개혁의 선구자 토마스 아 켐피스," 137.

럼 보인다.

"사랑은 뛰어납니다. 실로 가장 큰 축복입니다. 어려운 일을 전부 감당하게 만들고 모든 문제를 차분하게 기다리며 풉니다. 원망 없이 무거운 짐을 지고 온갖 악을 선으로 바꿉니다. 예수님의 고귀한 사랑은 위대한 행동을 낳고 더 완전한 것을 갈망하게끔 감동을 줍니다. 사랑은 상승할 뿐 그 무엇에도 사로잡혀 하락하지 않습니다. 사랑은 세상적인 사랑에서 벗어나 자유롭기를 바랍니다. 그렇지 않으면 마음의 눈은 감기고 일시적인 흥분에 몰두하며, 역경 앞에서 무릎을 꿇을 것입니다. 사랑보다 더 달콤한 것은 없습니다. 더 강한 것도, 더 높은 것도, 더 넓은 것도 없습니다. 하늘에서나 땅에서나 사랑보다 더 즐거운 것도, 더 충만한 것도, 더 좋은 것도 없습니다. 왜냐하면 사랑은 하나님께로부터 왔으며, 모든 피조물보다 높은 하나님 안에서만 쉴 수 있기 때문입니다."[83]

이처럼 토마스는, 사랑의 주님이 자신의 내면에 찾아오심으로 자신의 악한 정욕에서 해방되고, 문란한 정욕으로 엉망이 된 자신의 내면이 깨끗하게 되며, 건강하고 정결한 마음으로 주님을 사랑하고 고난도 이겨낼 수 있게 해달라고 기도한다. 그리고 하나님의 따뜻한 사랑으로 충만해진 그의 영혼은, "나의 하나님, 나의 사랑, 하나님은 저의 전부이고 저는 하나님의 전부입니다."[84] 라고 외친다. 그래서 토마스는 "어떠한 피조물에게서도 마음의 위로를 구하지 않는 사람은 하나님을 온전히 누리기 시작한다." 라고 말한다.[85]

또한 토마스는, "세상의 모든 찰나적인 것들에 쏟았던 관심을 버릴 수만 있다면, 당신은 크게 성장하게 될 것이다. 없어질 것들에 자꾸 마음을 두는 것은 매우 큰 잘못이다. 하나님이 아니고, 하나님의 것이 아니면 어떤 것도 중요하게 여기지 말고 높이 평가하지 말며, 즐기지 말고 받아들이지 마라. 피조물이 주는 위로는 덧없는 것으로 여겨라. 하나

---

83) 토마스 아 켐피스, 최요한 옮김·정원래 해제, 『그리스도를 본받아』, 147.
84) 위의 책, 148.
85) 위의 책, 89.

님을 사랑하는 영혼이라면 하나님보다 못한 모든 것을 경멸한다. 하나님만이 영원하시고 무한하시며, 모든 것을 충만하게 채우시고 영혼을 위로하시며, 마음의 진정한 기쁨이시기 때문이다."[86] 라고 말하면서, 시간적인 무상한 것들에 대한 사랑을 버리고 영원하신 하나님을 사랑하는 것이 영혼의 참된 기쁨이라고 고백한다. 그리고 토마스는 모든 것들을 넘어서 하나님 안에서 안식하지 않는다면 참되고 충분한 안식이 없다고 우리에게 권면한다. 즉, "아 나의 영혼아, 모든 것을 초월하여 어떤 일에서든 항상 하나님 안에서 안식하라. 하나님은 성인들의 영원한 안식처이다. 사랑과 은혜가 넘치는 예수님, 저는 모든 피조물보다 주님 안에서 안식을 찾습니다." 왜냐하면 주 하나님께서 천지만물을 초월하여 가장 뛰어난 분이시기 때문이다.

4.3 마이스터 에크하르트

공동생활형제단의 설립자 흐로테의 스승은, 관상적인 삶과 활동적인 삶을 통전했던 마이스터 에크하르트의 제자 루이스부룩의 얀(Jan van Ruusbroec, 1294~1381)이었다.[87] 그리고 토마스 아 켐피스의 스승은 흐로테의 제자 플로렌티우스 라데빈스였다. 이런 점에서 마이스터 에크하르트의 핵심사상에 해당하는 "초연하고 초탈된 영혼과 하나님의 하나 됨" 혹은 "가난한 영혼과 하나님의 일치" 그리고 "하나님과 하나된 사람이 일상생활에서 사랑을 실천하며 살아가는 삶"이 토마스에게도 다음과 같이 나타난다. "어떤 피조물과도 얽히지 말고 순결하고 자유로운 내면을 유지하라. 친절한 주 하나님을 만나고 싶다면 마음이 순결하고 정직해야 한다. 하지만 모든 것을 버리고 오직 주님과 하나가 되기 위해, 주님의 은혜로 인도받지 못하면 그분을 뵙는 행복을 누릴 수 없다. 사람은 하나님의 은혜를 받으면 모든 것을 할 수 있지만, 은혜가 떠나면 빈곤하고 허약해지며 고통 속에서 파멸한다."[88] 다시 말해서 예수

---

86) 위의 책, 105.
87) 한정애, "종교개혁의 선구자 토마스 아 켐피스," 139, 144.
88) 위의 책, 113.

님 때문에 다른 모든 것들을 사랑하되 예수님을 이유 없이 사랑하라는 것이다(하나님과 하나가 되어 이유 없이 사랑하며 사는 삶). 특별히 예수 그리스도만을 사랑하라는 것이다. 세상의 친구들 가운데 가장 선하고 신실한 자는 예수님뿐이기 때문이다. 예수님을 위해 우리는 그분 안에서 친구와 원수를 동등하게 사랑해야만 하고, 모두가 다 예수님을 알고 사랑하게 되기를 기도해야 할 의무가 있다.[89]

한걸음 더 나아가서 다음과 같은 토마스의 표현들은, 에크하르트의 독일어 설교 52번(마5장 3절의 "심령이 가난한 자는 복이 있나니")의 주제 "영혼의 가난"(아무것도 원하는 것이 없고, 아무것도 아는 것이 없으며, 아무것도 가지지 않은 가난한 영혼: 초탈한 영혼: 하나님과 하나된 영혼)에 상당히 근접하여 있다. 즉, "예수님을 순수하게 사랑하는 힘, 자기애와 이기심을 모르는 그 사랑이 얼마나 강한가! 늘 위로만 바라는 사람들은 삯꾼이라고 불러야 하지 않겠는가? 늘 자기 욕심만 생각하는 사람들은 그리스도보다 자기를 더 사랑하는 것 아니겠는가? 진정 아무것도 바라지 않고 하나님만을 섬기고 싶어 하는 사람은 어디에도 없는 걸까? 모든 것을 버릴 정도로 영적인 사람은 참으로 드물다. 모든 피조물에서 자유로운, 정말 가난한 영혼을 과연 찾을 수 있을까?" 그러므로 토마스는 주님으로부터 어떤 위로를 받아서가 아니라 아무런 이유 없이 예수님을 사랑하고 십자가를 지고 따라가야 한다고 말한다. 여기서 우리는, 그냥 피었다 지는 들풀처럼 나의 생명 그 자체를 위해서 살고, 나의 생명 그 자체인 하나님의 존재(Gottes Sein ist mein Leben.)를 이유 없이 사랑하며, 달콤한 위로를 넘어서서 그 하나님과 하나가 되어, 일상생활 속에서 이유 없이 사랑을 실천하며 살아가라는 에크하르트의 메시지의 메아리가 울려 퍼지는 소리를 듣는다.

그리고 토마스는 다음과 같이 지식에 대한 광적인 집착을 경계한다. "지나친 지식욕을 삼가라. 그렇지 않으면 늘 초조하게 되고 망상에 빠진다. 유식한 사람들은 똑똑하고 지혜롭다는 말을 들으면 입이 귀에 걸린다. 그러나 영혼에 해가 되는 지식이 많다. 게다가 구원에 이르는 일을 제쳐놓고 다른 일에 열중하는 것은 매우 어리석은 짓이다. 무수히

---

89) 위의 책, 112.

많은 말로는 우리의 영혼을 만족시킬 수가 없다. 하지만 선한 삶은 마음을 시원하게 하며, 정결하고 위대한 양심은 하나님을 향한 확신을 더욱 강하게 한다." 다시 설명하면, 천성적으로 모든 사람의 본성은 앎에 대한 욕구를 가지고 있고 그에 따라 습득한 지식을 통하여 자기자랑을 늘어놓기를 좋아하지만, 그렇게 해서 얻은 지식이 하나님을 경외하며 섬기지 않고 그리스도를 자랑하지 않는다면 그 지식이 구원을 얻는데 아무 소용이 없다는 것이다. 이해가 깊고 아는 것이 많다고 뽐내지 말고 그만큼 자신이 모르는 것이 많다고 스스로를 낮추는 자세가 필요하다는 것이다. 높은 지혜를 얻으려고만 하지 말고 스스로 자신이 무지하다는 것을 인정하는 "박식한 무지"가 요구된다. 즉, 자기 자신을 아무것도 아닌 존재로 인식하고 하나님과 타인을 높이는 것이야말로 가장 온전한 지혜라는 것이다.

이와 더불어 "하나님과의 일치를 이루는 영혼의 초연과 초탈의 방법론"과 "그것이 하나님의 은총을 통하여 가능하다"는 것을 말하는 에크하르트의 사상과 토마스의 동일한 면이 다음과 같은 글에서 엿보인다. 즉, "나의 자녀야, 모든 것을 얻으려면 모든 것을 버려야 하고 네 것은 아무것도 없어야 한다. 세상에서 자기애가 가장 해롭다는 것을 알아야 한다. 네가 무언가를 사랑하면 할수록 거기에 사로잡히기 마련이다. 너의 사랑이 순결하고 단순하며 정연하다면 어떤 것에도 노예가 되지 않을 것이다. 네 수중에 없는 것을 욕심내지 마라. 너의 자유를 제한하거나 빼앗는 것은 어떤 것도 가지지 마라. 네가 나에게 전심으로 헌신하는데, 네가 가지고 있거나 가지길 원하는 것들에 미련을 가지는 것은 이상한 일이다."[90] 다시 말해서, 이는 최고의 선이신 하나님을 얻는데 있어서 자기애가 최대의 걸림돌이라는 것이다. 그런데 자유로운 마음의 탁월함은 공부보다도 기도로 얻을 수 있고, 마음이 자유로운 사람은 무감각한 사람이라기보다는 그가 어리석은 자의 습관을 따르지 않으며 피조물을 문란하게 사랑하는 마음이 조금도 없기에 자유롭다는 것이다.[91]

이와 같은 자기애를 넘어선 마음의 자유를 위하여 토마스는 하나님

---

90) 위의 책, 206.
91) 위의 책, 204.

의 은혜를 다음과 같이 강조한다.

"아, 주여, 어떤 사람에게도 어떤 피조물에도 방해받지 않는 경지에 이르려면 아무래도 더 큰 은혜가 절실히 필요합니다. 무언가에 발목이 잡혀 있는 한, 주님께 자유롭게 날아갈 수 없습니다. '만일 내게 비둘기처럼 날개가 있다면 날아가서 편히 쉬리로다'(시55:6). 라고 말했던 시인은 주님께 자유롭게 날아가길 갈망했습니다. 하나님께만 집중하는 사람보다 더 편히 쉴 수 있는 사람이 있겠습니까? 세상에 아무것도 바라지 않는 사람보다 더 자유로운 사람이 있겠습니까? 그러므로 아무 것에도 집착하지 않고 자아를 완전히 부인하며, 만물을 창조하신 주님과 같은 분은 어디에도 없다는 것을 기쁘게 깨달아야 합니다. 모든 것에서 자유롭지 않은 사람은 하나님을 마음껏 누릴 수 없습니다. 차분히 묵상하는 사람이 드문 까닭은 덧없는 피조물에서 완전히 떨어져 나오는 방법을 아는 사람이 적기 때문입니다."[92]

이는 하나님과 영혼의 일치를 위해서 그 무엇보다도 하나님의 크신 은총이 필요하다는 것을 역설하는 것이다. 즉, 우리가 어떤 피조물들에도 얽매이지 않고 하나님과 온전히 하나가 되려면, 우리는 하나님 이외의 것들은 모두 다 아무것도 아니라고 생각하고 그것들을 아무것도 아닌 것으로 여기려면, 우리는 하나님으로부터 흘러나오는 온전한 은총을 받아 바른 지식으로 인도되어야 하고 우리의 영혼이 우리보다도 더 높이 들어 올리어져야만 한다는 것이다.[93]

이와 같이 모든 피조물을 벗어나 하나님을 향한 고귀한 영혼의 상승이 일어나려면, 자신을 제어하고 절제하여 세상에 집착하는 것이 조금도 없이 초탈한 마음의 소유자가 되어 자유롭게 살고 하나님과 하나가 되어 부활의 소망을 가지고 죽음을 이겨내야만 한다. 그러나 그러기 위해서는 사람이 하나님의 은혜를 받아야 하는데, 하늘에 계신 하나님보다도 땅의 것을 더 즐기는 사람들은 거룩한 하나님의 은총을 받지 못한다

---

92) 위의 책, 216.
93) 위의 책, 217.

고 토마스는 다음과 같이 말한다.

> "나의 자녀야, 나의 은혜는 귀하다. 이것은 외부의 것이나 세상의 위로와 섞일 수 없으므로, 은혜를 받고 싶다면 너에게서 은혜의 걸림돌을 전부 없애라. 너의 내면 안으로 물러나 혼자 있는 것을 즐겨라. 누구와도 대화하지 말고 마음을 다해 열렬히 하나님께 기도하여 회개하는 정신과 순결한 마음을 유지하라. 또한 세상을 대수롭지 않게 생각하라. 세상 모든 일보다 나를 섬기는 일을 선택하라. 세상을 즐기면서 나를 섬기는 것은 불가능하다. 사랑하는 벗과 동료들을 멀리하고 세상의 위로를 받을 생각은 조금도 하지 마라. 그래서 축복을 받은 사도 베드로는 그리스도의 신자들에게 세상에서 이방인과 순례자처럼 살라고 당부했다(베드로전서2:11)."[94]

여기서 토마스가 벗과 동료를 멀리하라는 것은, 예수 그리스도를 통하여 그리스도 안에서 그리스도와 함께 복음과 기도로 위로와 격려를 나누는 영적인 성도의 교제를 하지 말라는 뜻이 아니고, 예수 그리스도를 친구 삼아 동행하며 본받고 따라가는데 방해가 되는 자기애에 몰입하거나 집착하여 잘못된 우정과 사랑의 교제를 하지 말라고 권면하는 것이다.

4.4 공동생활형제단과 근대경건운동

겸손한 그리스도를 본받고 성서를 따라 생활 속에서 경건을 실천하며 부패한 수도사들의 삶을 개혁하려고 했던 근대경건(헌신)운동은, 토마스 아 켐피스에 이르러 그 절정에 도달하였고 그 중심에는 그의 『그리스도를 본받아』가 자리 잡고 있었다. 근대경건운동의 중심이 성서와 예수 그리스도였다는 점, 바로 그것이 종교개혁에 영향을 끼쳤다고 할 수 있는 부분이다. 이와 더불어 『그리스도를 본받아』는 그것을 애독하며 그리스도를 따르려 했던 이그나티우스 로욜라를 통하여 근대 가톨릭 교회 혁신에도 영향을 끼쳤다.[95] 이러한 입장을 대변하는 20세기 초의

---

94) 위의 책, 279.

연구들은, 근대경건운동이 공교육의 혁신적인 변화를 이끌었고 대부분의 인문주의자들에게도 영향을 끼쳤으며, 평신도적인 성격을 지니고 기존의 체제에 불응하면서 개인주의를 지향하고, 외적인 것을 거부하고 내면의 성찰을 중시하는 경건을 실천하며, 타락한 교회와 분리하면서 공식적인 서약을 거부했기 때문에 이 운동을 중세 수도원주의와의 철저한 단절이자 개신교 종교개혁의 선구자로 해석했지만, 이와는 달리 20세기 말의 연구들은 근대경건운동의 제도와 문학은 철저한 혁신보다 전통적인 수도원 영성의 부활을 보여준다고 주장한다.96)

근대경건운동은 앞서 언급한 헤르트 흐로테에 의하여 촉발되었다. 흐로테는 15살에 파리대학에 들어가 삼 년 안에 문학 석사 학위를 취득하고 그 이후로 10년 동안 파리에 더 체류하면서 교회법과 의학 그리고 신학을 연구하였다. 흐로테는 1374년에 회심하고 성직록을 포기하고 유산으로 받은 데벤테르의 집을 공동생활을 하는 경건한 자매들에게 넘겨주었다. 그리고 흐로테는 카르투지오 수도원에 들어가 삼년동안 수도생활을 하였다. 그 후에 흐로테는 복음을 전하기 위해 고향 데벤테르로 돌아와 1380년경에 네덜란드 남서부의 도시 우트레히트(Utrecht)의 부제로 임명되었고, 네덜란드 전역을 돌며 청중들에게 영적인 생활을 하라고 권면하고 성직자들의 부패한 세속성을 비판하며 개혁을 부르짖었다. 이러한 흐로테의 개혁운동이 기존의 성직자들의 저항에 부딪혀, 그는 1383년에 주교로부터 설교권을 박탈당하였다. 이러한 처사에 실망하여 데벤테르에서 자신의 제자들과 함께 공동생활을 시작하였고, 얼마 후 44세가 된 1384년에 전염병으로 사망하였다.97)

흐로테의 제자로서 데벤테르의 신부였던 라데빈스(토마스의 스승)는 지도력을 발휘하여 자신의 사제관에서 공동생활을 하던 흐로테의 제자들을 중심으로 공동생활형제단을 설립하였다. 그리고 이어서 흐로테가 작성한 규율에 따라 생활하던 자매들을 중심으로 공동생활자매단도 세

---

95) 한정애, "종교개혁의 선구자 토마스 아 켐피스," 153.
96) 질 라이트, 버나드 맥긴, 존 마이엔도르프 편, *Christian Spirituality: High Middle Ages and Reformation*, 이후정, 엄성옥, 지형은 공역, 『기독교 영성(Ⅱ): 중세부터 종교개혁까지』 (서울: 도서출판 은성, 1999), 268.
97) 위의 책, 264-265.

워졌다. 초기에 이들은 재산을 공동으로 소유하는 공동체로서 엄격한 서약 없이 청빈과 순결과 순종의 수도원적인 이상을 실천했고, 원고를 필사하는 것으로 생계를 꾸렸다. 이러한 운동은 북해연안의 저지대와 독일의 여러 지역으로 확산되어 나가, 이미 사망한 흐로테의 염원대로 1386년에 라데빈스의 지도하에 빈데스하임(Windesheim)에서 수도자들을 위한 새로운 수도회가 설립되자 주변의 여러 수도원들도 이에 합류하였다. 하지만 개신교의 종교개혁으로 근대경건운동을 주도했던 수도원들이 쇠락하였고 나중엔 세속화의 희생물이 되어버렸다.[98]

이처럼 근대경건운동이 새롭게 밀려드는 물결로 인해 밀려났지만, 개인의 소유를 포기하는 공동체 생활을 중심으로 시작된 근대경건운동은 내적 헌신과 그리스도를 본받는 것을 그들의 주된 목표로 삼았다. 즉, 그 운동에 참여한 사람들은 수도원의 전통에 따라 하나님과 하나가 되는 길이 열정적인 영적 투쟁을 하며 세상을 멸시하고 그로부터 돌아서고 타락하여 이기적인 본성을 지닌 자기를 부인하는 삶이라고 생각했다. 그들은 삶의 모범이신 그리스도를 본받기 위해서 그분의 고난을 묵상하며 기도와 겸손한 자기 비움을 통해서 그리스도의 인성과 십자가의 고난을 따라갔다.[99]

흐로테의 제자들로 근대경건운동의 주축을 이루었던 사람들은, 데벤테르에서 공동생활형제단의 초대 원장이었던 라데빈스와 영성서적의 저술가였던 주트펜의 헤르트 제르볼트(Gerard Zerbolt van Zutphen, 1367~1398)였고, 또한 이들의 정신과 교훈을 이어받아 그것을 경건문학의 절정으로 꽃피운 토마스 아 켐피스이다. 실천이 없고 공허한 학문적인 지식과 사색적인 신비주의를 철저하게 거절했던 라데빈스는 영적인 독서와 기도와 내면의 성찰을 통하여 마음의 청결과 하나님과 이웃을 사랑하는 것을 강조하였다. 근대경건운동의 영적인 스승으로 불리는 제르볼트는, 하나님의 형상을 따라 창조된 인간의 지성은 하나님의 고상함을 추구하고 하나님께 이르려는 본성적인 승귀의 욕구를 지니고 있지만, 그것이 원죄와 세상의 욕망에 물들고 부패하여 하나님이 원하시는

---

98) 위의 책, 265-268.
99) 위의 책, 268-270.

방향과는 너무나도 다른 방향으로 나아간다고 인간의 부패한 본성을 지적하였다. 제르볼트에 따르면, 사람이 죄로부터 벗어나 영혼의 상승의 힘을 회복하기 위해서 예수 그리스도의 삶에 계시된 자아에 대한 지식과 자기비하와 겸손을 본받아야 한다는 것이다. 다시 말해서 제르볼트의 영성의 핵심인 그리스도를 본받음은 그리스도의 인성을 인식하고 그리스도의 신성을 발견하며 하나님과 연합하여 하나가 되는 승귀를 통하여 실현된다. 이러한 영혼의 상승은 거룩하고도 영적인 성경독서(lectio)와 묵상(meditatio) 그리고 기도(oratio)와 관상(contemplatio)을 통하여 성취된다. 이것들은 상호보완적인 관련성을 맺고 있는데, 영적인 독서는 묵상을 위한 준비이고, 묵상은 기도를 위한 준비이며, 기도는 관상을 위한 준비라는 것이다. 또한 기도가 있어야 성경독서도 재미가 있어 유익하고, 성경독서가 있어야 묵상도 올바르며, 묵상이 있어야 기도도 뜨겁고, 기도가 있어야 묵상도 열매가 있으며, 기도 없는 올바른 관상은 찾아보기 어렵다는 것이다. 정리하면, 이러한 흐로테와 라데빈스 그리고 제르볼트의 영성이 토마스 아 켐피스에게 전수되어 근대경건운동을 가장 잘 대표하는 『그리스도를 본받아』를 완성하게 되었다는 것이다.[100]

5. 그리스도를 본받는 관상과 실천의 삶
5.1 겸손과 순종

예수 그리스도의 성육신과 십자가의 죽으심을 통하여 나타난 겸손과 순종은 빌립보서 2장 1-11절에 너무나도 잘 나타나 있다.

"그러므로 그리스도 안에 무슨 권면이나 사랑의 무슨 위로나 성령의 무슨 교제나 긍휼이나 자비가 있거든, 마음을 같이하여 같은 사랑을 가지고 뜻을 합하며 한마음을 품어, 아무 일에든지 다툼이나 허영으로 하지 말고 오직 겸손한 마음으로 각각 자기보다 남을 낫게 여기고, 각각 자기 일을 돌볼뿐더러 또한 각각 다른 사람들의 일을 돌보아 나의 기쁨을 충만하게 하라, 너희 안에 이 마음을 품으라 곧 그리스도

---
100) 위의 책, 271-273.

예수의 마음이니, 그는 근본 하나님의 본체시나 하나님과 동등됨을 취할 것으로 여기지 아니하시고, 오히려 자기를 비워 종의 형체를 가지사 사람들과 같이 되셨고, 사람의 모양으로 나타나사 자기를 낮추시고 죽기까지 복종하셨으니 곧 십자가에 죽으심이라, 이러므로 하나님이 그를 지극히 높여 모든 이름 위에 뛰어난 이름을 주사, 하늘에 있는 자들과 땅에 있는 자들과 땅 아래에 있는 자들로 모든 무릎을 예수의 이름에 꿇게 하시고, 모든 입으로 예수 그리스도를 주라 시인하여 하나님 아버지께 영광을 돌리게 하셨느니라."

이와 같이 겸손하시어 높임을 받으신 예수 그리스도를 본받으라고 토마스는 말한다. 자기 자신의 지식과 재능이나 외모나 재산이나 힘 있는 친구들을 의지하지 말고 겸손한 자를 도우시고 교만한 자의 콧대를 꺾으시는 하나님의 은혜를 의지하라는 것이다(잠3:34, 벧전5:5). 그러므로 우리는 생활 속에서 다른 사람들을 깔보며 우월감을 느끼지 않도록 조심하여야 한다. 나에게 장점이 있더라도 다른 사람들의 장점을 찾으며 늘 겸손하게 처신하며, 교만하여 끊임없는 시기와 분노 속에서 살아가지 말고, 내가 제일 못났다는 생각으로 주변사람들과 평화롭게 살아가라는 것이다.[101]

또한 토마스는 순종과 복종에 대하여 말하기를, 하나님을 향한 사랑으로 자신을 낮추고 윗사람의 권위에 마음을 다해 순종해야만 내면의 평안을 얻을 수 있다고 권면한다. 권위에 겸손하게 순종하지 않으면 어디를 가도 편안하지 못하고 환경이 바뀌면 행복할 것이라는 생각은 잘못된 것이라고 조언한다. 그리고 토마스는 겸손한 순종에 대하여 말하기를, 다른 사람들이 우리의 잘못을 알게 되고 그것을 꾸짖는 상황이 닥치면 우리 스스로가 겸손해질 수 있는 시간이니, 그 시간을 유익하게 여기라고 충고한다. 왜냐하면 우리가 자신의 잘못을 알고 겸손해지면 타인을 쉽게 위로하고 성난 사람들의 마음을 달랠 수 있기 때문이다. 하나님은 겸손한 사람을 보호하고 구원하시며 사랑하고 위로하신다. 하나님은 겸손한 사람을 찾아가 큰 은혜를 베풀고 신령한 비밀을 밝히시며,

---

[101] 위의 책, 30-31.

그가 고난당한 뒤에는 다시금 영광의 자리로 높이 올려주시기 때문이다.[102]

그리고 토마스는, 교만하여 불순종하는 사람의 귀는 하나님의 말씀을 들을 수 없고, 우리가 온전한 겸손과 깊은 사랑으로 침묵할 때 하나님의 음성을 들을 수 있다고 알려준다. 그러므로 우리는 선하신 하나님 앞에서 우리 자신을 부족하고 천한 무지렁이로 낮추어서 우리를 아무것도 아니고 아무것도 가진 것이 없으며 아무것도 할 수 없는 사람으로 고백하여 하나님의 말씀을 듣는 은혜를 받아야 한다는 것이다.[103] 이어서 토마스는 하나님 앞에서 겸손과 진리로 살아가야 한다고 충고한다. 즉, 우리들 자신이 하는 일을 대단하게 여기지 말고 죄인을 구원하는 영원한 진리를 중요하게 여기며 기뻐하며 살아가라는 것이다. 입만 열면 하나님에 대해서 말하지만 그 마음속에는 하나님이 없는 사람이 되지 말고 정결한 사랑으로 하나님을 갈망하고 사모하라는 것이다.[104]

그러나 우리가 자신의 소견대로 행동하고 인생경험이 풍부한 사람들을 신뢰하지 않으며 끝까지 허영을 따라가면 비참한 결말에 처할 것이라고 토마스는 우리에게 경고한다. 자기 자신이 현명하다고 자만하는 사람들은 다른 사람들의 좋은 지도를 겸손하게 순종하지 않는다. 대단한 학식을 가진 사람이라도 교만하거나 언제나 이기적인 자신의 헛된 만족을 추구한다면, 차라리 적게 배우더라도 겸손하고 온유하게 배워 하나님의 영광을 위해 사는 사람이 더 낫다.[105] 그러므로 "인간의 공덕은 여러 환상이나 위로를 받았는지 성경 지식을 얼마나 가졌는지 또는 다른 사람들 보다 지위가 얼마나 높은지로 평가 받는 것이 아니다. 그가 진정한 겸손함을 가졌는지, 거룩한 사랑의 능력과 하나님의 영광을 전심으로 순수하게 구하는 끈기를 지녔는지 그리고 자기를 부인하고 미워하는 적극성이 있는지, 더 나아가 다른 사람들의 칭찬보다 멸시와 굴욕을 더 기뻐하는 지로 평가되는 것이다." 이는 하나님이 우리들에게서 은혜를 거두어 가셔서 고난이나 불행이 닥칠 때에도 겸손한 자세를 유지하면

---

102) 위의 책, 98-99.
103) 위의 책, 139-142.
104) 위의 책, 143-145.
105) 위의 책, 154.

하나님이 감추었던 은혜를 다시 주시고, 하나님의 은혜가 우리에게 충만하여 평화로울 때에도 늘 지혜롭게 우리 자신을 낮추어 자신의 영혼을 잘 다스리고 절제하면 위험과 범죄에 쉽게 걸려들지 않을 것이라고 권면하는 말이다.[106]

따라서, 우리는 하나님의 은혜와 사랑을 받기 위하여 우리 스스로를 하나님의 눈앞에서 티끌과 재와 같은 존재로, 보잘 것 없는 아무것도 아닌 존재로, 진토와 같은 존재로, 아무것도 모르는 우매한 자로 겸손하게 낮추어야 한다. 그럴 때 하나님은 우리에게 복을 주시고 우리를 구원하시고 힘과 용기를 주신다.[107] 정리하면 예수 그리스도를 본받아 겸손히 순종하여 은혜를 받으라는 것이다.

"무에서 만물을 창조한 지고한 전능자인 내가 너를 위해 겸손히 사람에게 복종했거늘, 흙먼지처럼 아무것도 아닌 네가 하나님을 위해 다른 사람에게 복종하는 것이 그렇게 어려운 일이더냐? 내가 가장 낮고 천한 사람이 되었던 것은 네가 나의 겸손을 배워 네 교만을 물리칠 수 있기를 바랐기 때문이다. 진토에 불과한 너는 순종을 배워라! 진흙에 불과한 너는 겸손한 사람이 되어 모든 사람의 발 앞에 절하라! 네 뜻을 꺾고 복종하는 법을 배워라! 너 자신에게 열렬히 반대하여 교만은 조금도 품지마라. 모든 사람이 너를 길거리에서 흙먼지처럼 밟고 지나가게 내버려 두어, 네가 그만큼 천하고 낮은 사람이란 것을 보여라. 덧없는 인생아 무엇을 불평하느냐? 하나님께 수없이 죄를 범하고 몇 번이고 지옥에 떨어져 마땅한 죄인아, 너는 너를 비난하는 사람에게 뭐라고 반박하려느냐? 그러나 내가 네 영혼을 소중히 여기기에 너를 살려 주었다. 이는 너로 하여금 항상 진심으로 순종과 겸손에 몸을 맡기고, 참을성 있게 경멸을 견디게 하기 위함이니 너는 나의 사랑을 알고 늘 나의 은총에 감사하라."[108]

---

106) 위의 책, 155.
107) 위의 책, 156-157.
108) 위의 책, 168-169.

우리에게 거짓을 말하고 악하게 행하는 사람들을 향하여 우리는 정의롭다는 명분으로 얼마나 많이 분노하며 소리 지르고 맞대응 했던 우리 자신을 떠올려 본다. 경멸과 조소를 보내는 사람들 앞에서 그 순간을 참지만 뒤돌아서 그 사람들이 없을 때 치를 떨며 분노하고 욕하던 우리의 모습을 하나님은 어떻게 보셨을까요? 우리가 위의 글을 읽으며 십자가를 지신 예수님을 생각할 때, 정말로 화내고 소리 지르고 욕하던 우리의 모습이 너무나도 부끄럽게 여겨진다.

5.2 자기부인과 인내

토마스는 우리에게 자기를 부인하고 십자가를 지고 그리스도를 본받으라고 말한다. 이는 마태복음 16장 24절에서 "이에 예수께서 제자들에게 이르시되 누구든지 나를 따라오려거든 자기를 부인하고 자기 십자가를 지고 나를 따를 것이니라."고 말씀하시는 것에 토대를 둔 것이다. 주님께서는 우리가 우리 자신을 떠날수록 주님에게 더 들어갈 수 있다고 말씀하신다. 우리가 외부의 것을 포기하면 내면이 평화롭듯이 우리 자신을 포기하면 하나님과 연합하여 일치를 이룰 수 있다는 것이다. 주님이 우리에게 자신을 따라오라는 것은 주님 자신이 길이요 진리요 생명이시기 때문이다(요14:6). 우리는 길이 없으면 가지 못하고, 진리가 없으면 알지 못하며, 생명이 없으면 살지 못한다. 주님은 우리가 따라가야 할 길이고, 우리가 믿어야 할 진리이며, 우리가 소망해야 하는 생명이다. 주님은 침범할 수 없는 길이고, 결코 틀리지 않는 진리이며, 영원한 생명이시다. 주님의 길은 올바르고, 주님의 진리는 최고로 높으며, 주님의 생명은 복되고 자존한다. 우리가 주님의 길을 따르면 진리 되신 예수 그리스도를 알고, 진리를 알면 자유롭게 되고 영원히 살 것이다.[109] 다시 말해서, 이는 우리가 십자가를 지고 견디며 좁은 주님의 길을 따라가 영광을 받으라는 것이다. 즉, "네가 생명에 들어가고 싶다면 나의 계명을 지켜라(마19:17). 진리를 알고 싶다면 나를 믿어라. 온전한 사람이 되고 싶다면 모든 것을 팔아라(마19:21). 나의 제자가 되고 싶다

---

109) 위의 책, 291.

면 자기를 부인하라(마16:24). 복된 생명을 가지고 싶다면 이생을 미워하라. 천국에서 높아지고 싶다면 땅에서 낮아져라. 내 옆에서 다스리고 싶다면 내 옆에서 십자가를 져라(눅9:23). 십자가를 지는 종만이 복되고 진실하게 빛나는 생명을 찾을 것이다."110)

이를 위하여 토마스는 소란한 세상을 피하여 골방에 들어가서 눈물을 흘리며 참회하라고 말한다. 그러면 우리가 밖에서 자주 잃어 버렸던 하늘의 위로를 받고 소중한 친구인 예수 그리스도를 골방에서 찾을 수 있다는 것이다. 침묵과 적막 속에서 경건한 영혼은 덕을 기르고 성경 속에 감추어진 진리를 배울 수 있다는 것이다. 우리의 눈에서 밤마다 애통의 눈물이 홍수처럼 쏟아지고 그 눈물에 영혼이 정화될 때 창조주 하나님과 더 가까워 질 수 있다. 그러므로 우리는 코로나19 시대와 같이 사람들을 만나기 힘들 때에는 외출을 자제하며, 이목을 멀리하고, 사람들을 너무 보고 싶어 안달하지 말며, 하나님 앞에 벌거벗은 참회자로 서는 것이 우리의 신앙에 유익하다. 즉, 우리가 골방의 문을 닫고 사랑하는 예수님의 이름을 부르며 예수님과 더불어 골방에 머물러 있으면, 세상 어디에서도 찾을 수가 없는 그분과 함께 하는 참된 평화가 우리의 마음속에 가득 차게 된다.111)

그러므로 우리는 세상 무엇보다 예수님을 사랑해야 하고 자신을 부인하고 필사적으로 예수님께 매달려야 한다. 우리가 예수님을 찾지 않는 것은 세상 모든 원수가 우리를 공격하는 것보다 더 심하게 우리 자신을 공격하는 것이다.112) 따라서 우리는 고귀한 길인 거룩한 십자가를 지고 주님을 따라가야 한다. 예수님과 함께 죽으면 그분과 더불어 살 것이고, 예수님과 고난을 나누면 그분의 영광도 함께 나눌 것이기 때문이다. 그러나 고난을 피하여 우리가 십자가 하나를 버리면 또다시 나타난 더 무거운 십자가가 우리를 기다리고 있다. 우리가 그리스도를 위해서 고난을 달게 받을 만하다는 생각이 점차 든다면 그것은 바로 하나님이 주시는 축복이다.113) 그리스도를 본받아 일시적인 고난을 견디면 행복이 있고,

---

110) 위의 책, 292.
111) 위의 책, 65-66.
112) 위의 책, 109-110.
113) 위의 책, 126-130.

온전하고 진실하게 자기를 부인하면 마음의 자유가 있다. 들려오는 주님의 음성: "나는 수치와 모욕을 당해도 묵묵히 참았다. 내가 축복을 베풀면 사람들은 배은망덕으로 갚았고, 기적을 베풀면 신성모독이라고 욕하고, 가르침을 베풀면 깔보았다."114)

5.3 은혜를 사모하며 성찬에 나아가라

마이스터 에크하르트는 성찬에 임하는 마음(특히, 하나님 앞에서 자신의 죄를 회개하는 마음)에 대하여 다음과 같이 말하는 데, 이는 토마스의 성찬에 대한 권면들과 공통점이 있다.

"성찬식에서 주님의 살과 피를 먹고 마실 때 느끼는 빵과 포도주의 맛보다는, 그것에 임하는 성도들의 마음가짐과 의지가 가장 사랑하고 추구하고 있는 것이 무엇인지가 중요합니다. 즉, 거리낌 없이 성찬식에 나아가 주님의 몸을 받기를 원하는 사람은, 죄로 인한 양심의 가책이 없어야 하고, 그의 의지가 온전히 하나님과 그분이 원하시는 것을 향해야 하며, 반복되는 성찬에 참여할수록 주님에 대한 사랑이 더 커지고 경외심을 상실하지 말아야 합니다. 그러면 성도들이 성찬식에 참여함으로써 얻는 영적인 유익들이 있습니다. 즉, 성찬에 참여할 수 없다는 자격지심을 품은 성도들이, 주님의 몸을 받음으로써 주님과 하나가 되어 부정적인 자괴감을 극복할 수 있습니다. 내면이 공허하고 가난한 성도들은, 성찬식에 참여함으로써 하나님의 신성으로 가득 채워져 하나님의 부요하심을 맛볼 수 있습니다. 죄를 지은 성도들은, 회개하며 성찬식에 참여함으로써 죄를 용서받을 수 있습니다. 심령이 메마른 성도들은, 성찬식에 참여함으로써 하나님을 찬양할 수 있습니다. 이와 같은 유익들을 주는 성찬식에 참여함으로써 주님의 몸을 받은 영혼은, 주님과 하나가 되듯이 하나님과 하나가 됩니다. 따라서 성도들은 이런 유익을 주는 성찬식에 담대하게 나아갈 수 있도록 그에 합당한 생활을 하여야 하고, 주님의 몸을 받음으로써 얻는 유익들을 굳게 믿음으로 성찬식에 참여해

---

114) 위의 책, 180.

야 합니다. 이런 믿음을 가지려면, 영혼의 고귀한 능력인 지성이 하나님을 향하도록 힘쓰고, 의지가 신의 뜻을 따르도록 일깨우며, 감정이 하나님을 전적으로 의지하도록 노력해야 합니다. 그러나 이런 인간적인 노력을 넘어서 성찬으로 인도하는 주님의 은총이 절대적으로 필요하며, 성도들이 그 은총에 이끌려 성찬식에 한번이라도 더 참석하여 주님의 몸을 받으면, 그만큼 하나님과 하나가 되는 신비로운 일치감을 경험하게 됩니다. 여기서 한걸음 더 나아가 준비된 외적인 성찬식에 참여하지 않더라도, 성도들은 주님에 대한 깊고도 확고한 믿음을 가지고 자신의 내면에서 마음으로 주님의 몸을 받아 모심으로써 성육신 하신 주님과의 정신적인 일치 속에서 즐거움을 향유하며, 이 세상에서 그 누구보다도 풍요로운 은총을 받아 누릴 수 있습니다. 이것이 바로 시간(성도들)과 영원(예수 그리스도)의 결합으로 일어나는 영원한 현재 속에서 성도들에게 주어지는 영원한 생명입니다."[115]

주님께서는 그리스도의 몸인 거룩한 공동체로 다음과 같이 우리를 초대하신다. "수고하고 무거운 짐 진 자들아 다 내게로 오라 내가 너희를 쉬게 하리라"(마11:28). "내가 줄 떡은 곧 세상의 생명을 위한 내 살이니라"(요6:51). "받아서 먹으라"(마26:26). "이것은 너희를 위하는 내 몸이니 이것을 행하여 나를 기념하라"(고전11:24). "내 살을 먹고 내 피를 마시는 자는 내 안에 거하고 나도 그의 안에 거하나니"(요6:56). "내가 너희에게 이른 말은 영이요 생명이라"(요6:63). 그래서 토마스는, 우리가 하나님의 큰 인자하심과 선하심을 열정적으로 바라며 담대하게 성찬식에 나아가야 하고, 순전한 믿음으로 성찬을 통하여 지속적으로 주님을 만나는 것이 유익한 복을 받는 것이며, 우리 자신과 우리 소유를 하나님께 드리고 모든 사람을 위해 기도하며 진지하게 성찬에 임하라고 권면한다. 왜냐하면 경건한 사람들이 뜨겁게 갈망하는 것은 성찬식에서 겸손하게 자기를 부인하며 예수 그리스도의 살과 피를 받아 그분과 하나가 되는 것이기 때문이다. 즉, 뜨거운 사랑과 갈망으로 예수 그리스도

---

115) 김형근, 『상황과 신학: 절망 속의 희망』 (옥천: 도서출판 은소몽, 2019), 193-195. 또한 마이스터 에크하르트, *Meister Eckharts Deutsche Traktate*, 이부현 옮김, 『마이스터 에크하르트 독일어 논고』 (서울: 누멘, 2009), 113-120을 참고하라.

의 몸을 받으면, 우리는 은혜를 받고 그리스도를 본받아 겸손하게 그분의 뒤를 따라갈 수 있다.

6. 결론

예수 그리스도는, 자신의 크신 사랑으로 하나님과 세상을 화해시키려고, 겸손하게 낮고 천한 모습으로 세상에 오시어, 자신의 의지를 부인하고 아버지 하나님께 순종하여 죄로 물든 우리들의 구원을 이루셨다. 이러한 그리스도의 겸손과 순종은 하나님과 나, 나와 이웃, 나와 자연 사이에 죄로 가로막힌 장벽을 허물고 하나님 안에서 누리는 사랑과 평화의 일치를 가져온다. 우리는 그리스도를 본받아 우리 삶의 주변의 도처에 도사린 분열과 분쟁을 극복해야만 한다. 예수 그리스도를 본받아 따라가지 않고 그분으로부터 분리되어 하나님과 하나가 되지 못하고 성령께서 떠난 사람, 즉 성령 하나님의 임재가 없어 죄의 세력이 지배하는 사람들이 하는 일들은 오직 분열과 증오와 원수맺음과 살인이다. 그들은 하나님과 일치되어 있지 않기 때문에 참된 자기 자신과 분열되어 방황하고, 인간들 사이를 이간질 하고 분열시키며, 이혼하고 가족을 분열시키고, 직장을 분열시키며, 교회 공동체를 분열시키고, 나라가 나라를 상대로 원수 맺게 하며, 남과 북을 찢어놓는다. 우리는 하나님이 아닌, 예수 그리스도가 아닌, 성령님이 아닌 모든 피조물, 세상의 욕심들, 이런 모든 것들로부터 돌아서야만 한다. 어떤 사안에 대해서 서로 이견이 있을 수도 있지만 반목과 분열은 죄악이다. 이는 하나님을 기쁘시게 하지 못하고 우리 자신의 마음도 평안하지 않기 때문이다.

주여! 이제 엎드려 간절히 기도하오니, 우리가 사랑과 은혜가 풍성하신 예수 그리스도를 통하여, 예수 그리스도 안에서, 예수 그리스도와 함께, 예수 그리스도와 하나가 되게 하옵소서! 그리하여 영원한 생명을 얻어 믿음과 소망과 사랑 중에 살아가게 하옵소서! 그리고 이제로부터 영원히, 우리 모두 위에 겸손하신 예수 그리스도를 본받아 겸손히 순종하며 그리스도의 뒤를 따라가 그리스도와 하나 되는 하나님의 은총이 임하시기를 간절히 축원합니다.

Ⅲ. 고통당하신 예수 그리스도의 구원사역의 지평[116]
-에베소서 2장 14절을 중심으로-

에베소서 2장 13-16절: 이제는 전에 멀리 있던 너희가 그리스도 예수 안에서 그리스도의 피로 가까워졌느니라. 그는 우리의 화평이신지라 둘로 하나를 만드사 원수 된 것 곧 중간에 막힌 담을 자기 육체로 허시고, 법조문으로 된 계명의 율법을 폐하셨으니 이는 이 둘로 자기 안에서 한 새 사람을 지어 화평하게 하시고, 또 십자가로 이 둘을 한 몸으로 하나님과 화목하게 하려 하심이라 원수 된 것을 십자가로 소멸하시고.

1. 서론

전통적으로 그리스도론에서 예수의 인격(존재론: 한 인격 두 본성)과 사역(구원론)을 따로 분리하여 논하여 왔으나, 최근에는 그의 인격으로부터 사역의 행위가 나오고 그의 사역으로부터 인격을 미루어 짐작할 수 있기에 양자의 통전적인 측면을 고려하는 경향이 있어왔다.[117] 복음서들에는 예수 그리스도가 유대인의 왕이요, 이방인들의 구원자이며, 세상의 구주라고 언급되어 있다. 이에 더하여 여기서는 에베소서 2장 14절(그는 우리의 화평이신지라 둘로 하나를 만드사 원수 된 것 곧 중간에 막힌 담을 자기 육체로 허시고)을 중심으로 예수 그리스도의 화해사역이 가져다주는 구원의 의미들에 집중하여 그가 베풀어주시는 구원의 다양한 지평들을 탐구해 보고자 한다. 에베소서 2장에 따르면, 그리스도 이전에 이방인들의 상태는 언약의 백성인 유대인들과는 달리 하나님의 언약들과 상관이 없고 그들의 마음에 하나님이 없기에 소망도 없고 평안도 없었다고 바울은 말한다. 그러나 이제 하나님과 멀리 떨어져 있던

---
[116] 이 논문은, 김형근 "예수 그리스도의 구원사역의 지평," 『신학과 문화』 26집 (2022), 87-126에 실린 것이다.
[117] 윤철호, 『너희는 나를 누구라 하느냐』 (서울: 대한기독교서회, 2017), 38-40.

이방인들도 대속의 고통을 상징하는 그리스도의 피로써 하나님과 화목하게 되어 예수 안에서 그들과 하나님이 가까워지게 되었고, 그의 십자가의 피가 이방인들과 유대인들 사이의 원수와도 같이 막힌 장벽을 허물고 둘로 하나를 만들었으며 그들 사이에 화목과 화평을 가져왔다고 바울은 선언한다. 즉 그리스도의 피로써 한 새사람인 교회를 창조하여 예수 안에서 하나의 몸이 되어 서로 화평을 누리게 하셨다는 것이다.[118]

  김균진 교수는 화해의 신학적인 의미들에 대하여 다음과 같이 말한다. 즉 하나님이 예수 그리스도의 피를 통하여 이루시는 화해는, 인간이 지은 죄의 용서를 통한 죄책과 죄의 세력으로부터 해방, 하나님과 인간의 조화로운 관계회복, 죄인이 하나님께 의롭다 칭함을 받고 의인으로 거듭남, 그리스도 안에서 새 언약의 백성인 하나님의 자녀들의 탄생, 인간과 세계 안에서 하나님의 나라의 새로운 창조가 시작됨과 아울러 모든 피조물(인간과 인간, 민족과 민족, 인간과 자연) 간의 화해로 메시아적이고도 우주적인 지평을 갖고 있다.[119] 그렇다면 예수 그리스도의 십자가의 피가 하나님과 인간을, 유대인과 이방인을, 서로 원수가 된 사람들을, 인간과 자연을 화해시켰고, 더 나아가 남북한을 가로막고 있는 휴전선 148마일(238km, 강원대 지리학과 김창환 교수 주장)의 원한 서린 철책을 헐고 화해시키는 능력이라고 적용할 수도 있다. 왜냐하면, 바울은 에베소서 1장에서 예수 그리스도를 통한 하나님 안에서의 우주적인 통일을 언급하고, 2장에서는 그리스도 안에서 인류의 통일을 말하기 때문이다. 다시 말해서, 에베소서 2장은 새로운 인간형인 예수 그리스도의 교회 안에서 사람들 사이의 통일을 통하여 이루어지는 만물의 통일과 관련하여, "한 몸을 이룸(2:15,16), 평화(2:14,15,17), 서로 연결되어 성전으로 함께 지어져 감(2:21-22)"을 언급하고 있기 때문이다.[120] 그러므로 고통당하신 예수 그리스도의 십자가의 피로써 이룬 화해사역의 의미를 확장시켜 우리가 당면한 불화의 다양한 현실들에 적용하는 것은, 하

---

118) 이상근, 『옥중서신』 (대구: 성등사, 1993), 61-64.
119) 김균진, 『기독교 신학 2』 (서울: 새물결플러스, 2014), 501-502, 508-509.
120) 박수암, 『옥중서신』 (서울: 대한기독교서회, 1998), 97.

나님의 생명으로 구원을 얻을 희망찬 미래의 도래를 기다리며 화해의 직분을 감당하는 신앙이라고 할 수 있다.

2. 예수 그리스도의 십자가의 피

에베소서 2장에 따르면, 십자가 위에서 육신의 고통을 당하시며 흘리신 예수 그리스도의 피가 하나님과 인간 사이에 그리고 인간과 인간 사이에 죄로 막힌 담을 헐고 서로 화목하게 하시고 상호 간에 화평을 누리게 하셨다. 성부 하나님의 뜻을 이루고자 성자 예수는 친히 하나님으로부터 버림받아 고통을 받았으며 마침내 생목숨을 버리셨다. 예수가 십자가상에서 외친 하나님과의 단절로 인한 고통의 절규, 즉 "나의 하나님, 나의 하나님 어찌하여 나를 버리셨나이까?"(막15:34)와 육신적인 고통을 호소하는 "내가 목마르다"(요19:28)는 신음은 인간이 겪는 고통과는 무관하고 무감동한 하나님의 아들이라기보다는 인간의 고통에 너무나도 민감하고 깊숙이 개입하시는 하나님의 자발적이고도 열정적인 사랑의 고난과 아픔을 계시한다. 이런 성서에 나타난 하나님의 고통과 아픔에 집중한 현대신학은 그리스도론에 기초하여 고전적인 유신론을 수정하기에 이르렀다.

2.1 세계의 고통을 이해하고 함께 고통당하는 위대한 동반자로서의 하나님

서양 철학사에서 실재를 구체화된 존재개념보다는 흐르는 과정과 유기체적인 관계성에서 찾으려 했던 알프레드 노스 화이트헤드(Alfred North Whitehead, 1861~1947)는, 그리스 철학적인 사고가 서구신학에 지대한 영향을 끼쳐 서구신학이 하나님을 '부동의 동자'인 무감동(apatheia)하고[121] 무감각한 분으로서 서술해왔다고 자신의 『과정과 실

---

[121] https://ko.dict.naver.com/#/entry/koko/eb9832bb8eb04418a036a3203fbd61c3의 네이버 국어사전에 따르면, 아파테이아는 부동심으로서 정념이나 외계의 자극에 흔들리지 않는 초연한 마음의 경지이며 스토아철학에서는 이것을 인간생활의 이상으로 여겼다.

재』의 결론에서 비판한다.[122] 아리스토텔레스로부터 연원한 개념, 즉 탁월하게 실재적인 것으로서 초월적 창조자인 '부동의 동자'는 그동안 서구신학이 애용했던 하나님의 속성에 대한 구체적인 오류라고 화이트헤드는 지적한다. 다시 말해서 자기를 낮추어 성육신하시고 십자가의 고통을 당하시고 죽으신 예수 그리스도의 겸비에서 하나님의 모습을 찾기보다는 정복군주적인 황제(신격화된 카이사르), 의인화 된 도덕적인 힘(히브리 예언자), 그리고 철학적인 궁극의 원리(아리스토텔레스)의 이미지로 채색하여 왔다는 것이다. 그러나 화이트헤드에 따르면, 십자가에서 피 흘린 나사렛 예수는 통치하는 황제도 아니고, 냉정한 도덕가도 아니며, 무감동한 '부동의 동자'는 더더욱 아니다. 예수는 세계의 고통에 민감하게 반응하며 무력하게 죽임당하는 십자가를 통하여 부드러운 사랑(애정어린 배려와 무한한 인내)을 보여주며 세계를 유혹하고 설득하며 인도하고 구원하신다.[123] 이처럼 화이트헤드는 십자가를 지신 예수의 모습을 통하여 세계와 무관한 무자비하고 냉담한 하나님에 대한 개념들을 수정하면서 세계와 함께 진·선·미의 비전을 실현하며 창조적 전진을 거듭해 나가시는 세계의 시인으로서 양극적 본성(영속적인 원초적 본성과 유동적인 결과적 본성)을 지닌 하나님의 모습을 제시한다.[124]

그러므로 세계를 초월하여 계시면서 동시에 세계 안에 내재하시는 하나님과 세계는 따로 떨어져 분리되어 있지 않고 유동적인 시간의 과정과 유기체적인 관계적 그물망으로 얽혀 있어 서로를 필요로 하고 상응하며 새로움을 향유해나간다. 원초적으로 일자인 하나님은 과정의 흐름 속에서 세계의 결과적 다양성을 획득하고 그것을 자신의 통일성 안으로 흡수하여 들이신다. 그러므로 영속적인 통일성을 지닌 하나님으로부터 나오고 그 영원한 하나님에게로 돌아가는 유한한 세계는 일즉다(一卽多)이고 다즉일(多卽一)이라고 할 수 있다. 그리고 세계를 자신과의 신비적인 일치로 이끌어 들이는 영원하신 사랑의 하나님도 이와 마찬가지라고 할 수 있다.[125] 그러나 세계의 다른 현실재들이 갖는 물리적인

---

122) A. N. 화이트헤드, *Process and Reality*, 오영환 옮김, 『과정과 실재』 (서울: 민음사, 2003), 647.
123) 위의 책, 648-649.
124) 위의 책, 652-655.

극보다는 정신적인 극이 극대화된 탁월한 현실재로서 그리고 초주체적인 본성을 지닌 전 포괄적인 실재로서 하나님은 세계와 다르고 세계를 초월하여 계신다. 이와 동시에 그런 하나님은 세계를 버려두지 않고 세계 내에서 겸손한 그리스도의 고통스러운 대속을 통하여 하나님과 대립하면서 자기실현을 달성하고자 하는 세계의 소멸적인 고통과 슬픔을 부활로 극복하고 승리로 이끌어 가신다. 이런 점에서 사랑의 하나님은 세계를 이해하고 그 세계와 함께 고통당하는 동료요 위대한 동반자이다. 결과적으로 세계는 하나님의 아들 예수 그리스도의 피로 얼룩진 십자가의 수난을 통하여 하나님 안에서 하나님과 함께 하나가 됨으로 화해되어 구원받는다.[126]

이처럼 말해진 화이트헤드의 만유재신론적인 신관이 세계 내에서 성서의 고통당하는 사랑의 하나님에 대한 진술과 일치한다고 생각하는 일련의 사람들이 20세기 후반에 과정철학을 받아들여 과정신학 운동을 전개하였다.[127] 다시 말해서 하나님을 세계의 고통과 무관하며 냉담하고도 무자비한 분이 아니라 오히려 그 고통을 이해하기 위하여 직접 그 고통에 참여하시고 그것을 자신의 것으로 받아들여 극복하시는 분으로서 진술한 것이, 성서에 나타난 사랑의 하나님을 잘 드러낸 겸손하고 연약한 예수 그리스도의 십자가의 수난에 잘 부합한다는 점이야말로, 화이트헤드의 과정철학과 이를 수용한 과정신학의 돋보이는 공헌이라고 할 수 있다.

2.2 고통당하신 하나님의 인간성을 통해 나타난 은총

일찍이 개혁교회 신학자인 칼 바르트(Karl Barth, 1886~1968)는 하나님을 '전적 타자'라고 말하던 초기와는 달리 그의 후기신학에서 하나님의 인간성을 언급하며 하나님의 고난 가능성과 죽음을 통한 하나님의 극단적인 은총을 진술하였다.[128] 바르트의 『로마서 강해』 2판은 하

---

125) 위의 책, 656-660.
126) 위의 책, 660-664.
127) 존 캅, 데이비드 그리핀, *Process Theology*, 류기종 옮김, 『과정신학』 (서울: 황소와 소나무, 2002), 12-13.

나님의 신성을 강조하고 그 신성 안에는 인간성이 결여되어 있었지만, 1956년에 '하나님의 인간성'을 강의하면서 하나님의 신성 안에 인간성이 존재한다고 말하였다. 왜냐하면, 참 하나님이시고 동시에 참 사람인 예수 그리스도를 죄로 물든 세상에 성육신 시킨 하나님은 인간적인 측면이 있기 때문이다. 바르트는 자신의 예수 그리스도 중심적인 1942년 예정론(교회교의학 Ⅱ권 2부) 이후부터 화해론(교회교의학 Ⅳ권 1-4부)에 이르러 하나님의 심판을 강조하기보다는 죄인들을 위해 대속적인 심판을 당하시는 사랑의 하나님을 강조하기에 이른다. 그리고 바르트의 초기신학에서 하나님의 거룩하심은 세상을 심판하는 거룩하심이었는데, 후기신학에서는 세상을 구원하기 위하여 세상 한가운데서 고난을 당하시는 하나님의 거룩하심으로 전환된다. 다시 말해서 바르트의 후기신학에서는 전적 타자로서의 세상과 무관한 초월적인 하나님, 즉 그리스 철학적인 고난을 받을 수 없는 하나님 대신에 예수 그리스도의 십자가의 고난(목마르고 약하고 무능한 하나님)과 죽음을 통하여 나타난 하나님의 낮아지신 인간성과 그리고 하나님과 인간이 상호 간에 사랑의 대상이 되어 서로 사랑을 필요로 하고 갈구한다는 점들이 부각된다. 그리고 바르트의 초기신학의 세상과 다른 전적 타자로서의 하나님의 개념이 그의 후기신학에서 무조건 거부되기보다는 변화된 개념으로서 언급되는데, 그것은 바로 세상과 질적으로 다른 탁월한 은혜의 하나님을 말함으로써 은총의 전적 타자성을 말한다는 것이다.129) 이는 바르트가 화이트헤드의 과정철학이 말하는 예수 그리스도의 겸비와 또한 디트리히 본회퍼(Dietrich Bonhoeffer, 1906~1945)의 『저항과 복종: 옥중서간』에 나타난 하나님의 무능한 전능성(타자를 위해 연약하고 무력하게 고난을 받으시는 예수 그리스도를 통해 나타나는 하나님의 전능성)으로부터130) 통찰

---

128) 김명용, 『칼 바르트의 신학』 (서울: 이레서원, 2007), 177-178.
129) 위의 책, 180-182.
130) 디트리히 본회퍼, *Widerstand und Ergebung*, 손규태·정지련 옮김, 『저항과 복종: 옥중서간』 (서울: 대한기독교서회, 2015), 681. "하나님은 세상에서 무력하고 약하며, 오직 그렇기 때문에 그는 우리와 함께 계시고 우리를 돕는다네. 그리스도가 전능하심이 아니라, 그의 약함, 그의 수난으로 도우신다는 것은 마태복음 8:17에 분명하게 나타나 있네. … 반면에 성서는 인간에게 하나님의 무력함과 수난을 지시하고 있지. 오직 고난당하는 하나님만이 도울 수 있지."

력을 제공받은 것처럼 보인다.

그리고 바르트는 자신의 초기신학에서 예수 그리스도의 부활이 하나님의 전능한 신성을 계시하는 사건으로 이해하였다면, 그의 후기신학에 와서는 인간에 대한 지극한 사랑 때문에 성육신 하신 예수 그리스도의 십자가 사건을 통하여 하나님의 신성이 결정적으로 계시되었다는 통찰에 이르게 된다. 즉 바르트는 하나님이 고난당할 수 없다는 그리스 철학으로 채색된 하나님의 상을 넘어서서 예수 그리스도 안에서 하나님의 고난을 발견하였다. 이런 사랑의 하나님의 고난은 예수 그리스도 안에서 예정된 것으로서 하나님 자신에게 있어서는 버림받음과 저주와 죽음이고 인간에게 있어서는 구원의 선택과 영생과 지복이라는 것이다. 여기서 참 사람인 예수의 고난은 예수의 인간성에만 국한되는 것이 아니라 사랑의 하나님의 신성의 속성 안으로 받아들여져 하나님의 정의의 심판을 넘어선 사랑의 신성을 드러내는 것으로 나타난다. 예수 그리스도의 성육신과 십자가의 고난과 죽음은 하나님이 세상을 너무나도 사랑하사 베푸신 하나님의 무한한 은총을 드러내는 하나님의 자기 고난이요 죽음이다.[131] 이는 양태론적인 성부수난설(성부 하나님 자신의 죽음)이 아니라 성자의 고난이요, 죽음 안에서 함께 겪는 삼위일체 하나님의 고난이요, 하나님 안에 있는 죽음으로서 위르겐 몰트만(Jürgen Moltmann, 1926~2024)의 『십자가에 달리신 하나님』에서 신학적으로 더 다듬어진다.[132]

그러므로 예수 그리스도의 십자가의 고난과 죽음을 통하여 계시된 하나님은 전적으로 사랑과 은총과 자비의 하나님이시다. 이런 사랑의 하나님은 자신의 의와 거룩함으로써 세상을 심판하시는 하나님이시기도 하지만 그것을 넘어 세상을 사랑하고 구원하는 하나님으로서 자신의 자유의지를 행사하신다. 즉 의와 선 그 자체이신 하나님의 자유의지는 사랑을 위한 자유의지라는 것이다.[133] 이는 바르트에 앞서 본회퍼가 하나

---

131) 김명용, 『칼 바르트의 신학』, 182-186.
132) 위르겐 몰트만, *Der gekreuzigte Gott*, 김균진 옮김, 『십자가에 달리신 하나님: 그리스도교적 신학의 근거와 비판으로서의 예수의 십자가』 (서울: 대한기독교서회, 2017), 298.
133) 김명용, 『칼 바르트의 신학』, 187-188.

님을 드러낸 고난을 받으신 예수 그리스도를 '타자를 위한 존재'로 정의하고, 그런 그리스도의 인격과 고난의 뒤를 따라가는 교회와 그리스도인들도 세상 속에서 타자를 위한 존재로 살아가야 한다고 말한 바와 같이, 그리스도를 통하여 하나님의 형상을 회복한 인간은 타자를 위한 존재로서 그의 자유는 타자를 섬기는 자유라고 진술한 것과 일맥상통한다.[134] 다시 말해서 의로우신 하나님은 인간을 심판하여 인간의 멸망과 죽음을 바라시는 하나님이 아니라, 인간의 구원을 위하여 예수 그리스도의 십자가와 함께 고통당하시는 지극한 은총과 사랑의 하나님으로서 자신의 본질을 온전히 드러내신다. 예수 그리스도의 십자가의 고난과 죽음에서 의로우신 하나님과 사랑의 하나님의 대립된 두 모습은, 광명한 기쁨과 긍휼히 여기는 사랑이 넘치는 하나님으로 지향되며 인간을 용서하기 위해서 자기 자신이 자발적으로 심판당하는 하나님으로서 나타난다. 이런 점에서 바울이 로마서 1-3장에서 말하는 예수 그리스도의 십자가를 통하여 나타난 하나님의 의는, 인간의 죄를 낱낱이 찾아내어 심판하는 의가 아니라 인간의 죄와 실수를 만년설로 덮어 용서하시는 하나님의 사랑과 은총의 의라고 할 수 있다. 즉 예수 그리스도의 십자가는 죄로 물든 인간존재를 부정하는 것이 아니라, 그런 인간존재를 긍정하여 용서하고 사랑하는 하나님의 절대적인 의요 사랑이요 은총이다.[135] 이런 하나님의 불변은 사랑의 전능성과 속성의 불변이지 의지와 계획의 불변이 아니고 인간의 기도에 응답하시기 위해서 위대한 사랑으로 충만한 하나님은 필요에 따라 자신의 계획을 수정하실 때도 있다. 다시 말해서 하나님은 세계로부터 동떨어져 홀로 자존하시는 분이라기보다는 인간과 세계와 깊은 관계를 맺고 사귐을 나누며 사랑하기를 갈망하시며 그런 인간들을 통해 감사와 영광이 자신에게 돌려지기를 원하시고 그것을 애정과 인내로 기다리신다.[136]

---

134) 디트리히 본회퍼, *Widerstand und Ergebung*, 711, 725-726.
135) 김명용, 『칼 바르트의 신학』, 189-190.
136) 위의 책, 194-198.

2.3 하나님의 애타는 아픔의 신학

화이트헤드가 서양 철학사를 탐구함으로써 '부동의 동자'로 묘사된 하나님의 개념을 넘어서는 예수 그리스도의 겸비와 부드러운 사랑의 하나님을 제시했고, 바르트가 예수 그리스도의 십자가에 집중함으로써 플라톤의 이원론에 영향을 받은 하나님의 모습을 극복하고 성서에 나타난 사랑과 자비의 하나님의 전능성을 발견했다면, 기타모리 가조(Kitamori, Kazoh 北森嘉蔵, 1916~1998)는 제 2차 세계대전의 비참함 속에서 영감을 얻어 그리스 철학적인 무감동의 하나님의 모습을 극복하고자 성서의 고통당하시는 하나님의 애끓는 열정과 사랑을 『하나님의 아픔의 신학』으로 전개한다. 기타모리의 이 책은 원자폭탄으로 피폭당하고 상처받아 피폐해진 일본의 아픔을 감싸 안으시며 아파하시는 하나님의 사랑으로 치유하고자 했던 신학적 반성이다.[137] 빌립보서 2장 6-8절(그는 근본 하나님의 본체시나 하나님과 동등 됨을 취할 것으로 여기지 아니하시고, 오히려 자기를 비워 종의 형체를 가지사 사람들과 같이 되셨고, 사람의 모양으로 나타나사 자기를 낮추시고 죽기까지 복종하셨으니 곧 십자가에 죽으심이라)에서 말하는 바와 같이, 예수 그리스도를 낮고 천한 모습으로 세상에 보내시어 십자가 위에서 피 흘리고 죽임 당하게 하심으로써 우리의 죄를 용서하시는 하나님의 은혜와 사랑은, 하나님의 지극한 고통과 아픔을 통하여 이루어졌다. 그러므로 예수 그리스도의 고통스러운 십자가의 복음은, 하나님이 진노의 대상을 사랑하시어 하나님과 죄로 막힌 인간을 사랑으로 끌어안으시는 사랑의 복음이다.[138] 즉 죄인들을 미워하지 못하고 그들에 대한 진노의 심판을 거두어들이며 용서하고 사랑하실 수밖에 없는 하나님의 자발적인 고통과, 그런 지극한 고통 어린 사랑을 인간에게 거부당한 슬픈 사랑 때문에 참고 기다리시는 하나님의 아픔과, 그 죄인들을 사랑하기에 그들을 구원하려고 자신의 사랑하는 아들이 십자가에서 죽어가는 것을 지켜보실 수밖에 없는 하나님의 애타는 고통과, 그리고 예수 그리스도 자신이 아버지 하나님의 뜻을 받

---

137) 기타모리 가조, *Theology of the Pain of God*, 이원재 옮김, 『하나님의 아픔의 신학』 (서울: 새물결플러스, 2017), 345.
138) 위의 책, 113.

들어 십자가에서 죄인들을 대신하여 죽으실 수밖에 없는 고통을 통하여, 우리는 용서받고 구원받아 하나님의 온전한 자녀들이 되었다.[139]

　이처럼 하나님은 자기 자신의 아픔으로써, 우리 인간의 아픔을 해결하여 주시는 하나님이시다. 예수 그리스도는 자기 자신의 상처로써, 우리 인간의 상처를 감싸 안아 치유하여 주는 구세주시다(벧전2:24).[140] 마가복음 15장 34절에서 "나의 하나님 나의 하나님 어찌하여 나를 버리셨나이까?"라고 부르짖으신 예수는, 우리를 대신하여 하나님으로부터 버림받는 아픔을 통하여 죄로 상하여 하나님과 멀어진 우리의 마음을 치료하여 주신다. 죄인들의 죄에 대한 하나님의 아픔의 승리는, 그런 아픔도 돌파해버리는 한결같은 하나님의 사랑, 곧 하나님의 아픔에 기초한 사랑이다. 예레미야 31장 20절의 "내 창자가 들끓으니"(내 창자가 그로 인해 괴로우니 혹은 내 마음이 아프다)와[141] 이사야 63장 15절의 "주께서 베푸시던 간곡한 자비와 사랑"이라는 표현들은, 인간을 향하여 아파하시는 하나님의 연민의 마음을 강조한다. 예레미야에게 나타난 하나님, 곧 복음에 있어서의 하나님은 단지 아들을 낳는 아버지로서의 하나님만이 아니시다. 그리고 복음으로 죄인들을 구원하시는 하나님은, 아들을 십자가에 죽게 하는 아버지로서의 하나님이고 아들의 고통당하는 십자가를 바라보며 아파했던 하나님이시다. 이런 점에서 성부 하나님의 아픔은 하나님 안에 있는 본질적인 속성이고 복음의 핵심은 하나님의 아픔이다.[142]

　그러므로 하나님 아버지는 너무나도 사랑하는 자신의 독생자를 죽음에 내어주셨다. 바로 이것이 하나님의 정의로 세상을 심판하는 것을 넘어서는 하나님의 궁극적인 사랑의 행위이다. 인간의 두려운 죄를 받아들여 그 책임을 홀로 짊어지시는 하나님은, 자신의 아들을 버려 함께 아파하시면서, 십자가 위에서 자신의 극단적인 사랑과 자비를 나타내는

---

139) 위의 책, 178-179. 이하에 나오는 기타모리 가조의 하나님의 사랑의 아픔에 대해서는, 김형근, 『상황과 신학』(옥천: 도서출판 은소몽, 2019), 119-123에서 이미 언급한 내용을 보완하여 수정한 것이다.
140) 위의 책, 33.
141) 위의 책, 10.
142) 위의 책, 89-90.

하나님이시다. 예수 그리스도의 십자가의 고통을 통해서 나타난 하나님의 극단적인 사랑과 자비를 아는 자가, 하나님의 아픔 속에 함께 녹아들어, 그 아픔 속에서 고통으로 자신의 큰 사랑을 계시하시는 하나님과 하나가 된다(내가 하나님의 아픔 속에 녹아들어 그 아픔에서 그분과 내가 하나가 된다).143) 이런 "하나님의 아픔은 자기 자신을 신비주의적으로 우리와 하나로 결합시키지만, 그럼에도 불구하고 이 결합을 배반하여 깨뜨리는 우리의 죄를 최후까지 용서하고 감싸 안으시기 때문에 하나님의 아픔이다."라고 기타모리는 말한다.144) 전적으로 타락한 인간을 너무나도 사랑하기에 대신 고통당할 수밖에 없는 하나님 안에 있는 자비로운 사랑의 속성 속에서, 이유 없이 당하는 인간 고난의 문제도 그 해답을 찾게 된다. 따라서 고통은 하나님의 외부에 있는 것이 아니라, 하나님의 내부에 존재하는 본질적인 사랑의 속성이다. 또한, 우리가 애매히 당하는 고통도 우리에게 없어야 할 것이 아니라, 하나님의 사랑 안에서 살아가는 우리의 삶 속에 있어야 하는 것이다. 우리는 죄인을 위해 대신 죽으신 하나님의 고통을 이제 우리의 고통으로 받아들여야만 한다. 이처럼 하나님의 아픔과 우리의 아픔이 결합되는 곳에 이유 없이 당하는 인간 고난에 대한 치유와 해답이 있다.145)

왜냐하면 하나님은 예수 그리스도의 십자가의 고난 속에서 우리가 당하는 모든 고통에 동참하셨기 때문이다. 마찬가지로 그것을 믿는 신앙 안에서 우리도 우리 자신이 겪는 고난을 통해서, 성자 예수 그리스도의 십자가의 고난과 그것을 지켜보았던 성부 하나님의 아픔과 성령의 탄식에 참여하고, 그 수난을 더욱 깊이 이해할 수 있다. 하나님은 죄를 범한 인간이 당하는 고통과 무관하신 분이 아니라, 자신의 자식을 내어줌으로써 인간이 받아야 할 형벌을 대속하셨다. 그러므로 하나님은 우리와 막힌 담을 헐어버림으로써 화해하시고 우리에게 구원의 십자가의 복음을 주셨다. 성도가 삶 속에서 겪는 고난의 신비는, 바로 하나님의 아들 예수 그리스도의 십자가의 수난에서 풀리며 그분이 승리하신 부활의 영광

---

143) 위의 책, 141.
144) 위의 책, 155.
145) 위의 책, 161.

으로 극복된다. 하나님은 죄로 물든 세상 속에 있는 죄인들을 사랑하기 때문에 대신 아파하며 신음하신다. 이것이 바로 사랑의 아픔을 속성으로 가진 삼위일체 하나님이 자청하신 열정적 사랑의 고난이다.

그러나 그 고난은 단지 고난으로만 끝나지 않고, 바로 그 고통스럽고 연약한 십자가는 하나님의 사랑의 전능성을 드러내며, 예수의 위대한 승리의 부활로 이어진다. 즉 하나님의 아파하시는 사랑 속에서 "일어나는 것은 죄인에 대한 하나님의 승리이다. 하나님의 아픔의 승리는 이 아픔도 관통하는 한결같은 하나님의 사랑, 곧 하나님의 아픔에 기초한 사랑"이라고 기타모리는 선언한다.146) 사망과 그것이 주는 절망의 권세를 이긴 예수의 부활을 통하여, 모든 고통과 재난, 고난과 슬픔은 끝이 나는 것이다. 여기에 십자가에서 고난을 당한 사랑의 승리가 있다. 생명의 부활은 모든 아픔, 모든 슬픔, 모든 눈물, 모든 고통, 모든 가난, 모든 응어리진 가슴 속의 한을 날려버리고 평안과 기쁨을 가져온다. 예수 그리스도의 부활생명은, 모든 문제 그 자체를, 고통 그 자체를, 죽음 그 자체를 다른 질적인 삶인 영원한 생명으로 바꾸는 하나님의 승리이자 그것을 믿는 우리의 승리이다. 그러므로 예수 그리스도의 고난을 통해 주어진 하나님의 지극한 사랑을 믿고, 생사번뇌의 고통의 강을 이미 건너버린 부활의 소망 속에 사는 성도들에겐 이 세상의 아무것도, 즉 죽음조차도 더 이상 문제가 되지 않는다. 그러기에 우리는 아무것도 아니지만, 부활하신 예수 그리스도의 사랑 속에서 우리의 존재 그 자체, 즉 우리의 생명 있음 그 자체가 축복이고 은혜이며 생사가 다 하나님의 지극한 은총이다. 따라서 죽음 가운데 있는 우리에게 희망으로 오신 예수가 주신 부활의 새 생명의 소망 속에서 살아가는 우리는, 언제 어디서나 영원 무궁히 한결같은 주 예수께 찬양할 수 있다.

2.4 십자가에서 고통당하신 하나님의 고난

기타모리가 『하나님의 아픔의 신학』에서 하나님의 마음을 무한한 사랑의 속성을 지닌 하나님의 본질로서의 아픔이라고 말한 것은, 아리스

---

146) 위의 책, 68-69.

토텔레스의 '괴로워하지 않는 하나님'으로부터 영향 받은 전통적인 서구 신학이 구축한 무감동의 하나님을 예수 그리스도와 함께 아파하시는 성서의 하나님으로서 소개하고자 한 것이었다. 바르트와 기타모리에게 영향 받은 몰트만은 예수 그리스도의 부활(희망)의 근거를 예수 그리스도의 고난과 죽음에 정초하고자 『십자가에 달리신 하나님』을 집필하였다. 몰트만에 따르면, 구약성서의 하나님의 모습은 정의로 세상을 심판하시는 하나님이라기보다는 오히려 자신의 사랑 때문에 아파하고 괴로워하시는 하나님이고, 그런 하나님의 모습은 신약성서의 십자가에 달린 예수 그리스도의 고난과 죽음에서 정점에 이른다는 것이다. 이와 같은 사랑의 하나님의 고난 가능성, 즉 인간과 세계에 대한 지극한 사랑 때문에 괴로워하시고 아파하시는 하나님의 모습은 전통적인 서구신학의 무감각한 신관에 대해 혁명과도 같은 것이라고 몰트만은 표현하였다.147)

『희망의 신학』에서 몰트만은 예수 그리스도의 부활이 가져오는 희망이 절망적인 세계를 하나님의 나라로 만들어가는 무진장한 원동력이라고 선포하였다면, 그것의 연장선상인 『십자가에 달리신 하나님』에서는 하나님께서 예수 그리스도의 역사적 고난을 통하여 온 세계의 구원을 위한 영원한 하나님의 고난 그리고 그 세계가 하나님의 나라로 새롭게 창조되도록 역사하는 자기희생적인 사랑의 본성을 계시하셨다고 말한다. 다시 말해서, 예수 그리스도의 십자가 사건을 통하여 정의를 넘어 사랑과 용서를 실천하시는 하나님의 사랑의 본성이 나타났는데, 성부의 사랑은 아들을 십자가에 못 박는 고난의 사랑이고, 성자의 사랑은 성부에 의하여 십자가에 못 박히는 고통의 사랑이며, 성령의 사랑은 어떠한 고난과 죽음에도 정복당하지 않고 십자가의 죽음을 극복하는 생명의 능력이다. 그러므로 삼위일체 하나님의 사랑은, 인간의 고난과 피조물의 탄식에 연대하는 고난의 사랑이며, 나아가 성령의 능력으로 고난과 죽음을 극복하고 부활하는 승리의 사랑이고, 또한 그 사랑을 믿고 따르는 성도들이 현실 속에서 당하는 고난을 극복할 수 있도록 희망과 사랑의 능력을 공급하는 사랑이다. 따라서 예수 그리스도의 십자가의 고난과 죽

---

147) 위의 책, 337-338. 이하에 전개되는 몰트만의 『십자가에 달리신 하나님』과 관련된 내용은 김형근, 『평신도를 위한 신학자 연구』 (옥천: 도서출판 은소몽, 2022), 288-293에서 이미 언급한 내용을 보완하여 수정한 것이다.

음은 삼위일체 하나님의 고난당하는 사랑의 심장을 계시하는 사건이다. 즉 삼위일체 하나님의 사랑의 고난은 하나님 편에서 성부의 고통이고 성자의 죽음이며 성령의 탄식으로서 삼위 하나님의 일체성을 드러내는 것으로 나타난다. 성서에 나타난 삼위일체 하나님은 그리스 철학에서 말하는 무감동한 형이상학적인 원리(일자, 제일원인, 부동의 동자)가 아니라, 자신의 사랑의 본성으로부터 흘러넘쳐 인간과 세계의 구원을 위하여 자발적으로 자신을 타자에게 개방하는 열정적인 사랑의 고난을 당하시는 하나님이시다. 그래서 성자는 고난의 쓴잔을 마시게 하려는 아버지의 뜻에 순종하기 위하여 버림받아 십자가 위에서 죽음의 고난을 겪으시고, 성부는 자신이 버린 성자의 죽음을 경험하면서 애가 타는 고난을 겪으시며, 생명의 부활을 일으키시는 성령은 성자의 죽음 속에서 탄식하신다.[148] 그래서 몰트만은 키릴(Cyrill)의 "삼위일체 하나님 가운데 한 분이 고난 받으셨다."라는 표현을 '삼위일체 가운데 한 분이 고난을 받은' 곳에서 다른 위격들도 함께 하나님 자신 안에서 고통당하신다는 의미로서 해석한다.[149] 이것은 바로 예수 그리스도의 십자가의 고난을 통하여 질병을 건강으로, 허무한 죽음을 생명으로, 쓰라린 실패를 성공으로, 연약한 패배를 승리로, 어두운 절망을 희망으로 전환시키는 삼위일체 하나님의 창조적인 사랑의 고난이며, 그 고난은 단지 고난으로만 끝나지 않고 생명을 살리는 성령의 역사를 통하여 일어난 부활의 승리를 잉태한 고난이다.

  이러한 통찰들은 몰트만이 자신의 시대의 고난에 참여함으로써 예수 그리스도의 수난이 지닌 이중적인 비밀들을 발견하는 것으로부터 얻어진 것이다. 그것들은 예수의 고난 속에서 열정적으로 사랑하시는 하나님의 고난과 십자가에 달려 죽음의 고통으로 일그러진 예수의 얼굴에 계시된 삼위일체 하나님의 마음이었다. 몰트만이 발견한 하나님의 신성의 깊이는 추상적이고 사변적인 차원을 넘어 골고다 언덕의 예수 그리스도의 십자가의 고난을 통해서만 온전하게 드러난 것이었다. 그러므로 몰트만은 그리스도교 신앙이 현대적일 때에 세상 속으로 들어가는 것이

---

148) 신옥수, 『몰트만 신학 새롭게 읽기』 (서울: 새물결플러스, 2015), 53-55.
149) 위르겐 몰트만, *Weiter Raum*, 이신건·이석규·박영식 옮김, 『몰트만 자서전』 (서울: 대한기독교서회, 2011), 274.

아니라, 오히려 그것은 예수의 십자가의 거룩한 세속성에서 생겨나고(요 3:16), 성도들로 하여금 세상 속에서 당면한 현재의 십자가를 걸머지도록 만들 때에 세상과 연대하는 것이 된다고 말한다. 따라서 그리스도인이 사회적인 혁명에 참여한다고 해서 그의 신앙이 혁신적인 신앙이 되는 것이 아니고, 삼위일체 하나님의 고난으로부터 출발하는 자유롭게 만드는 생명의 영을 체험함으로써 가능하게 된다. 이런 점에서 성서에 나타난 하나님의 약속과 희망은, 십자가에 달리신 하나님의 고난 속에서 성취되어 부활하신 예수 그리스도의 희망의 재생산을 경험하게 하는 하나님의 개방된 미래로 성도들을 초대하여 영원한 안식으로 인도한다.[150]

몰트만에 따르면, 율법을 고수하는 유대인들에게는 거치는 돌이며 철학적 지혜를 숭상하는 헬라인들에게는 어리석게 보이는 그리스도의 고통스러운 죽음의 십자가는 낙관론적인 행복에 젖은 사람들에게 사랑을 받을 수 없지만, 그러나 어리석은 십자가가 구원의 능력임을 믿는 성도들에겐 십자가에 달린 예수만이 이 세계를 변화시킬 수 있는 자유와 희망을 제공하여 주는 하나님의 지혜라는 것이다. 왜냐하면, 예수 그리스도의 십자가는 바로 모든 희망이 끝난 절망 속에서 피어난 참다운 희망이기 때문이다. 교회가 그리스도의 교회가 되고 신학이 그리스도교의 신학이 되는 정체성을 유지하려면, 십자가에 달린 그리스도에게로 돌아가야 하고 헛된 희망에 사로잡힌 이 세계에 그리스도의 십자가를 통하여 계시된 죽음으로부터 자유와 부활의 소망을 보여주어야만 한다. 이런 점에서 그리스도론의 근거와 규범이 되는 예수 그리스도의 십자가는 그리스도의 교회와 그 신학의 근거로서 교회의 모든 활동과 신학적인 언설에 대하여 비판적인 기능을 수행한다. 즉 십자가는 모든 것을 시험한다. 몰트만이 『희망의 신학』을 통하여 종말론적인 약속과 희망 속에 있는 하나님의 미래를 앞당겨 오는 선취, 즉 그리스도의 부활을 강조하였다면, 고통스러운 십자가에 달려 수난을 받은 그리스도의 하나님을 통해서는 종말론적인 하나님의 미래가 이 세계의 수난의 역사 안에 구체적으로 성육신되었음을 제시하려는 것이었다. 전자가 그리스도의 부활을

---

[150] 위르겐 몰트만, *Der gekreuzigte Gott*, 김균진 옮김, 『십자가에 달리신 하나님: 기독교 신학의 근거와 비판으로서의 예수의 십자가』 (서울: 한국신학연구소, 1979), 한국어판에 부쳐.

출발점으로 삼아 종말론적인 부활의 희망으로부터 수난을 받은 그리스도의 십자가로 나아가는 것이었다면, 후자는 십자가에 달린 하나님을 출발점으로 삼아 그리스도의 수난을 받은 십자가로부터 그의 부활의 희망으로 나아가는 것이었다. 그리스도의 부활의 긍정적인 희망은 그리스도의 부정적인 십자가의 사랑을 통해서만 인간을 자유롭게 해방시키고 인간에게 참된 소망을 가져다준다는 것이다. 즉 절망적인 현실을 극복하는 그리스도의 부정적인 십자가만이 절망한 인간에게 희망적인 부활의 소망을 가져다주고 인간을 고통스러운 재난경험들로부터 구원할 수 있다는 것이다.[151] 따라서 몰트만은 "하나님의 기쁨 안에서 모든 피조물의 엄청난 부활의 환희에 참여하기 위해 우리는 하나님의 고통에 깊이 침잠해야 한다."고 말한다.[152]

이처럼 십자가에서 고난을 당하신 예수 그리스도는, 양성론의 측면에서 성부에게 버림받아 십자가에 달린 성자 하나님이시며 동시에 자원하여 십자가에 달려 하나님을 모독한 인간이시기도 하다.[153] 이러한 진술로부터 예수의 죽음은 성부 하나님의 죽음이 아니라 성부 하나님 안에 있는 성자의 죽음이었다. 성부 하나님은 성자의 죽음을 통하여 함께 고난을 받을 수 있지만 성부 자신이 직접 죽은 것은 아니다. 그러므로 성부 하나님 안에서 일어난 것으로서 십자가에 달린 성자 예수의 죽음과 이러한 예수의 죽음 안에 계신 성부 하나님만이 그리스도교 신학의 근원과 출발점이 된다. 왜냐하면 십자가에 달린 그리스도는 삼위일체적으로 펼쳐진 하나님의 사랑의 심장을 계시하고 있기 때문이다.[154] 그리고 본회퍼의 말처럼 오직 예수 그리스도의 십자가의 죽음과 함께 고통 당하신 하나님만이 세상에서 고난을 받는 인간을 사랑하고 위로하실 수 있기 때문이다.[155] 이러한 예수의 십자가는 우주 안에 세워져 허무한 것에 미래를 열어주고, 덧없는 것에 확고함을 제공하며, 고정된 것에 개

---

151) 위의 책, 7-11. 이하에 나오는 *Der gekreuzigte Gott*는 1979년 번역판에서 인용한 것이다.
152) 위르겐 몰트만, *Weiter Raum*, 276.
153) 위르겐 몰트만, *Der gekreuzigte Gott*, 205.
154) 위의 책, 214.
155) 위르겐 몰트만, *Weiter Raum*, 278.

방성을 가져오고, 절망 속에 희망의 씨앗을 심으며, 존재하는 모든 것들과 이미 존재를 상실한 모든 것들을 하나님의 새로운 창조로 인도하여 들인다.156)

한 걸음 더 나아가 하나님은 전능하시어 고통을 받을 수 없기에 인간이 당하는 고난과 전적으로 무관하다는 저항적인 무신론은, 십자가를 지신 그리스도의 고난 속에서 함께 고통을 겪으시는 하나님에 의하여, 성부 하나님으로부터 버림받아 "엘리 엘리 라마사박다니"라고 십자가에서 절규하며 죽어간 성자 하나님의 수난에 의하여, 그리고 그 죽음을 바라보시며 탄식하시던 생명의 영인 성령 하나님에 의하여, 십자가에 달린 하나님을 믿는 성도들의 신앙에 의하여 극복된다. 사랑이 풍성하신 하나님은 전혀 고난을 받을 수 없는 분이 아니라, 오히려 자신의 사랑 때문에 하나님의 존재는 고난 가운데 있고, 그리스도의 죽음 속에서 고통당하시는 인간적인 하나님이시며, 십자가에 달린 아들 안에서 성부 하나님이 당하시는 고난은 하나님의 존재 그 자체 안에 있는 하나님의 사랑의 속성이다.157) 예수 그리스도는 참 하나님이요 참 인간이라는 양성론의 차원에서 성부 하나님의 신성은, 말할 수 없는 십자가의 고통 가운데서 죽은 자신의 아들 예수 그리스도의 죽음 속에서 무감각하고 무감동한 속성을 유지하는 것이 아니라, 아들의 죽음 속에서 삼위일체적으로 고난당하시는 하나님의 사랑의 속성을 드러내는 것으로 나타난다.158)

이런 점에서, 성서에 나타난 예수 그리스도의 고난의 십자가는 추상적인 사변의 사변을 넘어서 구체적인 삼위일체론의 출발점이 된다.159) 왜냐하면, 성부 하나님이 성자를 저주받은 십자가에 내어주시며, 아들을 주검에 내어주는 성부로부터 성자는 십자가의 죽음에로 버림을 당하지만, 삼 일 만에 사망의 권세를 깨뜨리는 성령의 능력 안에서 부활하신 그리스도는 죽은 자들과 산 자들의 주님이 되시기 때문이다. 삼위 하나님의 개별적인 인격들의 상호내주를 뜻하는 페리코레시스(Perichoresis)적인 일체성 가운데 있는 성부 하나님은, 아버지의 뜻에 순종하여 자신

---

156) 위르겐 몰트만, *Der gekreuzigte Gott*, 227.
157) 위의 책, 238.
158) 위의 책, 246-247.
159) 위의 책, 253.

을 십자가에 내어주는 아들을 버림으로써 자신을 버리고, 아들을 내어주심으로써 자신을 내어주시며 자발적으로 고통당하는 열정적인 사랑의 하나님이시다. 여기서 예수의 고난과 죽음은 성부수난설적으로 성부 하나님 자신의 죽음이 아니라, 십자가의 고통과 죽음에 아들을 내어주고 버리는 성부 하나님이 무한한 사랑의 아픔 속에서 자신의 아들의 죽음을 지켜보며 동반자로서 함께 고통당하신 것이라고 말할 수 있다. 즉 삼위일체적으로 십자가 위에서 아들은 죽음의 고통을 당하며, 아버지는 아들의 죽음을 지켜보며 함께 고통당하시기에, 성부가 당하는 고통스러운 아픔의 정도는 성자의 죽음에 상응하는 크기인 것이다. 다시 말해서 성자가 당한 아버지의 상실감은 성부가 당한 아들의 상실감에 상응하는 크기라는 것이다.[160]

그러므로 예수가 매달린 고통스러운 십자가 위에서 아들을 버리시는 성부와 그 아버지로부터 버림받은 성자 사이에 일어난 역사적인 구원사건을 종말론적으로 파악하는 신앙은, 그 구원사건이 생명을 창조하는 현재적인 사랑의 영 가운데서 사랑하시는 성부와 그 성부로부터 사랑받는 성자 사이에 일어난 삼위일체적인 사건으로 이해한다. 예수의 십자가의 절망적인 죽음 속에는 생명의 영이신 성령 하나님이 일으키시는 희망의 부활이 잉태되어 있고, 예수의 십자가의 절망적인 죽음과 그리스도의 희망의 부활 속에서 성부 하나님은 절망한 인간에게 구원을 선물로 주신다.[161] 이것은 바로 예수의 고통당하는 십자가를 통하여 인간을 구원하기 위하여 무조건적인 사랑을 보여주시는 성부 하나님의 고통당하는 사랑이 완성되었다는 것을 의미한다. 다시 말해서 성부 하나님의 사랑은, 사랑하는 성자의 십자가의 고통 속에서 자기 자신에게 상응하여 인간을 구원하는 사랑을 완성시키시고, 더 나아가 사랑의 영이신 성령 안에서 죄로 인해 무엇을 하든지 언제나 이기적인 자기중심성(cor curvum in se: 자기 안으로 구부러진 마음)에 떨어질 수밖에 없는 인간들에게 상응하여 그들을 자신의 사랑으로 새롭게 창조하신다는 것이다.[162] 그러므로 성도들은 하나님의 열정적인 사랑이 계시된 예수의 고

---

160) 위의 책, 255-256.
161) 위의 책, 258-259.

통당하신 십자가의 사랑을 믿는 신앙 속에서 구원을 받았으며, 성령의 능력 안에서 절망케 하는 죽음의 세력을 이기시고 부활하신 그리스도의 희망 속에서 현실적으로 직면하는 모든 절망들을 능히 극복할 수 있고, 마지막 날에 반드시 있을 부활하신 그리스도의 재림을 통해 일어날 종말론적인 구원의 완성인 영생부활과 새 하늘과 새 땅의 도래를 소망 중에 기다리며 활기차게 살아갈 수 있다.

3. 구원의 다양한 지평들
3.1 구원의 지평의 확대

앞서 언급한 에베소서 2장에 따르면, 이 세계의 죄악과 고난에 민감하게 반응하며 뜨거운 사랑으로 인해 고통당하기를 자청하시는 하나님은, 십자가에서 피 흘리신 예수 그리스도와 함께 고난당하심으로써, 예수 그리스도 안에서 유대인들과 이방인들 사이에 막힌 담을 허시고, 한 새 사람인 교회를 지어 그 둘을 한 몸이 되게 하사, 서로 화평을 누리고 그들로 하여금 하나님과 화목하게 하셨다. 다시 말해서 하나님은 하나님과 세계의 모든 피조물 사이에, 서로 원수가 된 인간과 인간 사이에, 그리고 서로 해를 끼치는 인간과 자연 사이에 유일한 중보자인 예수 그리스도의 육체의 피로써 막힌 담을 헐고 화해를 가져와 화평을 누리게 하셨다는 것이다.163) 여기서 한 걸음 더 나아가 바르트의 만인화해론 이후 최근의 신학은 속죄론의 확대를 통하여 다양한 상황들 속에서 예수 그리스도를 해방자로 신앙고백하며 구원론의 지평을 확장시켜 왔다.164) 즉 전통적인 개혁신학의 구원론이, 기득권층들의 구원으로부터 고통당하는 여러 부류의 사람들에게로, 오직 선택받은 인간만의 구원으로부터 만인에게로, 인간과 교회공동체를 넘어 모든 피조세계와 만유구원의 지평으로까지 확대되어 말해지고 있다.165)

---

162) 위의 책, 261.
163) 이하에 전개되는 구원론의 지평의 확대는 김형근, 『상황과 신학』, 74-76에서 이미 언급된 내용을 확장 시켜 수정한 것이다.
164) 다니엘 L. 밀리오리, *Faith Seeking Understanding*, 신옥수·백충현 옮김, 『기독교 조직신학 개론』 (서울: 새물결플러스, 2016), 349-390을 참고하라.

더 자세히 말하면, 라틴 아메리카의 해방신학은 불의한 사회구조 속에서 경제적으로 착취당하고 정치적으로 억압당하는 가난한 자들을 우선적으로 편드는 선택을 강조하고 그들의 해방과 구원을 위해 오신 역사적 예수를 해방자 그리스도로서 고백하기에 이르렀다. 구스타보 구티에레즈(Gustavo Gutiérrez, 1928~2024)에 따르면, 그리스도의 구원은 인간의 자기해방을 전제로 하고 정의로운 사회를 이루는 것이며 세계사의 발전을 포함하고 있다는 것이다. 즉 전통적인 신학이 구원을 피안의 세계에 있는 영원한 생명으로 기술하였지만, 해방신학의 구원은 이 세계 내에서 억압받고 착취당하며 소외된 사람들의 현실적인 삶이 고통으로부터 해방되는 역사 내적인 치유의 현실에 집중한다. 구티에레즈는 하나님의 나라가 다가오고 있는 것이라기보다는 역사 속에서 성장해가다가 완성되는 것으로 생각한다. 그리고 구티에레즈는, 인간이 구원받아 궁극적인 자유에 도달하는 것은 해방을 위한 현재적인 투쟁과 노력의 대가라기보다는 하나님이 값없이 주시는 선물로 본다.[166] 이런 하나님의 은혜로 이루어지는 억압당하는 3세계의 해방과 구원은 결국 억압하는 당사자인 1세계의 구원이기도 하다.

또한 북미의 흑인신학은 백인들로부터 인종적으로 차별받아온 흑인의 해방과 구원을 위해서 오신 예수 그리스도를 자신들과 동일한 정체성을 가진 흑인으로 고백하기를 주저하지 않았다. 제임스 콘(James H. Cone, 1938~2018)에 따르면, 십자가에 못 박힌 예수 그리스도가 흑인이라고 고백하는 것의 의미는 하나님께서 모든 억압당하는 자들과 자기 자신을 동일화(Blackness of God)시키며 그들이 당하는 억압적인 차별을 자신의 고통으로 받아들이신다는 뜻이다. 이는 히브리 노예들을 이집트로부터 해방시킨 하나님과 빌립보서 2장 6절의 자기를 비워 종의 형체를 가져 고통당하는 자가 되신 예수 그리스도와 일맥상통하는 것이다. 그러므로 그리스도인들도 흑인과 함께 고난을 받으시는 하나님과 하나가 되어 피부색이 검다는 이유로 자유를 억압당하며 고난을 받는 흑인의 해방에 참여해야만 한다.[167] 이렇게 하여 얻어지는 흑인의 구원과

---

165) 박만, 『최근 신학 연구』 (서울: 나눔사, 2002), 8.
166) 위르겐 몰트만, *Wege und Formen christlicher Theologie*, 김균진 옮김, 『신학의 방법과 형식』 (서울: 대한기독서회, 2001), 258-265.

자유는 흑인을 인종차별로 억압하는 백인들의 구원이기도 하다.

그리고 온건한 여성신학은, 그리스도를 통하여 이루어지는 구원이란 전통적인 가부장제의 억압적이고도 침묵과 인내를 강요하는 구조 속에서 여성이 성차별 받는 것으로부터 해방되어, 하나님의 형상을 따라 창조된 여성성의 온전한 실현을 여성의 완전한 구원의 완성으로 보았다. 여성신학의 성서적 전거는, 여성과 남성은 하나님의 형상을 따라 동등하게 창조되었고, 예수 그리스도의 생명의 복음을 통하여 남성과 여성이 함께 소명되고 의롭다함을 얻으며 성화된다는 것이다. 그리고 생명의 영이신 성령을 통하여 남성과 여성 모두가 살아 움직이며 이 땅의 갱신을 위하여 함께 성령의 은사의 다양성을 공유한다는 것이다. 즉 하나님의 영은 하나님의 아들과 딸들 모두에게 성차별 없이 부어진다. 한마디로 여성은 예수 그리스도를 통한 삼위일체 하나님의 사랑과 은총으로부터 그리고 남성으로부터 차별받아 소외되어 있지 않고 동등하다는 것이다.168) 이처럼 동등하게 베풀어지는 하나님의 은혜를 통하여 남성으로부터 성차별 받는 여성이 구원받는 것은 여성을 차별하며 죄를 짓는 남성들의 온전한 구원이기도 하다.

그리고 한국의 민중(ὄχλος)신학은 사회구원의 차원에서 고된 노동과 저임금에 시달리는 노동자들의 인권의 회복과 공정한 분배를 온전한 구원으로 보았고, 예수는 고난당하며 신음하는 민중들의 해방자로 오셨다고 증언하였다. 안병무(1922~1996) 교수에 따르면, 마가복음에서 예수의 주변에 모여 그분을 따라다니며 가르침을 받았던 사람들은 버림받고 소외된 무리들이었다. 이런 점에서 안병무는 십자가에 달린 예수 그리스도가 가난한 민중들의 편에 섰던 구세주이고, 예수 자신도 민중의 정체성을 가지고 있는 것으로 보았다. 여기서 예수 그리스도와 함께 고난을 받으시는 하나님은 고향을 상실한 사람들, 가난한 사람들, 추방당한 사람들, 그리고 힘 있는 사람들에게 지배당하는 사회적 약자들과 함께 거하는 하나님이시다. 따라서 하나님의 나라를 선포한 예수 그리스도는 고난당하는 민중들의 편을 들며 그들과 함께 하나님의 나라의 도래

---

167) 위의 책, 231-233.
168) 위의 책, 307-310.

더 자세히 말하면, 라틴 아메리카의 해방신학은 불의한 사회구조 속에서 경제적으로 착취당하고 정치적으로 억압당하는 가난한 자들을 우선적으로 편드는 선택을 강조하고 그들의 해방과 구원을 위해 오신 역사적 예수를 해방자 그리스도로서 고백하기에 이르렀다. 구스타보 구티에레즈(Gustavo Gutiérrez, 1928~2024)에 따르면, 그리스도의 구원은 인간의 자기해방을 전제로 하고 정의로운 사회를 이루는 것이며 세계사의 발전을 포함하고 있다는 것이다. 즉 전통적인 신학이 구원을 피안의 세계에 있는 영원한 생명으로 기술하였지만, 해방신학의 구원은 이 세계 내에서 억압받고 착취당하며 소외된 사람들의 현실적인 삶이 고통으로부터 해방되는 역사 내적인 치유의 현실에 집중한다. 구티에레즈는 하나님의 나라가 다가오고 있는 것이라기보다는 역사 속에서 성장해가다가 완성되는 것으로 생각한다. 그리고 구티에레즈는, 인간이 구원받아 궁극적인 자유에 도달하는 것은 해방을 위한 현재적인 투쟁과 노력의 대가라기보다는 하나님이 값없이 주시는 선물로 본다.166) 이런 하나님의 은혜로 이루어지는 억압당하는 3세계의 해방과 구원은 결국 억압하는 당사자인 1세계의 구원이기도 하다.

또한 북미의 흑인신학은 백인들로부터 인종적으로 차별받아온 흑인의 해방과 구원을 위해서 오신 예수 그리스도를 자신들과 동일한 정체성을 가진 흑인으로 고백하기를 주저하지 않았다. 제임스 콘(James H. Cone, 1938~2018)에 따르면, 십자가에 못 박힌 예수 그리스도가 흑인이라고 고백하는 것의 의미는 하나님께서 모든 억압당하는 자들과 자기 자신을 동일화(Blackness of God)시키며 그들이 당하는 억압적인 차별을 자신의 고통으로 받아들이신다는 뜻이다. 이는 히브리 노예들을 이집트로부터 해방시킨 하나님과 빌립보서 2장 6절의 자기를 비워 종의 형체를 가져 고통당하는 자가 되신 예수 그리스도와 일맥상통하는 것이다. 그러므로 그리스도인들도 흑인과 함께 고난을 받으시는 하나님과 하나가 되어 피부색이 검다는 이유로 자유를 억압당하며 고난을 받는 흑인의 해방에 참여해야만 한다.167) 이렇게 하여 얻어지는 흑인의 구원과

---

165) 박만, 『최근 신학 연구』(서울: 나눔사, 2002), 8.
166) 위르겐 몰트만, *Wege und Formen christlicher Theologie*, 김균진 옮김, 『신학의 방법과 형식』(서울: 대한기독서회, 2001), 258-265.

자유는 흑인을 인종차별로 억압하는 백인들의 구원이기도 하다.

그리고 온건한 여성신학은, 그리스도를 통하여 이루어지는 구원이란 전통적인 가부장제의 억압적이고도 침묵과 인내를 강요하는 구조 속에서 여성이 성차별 받는 것으로부터 해방되어, 하나님의 형상을 따라 창조된 여성성의 온전한 실현을 여성의 완전한 구원의 완성으로 보았다. 여성신학의 성서적 전거는, 여성과 남성은 하나님의 형상을 따라 동등하게 창조되었고, 예수 그리스도의 생명의 복음을 통하여 남성과 여성이 함께 소명되고 의롭다함을 얻으며 성화된다는 것이다. 그리고 생명의 영이신 성령을 통하여 남성과 여성 모두가 살아 움직이며 이 땅의 갱신을 위하여 함께 성령의 은사의 다양성을 공유한다는 것이다. 즉 하나님의 영은 하나님의 아들과 딸들 모두에게 성차별 없이 부어진다. 한마디로 여성은 예수 그리스도를 통한 삼위일체 하나님의 사랑과 은총으로부터 그리고 남성으로부터 차별받아 소외되어 있지 않고 동등하다는 것이다.168) 이처럼 동등하게 베풀어지는 하나님의 은혜를 통하여 남성으로부터 성차별 받는 여성이 구원받는 것은 여성을 차별하며 죄를 짓는 남성들의 온전한 구원이기도 하다.

그리고 한국의 민중(ὄχλος)신학은 사회구원의 차원에서 고된 노동과 저임금에 시달리는 노동자들의 인권의 회복과 공정한 분배를 온전한 구원으로 보았고, 예수는 고난당하며 신음하는 민중들의 해방자로 오셨다고 증언하였다. 안병무(1922~1996) 교수에 따르면, 마가복음에서 예수의 주변에 모여 그분을 따라다니며 가르침을 받았던 사람들은 버림받고 소외된 무리들이었다. 이런 점에서 안병무는 십자가에 달린 예수 그리스도가 가난한 민중들의 편에 섰던 구세주이고, 예수 자신도 민중의 정체성을 가지고 있는 것으로 보았다. 여기서 예수 그리스도와 함께 고난을 받으시는 하나님은 고향을 상실한 사람들, 가난한 사람들, 추방당한 사람들, 그리고 힘 있는 사람들에게 지배당하는 사회적 약자들과 함께 거하는 하나님이시다. 따라서 하나님의 나라를 선포한 예수 그리스도는 고난당하는 민중들의 편을 들며 그들과 함께 하나님의 나라의 도래

---

167) 위의 책, 231-233.
168) 위의 책, 307-310.

를 위해 최전선에서 함께 싸우는 분이시다.169) 역사적 예수 이외에도 예수의 사랑의 정신을 실천한 사람들을 그리스도와 동일화시키는 종교다원주의적인 민중 메시아론의 지평의 확대와 아울러 예수의 몸의 부활을 예수정신의 부활로 여기는 민중신학의 그리스도론적인 문제점도 있지만,170) 민중의 메시아인 예수 그리스도를 통하여 지배계급으로부터 억압받는 민중의 사회적인 해방과 구원은 지배계급이 민중을 억압하며 착취하는 죄로부터 벗어나는 구원이기도 하다.

　　인간구원으로부터 한 걸음 더 나아가 생태신학은 전통적인 인간중심적인 구원론을 비판하면서 생태계의 질서를 파괴하는 죄로 물든 인간의 이기심으로부터 창조질서를 회복하고 보존하는 것을 온 피조세계의 구원으로 여겼다. 예수 그리스도의 십자가의 고난을 통하여 이루어진 구원은 하나님의 자녀들이 누리는 해방과 자유에 이르기를 신음하며 기다리는 모든 피조물의 구원이기도 하다. 전 피조세계의 구원을 위하여서는 이기적 욕망으로 가득한 인간중심주의도 아닌 그리고 약육강식의 자연중심주의도 아닌 창조하시고 안식하신 하나님 중심주의로 돌아가야만 한다. 창조 안에 거하시는 하나님 안에서 하나님과 친구인 자연환경과 인간은 서로 친구가 되어 하나님의 청지기로서 역할을 감당하면서 자연을 잘 돌보아 창조질서가 보존되도록 힘써야만 한다.171) 즉 성령 안에 있는 창조세계 속에서 그리고 창조세계 안에 거하시는 성령 안에서172) 하나님과 세계 사이에 그리고 인간과 자연 사이에 우뚝 서 계신 화해자 예수 그리스도의 구원의 지평이 확장되어 나가도록 노력해야 할 것이다. 이는 자연을 파괴하고 오염시키는 인간의 생명을 보전하고 구원하기 위한 것이기도 하다.

　　하지만 이런 상황신학들은 루터나 칼뱅이 말한 전통적인 종교개혁 신학의 구원론을 결코 간과해서는 안 될 것이다. 다른 한편으로, 그리스도의 십자가 사건을 통하여 일어나는 바르트의 객관적인 구원론인 '만인

---

169) 위의 책, 274-276.
170) 김명용, 『열린 신학 바른 교회론』 (서울: 장로회신학대학교출판부, 1997), 178-179.
171) 김균진, 『자연환경에 대한 기독교 신학의 이해』 (서울: 연세대학교출판부, 2006), 150-165.
172) 이형기, 『몰트만의 구원론: 그 보편성과 특수성』 (서울: 한들출판사, 2020), 155.

화해론'은 성령의 역사를 통한 개인의 믿음의 결단에 의해 그리스도 안에서 구원의 여부가 결정되기에 '만인구원론'은 분명히 아니다. 하지만 바르트의 만인화해론에 영감을 받은 가톨릭 신학자 칼 라너(Karl Rahner, 1904~1984)는, 하나님의 무한하신 은총에 기초하여 타종교 속의 '익명의 그리스도인'을 언급하면서 만인구원론으로까지 밀고 나갔다. 그러나 만인구원론은 성서의 천국과 지옥을 명확히 구분하는 이중심판론과 명백히 충돌한다. 또한, 바르트의 만인화해론을 발전시킨 몰트만은, 『오시는 하나님』에서 하나님의 무한하신 사랑의 영원성에 근거하여 모든 인간의 구원을 넘어 피조세계 전체와 온 우주를 포함하는 '만유구원론'의 희망으로까지 그리스도의 구원을 확장시켜 해석하였다.173) '우주적 그리스도'를 통하여 일어나는 만물에 대한 하나님의 화해사역을 강조하는 몰트만에 따르면, 예수 그리스도는 하나님과 인간 그리고 세계 사이의 화해자이면서 모든 피조물의 구원자이시다.174) 이런 점에서 몰트만은 심판을 극복하는 하나님의 사랑의 우위성을 강조하면서 예수 그리스도의 십자가는 지옥과 죽음의 세력을 폐기하고 모든 인간에게 구원의 가능성을 열어준 것으로 이해하며 더 나아가 언젠가는 모든 피조물이 회복되어 하나님에게로 돌아올 것을 주장하는 만유구원론을 말하였다.175) 하지만 이것은 정형화된 교리나 완결된 결론이라기보다는 몰트만의 희망의 신학의 차원에서 하나의 기도와 소망으로 머물러 있는 것으로 보는 것이 타당할 것이다.176) 이처럼 하나님이 예수 그리스도 안에서 선택받은 성도들을 넘어 그리스도를 통하여 세상 전체를 사랑하고(요3:16), 세상 전체와 화해하였고(고후5:19), 그리스도 안에서 만물의 통일(엡1:10)과 그리스도의 십자가의 피로 이룬 만물의 화해(골1:20)를 주장하는 라너와 몰트만의 견해들은, 이중심판론으로 영생과 심판의 부활을 말하는 성서의 증언들(요5:29, 계20:6,12-15)과는177) 좀 색다르고 다양

---

173) 김명용, 『칼 바르트의 신학』, 234-237.
174) 신옥수, "위르겐 몰트만의 구원론," 228, 한국조직신학회 엮음, 『구원론』 (서울: 대한기독교서회, 2019).
175) 위의 책, 238.
176) 신옥수, 『몰트만 신학 새롭게 읽기』, 233-234.
177) 최윤배, "깔뱅의 구원론," 한국조직신학회 엮음, 『구원론』 (서울: 대한기독교서회, 2015), 154에서, 이중심판론을 지지하는 최윤배 교수에 따르면, "깔뱅은 신령한 몸

한 신학적 전망을 제시한다. 이처럼 성서 안에는 다양한 신학이 공존하기에, 성서를 교리적으로 획일화시키는 것보다, 오히려 그 다양성을 열어두는 것이 성서를 더 성서 되게 하는 것처럼 보일 수도 있다. 그러나 우리의 개혁교회 목회현장에서 분명한 진리의 길을 제시하며 하나님의 말씀을 선포하는 목회자들과 또한 그들로부터 하나님의 말씀을 듣는 교회의 성도들을 고려할 때, 만인구원론이나 만유구원론보다 요한복음 5장 29절 "선한 일을 행한 자는 생명의 부활로, 악한 일을 행한 자는 심판의 부활로 나오리라."에 근거하여 생명과 심판의 부활을 선언하는 '이중심판론'이 선교적인 차원에서 더 효과적인 설득력을 가진다.

3.2 남북한 사이의 원한 서린 철책을 허무신 예수 그리스도의 피

죄악과 고통으로 얼룩진 세상을 바라보며 함께 고난당하시는 하나님의 애끓는 사랑을 보여준 예수 그리스도의 몸에서 흐르는 피를 통하여 이룬 구원의 지평은, 하나님 앞에 단독자로 선 개인이 누리는 내면적인 구원과 교회공동체 안에서 베풀어지는 삶의 구원의 개념을 넘어선다. 이제 그리스도 안에 있는 한 새사람인 교회는 예수 그리스도의 막힌 담을 허시는 구원의 능력만이, 즉 가시 면류관으로 인해 예수의 머리에서 흐르는 피의 권세만이 원한 서린 휴전선의 148마일 철책을 적시어 남북한의 막힌 담을 헐고 하나로 만들어 통일시키는 구원의 은총이라고 신앙고백 해야만 한다. 예수 그리스도의 피는 모든 막힌 담을 헐어 하나님과 화목하게 만들고 죄악으로 뒤틀려버린 모든 인간들의 사이에 평화를 가져오는 전능하신 사랑의 하나님의 구원의 능력이다. 공산주의는 유물론적인 환원주의에 치우친 불완전한 사상으로서 하나님 없이 인간의 폭력적인 계급투쟁을 통하여 하나님 없는 공산공동분배를 약속하는 거짓된 유토피아를 이루려고 선동하기 때문에, 이는 예수 그리스도의 복음이 아니다. 칼뱅주의 개혁신학은 사유재산과 상업적 이익을 보장

의 부활을 영화로 이해하고, 예수 그리스도의 재림 시에 있을 부활과 심판을 영생과 영벌이라는 이중결과로 이해함으로써 기독교역사 초기 오리게네스로부터 오늘날 몰트만에까지 이르는 만유구원론(총괄갱신론: *apokatastasis panton*)을 수용하지 않는다."

하지만 이윤만을 추구하는 천민자본주의도 무신론적인 사회주의도 아니고, 모든 것이 하나님께로부터 왔음을 인정하며 그리스도의 사랑을 실천하는 청지기 정신을 우리에게 유산으로 물려주었다.[178)]

그러나 우리사회에서 계층 간의 경제적 신분의 갈등과 격차를 조장하고 남북한 사이에 분열과 증오를 과도하게 일으켜 불공정한 사회와 오랜 분단을 고착화시키는 행태들은 화평과 화목을 가져오는 예수 그리스도의 피의 복음이 아니기에 지양되어야만 한다.[179)] 이런 상황 속에서 예수 그리스도의 십자가의 피와 부활의 복음을 믿음으로 성령을 통하여 생겨났고 부활하신 그리스도와 함께 그리스도 안에서 고통당하신 그리스도의 뒤를 따르면서 선교하는 새사람인 교회는, 제일 먼저 휴전선 앞에서 손잡고 148마일의 인간 띠를 이루어 남북한이 그리스도 안에서 한 몸을 이루어 화평을 누리기를 간절히 기도해야만 한다. 화해와 평화의 왕이신 예수 그리스도의 영이신 성령의 바람이 불어와 원한 서린 휴전선 철책이 철거되고 인명을 살상하는 지뢰가 제거되며 인류의 생존을 위협하는 핵무기가 폐기되도록 한국교회는 기도하고 노력해야만 한다.[180)] 그리스도 안에서의 남북통일이 이루어지도록 전국 방방곡곡에 산재한 그리스도의 몸 된 교회들이 밤낮 부르짖는 기도운동을 시작해야만 한다. 그리고 한국교회는 통일의 그날을 위하여 북측에 경제적으로 지원할 수 있는 자금을 마련하고 교회를 건축하며 선교사역을 위한 통일비용을 저축하면서 통일을 위해 기도하고 그렇게 될 것을 믿는 마음으로 기다려야만 한다. 예수 그리스도의 피 안에서 이루어지는 평화통일이야말로 우리 사회의 고질적인 이념논쟁의 종식을, 극심한 사회적 빈부격차

---

178) 이양호, 『칼빈 생애와 사상』 (서울: 한국신학연구소, 2005), 324-325.
179) 표현의 자유라는 이름으로 남발되는 일부 보수단체들의 광적인 집회의 반공이데올로기를 우리는 종편을 통해서 자주 접하고 있는 현실이다. 이를 위한 치유책은, 허호익, 『통일을 위한 기독교 신학의 모색』 (서울: 동연, 2010), 17-108에 잘 소개되어 있다. 그리고 일부의 사람들은 남북통일이 주는 부담감들, 즉 천문학적인 통일비용, 삶의 질의 저하, 문화충격으로 인한 갈등, 서로의 접경을 마주할 중국과 미국의 패권 경쟁으로 인한 전쟁분위기 고조 등을 이유로 들면서 내심 통일을 원하지 않는다(https://blog.naver.com/ehdgjs0764/222583019792).
180) 여의도순복음교회를 중심으로 열린 제26차 세계오순절대회(PWC)가 2022년 10월 14일 경기도 파주의 평화누리공원에서 한반도평화기도대성회를 가진 것은 사회 속에서 교회가 무엇을 해야 하는가를 잘 보여준 사례라고 말할 수도 있다 (https://blog.naver.com/mskim0691/222900573602).

의 해소를, 그리고 얼어붙은 동토의 땅으로 전락한 북한의 억눌리고 피폐해진 인권에 대한 해방을 확실하게 가져올 것이다. 연일 종편에서 목도하는 우리 사회의 보수와 진보 사이의 극심한 정치적 대립을 해소하고, 여러 가지 이유로 수많은 젊은이들이 힘든 생을 포기하고 자살하는[181] 절망을 활기찬 희망으로 변화시키며, 계층 간의 깊어진 빈부격차를 그리스도의 사랑과 나눔으로 해소하고 심각한 대립으로 인해 긴장된 남북한의 복음적인 평화통일을 위해서, 교회는 현실에 안주하여 자족하지 말고 지속적으로 기도하면서 통일비용을 차근차근 준비하며 사회적 봉사와 선교의 사명을 다해야 할 것이다. 이것이야말로 하나님이 희망이 없고 암울한 이 시대에 한국교회를 세상 한가운데 존속시키는 이유이며 교회에 부여하신 시대적 사명이라고 할 수 있다.

4. 결론

세계의 여러 강대국들과 남북한의 핵무기 개발과 경쟁이 자강의 군비로써 전쟁억제력을 가져오기도 하지만, 예수 그리스도 안에서의 진정한 평화를 누리게 하지는 못한다. 이와 마찬가지로 2022년에만 26회 이상 핵무기의 탑재가 가능한 탄도미사일을 발사하는 북한의 위협적이고 빈번한 군사도발은[182] 또 다른 전쟁의 긴장과 전쟁폭력의 결과물인 황폐화를 낳을 뿐 참 평화를 누리게 하지는 못한다. 그러므로 전쟁폭력도발이 아닌 서로 한 걸음 뒤로 물러서는 남북한 사람들의 영혼의 초연과 초탈이 필요한 시점이다. 마이스터 에크하르트(Meister Eckhart, 1260~1328)는 영혼과 하나님과의 신비적인 일치와 연합을 이루기 위해서 성령의 역사를 통한 영혼의 초연과 초탈을 외친다. 그렇게 비워진 가난한 영혼의 근저에 하나님의 아들의 탄생이 일어나, 즉 영혼의 근저와 하나님의 근저의 일치를 이룬 영혼은 영원한 생명을 얻는다고 설교한다.[183] 남북한 사람들의 영혼의 근저에 성령의 바람이 불어와 하나님

---

[181] 한 해에 1만명 이상이 자살하여 2021년 9월 한국의 자살률이 경제협력개발기구 회원국 1위를 다시 기록했다(https://www.yna.co.kr/view/AKR20210928073600002).
[182] https://www.news1.kr/articles/4827058
[183] 김형근, 『마이스터 에크하르트와 불교』(옥천: 도서출판 은소몽, 2017), 136-173.

아닌 다른 것들은 텅 비워지며 가난하고 겸손해진 그들의 영혼의 근저 안에 막힌 담을 허시는 예수 그리스도가 탄생하여 피를 흘리심으로써 화해와 평화가 가득차서 통일이 이루어질 수 있을 것이다. 이것이 바로 하나님과 인간의 신비적인 일치를 위해 자기를 비우고 뒤로 한 걸음 물러서는 영혼의 초연과 초탈을 남북통일에 적용하는 신학적인 통일의 방법론이다.

다른 한편으로 몰트만의 신학에서도 이와 유사한 개념들을 찾아볼 수 있다. 그런 개념들을 열거하면, 삼위일체로 존재하시는 하나님은 자신의 위격적인 사역들, 즉 성부는 창조사역을, 성자는 구속사역을, 그리고 성령은 성화와 새 창조의 사역을 행하시며 이와 동시에 삼위 하나님 사이에 사랑과 섬김으로 상호내주 하는 페리코레시스적인 일체성을 이루고 계신다.184) 그리고 바빌론에 포로로 잡혀간 이스라엘 백성을 너무나도 열정적으로 사랑하여 거기까지 그들을 찾아가 함께 거하시는 하나님의 쉐키나(Shekinah), 하나님이 자신 안에서 창조의 공간을 배려하기 위해 먼저 자기 자신 안으로 자기를 축소시키며 움직이는 하나님의 침춤(Zimzum), 죄로 물든 세상을 구원하기 위해서 낮고 천한 종의 모습으로 오신 예수 그리스도의 케노시스(Kenosis)에서 나타난 자기를 낮추고 비우며 고난당하시는 성부 하나님의 사랑의 케노시스와 같은 개념들이다.185) 여기에 하나님의 자발적이고도 열정적인 사랑이 있고, 자신 아닌 타자를 위한 배려가 있으며, 세상을 구원하는 하나님의 고난 받으시는 사랑이 있다. 분단 상태에서 많은 고난을 겪은 남북한 사람들이 이런 하나님의 사랑의 속성들을 닮아 서로 섬기고 사랑하는 새사람인 교회가 되어, 서로 적대하고 증오하며 해치는 휴전관계를 넘어서서 휴전선의 원한 서린 철책을 걷어내고 그곳에 생태평화공원을 만들며, 공격과 방어를 위해서 쓰는 막대한 군비경쟁의 비용을 통일된 나라의 사회복지에 활용하는 아름다운 그날이 오기를 기도한다. 남북한의 평화적인 통일은 화해자 예수 그리스도의 몸에서 흐르는 피를 통하여 하나님이 정하신 때에 하나님이 쓰시는 사람들과 함께 하나님이 반드시 이루어 주실

---

184) 백충현,『남북한 평화통일을 위한 삼위일체적 평화통일 신학의 모색』(서울: 나눔사, 2012), 162-166.
185) 신옥수,『몰트만 신학 새롭게 읽기』, 27, 136.

것이다. 그러므로 한국교회는 예수 그리스도의 피로 이루어진 화해사역의 구원결과를 한반도의 분단 상황에 적용하여186) 막힌 담을 허신 그리스도 안에서의 평화통일이 이루어지도록 사랑의 삼위일체 하나님의 마음을 품고 힘써 기도하고 다각도로 애써야 할 것이다. 왜냐하면 무한한 사랑의 속성 때문에 예수 그리스도의 십자가와 함께 고통당하신 하나님은 지금도 한반도의 허리 잘린 아픔을 결코 외면하지 않고 평화통일을 위해 함께 신음하고 계시기 때문이다.

이처럼 우리는 고통당하신 예수 그리스도의 구원사역의 지평을 다른 특수한 상황들을 넘어 남북한의 평화통일을 위한 신학적 진술에 확대시켜 적용할 수도 있다. 이제는 막힌 담을 허신 예수 그리스도의 피의 권세와 능력으로 명하노니 통일이여 어서 오라! 그리하여 얼마 남지 않은 실향민들의 눈에서 한 서린 눈물을 그치게 하라! 그리고 허리 잘린 한반도의 고통스러운 탄식과 전쟁의 불안을 멀리 몰아가다오! 그리하여 이 땅의 사람들 모두가 하나님의 기뻐하시는 환한 얼굴을 바라보는 것처럼 서로를 향해 웃으면서 평화롭게 살게 해다오! 자신의 피로써 막힌 담을 무너뜨린 예수 그리스도의 하나님이시여, 원한 맺힌 한반도의 휴전선에 당신의 무한하신 해방의 은총을 내려주소서!

---

186) 백충현, 『남북한 평화통일을 위한 삼위일체적 평화통일 신학의 모색』, 73-74에 나오는 김영한에 따르면, 예수 그리스도는 자신의 희생을 통한 사랑으로써 원죄로 말미암아 깨어진 관계들을 회복하시며 화목과 화해를 이루셨다. 이를 통하여 하나님과 우리와 이웃과의 관계가 정의로운 관계로 수립 되고, 또한 예수 그리스도 화해사역을 중심으로 한 평화통일이 이루어지려면 독일통일에서와 같이 교회의 역할이 매우 중요하다는 것이다.

Ⅳ. 마이스터 에크하르트의 "분별에 관한 담화"와 초탈[187]

사무엘 상 15장 22절: 사무엘이 이르되 여호와께서 번제와 다른 제사를 그의 목소리를 청종하는 것을 좋아하심 같이 좋아하시겠나이까 순종이 제사보다 낫고 듣는 것이 숫양의 기름보다 나으니.

학문의 스승이자 삶의 스승인 마이스터 에크하르트에 따르면, "수천의 학문의 스승보다 한 명의 삶의 스승이 더 낫다. 그러나 하나님이 행하시기 전에 배우거나 살아가는 사람은 아무도 없다."[188]

1. 서론

도미니크회 수도사였던 에크하르트는 그리스도교 신비주의 역사 속에서 그 누구보다도 후세에 강력한 영향력을 행사한 신비주의자였다. 에크하르트는 당대에 명문인 파리대학교에서 취득한 신학교수의 자격인 마기스터(Magister) 학위로, 자신이 속한 도미니크수도회 내에서 교회의 공식적인 업무를 수행한 지위가 높은 행정가로, 그의 독일어 설교가 필사되어 오늘까지 전해올 정도로 대중적 인기를 누린 설교자로, 하나님의 은총을 덧입은 영혼의 초연과 초탈을 통하여 도달하는 하나님과의 신비적인 일치를 부르짖은 영적인 지도자로 존경을 받았다.[189]

"에크하르트의 신비주의 사상에 따르면, 하나님을 인식하는 것이 사람의 존재됨을 결정하고, 사람의 존재됨으로부터 그 사람의 윤리가 나온다. 즉, 하나님을 인식하는 것은 하나님의 자녀가 된 존재를 의미하고, 하나님의 자녀 된 존재는 하나님과 이웃과 자연을 이유 없이 사랑하는 삶을 살아간다. 인식은 존재를 결정하고, 그 존재로부터 사랑의 삶

---

187) 이 주제의 내용은, 김형근, 『상황과 신학: 절망 속의 희망』(옥천: 도서출판 은소몽, 2019), 181-200에 실린 "신학에 입문하는 초심자와 학문과 삶의 스승"과 동일한 내용이다.
188) 버나드 맥긴, *The Mystical Thought of Meister Eckhart: The Man from Whom God Hid Nothing*, 김형근 옮김, 『마이스터 에크하르트의 신비주의 사상: 하나님이 아무것도 감추지 않은 사람』(옥천: 도서출판 은소몽, 2017), 11.
189) 위의 책.

이 나온다. 인식은 존재로 이어지고, 존재는 삶으로 이어진다. 역으로, 실천적인 사랑의 삶은 사람의 존재됨을 보여주고, 하나님의 자녀 된 존재는 하나님을 인식하는 것을 깊고 풍부하게 만든다. 인식과 존재와 사랑의 삶은, 영혼의 근저에 하나님의 아들의 탄생을 체험함으로써 하나님의 자녀들이 된 성도가 하나님으로부터 인식론적으로, 하나님과 함께 존재론적으로, 하나님 안에서 윤리적으로 하나님과 하나 된 일치의 국면들을 말해준다."190)

에크하르트는 1294년 가을에, 에르푸르트(Erfurt)에 있는 도미니크회의 수도원장과 튀링엔의 교구장에 임명되었다. 이 시기(1295-1298경)에 에크하르트의 가장 초기의 중세고지독일어 작품인 "분별에 관한 담화"(Die rede der underscheidunge)가 시작되었을 것으로 추정되는데, 이는 "교훈 담화," "영적 강화," "영성지도"로 번역 되었다. 이 작품은 도미니크 수도회의 젊은 초심자들이 지녁에 모여 수도원장인 에크하르트에게 많은 질문을 던지고, 그가 그들에게 가르침을 내리는 일련의 담화들이다. 그리고 이 작품은 총 23장의 세 부분들로 구성되어 있다. 즉, 1-8장은 순종을 통한 자기부정을, 9-17장은 그리스도인의 삶의 다양한 실천들을, 18-23장은 외면적인 것과 내면적인 일에 대한 장기적인 치료법으로 결론이 내려지는 일련의 문제들을 취급한다. 특히 이 작품에서 에크하르트는 철저한 순종을 위하여 자신의 가장 특징적인 설교주제들 중의 하나인 영혼의 초연과 초탈을 소개한다.191) 여기서 필자는 이러한 세 가지 주제들을 요약하여 소개하려고 한다.

2. 본론
2.1 순종

사무엘상 15장 22절에서 사무엘은 사울에게, "여호와께서 번제와 다른 제사를 그의 목소리를 청종하는 것을 좋아하심 같이 좋아 하시겠나이까 순종이 제사보다 낫고 듣는 것이 숫양의 기름보다 나으니"라고

---
190) 위의 책, 옮긴이 김형근의 말 가운데서, 8.
191) 위의 책, 14-15.

말하였다. 이와 마찬가지로 에크하르트도, 참되고 완전한 순종(초탈)이 모든 덕행들보다도 우선하는 것이라고 말한다. 하나님의 뜻에 순종하는 것은 다른 어떤 행위들보다 최상의 결과를 가져온다. 만일 내가 나의 뜻을 버리고 나 자신이 원하는 것을 포기한다면, 하나님은 나를 위해 하나님이 원하시는 것을 행할 것이다. 하나님이 기뻐하시고 원하시는 것 이외에 다른 것을 바라서는 안 된다.192)

2.2 기도

그 어느 것에도 얽매이지 않아 초탈된 마음으로부터 가장 힘 있는 기도와 가장 고귀한 활동들이 솟아나온다. 그러므로 하나님 이외에 그 어떤 것들에게도 마음을 빼앗겨서는 안 된다. 초탈된 마음이란 자신으로부터 벗어나 하나님의 뜻에 순종하는 마음이다. 하나님이 내 안에 머무르시고 일하시도록 모든 감각기관들이 전심으로 하나님을 향하도록 힘써야 한다. 자기 자신과 외부의 피조물들에 얽매이지 않아 자유롭고 텅 빈 초탈된 마음을 통하여 하나님의 현존 안에 있는 나를 발견하게 된다.193)

2.3 초연

내적인 마음의 평화는, 성도들이 모든 피조물에게 휘둘리지 않으며 자기 자신을 놓아버리는 것으로부터 시작한다. 외부로 향하는 마음을 거두어들이고, 더 나아가 자기 자신을 놓아버린다면 그것은 모든 것을 놓아버린 것과 마찬가지다. 베드로와 같이 우리 주 예수 그리스도를 따르기 위하여 배와 그물과 가족과 친척을 버리고 주님을 따라 나서야 하고, 더 나아가 주님을 통하여 이루고자 하는 개인적인 욕망으로 물든 자기의지를 버려야만 진정으로 자기 자신을 놓아버리는 것이다. 그래서 마태복음 5장 3절에서 예수님은, "심령이 가난한 자는 복이 있나니 천

---

192) 마이스터 에크하르트, *Meister Eckharts Deutsche Traktate*, 『마이스터 에크하르트 독일어 논고』 (서울: 누멘, 2009), 69-71.
193) 위의 책, 71-72.

국이 그들의 것임이요"라고 말씀하신다. 즉, 가난한 영혼이 모든 것들로부터 벗어나 초탈하고 모든 것들을 놓아버려 초연하여 하나님의 나라를 유업으로 받는다.[194]

2.4 초연의 유용성

영혼이 모든 피조물과 자기 자신을 놓아버려 초연하게 되면, 그만큼 영혼의 깊은 근저에 하나님의 임재로 충만하게 되어 하나님의 평화를 체험하게 된다. 그러므로 성도에게는 어떤 일을 할 것인가 보다 어떤 존재가 되어야 하는 지가 우선이다. 성도의 행위는 그 존재됨으로부터 나오기에, 행위가 존재를 거룩하게 하는 것이 아니라 존재가 행위를 거룩하게 만든다. 따라서 성도들은 어떤 일을 할 것인가 보다는, 먼저 하나님 이외의 모든 것을 버려 그 영혼 깊은 곳에 하나님의 아들 예수 그리스도가 탄생함으로써 그들 자신이 하나님의 아들과 딸이 되는 것에 마음을 기울여야 한다.[195]

2.5 본질과 근저를 선하게 만드는 것

영혼의 본질과 근저를 선하게 만드는 것은, 성도들의 마음이 온전히 하나님에게 향하는 데에 달려있다. 성도들은 모든 행위들에 있어서, 자신의 노력과 열정을 하나이신 하나님에게만 전심으로 쏟아 부어야 한다. 그럴수록 성도들의 본질과 존재는 하나님 안에서 선해지고 하나님의 마음에 들게 된다. 만일 그대가 하나님을 찾고 하나님에게 매달리고 하나님을 따라 나선다면, 하나님도 그대에게 같은 방식으로 다가오실 것이다. 그러므로 성도들은 모든 행위 속에서 하나님 아닌 것을 버려 하나님을 닮아가야 할 것이다.[196]

---

[194] 위의 책, 72-74.
[195] 위의 책, 75-76.
[196] 위의 책, 76-77.

2.6 초탈을 통하여 하나님을 소유함

성도들은 홀로 있거나 교회의 교제에서 평화를 얻을 수도 있지만, 그보다 더 우선하는 것은 자신 안에 임재하시는 하나님을 발견함으로써 평화를 얻을 수 있다. 오로지 하나님만을 생각하여 하나님 안에 머물러 있는 성도들은, 머무르는 장소와 만나는 대상들에 의해서 휘둘리지 않고 내적인 평화를 간직할 수 있다. 왜냐하면 하나이신 하나님 안에 머물러 하나님과 하나가 된 성도들은, 그가 누구를 만나든 어디에 있든 그와 함께하시는 하나님이 그를 통하여 일하시기 때문이다. 성도들이 모든 일을 행할 때에 하나님에 대하여 한결같은 믿음과 사랑과 성실한 마음을 지닌다면, 그의 내면에 함께 하시고자 하는 하나님의 현존을 아무도 방해하지 못할 것이다. 따라서 성도들은 하나님 이외의 모든 것을 버리고 전심전력으로 하나님만을 갈구하여야 한다. 즉, 성도들은 모든 일 속에서 하나님을 붙잡아야 하며, 자신의 마음속에 하나님을 항상 간직하는 것에 익숙해지도록 애써야 한다.[197]

2.7 본성적인 행위

외부의 모든 피조물과 내면의 집착으로부터 일어나는 생각들에 의하여 휘둘리지 않아 성도들의 내면에 하나님이 임재가 충만한 것을 넘어서서, 이성이라는 통찰력을 사용하여 세상의 모든 일과 모든 피조물 속에 현존하시는 하나님을 발견하는 것이 성도들에게 중요하다. 그것을 통하여 성도들은 참된 평화와 하나님의 나라를 간직하기 때문이다. 따라서 성도들이, 모든 일을 행할 때에 자신의 마음속에 굳건히 자리 잡은 하나님과 동행하는 법에 숙달되어야 한다. 즉, 성도들은 모든 일 속에서 활동하시는 하나님을 굳게 붙들고 그분과 동행하는 법을 배워야만 한다.[198]

---

[197] 위의 책, 77-82.
[198] 위의 책, 83-84.

2.8 부단한 노력을 통한 성장

빌립보서 3장 12-14절에서 바울이, "내가 이미 얻었다 함도 아니요 온전히 이루었다 함도 아니라 오직 내가 그리스도 예수께 잡힌바 된 그것을 잡으려고 달려가노라, 형제들아 나는 아직 내가 잡은 줄로 여기지 아니하고 오직 한 일, 즉 뒤에 있는 것은 잊어버리고 앞에 있는 것을 잡으려고, 푯대를 향하여 그리스도 예수 안에서 하나님이 위에서 부르신 부름의 상을 위하여 달려가노라."고 말한 바와 같이, 성도들은 자기가 성취한 일들을 자랑하면서 자만에 빠지지 말고, 하나님께서 주신 이성과 의지를 사용하여 내외적인 방해들을 돌파하여, 하나님의 더 높은 부르심과 비전을 향하여 지속적으로 성장해 나가야 한다.[199]

2.9 죄로 기울어지는 성향이 주는 유익

고린도후서 12장 9-10절에서 바울이, "나에게 이르시기를 내 은혜가 네게 족하도다, 이는 내 능력이 약한 데서 온전하여짐이라 하신지라, 그러므로 도리어 크게 기뻐함으로 나의 여러 약한 것들에 대하여 자랑하리니, 이는 그리스도의 능력이 내게 머물게 하려 함이라, 그러므로 내가 그리스도를 위하여 약한 것들과 능욕과 궁핍과 박해와 곤고를 기뻐하노니 이는 내가 약한 그 때에 강함이라."고 고백한 것처럼, 성도들은 구원을 얻은 후에도 여러 가지 고난에 시달릴 수도 있지만, 오히려 그 약함 속에 하나님의 강한 은총과 능력이 머물러 있다는 것이다. 그리고 로마서 7장 24절에서 바울이, "오호라 나는 곤고한 사람이로다 이 사망의 몸에서 누가 나를 건져내랴."고 탄식하는 것과 같이, 성도들은 자신도 모르게 죄로 기울어지는 경향성을 보면서 괴로워 할 수 있다. 그러나 이것은 부정적인 영향을 끼치는 것만이 아니라 죄와 싸우는 성도에게 영적인 유익을 준다. 왜냐하면 성도들이 그런 죄의 경향성과 싸우기 위하여 생활 속에서 더욱 절제하고, 더 열심히 하나님이 기뻐하시는 선을 행하며, 선함 그 자체인 하나님에게로 힘차게 전진하게 되기 때문이

---

[199] 위의 책, 85.

다.200)

2.10 선한 의지의 힘

올바른 덕행들과 선함은 선한 하나님의 의지를 따를 때 온전하게 이루어진다. 성도들이 집착에서 벗어나 자기 자신의 의지를 하나님의 의지로 전환한다면, 완전하고 올바르며 참된 일들을 행할 수 있다. 사랑의 하나님의 의지를 많이 가지고 있는 성도가 사랑이 충만하고, 이러한 의지 가운데서 사랑을 실천할 수가 있다. 이러한 사랑에는 때때로 자기포기가 뒤따른다. 즉, 성도들에게는 황홀경에 젖어있는 자신의 감정적인 만족과 기쁨을 포기하고 사랑의 하나님의 의지로부터 뿜어져 나오는 사랑으로, 궁핍한 사람의 필요를 채워주는 구체적인 사랑의 행위가 있어야 한다. 자신을 포기하며 사랑을 실천하는 성도들에게는 사랑의 하나님이 원하는 것이 최상의 위로가 되기 때문이다. "사랑은 언제까지나 떨어지지 아니하되 예언도 폐하고 방언도 그치고 지식도 폐하리라 … 그런즉 믿음, 소망, 사랑, 이 세 가지는 항상 있을 것인데 그 중의 제일은 사랑이라"(고전13:8,13).201)

2.11 하나님이 함께 하시지 않는다는 느낌이 들 때

하나님의 선한 의지를 따라 살아가다가, 성도들은 때로 하나님이 내게서 멀리 떠나가셨다는 느낌이 들 때도 있지만, 당황하지 말고 변함없이 하나님의 선한 의지를 따라 계속 행동해야 한다. 그리고 그때 "내가 나의 의지와 욕망을 버리고 참으로 하나님의 선한 의지를 따르고 있는가?"라고 자문해볼 필요가 있다. 즉 성도들은, "주님이 진정으로 저에게 원하시는 것이 무엇입니까? 주님의 뜻대로 이루어지기를 바랍니다!"라고 기도해야 할 것이다. 우리는 이러한 선례들을 순종으로 예수님을 잉태한 여인 마리아와, 성부 하나님이 원하시는 고난의 쓴잔을 마시려고

---

200) 위의 책, 85-87.
201) 위의 책, 87-92.

십자가의 죽음을 당하신 예수님과, 자신의 계획을 버리고 환상을 따라 빌립보로 전도하러 건너간 바울에게서 찾아볼 수 있다. 자신의 아집을 버리는 인간만이 하나님이 원하시는 참된 인간이며 하나님이 원하시는 모든 것을 행할 수 있다. 인간에 대한 사랑 때문에 십자가의 고통을 감수하는 하나님과 하나가 되려면 전적으로 자기 자신을 포기해야만 한다. 자신을 비움으로 사랑의 하나님과 일치 속에 있는 성도들이 당하는 고통은, 그것이 단지 고통으로만 지속되지 않고 나중에는 달콤하고 아름다운 승리로 결말을 맺는다.[202]

2.12 죄

진실한 회개는 죄책과 죄의 징벌로부터 성도들을 해방시킨다. 성도들은 죄를 용시해주시는 하나님의 은총을 너하기 위해 의도적으로 죄를 지을 필요는 없다. 하지만 하나님 앞에서 자신의 죄를 깨닫고 회개하는 성도들이 죄를 짓기 이전보다 오히려 하나님에게 더 사랑스러운 자들이 될 수도 있다. 그리스도를 적대하던 자신의 잘못을 회개함으로써 이방인들에게 복음을 전하기 위하여 선택받은 하나님의 그릇이 되는 더 큰 사명으로 부름 받은 바울의 선례가 그러하다. 하나님은 성도들이 지은 죄를 용서받는 것을 통하여 하나님의 자비로움을 인식하고 참된 경건과 겸손에로 나아가기를 원하신다. 거룩하시며 의로우신 하나님 앞에서 죄를 깨닫고 회개하는 심령 속에 하나님의 은혜와 용서, 사랑과 자비가 흘러넘친다.[203]

2.13 신적인 참회

하나님의 용서를 가져오는 신적인 참회는, 낙심한 성도들을 하나님을 향하여 일으켜 세우고 확고한 의지 속에서 죄로부터 하나님을 향해 돌아서게 만든다. 성도들은 참회하면서 하나님에 대한 믿음이 더욱 굳건

---

202) 위의 책, 92-96.
203) 위의 책, 96-98.

해지고 고통과 비탄으로부터 벗어나 용서받은 기쁨으로 하나님을 찬양하게 된다. 회개하고 그리스도를 믿음으로 성령을 선물로 받아 하나님과 연합하게 된다. 성도들이 성령의 감동을 통해 참회하는 순간 하나님이 용서라는 선물을 가지고 성도들의 마음속으로 들어오시기 때문이다. 그러므로 하나님의 은총 속에 있는 성도들로부터 죄는 떠나가며 과거에 지은 죄의 흔적들이 사라진다.[204]

2.14 믿음과 사랑

성도들이 하나님을 참으로 신뢰한다는 것은, 하나님을 전적으로 사랑한다는 것이다. 하나님에 대한 성도들의 믿음은 하나님의 사랑으로부터 나오고, 성도들은 하나님에 대한 믿음으로부터 시작하여 결국 하나님을 사랑하기에 이른다. 그러므로 인간이 할 수 있는 가장 복된 일은, 예수 그리스도의 십자가를 통하여 계시된 하나님의 크신 고통의 사랑을 믿는 것이다. 하나님은 우리가 아직 죄인 되었을 때에 우리를 위하여 그리스도를 십자가 위에서 죽게 하심으로 우리에 대한 자기의 사랑을 확증하셨다(롬5:8). 그러므로 우리는 독생자의 성육신을 통하여 나타난 하나님의 세상에 대한 사랑을 믿음으로 구원받아 영생을 얻어야 한다(요 3:16-17).[205]

2.15 영원한 생명에 대한 지식

성도들이 예수 그리스도를 통하여 하나님을 신뢰하고 사랑하는 교제 가운데서 상호간에 믿음의 인식과 사랑의 인식이 일어난다. 성도들이 하나님을 믿고 사랑할수록 그만큼 사랑의 하나님을 인식하게 되는데, 이는 하나님 역시도 자신의 친구들이 좋아하는 것과 그들의 행복이 무엇인지 그들의 사정을 속속들이 알고 계시기 때문이다. 사랑은 어떠한 두

---

204) 위의 책, 98-99.
205) 위의 책, 100.

려움도 모르고(요일4:18), 사랑은 허다한 죄를 덮는다(벧전4:8). 즉, 하나님의 애가 타는 사랑은 인간의 무수한 죄를 도말하고 대지를 덮는 흰 눈과 같이 회개한 죄를 깨끗하게 청산하여 용서하시기에, 성도들은 이런 무한한 사랑을 베푸시는 하나님을 온전히 확신하게 된다. 더 많이 죄를 용서받은 성도가 그만큼 하나님을 더 굳게 믿고 더 많이 사랑하게 된다(눅7:47).206)

2.16 참회와 복된 삶

성도들은, 금식과 맨발 수행이나 거룩한 영적 독서와 철야기도와 같은 고행을 통하여 참회를 하면 효과가 있을 수 있다고 생각하기가 쉽다. 이런 것들도 참회하는 심령을 표면적으로 드러내는데 효과가 없는 것은 아니지만, 진정한 의미에서 회개란 예수 그리스도를 믿고 하나님 아닌 다른 것들, 즉 자기 자신이나 모든 피조물에 대한 애착으로부터 사랑의 하나님에게로 전적으로 돌아서는 것이다. 이런 방향전환을 동반한 회개는, 죄와 그에 따르는 형벌을 소멸시키고 성부 하나님께 철저하게 순종한 예수 그리스도의 온전한 모습을 닮아가게 만든다. 그리고 하나님은 참회자의 외적인 행위들보다 그의 내면적인 동기가 하나님을 진실로 사랑하고 신뢰하며 하나님께 간절히 매달리고 있는지를 헤아리신다. 따라서 참회자는 죄를 지은 자신에 대해서 진정으로 통회하는 마음을 가져야 하며, 그때 그런 아파하는 그의 중심을 보시고 그의 죄를 용서하시는 하나님께로 모든 것을 뒤로하고 달려가야만 한다.207)

2.17 성화의 노력을 통한 평화

예수 그리스도와 성인들의 엄격하고 거룩한 생활의 경지에, 성도들이 미치지 못한다고 생각하여 하나님과 떨어졌다는 거리감을 느끼거나 자신을 경멸하며 낙심할 필요는 없다. 위대한 외면적인 업적들을 성취하

---

206) 위의 책, 100-102.
207) 위의 책, 103-105.

거나 성화를 위한 엄청난 노력을 기울이거나 성인들이 걸어간 고통스러운 궁핍의 생활을 통해서, 성도들이 하나님에게 이르는 것이 아니라 하나님이 성도들 각자의 내면에서 하나님 자신에게 이르는 다양한 길을 허락하셨다는 것을 인식한다면 마음속에 하나님의 평화가 깃들 것이다. 성도들이 구원과 성화에 이르는 길은 예수 그리스도와 그의 영인 성령 하나님이 유일한 통로이지만, 성령이 역사하여 이루어지는 성화의 방식들은 각 사람의 기질이 다르기에 특정한 방식을 고수할 필요가 없다. 모든 성도들이 하나의 방식만을 취할 수도 없고 한 성도가 모든 방식을 취할 수도 없기에, 자신에게 적합하고 유익한 방식을 따르는 것이 상책이다. "어떤 삶의 방식을 따를까?"라고 생각하는 것보다 더 중요한 것은, 내가 하나님의 선한 의지를 따라 살며 하나님 앞에 서 있다는 자각이다. 물론 예수 그리스도가 공생애 기간 동안에 보여주신 삶의 방식들을 따라 사는 것이 최선이지만, 모두가 다 예수님처럼 40일 금식기도를 행할 수는 없다. 그러므로 예수님의 정신을 본받아 사는 것이 무엇보다도 중요하다. 성도들 각자가 자신의 처지에 맞는 가능한 작은 실천들을 생활 속에서 행하면서, 예수님의 경건과 거룩한 희생을 동반한 사랑의 정신을 따르는 삶이 현명하다.208)

2.18 우리가 집착하는 것들

성도들은 하나님이 아닌 선호하는 음식과 옷들에 탐닉하거나 만나면 좋은 친구들에게 마음을 빼앗기지 말고, 그것들을 넘어서서 영혼의 근저에 주의를 기울이고 그리로 다가가는 것이 필요하다. 왜냐하면 이런 외면적인 것들은 상황에 따라 변할 수도 있지만, 영혼의 내적인 근저는 변화된 그런 조건들에 영향을 받지 않고 모든 것들을 좋게 받아들일 수가 있기 때문이다. 하나님이 모든 것을 초탈하여 신성의 깊은 근저로부터 존재하고 활동하시듯이, 성도들도 외면적인 조건들을 하나님께 맡기고 감사하며 기쁘게 살아가는 것이 중요하다. 따라서 하나님의 만족을 나의 만족으로 알고, 현실에서 겪는 고통들과 타인의 습관화된 특이한

---

208) 위의 책, 105-109.

취향들을 선한 의지로 꿋꿋이 참아내면 하나님으로부터 최종 승리의 기쁨이 주어진다. 성도들은 내면에서나 생활 속에서 하나님의 나라의 도래를 소망하여 모든 것을 포기하고 인내하신 예수 그리스도의 모습을 닮아가려고 애쓰고 헌신하며, 또한 그렇게 변화되어야 한다. 그럴 때 성도들은 예수 그리스도 안에 받아들여져 그분과 하나 된 자신을 발견할 것이다.[209]

2.19 하나님만이 성도들의 희망

신실하신 하나님께서는, 때로 자신의 사랑하는 친구들이 기대고 있는 삶의 토대들을 밑으로부터 뒤흔들어 무너뜨리신다. 이것은, 하나님이 아닌 것들, 즉 하나님에게 나아가는 방식들인 금식이나 철야기도나 어려운 고행수련들이 성도들의 버팀목이 아니라 하나님 자신만이 진정한 희망임을 그들에게 일깨워 주기 위해서이다. 오직 하나님 자신만이 성도들의 믿음의 대상이고 신앙의 출발점이 되시기 때문이다. 하나님이 성도들의 버팀목들을 제거하시는 이유는, 성도들이 다른 것들이 아닌 하나님 자신만을 향하도록 만들려는 의도로부터, 즉 하나님의 신성의 깊은 근저에 자리 잡은 사랑과 자비심으로부터 나오는 배려 때문이다. 다시 말해서, 성도들이 행한 업적과 공로로 하나님이 움직여지는 것이 아니라, 하나님은 자신만의 자유롭고 선한 의지에 따라 활동하시기 때문이다. 그러므로 우리는 정말로 아무것도 아니며, 오직 하나님만이 우리의 삶의 희망이고 토대이시다. 따라서 성도들은, 하나님 아닌 다른 것들로부터 벗어나고 또한 자신조차도 텅 비워 자유로워져, 초탈하신 하나님 안에서 값진 선물들을 받고 하나님 자신만으로 영혼의 근저가 충만하게 채워져야 한다.[210]

---

209) 위의 책, 109-112.
210) 위의 책, 112-113.

2.20 성찬에 임하는 마음

　　성찬식에서 주님의 살과 피를 먹고 마실 때 느끼는 빵과 포도주의 맛보다는, 그것에 임하는 성도들의 마음가짐과 의지가 가장 사랑하고 추구하고 있는 것이 무엇인지가 중요하다. 즉, 거리낌 없이 성찬식에 나아가 주님의 몸을 받기를 원하는 사람은, 죄로 인한 양심의 가책이 없어야 하고, 그의 의지가 온전히 하나님과 그분이 원하시는 것을 향해야 하며, 반복되는 성찬에 참여할수록 주님에 대한 사랑이 더 커지고 경외심을 상실하지 말아야 한다. 그러면 성도들이 성찬식에 참여함으로써 얻는 영적인 유익들이 있다. 즉, 성찬에 참여할 수 없다는 자격지심을 품은 성도들이, 주님의 몸을 받음으로써 주님과 하나가 되어 부정적인 자괴감을 극복할 수 있다. 내면이 공허하고 가난한 성도들은, 성찬식에 참여함으로써 하나님의 신성으로 가득 채워져 하나님의 부요하심을 맛볼 수 있다. 죄를 지은 성도들은, 회개하며 성찬식에 참여함으로써 죄를 용서받을 수 있다. 심령이 메마른 성도들은, 성찬식에 참여함으로써 하나님을 찬양할 수 있다. 이와 같은 유익들을 주는 성찬식에 참여함으로써 주님의 몸을 받은 영혼은 주님과 하나가 되듯이 하나님과 하나가 된다. 따라서 성도들은 이런 유익을 주는 성찬식에 담대하게 나갈 수 있도록 그에 합당한 생활을 하여야 하고, 주님의 몸을 받음으로써 얻는 유익들을 굳게 믿음으로 성찬식에 참여해야 한다. 이런 믿음을 가지려면, 영혼의 고귀한 능력인 지성이 하나님을 향하도록 힘쓰고, 의지가 신의 뜻을 따르도록 일깨우며, 감정이 하나님을 전적으로 의지하도록 노력해야 한다. 그러나 이런 인간적인 노력을 넘어서 성찬으로 인도하는 주님의 은총이 절대적으로 필요하며, 성도들이 그 은총에 이끌려 성찬식에 한번이라도 더 참석하여 주님의 몸을 받으면, 그만큼 하나님과 하나가 되는 신비로운 일치감을 경험하게 된다. 여기서 한걸음 더 나아가 준비된 외적인 성찬식에 참여하지 않더라도, 성도들은 주님에 대한 깊고도 확고한 믿음을 가지고 자신의 내면에서 마음으로 주님의 몸을 받아 모심으로써 주님과의 정신적인 일치 속에서 즐거움을 향유하며, 이 세상에서 그 누구보다도 풍요로운 은총을 받아 누릴 수 있다. 이것이 바로 시간과 영

원의 결합으로 일어나는 영원한 현재 속에서 성도들에게 주어지는 영원한 생명이다.211)

2.21 부단히 노력하는 열심

　　성도들이 성찬에 참여하여 주님의 몸을 받기 이전에, 인간에게 용서를 구하기에 앞서 우선 하나님께 진정으로 자신의 죄를 고하며 내적으로 참회하는 것이 필요하다. 성도들은 무슨 일을 하던지 간에 그 어디에도 마음이 매여 있지 말고 내적으로 자유로워야 한다. 그러기 위해서 성도들의 마음은 외적인 상들에 의하여 휘둘리지 않도록 내면을 향해 있어야 한다. 즉, 내면의 하나님을 향하는 마음이 외부로부터의 영향으로 방해받지 않도록 마음을 차단해야 한다. 그리고 성도들은 안으로 갈무리 된 마음 자체에서 일어나는 여러 가지 생각에 휘둘러 분산되거나 흩어지지 않도록 내면의 하나님을 향해 집중해야 한다. 만약 성도들이 번잡한 외적인 일들을 행할지라도 지성이 온전히 하나님을 향하도록 힘써야 한다. 즉, 지성이 하나님이 아닌 다른 것들에 의하여 얽매이지 않도록 열심히 노력해야만 한다. 다시 말해서, 모든 일을 수행함에 있어서 자신의 사리사욕을 채우려 하지 말고 하나님의 뜻을 추구해야 한다는 것이다. 왜냐하면 성도들에게 하나님이 주시는 모든 선물 가운데 최고의 선물은, 바로 하나님 자기 자신이기 때문이다. 따라서 납득하기 어려운 성자의 수태고지를 받아들였던 성모 마리아처럼 초연하고 초탈해야만 한다. 한순간을 넘어서 지속적으로 자신의 한계가 있는 인식을 잘 잘라내고 완고한 의지를 내려놓을 때, 하나님이 준비된 마음 안으로 들어오시고 초탈된 영혼은 하나님과 하나가 된다. 다시 말해서, 하나님 아닌 모든 것에 초연하고 모든 것을 초탈하여 가난하게 준비된 영혼의 근저 안에 하나님의 아들의 탄생이 일어난다. 하나님 이외의 모든 피조물이나 자기 자신이나, 하나님에 대한 잘못된 인식들이나 그 밖의 모든 것을 내려놓고 잘라내는 영혼의 초연과 초탈은, 하나님의 아들 예수 그리스도가 영혼의 근저에 탄생하기 위한 준비성과 수용성을 가리킨다. 그러므로

---

211) 위의 책, 113-120.

영혼은 자신의 깊은 근저 안에 하나님의 아들이 중단 없이 지속적으로 탄생하도록 늘 최선을 다해 노력해야만 한다.212)

2.22 하나님을 따르는 방식

성도들이 새로운 삶이나 일을 시작하려고 할 때는, 하나님을 향해 나아가 기도함으로 능력을 받아 하나님의 의지를 따라가야만 최선을 성취할 수 있고 만족하게 된다. 이러한 방식이 하나님을 따르고자 하는 다른 모든 방식을 끌어들이고 포괄한다. 그러나 하나님을 따름에 있어서 하나의 선한 방식이 다른 선한 방식들을 수용하지 못하고 배타적으로 거부한다면, 그 하나의 방식은 하나님에게서 비롯된 것이 아니다. 선함이란 동질적인 다른 선함들을 받아들이는 것이지 파괴하는 것이 아니기 때문이다. 영혼의 근저 안에 하나님의 아들의 탄생을 통하여 주어지는 예수 그리스도의 특별은총은, 하나님으로부터 본성적으로 주어진 일반은총인 자연이성을 파괴하지 않고 장식하며 완성시키기 때문이다. 그러므로 특별은총을 받은 성도들은 열려진 마음으로 모든 것 속에서 하나님을 추구하고, 장소와 시간을 넘어 모든 사람에게서 여러 가지 방식으로 은총을 베푸시는 하나님을 발견할 수 있도록 노력하는 성장을 멈추지 말아야 한다.213)

2.23 영혼의 내적인 근저로부터 활동하라

성도들은 하나님의 근저와 영혼의 근저가 하나가 된 근저의 일치 속에서, 그 근저와 더불어, 그 근저로부터 비롯되는 자유로운 마음으로 모든 일을 해나가야 한다. 그것을 위하여 성도들이 영혼의 초연과 초탈에, 즉 자기부정과 겸손에 이르기 위하여 부단히 노력해야 하지만, 그보다 더 중요한 것은 바로 하나님이 은총을 베풀어 그것을 완성시킨다는 사실을 반드시 명심해야만 한다. 자기를 부정하고 낮추는 성도들의 겸손

---

212) 위의 책, 120-127.
213) 위의 책, 127-130.

의 깊이만큼이나 하나님은 그 겸손을 높여주실 것이다(마23:12: 누구든지 자기를 높이는 자는 낮아지고 누구든지 자기를 낮추는 자는 높아지리라). 그러므로 성도들은 하나님 앞에서 자기를 부정하고 겸손하며 가난한 영혼이 되어 모든 것을 선물로 주시는 하나님만으로 가득 채워져야 한다. 즉, 모든 피조물로부터 벗어나 자유롭고 가난한 영혼이 되어 하나님만을 신뢰하고 바라봄으로써, 하나님은 우리의 하나님이 되시고 우리는 하나님의 자녀들이 된다. 다시 말해서, 가난한 영혼은 아무 것도 가지지 못한 것처럼 보이지만, 모든 것의 모든 것 되신 하나님을 소유하게 됨으로 모든 것을 가지게 된다. 자신에게 꼭 필요한 어떤 것이라도 모든 것을 선물로 주실 수 있는 하나님을 위해 그것들을 포기하는 영혼이, 참으로 가난한 영혼이고 하나님과 하나 된 영혼이다. 그리고 사랑의 하나님께서는 성도들 각자에게 적합한 최선의 것이 무엇인지 아시기에, 그들의 삶을 그렇게 이끄시고 자신의 이지에 따리 자신의 원하는 방식으로 그들에게 은총을 베풀어주신다. 하나님의 은총이 베풀어지는 방식이, 즉 그것이 특별은총이던지 일반은총이던지 그 방식에 관계없이 하나님 자신이 원하시는 방식으로 성도들에게 은총을 베풀어주시기 때문에, 은총의 하나님으로부터 기쁨과 평화를 맛보려는 사람은 자신의 의지를 하나님의 의지에 일치시켜 하나님 안에 머물러 있어야만 한다. 은총의 하나님 없이는 아무것도 할 수 없기 때문에, 성도들은 하나님께 나아가 간절히 기도함으로 하나님이 주시는 능력과 지혜를 얻어 하나님과 하나가 되어 모든 일을 행하며 감사하는 삶을 살아가야 한다.[214] 모름지기 자신의 뜻을 버리고 하늘에 계신 아버지의 뜻을 행하기 위하여, 고난의 쓴 잔을 다 마셔 온 인류와 세상을 구원하신 예수님처럼 살아가야만 할 것이다.

3. 결론

에크하르트의 중심사상 중의 하나인 영혼의 초연과 초탈,[215] 즉 영

---

[214] 위의 책, 130-140.
[215] 영혼의 초연과 초탈과 관련하여 더 자세한 것은, 김형근, 『마이스터 에크하르트와 불교: 하나님의 신성과 공』 (옥천: 도서출판 은소몽, 2024), 136-158을 참고하라.

혼이 하나님 아닌 모든 것을 버리고 떠나 하나님과 하나가 되어 일치를 이룬다는 사상이 그의 초기 작품에서부터 엿보인다는 것은 주목할 만한 일이다. 영혼이 하나님의 은혜로 초탈되어 자신 안에 하나님의 아들의 탄생을 맞이하고 사랑의 하나님 안에서 하나님과 하나가 되기 위해서는 영혼의 초탈이 필요하다고 에크하르트는 다음과 같이 말한다. "만물을 수용하려는 사람은, 만물을 단념해야만 한다. … 하나님이 자기 자신과 만물을 우리에게 자유롭게 주려고 하시기 때문에, 하나님은 우리에게서 모든 소유물이 전적으로 제거되기를 원하신다."216)

그러므로 에크하르트는 자신들의 의지로 가득차서 초연하지 못한 사람들에게 그들의 의지를 부정하고 버릴 것을 요청한다. 왜냐하면 내적인 자유는 외면적인 장애 앞에서 도피하는 것으로부터 우리에게 오는 것이 아니라, 자아에 대한 집착과 모든 것을 놓아버리는 초연으로부터 온다. 그러기에 초연하지 못한 사람은 영혼의 가난(초연)을 통하여 자유롭게 되고 복되며 화평케 하는 예수 그리스도의 제자가 된다.217) 에크하르트는 자기부정과 함께 초연이 가져오는 존재론적인 측면을 설명한다. 사람은 자기부정을 통하여 하나님이 원하시는 존재가 된다. 이런 측면에서 에크하르트가 강조하는 윤리는 사람의 행위보다는 사람의 존재됨이다. 왜냐하면 사람의 행위가 그 사람의 존재를 거룩하게 할 수 있는 것이 아니라, 오히려 사람의 존재가 그 사람의 행위를 거룩하게 만들기 때문이다.218)

영혼의 초연은 사람을 하나님이 원하시는 존재가 되게 할 뿐만 아니라, 인간의 자기중심성으로부터 비롯된 하나님에 대한 모든 인식론적인 구조물을 치워버리게 한다. 그러한 하나님에 대한 인식의 관념들은 사람들에 의하여 잘못된 방식과 방법으로 만들어지고, 여전히 자기 자신들의 의지를 가득 채워 넣은 것이기 때문이다. 만일 사람이 자기 자신의 의지를 놓아버리면, 그는 참된 하나님을 발견할 수가 있고, 최고로 선한 하나님의 의지를 따를 수 있으며, 하나님의 말씀을 듣고 받아들일

---

216) Niklaus Largier ed., *Meister Eckhart Werke II*, (Frankfurt am Main: Deutscher Klassiker Verlag, 1993), 423.
217) 위의 책, 339-341.
218) 위의 책, 343.

수 있고, 하나님의 말씀을 낳을 수 있다. 하나님 안에서 우리의 의지와 모든 것을 포기하는 것은 우리가 참된 인간이 되고 하나님이 원하시는 모든 것을 행하는 사람이 될 수 있다는 것을 의미한다.219)

따라서 사람이 하나님으로부터 보다 더 고귀하고 본질적인 존재와 하나님과의 일치 안에서 모든 것을 받으려면, 그는 자기 자신과 모든 것을 놓아버려야만 한다. 이러한 초연한 삶에 대하여 에크하르트는 다음과 같이 말한다. "내가 나를 위하여 아무것도 원하지 않는 곳에, 거기에서 하나님이 나를 위하여 원하신다. 주의하라! 내가 나를 위하여 원하는 것이 없다면, 하나님이 도대체 나를 위해 무엇을 원하시는가? 내가 나의 것으로 여기는 나를 놓아버린 곳에, 바로 거기에서 하나님은 나를 위하여 반드시 모든 것을 원하셔야만 한다. 그것은 하나님이 자기 자신을 위하여 원하시는 것이기도 하며, 그 이상도 그 이하도 아니다."220) 다시 말해서, 우리는 이것과 저것(시간과 장소)도 더 나아가 모든 것으로부터 초탈해야만 한다. 그럴 때 우리는 모든 것이 되고 모든 것을 소유하게 된다. 그러므로 하나님으로부터 만물을 받으려는 사람은 만물을 내려놓아야만 한다.221)

우리가 이러한 영혼의 초탈과 초연에 도달하고 항상 초탈 안에 머무를 수 있으려면, 우리는 부지런한 노력과 훈련을 해야 한다. 에크하르트는 자신의 제자들에게 초탈을 얻기 위한 두 가지의 영적 훈련에 대하여 가르침을 내린다. 즉 하나님이 사람에게 영원히 현존하기 위해서, 사람은 내적으로 자기 자신의 근저 안에 잘 머물러 있어야 하고, 모든 외적이고도 내적인 형상 없이 하나님을 인식하고 발견해야만 한다.222) 외부의 모든 피조물의 형상에 의하여 마음이 흐트러지거나, 내면에서 떠오르는 잡념들에 의하여 영혼이 산만해지지 않도록 해야 한다. 영혼은 자신의 해방과 동시에 하나님과의 일치를 이루기 위하여 모든 피조물로부터 자신을 분리시켜야 한다. 이것에 대하여 에크하르트는 말하기를, 우선 사람은 모든 습관 자체(만물 자체)를 버리고, 그 습관들로부터 멀어

---

219) 위의 책, 367.
220) 위의 책, 337.
221) 위의 책, 423.
222) 위의 책, 405.

져야만 한다. 그러면 그 사람은 이제부터 자신의 모든 일을 현명하게 처리할 것이고, 자신의 모든 습관에 무관심하게 되고 그것들을 포기할 것이며, 그러한 습관들 없이 지내도 모든 방해물로부터 자유롭다. 그리고 사람이 하나님과 하나가 되려고 원하기 때문에 사람의 마음이 바로 현재의 순간에 초탈된 것으로 충분하지 않고, 오히려 사람은 하나님과의 일치의 순간 이후에도 후속하는 초탈과 같이 그러한 일치에 선행하는 잘 훈련된 초탈을 가져야만 한다. 단지 그럴 때만 사람은 하나님으로부터 위대한 것들과 그것들 안에 있는 하나님을 받아들일 수 있다.[223]

---

223) 위의 책, 407-409.

V. 마이스터 에크하르트의 부정신학적인 하나님 이해[224]
-독일어설교 2번을 중심으로-

이사야 45장 15절: 구원자 이스라엘의 하나님이여, 진실로 주는 스스로 숨어 계시는 하나님이시니이다.

로마서 11장 33-36절: 깊도다 하나님의 지혜와 지식의 풍성함이여, 그의 판단은 헤아리지 못할 것이며 그의 길은 찾지 못할 것이로다, 누가 주의 마음을 알았느냐 누가 그의 모사가 되었느냐, 누가 주께 먼저 드려서 갚으심을 받겠느냐, 이는 만물이 주에게서 나오고 주로 말미암고 주에게로 돌아감이라 그에게 영광이 세세에 있을지어다.

1. 서론

하나님의 속성의 본질에 대한 신학적 진술은 긍정신학과 부정신학의 두 측면으로 나누어 말할 수 있는데, 사고와 언어로 하나님을 진술하는 긍정신학(cataphatic theology)은 그것을 부정하고 초월하여 존재하며 숨어계시는 하나님을 언급하는 부정신학(apophatic theology)[225]의 토대 위에 세워져 있다. 다시 말해서 이사야 45장 15절에서 "구원자 이스라엘의 하나님이여 진실로 주는 스스로 숨어 계시는 하나님이시니이다."[226]라고 이사야가 고백한 것처럼, 하나님은 자신을 구원자로 계시하는 하나님인 동시에 감추어진 어둠의 신성 속에 스스로 숨어계신 하나님이시다. 이는 하나님 자신의 속성이 계시되고 그것이 신학적으로 표현될지라도 하나님은 우리의 마음대로 처리되거나 우리의 이성의 인

---

[224] 이 논문은, 김형근, "마이스터 에크하르트의 부정신학적인 하나님 이해," 『신학과 사회』 37집 3호(2023), 99-135에 실린 것이다.
[225] 김균진, 『기독교 신학 1』 (서울: 새물결플러스, 2014), 459에서 부정신학은 부정의 방법(via negationis)으로 말해지는데, 이는 "피조물들에게 발견되는 불완전한 속성들을 부정함으로써 하나님의 속성을 추론하는 방법을 말한다." 즉 피조물의 의존성, 가변성, 사멸성, 유한성을 부정하여 하나님에게는 독립성, 불변성, 불멸성, 무한성이 귀속된다.
[226] 대한성서공회 편, 『개역개정판 성경전서』 (서울: 대한성서공회, 2008), 1024.

식능력과 사고의 범주에 갇히지 않고 그것을 초월하여 자유롭게 존재하며 행동하신다는 것이다.227) 계시된 하나님에 대한 긍정신학적인 진술은 언표양식을 통하여 이루어진 성서와 그것을 해석한 전통적인 신학의 삼위일체론이 그 대표적인 예이고, 성서를 근거로 하여 강단에서 선포되는 설교도 이에 포함된다고 할 수 있다. 그러나 평생 목회와 강의를 하고 『로마서 강해』 1, 2판과 9250쪽에 달하는 『교회교의학』을 저작한 바르트(Karl Barth)228)는 역설적이게도 하나님 앞에서 하나님이 싫어하시는 역겨운 모든 신학적 진술들을 치워버리라고 말하기도 한다.229) 이는 긍정신학의 인식론적인 한계를 지적한 것이고, 또한 하나님에 대한 진술은 넘쳐나지만 그것을 말한 사람이 실제의 생활에서 그와는 무관하게 살아가며 복음에 역행하는 실천적 무신론이 가져오는 폐해를 비판한 것이라 볼 수 있다.

이런 점에서 숨어계신 하나님을 이해하기 위해서 부정신학적인 방법으로 접근할 필요가 있다고 강력하게 주장한 사람이 있었으니, 바로 중세후기의 신비주의자 에크하르트(Meister Eckhart)이다. 에크하르트는 하나님에 대한 부정신학적인 이해와 이에 상응하는 가난한 영혼의 초탈(Abgeschiedenheit)을 말하면서 양자의 신비적인 일치, 즉 영혼의 근저(Grund)에서 일어나는 하나님의 아들의 탄생230)을 강력하게 부르짖었다. 에크하르트는 독일어설교 53번에서 자신의 설교의 중심적인 주제들은 "자기 자신과 모든 것으로부터 벗어나는 영혼의 초탈과 그 초탈을 통한 자유, 하나님의 단순한 선하심 안에서 다시 하나님의 형상을 덧입는 영혼 안에 하나님의 탄생, 하나님이 자신에게 다가오도록 영혼 안에

---

227) Daniel L. Migliore/ 신옥수·백충현 옮김, 『기독교 조직신학 개론』 (서울: 새물결플러스, 2016), 64-65.
228) 김명용, 『칼 바르트의 신학』 (서울: 이레서원, 2007), 39.
229) Daniel L. Migliore, 『기독교 조직신학 개론』, 36에는 바르트가 아모스의 예언을 인용하여, "내가 너희 강의와 세미나를 미워하여 멸시하며 설교와 강연과 성경 공부를 기뻐하지 아니하나니…너희가 지혜의 해석학적·교리적·윤리학적·목회학적 나부랭이들을 내 앞에 드릴지라도 내가 받지 아니할 것이요…너희 살진 두꺼운 책들과 논문들과 신학 잡지들과 월간지들과 계간지들도 내가 돌아보지 아니하리니 내 앞에서 치워 버려라."고 풍자적으로 말한 표현이 소개되어 있다.
230) 마이스터 에크하르트는 영혼 안에 하나님의 탄생과 영혼 안에 하나님의 아들의 탄생 그리고 영혼 안에 하나님의 말씀의 탄생을 동일한 의미로 사용한다.

심어놓은 영혼의 고귀함, 그리고 말로 다할 수 없는 하나님의 본질인 신성의 순수함"231)이라고 언급하면서 하나님에 대하여 부정신학적인 방식으로 접근하는 것을 천명한 바 있다. 이런 방식으로 하나님의 순수한 신성에 대한 깊은 이해와 하나님의 근저인 신성과 영혼의 근저의 일치를 통하여 에크하르트는 긍정신학의 인식론적인 한계와 실천을 극복하려고 했다. 특히 독일어비평판본에 실린 에크하르트의 독일어설교 2번(누가복음 10장 38절: "그들이 길 갈 때에 예수께서 한 마을에 들어가시매 마르다라 이름 하는 한 여자가 자기 집으로 영접하더라."를 본문으로 하는 설교)232)은 그의 하나님에 대한 부정신학적인 접근과 초탈된 영혼의 근저에 대한 이해의 정점을 보여준다.

따라서 본 논문에서는 잉태와 출산이 가능한 여성성을 도입하여 설교하는 에크하르트의 독일어설교 2번의 중심적인 주제와 내용을 우선적으로 분석하고 이에 상응하는 다른 설교들과 논문들을 부가적으로 고찰힘으로써, 긍정신학의 인식론적인 한계를 넘어서고자 전개했던 에크하르트의 하나님의 신성에 대한 부정신학적인 단면을 다른 신학정신과 불교의 공성(空性)과 비교하며 비판적으로 소개하고자 한다.

2. 독일어설교 2번의 내용적 구조

에크하르트는 라틴어 성경 누가복음 10장 38절의 예수를 영접한 "마르다라 이름 하는 한 여자"를 "부인이면서 처녀인 한 사람(eine Jungfrau, die ein Weib war)"233)이라고 독일어로 사역하면서 설교를 시작한다. 이 설교의 핵심적인 주제들은 예수를 영접한 초탈한 처녀 마

---

231) Niklaus Largier ed./ *Meister Eckhart Werke I* (Frankfurt am Main: Deutscher Klassiker Verlag, 1993), 565.
232) 위의 책, 24-37. 참고로 독일어설교 2번의 여러 번역본을 소개하면, Raymond B. Blakney ed./ 이민재 옮김, 『마이스터 에크하르트 1』 (서울: 다산글방, 1994), 335-342; Matthew Fox ed./ 김순현 옮김, 『마이스터 엑카르트 설교』 (왜관: 분도출판사, 2006), 403-410; Josef Quint ed./ 이부현 옮김, 『마이스터 에크하르트 독일어 설교 1』 (서울: 누멘, 2010), 23-32; Dietmar Mieth ed./ 김순현 옮김, 『Meister Eckhart: 하느님과 하나 되어』 (칠곡: 분도출판사, 2014), 123-132.
233) Niklaus Largier, *Meister Eckhart Werke I*, 25.

르다, 초탈한 처녀이면서 동시에 풍성한 생산력을 지닌 부인인 마르다, 하나님의 아들의 탄생이 일어나는 영혼 안에 있는 작은 성(마을 혹은 영혼의 근저), 자신의 신적인 이름들과 위격들을 초탈하여 영혼의 근저로 들어가시는 하나님이라고 열거될 수 있다.[234] 다시 말해서 이 설교의 주요내용은 하나님에 대한 부정신학적인 접근을 통하여 하나님의 신성의 순수함을 말하고, 그런 하나님의 신성과 영혼의 일치를 위하여 영혼은 초탈되어야만 하며, 예수를 영접한 처녀이면서 부인으로 표현된 마르다는 초탈된 영혼의 근저로서 하나님의 아들의 탄생이 일어나는 풍성한 생산력을 갖추고 있다는 것이다. 이는 하나님과 영혼이 서로 부정의 부정을 통하여 긍정의 일치로 나아가는 도식을 보여주는데, 즉 초탈한 하나님은 자기 자신을 부정하고 영혼의 근저 안으로 돌파해 들어가 영혼과 온전한 일치를 이루시고, 이와 마찬가지로 초탈된 영혼도 자기 자신을 부정하고 하나님의 근저로 돌파해 들어가 하나님의 근저와 일치된 자신의 근저 안에서 하나님의 아들의 탄생을 경험하고 하나님의 아들이 되어 하나님의 근저 안에서 하나님의 순수한 신성과 본성상 하나가 된다는 것이다.

2.1 초탈한 처녀

에크하르트에 따르면, 예수를 영접한 젊은 처녀 마르다는 마치 이전에 존재하지 않았을 당시의 그녀 자신이었던(존재하기 전 하나님의 인식 속에 있었던)[235] 것처럼 외부의 낯선 형상들로부터 자유로운 사람이라는 것이다. 즉 초탈된 젊은 처녀가 되려면, 영혼의 지성이 하나님 안에 있는 모든 형상과 사람들이 수용한 모든 형상까지 이해하고, 그런 형상들에 묶여 있는 자기 자신으로부터 벗어나서 하나님의 뜻을 이루기 위해 현재의 모든 일들로부터 자유로워야만 한다는 것이다. 하나님 아닌 모든 것으로부터 초탈되어 자유로운 젊은 처녀가 모든 것으로부터 초탈하여 자유로운 예수를 영접한 것처럼 영혼의 근저 안에 예수가 영접되

---

[234] Dietmar Mieth, 『Meister Eckhart: 하느님과 하나 되어』, 123.
[235] Josef Quint, 『마이스터 에크하르트 독일어 설교 1』, 23에서 이부현은 그것을 "신 가운데 이념으로 존재할 때"를 의미하는 것으로 해석한다.

려면, 즉 영혼의 근저 안에 하나님의 아들의 탄생이 일어나려면 영혼의 지성도 인식론적으로 자유롭고 초탈되어야만 한다는 것이다. 왜냐하면 하나님의 근저와 영혼의 근저가 일치하려면 서로 동일한 근저로 준비되어야만 하기 때문이다.236)

그러므로 모든 형상으로부터 자유로운 젊은 처녀는 초탈된 영혼의 근저를 가리키는데, 이는 하나님의 형상을 따라 창조된 영혼 안에 있는 초탈된 지성으로 해석할 수 있다. 영혼의 초탈이라는 단어는 에크하르트가 만들어낸 신조어로서 영혼의 근저 안에 하나님의 아들의 탄생을 수용하기(empfangen: 영접하다, 임신하다) 위한 영혼의 준비상태인 것이다. 이는 신약 성서적으로 자기를 부정하고 자기 십자가를 지고 예수 그리스도의 뒤를 따라가는 것을 의미한다. 독일어로 영혼의 초탈은 하나님 아닌 것들에 대한 집착을 놓아버리거나 그것들로부터 분리하여 떨어져 나옴을 뜻한다. 이와 동일한 의미로서 에크하르트가 사용하는 단어들은 하나님 이외의 것들을 놓아버린다는 의미의 초연(Gelassenheit), 모든 열망과 앎과 소유에 대한 집착에서 떠난 영혼의 가난(Armut), 모든 피조물들에 대한 상을 버리고 위로 솟아오르는 영혼의 상승(Hinaufklimmen), 하나님의 본질인 순수하고 단순한 하나인 신성과 같은 영혼의 벌거벗음(Bloßheit), 자기의지를 버리고 예수를 잉태한 동정녀 마리아와 같은 영혼의 순수함(Ledigkeit)과 자유로움(Freiheit)과 하나님 아닌 모든 것을 텅 비우는 영혼의 비움(Leerheit)이 있다.237) 영혼이 이와 같은 준비상태를 갖추게 되는 것은 자력적인 수행의 결과가 아니라 은혜로우신 하나님의 일반은총과 특별은총을 통해서 가능하다. 지성이신 하나님의 형상을 따라 창조된 인간의 영혼의 근저인 지성(일반은총: Natur)이 모든 것들로부터 초탈되고 초연하게 되어 하나님의 탄생을 경험하게 되며 그리스도의 형상으로 변화하여 영광스럽게 되는 것은 오직 하나님의 아들 예수 그리스도(특별은총: Gnade)와 주의 영으로만 가능하다(고후 3: 18). 왜냐하면 에크하르트가 지성이신 하나님을 너무나도 닮은 영혼의 지성은 하나님으로부터 창조되었고, 특별은총인 예수

---

236) Niklaus Largier, *Meister Eckhart Werke I*, 25-27.
237) 김형근, 『마이스터 에크하르트와 불교』 (옥천: 도서출판 은소몽, 2019), 137.

그리스도께서 일반은총인 인간의 본성을 장식하고 완성시킨다고 말하기 때문이다.238) 따라서 일반은총과 특별은총 모두가 다 하나님의 은총과 사랑이다.

2.2 초탈한 처녀이고 풍성한 생산력을 지닌 부인

위와 같이 이 설교의 서두에서 초탈한 처녀인 마르다를 언급한 에크하르트는 두 번째 부분에서 처녀이면서 동시에 잉태와 출산이 가능한 부인인 마르다 쪽으로 설교의 주제를 옮겨간다. 인간의 영혼이 단지 초탈한 젊은 처녀의 상태로만 머물러 있다면 많은 열매를 맺지 못할 것이기 때문에 풍성한 열매를 맺으려면 반드시 부인이 되어야만 한다고 에크하르트는 말한다. 바로 이러한 부인의 특성을 지녔다는 점에서 영혼은, 즉 하나님의 아들의 탄생을 수용하고 출산하는 영혼은 그 고귀함을 존재론적으로 갖추고 있다는 것이다. 여기서 에크하르트가 사용하는 영혼의 가장 고귀한 이름에 해당하는 부인인 젊은 처녀는, 이미 예수를 영접하여 자신의 영혼의 근저 안에 하나님의 아들의 탄생을 경험한 초탈된 처녀가 그보다 더 풍성한 열매를 맺는 생산력을 갖춘 부인으로 그녀의 신분이 전환되는 것을 의미한다. 이런 점에서 생산력을 지닌 부인은 하나님이 그녀 안에서 풍성한 열매를 맺음으로써 하나님께 감사하게 되고 그 결과 예수를 부성적인 하나님의 품으로 다시 되돌려 낳게 된다는 것이다. 자기 자신의 자아에 집착하여 자기중심적으로 떨어진 영혼은 기도와 금식과 철야와 같은 외면적인 고행들에 매달려 일 년에 한 번만 생산하는 부부들과 같고, 그 반면에 자기 자신으로부터 벗어나 자유로운 젊은 처녀이면서 동시에 출산하는 부인은 헤아릴 수 없이 풍성한 열매를 맺을 수 있다는 것이다. 그 이유는 하나님 아버지께서 예수와 하나가 되어 자신과 동일해진 영혼의 근저에서 풍성하게 열매를 맺고 낳으시기 때문이다.239)

이것은 에크하르트가 그 당시에 가톨릭교회에서 행해지던 영성훈련

---

238) 위의 책, 180.
239) Niklaus Largier, *Meister Eckhart Werke I*, 27-29.

의 방식들 그 자체에 대한 집착과 고수를 비판한 것으로 여겨진다. 다시 말해서 그것은 그러한 외적인 방식들을 버리고 내면적으로 초탈된 영혼의 근저가 자신 안에 하나님의 아들의 탄생을 경험하고 자신의 아들을 낳으시는 아버지 하나님과의 일치가 일어나 하나님과 같이 예수 그리스도를 낳는 존재가 되었다는 것이며, 더 나아가 하나님처럼 다른 사람들의 영혼에도 하나님의 아들을 탄생시킬 수도 있는 것으로 해석될 수도 있다. 그리고 에크하르트는 하나님과 영혼의 동일한 근저의 일치를 위하여 특정한 방식 없는(ohne Weise) 방식을 자신의 독일어설교 5B에서 자세히 설명한다. 정해진 외면적인 방식들로만 하나님을 인식하고 그 하나님과 영혼의 일치를 이루려는 것은, 하나님을 자기 마음대로 처리할 수 있고 조종할 수 있다 생각하며 인식론적으로 특정한 방식 속에 가두어 버리는 것이다. 하나님과 영혼의 일치를 특정한 방식들 속에서 추구하는 영혼은, 그 방식들만을 고수하다가 그것들 자체에 얽매이게 되고 그 안에 숨어계신 하나님과의 온전한 일치를 이루지 못하게 된다는 것이다. 그러므로 영혼은 특정한 방식들 없이 하나님을 추구해야만 그 방식들을 초월하여 자기 자신 안에 고요히 머물러 계시며 초탈하신 하나님과의 일치를 이룰 수 있다. 이는 영혼이 특정한 방식들에 얽매이지 않아야만 자신의 근저 안에, 즉 자기 자신의 가장 깊은 내면 안에 있는 하나님을 인식하고 그 하나님과 하나가 될 수 있다는 것이다. 영혼이 자신의 가장 깊은 내면에 계신 하나님을 인식한다는 것은 생명 그 자체인 하나님의 아들 예수 그리스도와 함께 하나님 안에서 산다는 것을 의미한다. 이렇게 예수를 영접하고 출산하는 부인인 젊은 처녀 마르다는 생명 그 자체인 하나님과 하나가 된 하나님의 딸로서 그녀 자신의 가장 깊은 내면인 영혼의 근저로부터 생명 그 자체를 위하여 살기 때문에, 하나님의 영광과 뜻을 위하여 자신의 일상생활 속에서 하나님께서 사랑으로 돌보시는 이웃을 '왜?'라는 이유를 묻지 않고 이유 없이(ohne Warum) 사랑하며 하나님과 함께 활동한다.[240]

---

240) 위의 책, 71-73.

3. 하나님의 아들의 탄생이 일어나는 영혼의 근저

앞에서와 같이 에크하르트는 부인인 젊은 처녀의 풍성한 생산력을 언급한 다음에 이 설교의 세 번째 부분에서, 지극히 높으신 하나님의 형상을 따라 창조되었기 때문에 신적인 고귀함을 간직한 "영혼 안의 한 능력(eine Kraft in der Seele)"[241], 즉 영혼의 근저에 대하여 설교한다. 영혼 안에 있는 한 능력인 지성은 시간성과 육체성에 영향을 받지 않아 그것들을 떠나 있기에, 이곳에서 하나님은 자기 자신 안에서와 마찬가지로 모든 기쁨과 영광으로 생명의 싹을 틔우고 그 생명의 꽃을 만발하게 하신다는 것이다. 다시 말해서 이런 성부 하나님은 영혼 안에 있는 지성이 너무나도 자신을 닮아 있기 때문에, 하나님의 부성적인 본성상 그 영혼 안에 하나님의 아들의 탄생을 지속적으로 일으키신다는 것이다. 그리하여 영혼이 자신의 근저에서 하나님과 하나가 되어서 하나님이 바로 그 근저 안에 머물러 계신다면, 그 영혼이 하나님 안에서 누리는 기쁨이 너무 커서 어떤 고통이나 가난도 그 영혼을 괴롭히지 못하게 된다. 왜냐하면 영혼이 자기 자신 때문에 겪는 고난이라면 괴롭겠지만, 하나님 때문에 겪는 고난이라면 그 영혼과 하나가 된 하나님이 그 짐을 대신 져주시기 때문에 그 짐은 가볍고 행복한 짐이 된다. 무엇보다도 하나님과 하나가 된 영혼은 영원한 현재로 거하시는 하나님의 지속적인 영원성 안에 항상 새롭게 머물러 있기 때문이다.[242]

이와 마찬가지로 독일어설교 9번에서도 에크하르트는 모든 피조물을 초월하여 감추어진 어두움 속에 고요히 머물러 있으며 자기 자신 안에서 자기 자신을 인식하는 하나님의 신성인 순수한 지성과 너무나 닮은 영혼 안에 있는 하나님의 형상인 지성과의 밀접한 관계(귀속의 유비)를 말하고 있다. 그래서 에크하르트는 "지성은 하나님의 성전이고, 하나님이 지성인 자신의 성전 안에서보다 더 본래적으로 거하시는 곳은 없다"고 설교한다.[243] 그러므로 순수한 하나로서 지성인 하나님은 자신과

---

241) 위의 책, 28.
242) 위의 책, 29-33.
243) 위의 책, 111.

닮은 영혼 안의 지성으로 들어가 그 영혼과 인식론적이고도 존재론적인 일치를 이루어 하나가 되기를 좋아하신다. 다시 말해서 실물과 거울에 비친 그 모상처럼 창조주 하나님과 그분의 피조물인 영혼은 분명한 차이가 서로에게 존재하지만 동시에 서로 많이 닮았기 때문에, 성부 하나님은 영혼 안에서 성령의 은혜로 자신의 아들의 탄생을 일으키며 그 영혼과 하나가 되신다.

이처럼 에크하르트가 예수 그리스도와 일치한 영혼이 그분을 본받는 삶을 강조하기 위하여 하나님의 아들의 탄생이 하나님의 본성을 닮은 고귀한 영혼의 근저에서만 일어난다고 설교한 것은, 이 세상 전체를 사랑하여 구원하러 오신 예수의 성육신을 인간의 깊은 내면 안으로 축소시키는 "기능적인 그리스도론(functional christology)"[244]을 강조함으로써 그리스도의 구원사역의 협소화를 가져온다. 맥긴(Bernard McGinn)은 에크하르트의 그리스도론이 예수 그리스노의 십자가와 부활을 강조하기보다 하나님과 영혼의 근저의 일치를 위한 기능적인 측면, 즉 영원이 시간 속으로 들어오는 것으로서 말씀이 육신이 되어 세상(영혼) 안에 성육신하신 예수 그리스도 그 자체를 강조하는 것으로 평가한다.[245] 이는 중세후기에 살았던 에크하르트가 하나님과 영혼이 자유로운 방식으로 그 내면에서 하나가 되는 신비적 일치를 통하여 가톨릭교회의 외면적인 형식주의를 개혁하는 것에 집중한 탓이기도 하지만, 사회구조적인 악이나 피조세계의 회복을 말하는 새 하늘과 새 땅으로까지 예수 그리스도의 구원사역의 지평을 확장시키지 못하고 있는 것은 아쉬움으로 남겨둘 수밖에 없다.

아울러 에크하르트가 영혼의 근저에 일어나는 하나님의 아들의 탄생을 강조함으로써 시간과 영원이 영원한 현재 속에서 하나가 되고 이런 일치 안에서 살아가는 하나님의 자녀들은 영원한 생명을 누린다고 설교한다. 이는 하나님의 자녀들이 시간성 속에 살지만 영원에 잇대어 살아감으로써 시간성을 초월하여 사는 시간의 영원화를 의미한다. 하지만 그것은 부활하신 예수 그리스도의 종말론적인 재림을 통하여 일어날

---

244) Bernard McGinn/ 김형근 옮김, 『마이스터 에크하르트의 신비주의 사상』 (옥천: 도서출판 은소몽, 2021), 170.
245) 위의 책, 183-184.

몸의 부활과 그 부활의 소망이 현실의 부정과 불의를 변혁하는 원동력으로 작용하는 데는 미흡한 면이 없지 않다. 몰트만(Jürgen Moltmann)은 부활하신 예수 그리스도의 종말론적인 재림의 시점인 미래로부터 현재로 오시는 하나님을 역설하며, 바르트의 종말론을 포함하여 이런 종류의 종말론을 "시간의 영원화"라고 부르며 미래적 종말론의 포인트를 약화시키거나 축소시킨다고 비판한다.246) 우리는 한 시대의 신학을 또 다른 시대의 신학으로 편파적으로 재단하는 것은 피해야 하지만, 예수 그리스도의 메시아적인 십자가의 구원과 부활의 희망을 그분의 구원론적인 지평에서 결코 간과할 수 없다.

4. 영혼의 근저로 돌파하시는 초탈한 하나님

위와 같이 영혼의 근저를 영혼 안의 한 능력으로 표현하던 에크하르트는 이 설교의 네 번째 부분에 이르러 그것을 자신의 다른 설교들에서는 자유로운 "영의 보호자"나 "영의 빛" 혹은 "작은 불꽃"으로 불러왔다고 진술하면서, 더 나아가 모든 것으로부터 초탈된 영혼의 근저를 "영혼 안의 작은 성(Bürglein in der Seele)"이라고 설교한다.247) 그러면서 에크하르트는 영혼의 근저에 대해 이도 저도 아닌 것으로서 그것을 넘어선 어떤 것이라고 말하는 부정의 부정의 논리로 전개하듯이 하나님의 신성에 대해서도 부정신학적인 이해로 접근한다. 이런 점에서 하나님이 모든 이름으로부터 벗어나 자유롭고 숫자의 개념을 넘어선 단순한 하나이듯이 영혼의 근저도 모든 언표양식을 벗어나 있기에 그것들로부터 자유롭고 단순한 하나라는 것이다. 이처럼 초탈된 영혼의 한 능력 안에 초탈한 하나님이 임재하시고 자기 자신 안에서와 같이 그 능력 안에 자신의 독생자를 낳으시기에, 이로 인해 영혼은 하나님의 아들과 같이 동일한 하나님의 자녀가 된다. 다시 말해서 하나님의 신성과 영혼은 하나 된 서로의 근저에서 싹을 틔우고 꽃피어 만개하고 유익한 열매를 맺는다. 이처럼 단순한 하나로서 모든 방식을 떠난 영혼 안의 작은 성

---

246) Jürgen Moltmann/ 김균진 옮김, 『오시는 하나님』(서울: 대한기독교서회, 2000), 43-47.
247) Niklaus Largier, *Meister Eckhart Werke I*, 33.

안에 그러한 하나님의 아들의 탄생이 일어나기 위해서, 영혼의 지성이나 의지도 모든 것으로부터 초탈되어야만 하고 심지어 하나님조차도 모든 것으로부터 초탈해야 한다는 것이다. 그래서 에크하르트는 삼위일체 하나님이 자신의 근저와 동일한 단순한 하나인 영혼 안의 작은 성을 들여다보고자 한다면, 하나님은 자신에게 이름 붙여진 삼위의 위격적인 방식이나 속성을 떠나 초탈하시고 단순한 하나이어야만 한다고 말한다. 따라서 "이런 의미에서 하나님은 아버지도 아니고, 아들도 아니며, 성령도 아니고, 이도 저도 아닌 어떤 것이다."248)

여기서 에크하르트의 하나님에 대한 부정신학적인 이해는 절정에 이르는데, 이는 영혼의 근저와 하나님의 근저가 하나의 근저가 되어 온전한 일치를 이룬다는 것을 설교하기 위해서라고 말할 수 있다. 즉 단순한 하나가 된 하나님만이 단순한 하나인 영혼의 작은 성으로 들어가 머물러 계실 수 있다면, 이런 점에서 영혼은 단순한 하니인 하나님으로부터 하나님 안에서 하나님과 함께 사랑으로 하나님과 하나가 되어 영원한 생명을 누리며 살아간다. 왜냐하면 하나님의 근저와 동일하게 된 영혼의 근저인 작은 성 안에서는 부인이면서 처녀인 마르다와 같이 예수를 영접하여 하나님의 아들의 탄생이 일어나 이미 영혼이 그리스도와 동일한 하나님의 아들이 되었기 때문이다. 그리고 독일어설교 2번의 끝부분에서, 에크하르트는 부인이면서 처녀인 마르다와 같이 우리의 영혼이 예수를 영접할 수 있는 초탈한 영혼의 작은 성으로서 항상 머물러 있을 수 있도록 하나님의 도우심을 간구하며 이 설교를 마친다.249)

맥긴은 에크하르트의 독일어설교 2번을 영혼이 하나님의 근저로 되돌아가는 회귀의 차원에서 분석하며 그 내용을 영혼의 초탈과 탄생과 돌파의 주제로 요약한다. 맥긴은 초탈된 영혼의 근저 안에 일어나는 하나님의 아들의 탄생을 통하여 영혼과 하나님이 서로의 근저로 돌파해 들어가 동일한 근저를 이룬다는 인식론적이고도 존재론적인 일치의 차원을 강조한다.250) 이와 같이 에크하르트가 영혼 안에 내재하여 있는

---

248) 위의 책, 35.
249) 위의 책, 37.
250) Bernard McGinn, 『마이스터 에크하르트의 신비주의 사상』, 209.

한 능력인 지성을 통하여 지성 그 자체이신 하나님을 인식할 수 있는 영혼의 근저를 영혼 안의 작은 성이라고 불렀다면, 슐라이어마허(Friedrich Daniel Ernst Schleiermacher)는 계몽주의적인 이성이 거부한 초월적인 하나님의 존재를 직관적으로 인식할 수 있는 하나님 의식을 인간 안에 내재한 절대의존의 감정으로 표현하면서 이를 종교의 본질이라 말했는데,251) 이는 객관적 계시나 신앙의 대상인 하나님을 수용하거나 인식할 수 있는 인간의 내면 안에 자리 잡은 지성이나 하나님 의식을 강조함으로써 신앙의 주관적 체험을 역설하였다는 것으로부터 우리는 서로에게서 상당한 유사점을 발견할 수 있다. 이처럼 에크하르트와 슐라이어마허가 인간 안에 내재하시는 하나님과 그 하나님에 대하여 인식하는 신앙의 주관적인 체험을 강조하는 경향으로 흐를 때, 초월적인 하나님의 최종적인 계시인 예수 그리스도가 하나님과 인간 영혼의 인식론적인 파악과 일치를 위한 기능적인 그리스도론으로 해석되면서 그리스도의 십자가에 나타난 하나님의 고난 가능성과 부활의 새 생명의 종말론적인 측면을 소홀하게 취급하는 약점을 지니게 된다고 그렌츠(Stanley James Grenz)는 비판적으로 지적한다.252)

그러므로 하나님에게로 상승하는 에크하르트의 영혼의 근저인 자연이성과는 다르게 부패한 노예의지와 십자가 신학을 강조했던 루터(Martin Luther)는 세 종류의 이성, 즉 "하나님의 탁월한 선물인 자연이성," "교만한 이성," "중생한 이성"을 말한다.253) 루터는 세상의 왕국에 대응하는 하나님의 선물로서 인간의 내면에 주어진 자연이성을 인정하지만, 그 자연이성이 사탄의 왕국에 대응하여 교만한 이성이 되어 타락하고 사탄의 도구로 전락하면 훌다(Hulda) 부인(악마의 창녀)으로 격하되기 때문에, 이것의 전적인 타락으로 인하여 그것만으로는 인간이 하나님에게 의롭다고 인정받아 구원에 이르지 못한다고 생각하였다. 루터에게 있어서 죄인을 의롭다고 덮어씌우는 예수 그리스도의 십자가를 통하여 나타난 하나님의 의는 인간의 내면에 있는 것이 아니라 전적으로

---

251) Stanley J. Grenz and Roger E. Olson/ 신재구 옮김, 『20세기 신학』 (서울: 한국기독학생출판부, 1997), 64.
252) 위의 책, 74.
253) 이양호, 『루터의 생애와 사상』 (서울: 대한기독교서회, 2002), 67-68.

하나님으로부터 그리스도를 통하여 죄인에게로 하강하는 특별은총인 '낯선 의'로서 말해진다. 이런 하나님의 은혜를 통하여 변화된 자연이성은 하나님의 왕국에 대응하여 신앙의 시녀로 봉사하는 중생한 이성이 되어 하나님을 인식하고 예배하며 찬양하고 하나님의 뜻을 헤아리며 그분에게 영광을 돌리며 살아가는 데 봉사할 수가 있다는 것이다. 따라서 루터가 하나님의 존재를 인정하는 인간 안에 내재된 신적 태양인 자연이성의 선한 역할을 어느 정도는 인정하지만, 죄와 죽음으로부터 우리를 구원하시는 참된 하나님에 대한 인식을 가능하게 만드는 예수 그리스도와 성령의 은총을 통하여 그것의 한계를 지적한다.254) 이런 점에서 인간 구원에 있어서 루터는 일반은총으로 주어진 영혼의 근저 안에 있는 어떤 것으로서 자연이성의 역할보다 오히려 영혼 밖에서 영혼 안으로 부어지는 하나님의 특별은총인 예수 그리스도의 십자가를 통해 나타난 하나님의 의를 더 강조한다고 볼 수 있다.

이와 마찬가지로 칼뱅(John Calvin)도 구속 주 예수 그리스도의 은총을 강조하면서도 일반은총을 통하여 "인간의 마음속에 본성적으로 하나님을 아는 지식(종교의 씨앗)이 심겨져 있고,"255) 일반학문의 분야에서 빛을 발하는 자연이성의 선한 역할을 어느 정도 인정한다. 그러나 칼뱅은 구원에 있어서 타락하여 어두워진 자연이성은 앞을 보지 못하는 맹인과 같은 것으로 말하면서, 그것의 기능을 마치 중심을 폭격당한 건물이 그 중심부분이 사라져 그 역할을 다하지 못하고 파괴된 건물 주변에 잔해만이 남아 있는 것으로 평가한다. 다시 말해서 인간의 전존재가 전적으로 타락하였어도 자연이성이 전적으로 말소되지는 않았지만 부분적으로 약화되고 부패되어 기형적인 것으로 변질되었다는 것이다. 어느 정도 지각능력을 가진 자연이성은 진리에 대한 사랑으로 진리를 갈망하지만 결국 둔하고 어두워져 허영에 떨어져 길을 잃고 오류들 속에서 방황하다가 결국 넘어지고 만다는 것이다. 이처럼 칼뱅은 철학자들이 주장하는 자연이성의 긍정적인 기능을 타락한 죄인의 구원에는 도움이 되지 못하고 자기모순적인 모호성 속에 있는 것으로 평가한다. 그러므로 타락

---

254) 위의 책, 69-70.
255) John Calvin/ 원광연 옮김, 『기독교 강요 상』(고양: 크리스챤다이제스트, 2003), 49-50.

하여 일그러지고 맹목적인 것이 되어 어두워진 자연이성은 오직 성령의 조명하시는 은총을 통하여 예수 그리스도를 영접하고 중생하여 점진적으로 하나님의 형상으로 회복되어 간다는 것이다.256) 물론 에크하르트도 성령의 조명하시는 은총을 필수적으로 받아야만 인간 영혼의 근저가 초탈되어 그 안에 하나님의 아들이 탄생하여 그 영혼의 근저에서 하나님과 본성상 동일한 하나가 되는 본질적인 일치를 이룬다고 강조한다.257) 그러나 칼뱅은 성도와 하나님의 동일한 본성의 차원에서 이루어진 본체론적인 일치를 거부하고 성령의 은총에 의한 상호간의 연합정도로만 표현한다. 따라서 인간구원에 있어서 칼뱅은 기능을 상실한 건물의 잔해로 남아 있는 하나님의 형상인 자연이성의 역할보다 예수 그리스도와 성령의 은총을 통하여 일어나는 하나님과 성도의 구원론적인 연합을 강조하며, 이와 동시에 하나님과 성도의 신비적인 연합의 차원도 본성상의 일치가 아닌 상호간에 차이와 간격을 분명히 설정하고 있는 것으로 나타난다.258)

5. 부정신학적인 이해의 다른 표현들

위에서 우리는 에크하르트가 지성 그 자체이신 하나님의 신성과 영혼의 본질적인 일치를 위하여, 이도 저도 아닌 어떤 것으로서 단순한 하나인 영혼의 작은 성을 들여다보고 그곳으로 돌파해 들어가시는 하나님도 역시 이도 저도 아닌 어떤 분, 즉 위격들의 이름을 벗어버려 아버지도 아니고 아들도 아니며 성령도 아닌 분으로서 하나님의 신성을 대변하는 초탈하고 순수한 지성의 면모는 단순한 하나임을 살펴보았다. 이제 여기서는 하나님의 신성의 순수함을 말하는 단순한 하나에 상응하는 여러 표현들, 즉 "비구별," "순수한 무," "존재 자체"259)에 대해서 더

---

256) 이양호, 『칼빈 생애와 사상』 (서울: 한국신학연구소, 2010), 162-167.
257) Bernard McGinn, 『마이스터 에크하르트의 신비주의 사상』, 189-190. 여기서 하나님의 은총과 관련되어 단호하게 언급된 에크하르트의 독일어설교 96번의 한 표현을 소개하면 다음과 같다. "은총은 영혼을 하나님 안으로 데려가며, 영혼으로 하여금 자기 자신을 넘어서도록 만들고, 영혼 그 자체가 지닌 피조물적인 모든 것을 예복으로 옷 입히며, 영혼을 하나님과 일치시킵니다."
258) 이양호, 『칼빈 생애와 사상』, 167.

자세히 살펴보고, 특히 순수한 무로서의 하나님의 신성이 불교의 공성과 동일한 측면이 있다고 주장하는 견해를 비판적으로 검토하고자 한다.

5.1 비구별로서 단순한 하나

앞서 언급된 독일어설교 2번에서 우리는 에크하르트가 모든 것으로부터 초탈한 하나님의 신성과 영혼의 근저에 대하여 단순한 하나라는 표현을 사용하고 있음을 살펴보았는데, 여기서는 그것을 좀 더 부연하여 고찰하고자 한다. "선 그 자체인 하나(the One)"260)라는 개념은 그것으로부터 만물이 흘러나와 만물이 다시 그것으로 되돌아감을 말하고자 플로티노스(Plotinos)가 사용한 용어인데, 에크하르트는 성서에 나타난 하나님의 신성의 순수함을 말하기 위해서 이를 차용한다. 그러면서 에크하르트는 라틴어작품집 Ⅱ권에서 지혜서 7장 27절의 상 빈절, 즉 "지혜는 비록 홀로 있지만 모든 것을 할 수 있으며"261)를 주석하며 하나인 하나님은 피조물들과 구별되지 않는 비구별의 하나님이기에 피조물들과 구별되는 하나님이라고 말한다. 즉 모든 피조물과의 관계에 있어서 구별되는 단순한 하나인 하나님의 신성은 만물과 구별(distinctio)되는 비구별(indistinctio)로서의 차원에서 존재하신다. 이는 만물이 서로 구별되지만 그 만물을 초월하시는 하나님은 그런 만물과 비교의 대상이 되지 않는 비구별이란 점에서 피조물들과 달리 자존하시는 분이라는 의미이다. 그래서 에크하르트는 헤아릴 수 있는 숫자의 개념을 넘어선 단순한 하나인 하나님의 신성을 비교의 대상들로부터 벗어나 구별되지 않는 비구별과 같은 의미로 해석한다. 다시 말해서 단순한 하나는 비구별이다. 창조된 개별적인 존재자들을 초월하는 무한하신 하나님은 서로 구별되는 피조물들과 달리 비구별을 하나님의 본질의 속성으로 가지고 계시며 그들에게 종속되지 않는다.262)

---

259) 김형근, 『마이스터 에크하르트와 불교』, 69-109.
260) Charles J. Whitby/ 조규홍 옮김, 『플로티노스의 철학』(서울: 누멘, 2008), 22-23.
261) 이상근, 『구약외경』(대구: 성등사, 1998), 100.
262) Bernard McGinn ed., *Meister Eckhart: Teacher and Preacher*, (New

이처럼 상호 간에 구별되는 피조물들과 자신의 속성을 달리하는 하나님의 비구별에 의하여 단순한 하나인 하나님의 신성은 서로 구별되는 모든 피조물과 차이가 있다. 즉 피조물들 상호간에 있는 구별과 차이보다 그 피조물들과 하나님의 사이에 존재하는 구별과 차이는 훨씬 더 뚜렷하고 크며 서로의 간격은 건널 수 없을 정도로 너무나도 멀다. 이처럼 에크하르트가 말하는 단순한 하나인 하나님의 신성은 상호 간에 구별되는 피조물들의 속성으로부터 멀리 떨어진 비구별로서 모든 피조물들을 넘어 초월하여 계신다. 에크하르트가 모든 숫자를 초월한 하나라는 개념을 하나님의 신성에 적용할 때, 이는 부정의 부정으로서 숫자 아닌 숫자로서 하나를 의미한다는 점에서 다음과 같이 주석한다. "하나는, 즉 일치로 불리며 이것은 숫자가 아니라 오히려 모든 숫자들의 원천이며 근원이다. 하나는 만물의 시작이며 마침이다. 그러나 하나는 자신을 시작과 끝으로 이해하는 것이 아니라 최고의 하나님에게 가장 가까이 근접하여 있다는 것을 의미한다."263) 이와 같이 에크하르트는 단순한 하나인 하나님과 피조물들 사이의 간격을 비구별의 개념을 통하여 건널 수 없는 심연처럼 벌려 놓는다.

그러나 에크하르트는 역설적으로 하나님과 창조된 영혼과의 사이에 차이와 닮음을 이야기하는 것을 넘어서 서로가 하나 되는 온전한 일치를 이야기한다. 하나님과 죄에 물든 영혼은 하나이면서 둘이고 예수 그리스도를 통하여 하나님 안에서 둘이면서 하나이다. 끊임없이 부성적인 사랑으로 끓어오르는 단순한 하나인 하나님의 신성은 영혼과의 관계에 있어서 초탈한 영혼의 근저로 돌파하여 들어가시어 그 영혼과 하나를 이루고 이런 일치 안에서 영혼은 참되고도 영원한 안식을 얻는다. 이 때문에 영혼은 하나이신 하나님을 닮아가고 사랑하며 그분과 하나가 되는 일치를 열망한다.264) 이런 점에서 신명기 6장 4-5절도 여호와 하나님은 오직 하나인 하나님이시니 마음을 다하고 뜻을 다하고 힘을 다하여 그분을 사랑하라고 명령하고 있다는 것이다. 따라서 영혼은 하나님

Jersey: Paulist Press, 1986), 166.
263) 위의 책, 168.
264) Niklaus Largier, *Meister Eckhart Werke I*, 251-253.

아닌 모든 것을 버림으로써 초탈되어 자신의 근저에서 하나님의 아들의 탄생을 경험하고 오직 하나님만을 단순하고 순수하게 사랑함으로써 단순한 하나인 하나님과 온전히 하나가 되어 일상생활 속에서 일치의 삶을 살아가게 된다.

전술한 바와 같이 에크하르트는 단순한 하나와 비구별로서 피조물들과 구별되는 하나님의 초월성을 말하면서 서로의 질적인 차이를 말하지만, 결국 그에게는 영혼의 근저에서 일어나는 하나님의 아들의 탄생을 통하여 시간과 영원의 차이가 지양되면서 서로의 근저가 일치되어 하나님과 영혼의 근저가 하나가 되는 내재적인 일치만이 남게 된다. 그러므로 우리는 하나님의 초월성과 내재성이 우리의 영혼의 근저 안에 탄생하시는 하나님의 아들을 통하여 우리가 동일한 하나님의 아들이 된다는 관점에서 종합되는 것을 목격하게 된다. 여기서 우리는 만유재신론을 통하여 하나님과 세계와의 서로를 필요로 하는 상호의존적인 관계성을 강조한 화이트헤드(Alfred North Whitehead)가 그리스도교의 본질을 겸비하신 그리스도의 낮아지심에서 발견하고 아리스토텔레스(Aristoteles) 철학을 수용한 서구신학이 하나님을 세계와 관계없는 '부동의 동자'와 같이 무감각하고 무감동하며 냉담하고 불변하는 초월적인 분으로 만들었다고 비판한 것처럼,[265] 에크하르트도 하나님 자신은 부동이고 불변으로서 만물을 움직이고 새롭게 하시는 단순한 하나라고 말하는 것을 통하여 세계의 아픔과 동떨어진 초월적인 하나님을 역설했다고 생각할 수도 있다. 그러나 에크하르트는 영혼의 근저 안에 탄생하시는 성육신 하신 하나님의 아들 예수 그리스도를 강조하며 초월적인 하나님과 영혼의 일치를 말함으로써 이런 비판을 살짝 비켜간다. 그럼에도 불구하고 그가 영혼의 근저 안에 내재하시는 하나님을 역설하기 위해서 방편적으로 초월적인 하나님을 도입했다는 비판을 피하긴 어려울 것이다.

5.2 순수한 무로서 이름 없는 하나

앞에서 살펴본 바와 같이, 에크하르트는 초탈된 영혼의 근저로 돌

---

[265] A. N. Whitehead/ 오영환 옮김, 『과정과 실재』 (서울: 민음사, 2003), 647-649.

파해 들어가기 위해서 하나님은 이도 저도 아닌 어떤 분, 즉 삼위의 위격을 벗어던져 아버지도 아들도 성령도 아닌 분이어야만 하며 순수한 하나인 하나님의 신성은 비구별이라고 말했는데, 이는 전형적인 부정의 부정으로서 하나님에 대한 부정신학적인 이해의 한 단면을 보여준다. 이런 측면보다 독일어설교 21번에서 더 극단적으로 밀고 나간 에크하르트는 더듬어 생각할 수 있는 인식의 한계를 벗어난 하나인 신성을 말한다. 그러므로 하나인 신성 안에 있는 하나님에게 이름 붙여진 선 그 자체라는 이름도 떼어내어 제거되어야 마땅하기 때문에 하나님을 부정의 부정으로서 무엇이라고 이름 지을 수 없는 무라고 표현하고, 더 나아가 그렇게 말해진 무라는 개념도 하나인 하나님의 신성에 어울리지 않는 표현이기에 저리 치워버려야 할 것이라고 말하며 그것을 다시 부정하기에 이른다.266) 요약하면 단순한 하나인 하나님의 신성은 언표양식을 초월한 부정의 부정으로서, 즉 말로 표현할 수 없는 순수한 무(ein reines Nichts)라는 것이다.

이로부터 더 나아가 순수한 무라고 말해진 것도 다시 부정하는 침묵만이 하나인 신성 안에 있는 하나님에게 더 적절하다는 것이다. 이런 맥락을 이어가는 독일어설교 23번에서 에크하르트는 하나님에 대한 긍정신학적인 표현들에 해당하는 선, 존재, 진리, 하나와 같은 개념들도 부정하며, 하나님 자신은 인간이 인식론적으로 상상할 수 있는 개념들이 아니기에 전적으로 무이고 부정의 부정이라고 설교한다.267) 이는 자신의 독일어설교 71번에서 보여주듯이 에크하르트가 5세기 말엽이나 6세기 초엽에 활동한 것으로 추정되는 신플라톤주의 철학자로서 신비신학을 전개했던 위 디오니시우스(Pseudo-Dionysius von Areopagita)의 부정신학적인 표현들, 즉 유한하고 개별적인 존재자들을 넘어선 존재자체, 시간적인 생명을 넘어선 영원한 생명 그 자체, 가시적인 빛을 넘어선 빛의 근원인 어두움과 같은 용어들을 수용함으로써268) 중세 후기에 부정신학을 재정립한 것으로 보인다.

---

266) Niklaus Largier, *Meister Eckhart Werke I*, 249.
267) 위의 책, 271.
268) Niklaus Largier ed., *Meister Eckhart Werke II*, (Frankfurt am Main: Deutscher Klassiker Verlag, 1993), 73.

이런 전통의 연장선상에서 에크하르트는 하나인 신성 안에 있는 하나님이 부정의 부정으로서 무인 동시에 이름 없는 하나라고도 말한다. 하나님은 인간이 어떤 분으로 이름 부를 수 없기에 그분을 이름 없는 하나라고 말하는 것이 적절하다는 것이다. 이름 없는 하나라는 표현 속에 하나님의 신성의 특성들이 포함되어 있기 때문에, 모든 이름을 벗어난 하나님의 이름 없는 이름의 의미는 계시를 통해 다 드러나지 않는 하나님의 숨어계심과 제일원인인 하나님의 자존성과 불변성을 뜻한다고 에크하르트는 "초탈에 관하여"라는 자신의 소논문에서 말한다.[269] 이처럼 하나님을 인식함에 있어서 부정의 부정으로 접근하는 에크하르트의 부정신학적인 의도의 유용성을 맥긴은 다음과 같이 긍정적으로 평가한다. 즉 부정신학적인 방식은 부정하는 모든 것을 넘어서 어떤 긍정적인 결론에 도달하게 되고, 자신들의 무지함을 모르는 무지로 인해서 하나님에 대한 인식의 결핍을 제거하지 못하는 어리석은 사람들보다 적어도 하나님에 대하여 부정적인 이름들을 사용하는 사람들이 긍정신학적인 표현들에 얽매이지 않고 하나님에 관해 더 풍성한 이해에 도달할 수 있다는 것이다.[270] 에크하르트에 따르면, 하나님은 그 깊이를 측량할 수 없는 근저가 없는 무저(無底: Abgrund)의 하나님이시고 그분을 어떤 이름들로 파악하려고 시도하는 사람들은 결국 인식론적인 한계에 직면한다. 이 때문에 독일어설교 36A에서 에크하르트 자기 자신은 하나님을 잘 모르고 있다는 것을 인식하고 있다고 인정하며, 하나님에 대하여 이런 저런 긍정적인 진술들보다 오히려 침묵하고 이름 없는 하나인 신성의 순수한 본질에 침잠함으로써 영혼의 근저에서 하나님과 하나가 되는 존재론적이고도 인식론적인 일치에 도달하고자 하였다.[271]

이러한 일치에 도달하기 위한 방법론을 에크하르트는 독일어설교 83번에서 다음과 같이 제시한다. 즉 순수한 무로서 단순한 하나인 신성은 선함도 지혜도 피조물과 같은 존재도 아니고 개별적인 존재자들을 초월하는 존재 그 자체(das Sein sich selbst)이고 무이다. 그러므로 그

---

269) 위의 책, 447.
270) Bernard McGinn, *Meister Eckhart: Teacher and Preacher*, 23.
271) Niklaus Largier, *Meister Eckhart Werke I*, 387.

러한 신성에 대하여 영혼이 이름 부르는 최적의 진술조차도 침묵의 상태에 머무르는 내면적 지혜의 풍부함이 요청된다. 그리고 영혼은 성령의 조명하시는 은총을 통하여 초탈되어 자신의 존재에 대한 집착을 버리고 하나님의 존재와의 일치 안에서 원래 나였던 나로 되돌아가 머물러 있어야만 한다. 이럴 때 영혼은 영원한 하나님의 신성과의 일치 속에서 자존하시고 형언할 수 없는 무인 하나님의 존재를 인식할 수 있다. 다시 말해서 초탈된 영혼과 초탈하신 하나님이 서로의 근저로 돌파해 들어가 이루어진 서로의 근저의 일치 속에서 하나님의 아들의 탄생이 일어나고, 이 아름다운 탄생을 맞이한 영혼과 하나님의 신성과의 존재론적이고도 인식론적인 일치가 일어난다는 것이다. 이는 사랑의 띠인 성령의 역사로 예수 그리스도 안에 성부가 계시고 성부께서 그리스도 안에 있어 상호내주적인 일치를 이루는 것처럼(요 17: 21-23), 예수 그리스도의 탄생을 영접한 영혼도 죄로 인하여 하나님과 분리된 인식론적인 주객도식을 넘어 삼위일체 하나님의 일치 안에 머무르는 사랑의 인식을 할 수 있다. 따라서 영혼은 단순한 하나인 하나님의 신성과 온전한 일치를 이루기 위하여 일상적인 언어의 개념들에 얽매임이 없이 하나님을 하나님 아닌 하나님으로, 영 아닌 영으로, 인격 아닌 인격으로, 형상 아닌 형상으로 형상과 매개 없이 하나님과 하나가 되어 사랑하고 인식해야만 한다는 것이다.272) 이는 에크하르트가 하나님의 자존성을 부정하는 것이 아니라, 영혼이 언어로 표현된 삼위일체 하나님의 인격들에 대하여 얽매이지 말 것을 권면하는 것이다. 삼위일체 하나님에 대하여 인식의 한계를 가진 영혼의 표현들이 하나님의 본질인 신성을 잘 보여주기도 하지만, 다른 한편으로 일체성을 이루고 있는 하나님의 신성을 파악하는데 걸림돌이 될 수도 있기 때문이다. 이런 점에서 에크하르트는 하나님의 순수한 신성에 대하여 삼위일체 하나님이라는 표현을 포함하여 인간적인 모든 진술을 부정하며 그것을 통하여 하나님의 신성과의 존재론적이고도 인식론적인 일치를 설파하였다. 이런 에크하르트의 순수한 의도는 다음과 같은 설교에서 너무나도 명확하게 드러난다. "우리는 하나님을 비신(Nicht-Gott)으로, 비영(Nicht-Geist)으로, 비인격(Nicht-Person)으로,

---

272) Niklaus Largier, *Meister Eckhart Werke* II, 191-193.

그리고 비형상(Nicht-Bild)으로 사랑해야만 한다. 하나님은 순수하고 깨끗하고 밝은 하나이시기에 모든 복수성에서부터(von aller Zweiheit) 분리된다. 그리고 우리는 이러한 하나 안으로 영원히 침잠해 들어가야만 한다. 모든 인간의 진술은 사라져야만 한다."273)

　이와 같이 에크하르트가 하나님의 신성의 순수함을 말하려고 부정신학적인 방식으로 접근하는 것은 부정의 부정을 통하여 절대긍정의 차원으로 나아가는 긍정적인 기능을 제공한다. 그리고 하나님으로부터 창조된 영혼과 모든 피조물이 자기 자신들 안에 하나님 자기 자신의 부정으로서 성육신하시는 그리스도의 탄생을 영접하는 것을 통하여 그들의 죄가 부정되고 극복됨으로써 하나님에게로 돌아가 하나가 되는 것은, 즉 하나님 자기 자신의 부정을 통하여 영혼 자신의 죄가 부정되는 것은, 절대정신과 그것의 외화인 세계가 서로의 대립을 지양하고 다시 절대정신으로 돌아가 최고의 합일에 이르는 헤겔(Georg Wilhelm Friedrich Hegel)의 변증법(정: 긍정→반: 부정→합: 부정의 부정)274)의 원형을 연상시키고, 긍정신학적인 표현들을 넘어서 하나님에 대하여 더 풍성한 이해와 표현을 가능하게 할 수 있다는 장점이 있다. 일례를 들어 부정신학적인 전제 위에서 하나님 아버지란 긍정적인 표현이 하나님을 온전하게 다 드러낼 수 없다고 여겨 그것을 부정하면,275) 여성신학이 주장하는 하나님 어머니라는 표현도 가능해지며 이를 통해 하나님의 부드러운 이미지와 포근한 사랑의 속성이 가부장적인 아버지로 표현할 때 보다 더 잘 나타난다.

　그러나 에크하르트와 같이 하나님의 순수한 신성을 단순한 하나와 이도 저도 아닌 순수한 무로서 말하며 더 나아가 방편적인 모든 진술을 부정하는 침묵에 이를 때, 성도들은 하나님을 무엇이라고 부르며 신앙을 고백하고 기도해야 하는가? 라는 질문에 봉착하게 된다. 결과적으로 하나님에 대한 긍정신학적인 진술들을 제거하는 부정신학적인 표현들조차도 어떤 면에서는 긍정을 부정하고 다시 그것을 부정하며 넘어서는 부

---

273) 위의 책, 197.
274) Johannes Hirschberger/ 강성위 옮김, 『서양 철학사 하』 (대구: 이문출판사, 2006), 552-554.
275) 박만, 『최근신학연구』 (서울: 도서출판 나눔사, 2002), 55.

정의 부정을 통하여 도달하는 다른 하나의 긍정적인 표현이며 인식론적인 한계를 지닌 인간의 자연이성이 사용하는 또 하나의 방편에 불과하다. 그리고 에크하르트 자신조차도 성부 하나님의 근저에서 지속적으로 끓어 넘치는 모성적인 출산에 대한 열정을 통하여, 사랑으로 생명을 꽃피우시고 영혼이 초탈에 이르도록 조명하시는 성령의 은총을 통하여, 영혼의 근저에 탄생하시는 하나님의 아들 예수 그리스도를 부르짖음으로써, 삼위일체 하나님의 근저인 상호내주적인 일체성과 영혼의 근저가 하나가 된 신비로운 일치를 역설한다. 그렇다면 에크하르트의 하나님에 대한 부정신학적인 접근도 또 다른 하나의 긍정신학적인 시도에 불과하다는 생각이 든다. 이런 점에서 우리는 명시적으로 고백하는 삼위일체 하나님의 일체성과 삼위의 점유된 사역이 펼쳐지는 성부의 창조사역과 성자의 구속사역 그리고 성령의 새 창조와 성화의 사역을 간과하거나 협소화시키지 말고, 몰트만이 말한 바와 같이 성서에 충만하게 나타난 삼위일체 하나님의 위대하고 놀라운 사랑의 계시의 의미를 심도 있게 조명하고 확대할 필요가 있다.[276] 즉 단순한 하나인 하나님의 신성으로부터 펼쳐지는 지극한 사랑을 세 위격들의 차원에서 긍정적으로 언급하면, 부성적인 하나님의 창조는 사랑의 원천으로부터 끓어오르는 존재자체의 자기전달이고, 성육신하여 고난당하고 부활하신 성자 예수 그리스도의 구속사역은 사랑의 아픔과 승리의 계시이며, 생명을 살리는 성령의 새 창조와 성화의 사역은 태초에 시작된 창조의 완성으로서 하나님 나라의 완성이고 구원의 완성으로서 성도들이 부활의 몸으로 변화되어 샘솟는 기쁨을 누리게 하는 것이다.

　이와 유사한 내용을 말하는 에크하르트의 독일어설교 86번에 따르면, 영혼이 하나님에 대한 부정신학적인 접근을 통하여 언어적인 표현들을 다 제거하고 침묵에 잠기어 자신의 근저에서 하나님의 아들의 탄생을 체험함으로 하나님의 신성과 일치를 이루는 것도 중요하지만, 그것을 넘어서 예수 그리스도를 영접하여 하나님과 하나가 된 일치 속에서 살아가는 부인이면서 처녀인 마르다와 같이 삶속에서 하나님 나라의 건설을 위하여 복음을 전파하며 내가 손해 보거나 죽더라도 남을 살리겠다

---

276) Daniel L. Migliore, 『기독교 조직신학 개론』, 134.

는 일념으로 하나님의 사랑을 실천하는 것이 더 중요하다는 것이다.277) 따라서 에크하르트가 부정신학적인 접근을 통하여 하나님의 신성의 순수함을 말하는 궁극적인 이유는, 그분의 신성과 하나가 되어 일치를 이룬 영혼이 하나님께서 초탈하신 것처럼 그 영혼도 초탈되어 달콤한 위로와 일치를 추구하는 관상의 단계를 넘어서 일상생활 속에서 사랑을 실천하며 살아가는 것이 훨씬 더 고차원적인 삶이라는 것을 강조하는 실천적인 사랑의 신비주의를 말하기 위해서이다.278) 이런 점에서 에크하르트의 일치 신비주의는 영혼이 자신의 초탈을 통하여 자기를 부정하고 자신의 근저에서 하나님의 아들의 탄생을 체험하며 하나님과 하나가 되어 또다시 그것을 부정하고 현실로 돌아오는 것을 말하는 실천적인 신비주의, 즉 하나님 앞에서 하나님과 분리된 자기를 부정하며, 그 하나님과 인식론적인 일치 안에서 살고, 존재론적으로 하나님 안에 있는 자기를 긍정하며, 다시 현실로 나아가 윤리적으로 하니님의 뜻을 따라서 사랑을 실천하는 사랑의 신비주의라 할 수 있다.

5.3 존재 그 자체로서의 하나님

앞서 언급한 바와 같이, 에크하르트는 단순한 하나인 하나님의 신성을 무와 침묵으로 표현하지만, 이와 동일한 의미를 지닌 다른 부정신학적인 은유적 표현들을 사용하여 역설적인 반대의 일치로 나아간다. 이것들을 소개하면, 지성 그 자체이신 하나님의 신성은 그 바닥을 헤아리기 어려운 "무저(Abgrund)," 하나님 아닌 모든 것이 제거되어 텅 비워진 "사막(Wüste)과 황야(Einöde)," 하나님이 자기 자신 안에 머물러 있는 "고요함(Stille)," "깊이를 측량하기 어려운 대양(*unergrüntlich mêr*)," 근저를 짐작하기 어려운 "무저의 본성(*gruntlôse natûre*)," 심해와 같이 너무나도 깊으신 "무저의 하나님(*gruntlôse got*)," 하나님의 신성의 근저의 깊이를 가리키는 "근저 아닌 근저(*grunt âne grunt*),"

---

277) Niklaus Largier, *Meister Eckhart Werke* II, 215-217.
278) 이준섭, "마이스터 에크하르트(Meister Eckhart)의 실천적 신비주의 연구," 석사학위논문, 호남신학대학교 대학원(2001). 이 논문은 에크하르트의 신비주의의 실천적인 면을 잘 드러내어 보여준다.

감추어진 신성의 어두움 속에 거하시는 "어두운 빛(dunkles Licht)"으로 묘사되고, 이런 하나님의 신성을 인식하는 방식으로는 정형화된 영성훈련의 틀을 벗어난 "방식 아닌 방식(wîse âne wîse)"이 있다.279)

이런 부정신학적인 표현들을 에크하르트가 사용하기도 하지만, 그는 자신의 라틴어 작품집에서 하나님을 의로움 그 자체, 선함 그 자체, 진리 그 자체, 나아가 존재 그 자체라고도 진술한다. 하지만 이러한 용어들도 피조물들이 개별적으로 가진 유한한 측면을 부정하고 초월하여 하나님을 긍정적으로 표현하는 부정성을 지니고 있다. 특히 존재라는 개념으로 하나님을 표현함에 있어서 토마스(Thomas Von Aquin)는 "하나님은 존재이다"라고 말하지만, 에크하르트는 그것을 뒤집어 자신의 『명제집』 서문(Prologus in opus propositionum)에서 "존재는 하나님이다."라고 표현한다.280) 존재가 하나님이라는 것은 하나님은 개별적인 존재자들에게 존재를 부여하는 존재 그 자체로서 개별적인 존재자들을 초월하는 보편자라는 의미를 지니고 있다. 이는 하나님을 존재로 긍정하고 나서 하나님은 피조물들과 같은 존재가 아니고 존재 그 자체라고 말하면서, 그 긍정을 다시 부정하며 하나님은 개별적인 존재자들의 존재의 근원으로 상정하고 만물을 품고 있는 존재의 충만으로서 그리고 시간적인 존재자들을 구원하는 시간의 충만인 영원으로서 기술하는 부정신학적인 도식의 형태가 스며들어 있음을 보여준다. 여기서 우리는 틸리히(Paul Tillich)가 말한 바와 같이, 하나님은 인간의 유한성에 대답이 되시는 "인간의 궁극적 관심"281)이시고, 피조물들과 관련된 존재의 유비를 넘어선 자존적인 "존재 자체"로서 본질적인 존재와 실존적인 존재의 대립을 초월하여 그 이전에 앞서 존재하시는 "존재의 근거"282)라고 표현한 것을 연상하면서 이런 틸리히의 신학적 진술에 에크하르트의 신학적 영향이 있었음을 짐작할 수 있다.

앞서 언급한 바와 같이 에크하르트는 하나님의 신성의 순수함을 말

---

279) Niklaus Largier, *Meister Eckhart Werke I*, 72, 16-21, 803.
280) Die Deutschen Forschungsgemeinschaft ed., *Meister Eckhart: Die Lateinischen Werke I*, (Stuttgart: Kohlhammer Verlag, 1936ff), 167-182.
281) Paul Tillich/ 유장환 옮김, 『폴 틸리히 조직신학 II』 (서울: 한들출판사, 2001), 92.
282) 위의 책, 131-133.

하기 위해서 이런 존재 자체 개념도 때로는 부정하면서, 하나님은 이도 저도 아닌 어떤 존재로서 무이고 그렇게 말하여진 것도 다시 부정하여 침묵해야만 한다고 말하는 그의 변덕스러운 부정신학적인 접근 때문에 종종 우리는 아연해지기도 한다. 에크하르트가 속한 도미니크수도회의 선배 토마스는 보편자가 개별자와의 대립을 지양하고 개별자 안으로 들어와 하나가 된다고 말하며 보편자와 개별자 사이의 차이와 간격을 좁힌다. 여기에는 보편자와 개별자의 접촉점을 전제하는 존재의 유비를 통하여 동일한 것이 동일한 것을 인식한다는 아리스토텔레스의 철학적인 전제가 깔려있다. 이런 전제에 전적으로 동의하는 에크하르트는 초탈된 영혼의 근저 안에 일어나는 하나님의 아들의 탄생을 통하여 보편자 하나님과 개별자인 영혼과의 신비로운 일치를 역설한다.[283] 이는 존재의 유비를 부정하고 신앙의 유비나 관계의 유비를 말하면서 오직 예수 그리스도의 십자가에 나타난 하나님의 의와 은총을 성령의 역사를 통하여 믿음으로써 하나님의 화해가 주관적인 신앙의 현실이 된다고 말한 바르트의 신학과 극명한 대조를 이룬다. 인간의 영혼의 근저 안에 죄로 막힌 샘을 뚫어주어 하나님과 하나가 되게 만드는 기능적인 그리스도론보다 바르트가 말하는 예수 그리스도의 십자가는 전적으로 타락한 인간을 구원하는 하나님의 화해의 객관적 현실이고 하나님의 극단적인 자비와 사랑을 드러내는 계시이다.[284] 이런 측면에서 에크하르트가 말하는 영혼의 근저의 고귀한 지성이 지성 그 자체인 하나님과 닮았다고 말하는 존재의 유비에 기초하여 양자의 인식론적인 일치를 설교하는 것은, 종교개혁신학의 전적타락을 전제하는 십자가 신학과 바르트의 신앙의 유비의 관점에서 볼 때 인간 안에 있는 어떤 것을 긍정하기에 부정된다.

불교의 일각에서는 에크하르트의 하나님의 신성의 무(無: Nichts)와 무자성(無自性)한 공(空)으로 해석되는 연기법(緣起法)이 지닌 무한 부정적인 공성(空性)과 닮았다고 말하다가 마침내 양자의 완전한 일치를 주장하기도 한다. 이런 입장은 일본의 스즈끼(鈴木大拙 貞太郎)와 교토학파의 니시타니(西谷啓治)와 종교다원주의적인 흐름을 같이하는 것처럼

---

283) 김균진, 『기독교신학 1』, 145-146.
284) 김명용, 『칼 바르트의 신학』, 230-236.

보이는 종교학자 길희성의 책285)과 종교철학자 김용표의 논문286)에서 두드러지게 나타난다. 예를 들어 이들은 하나님의 형상을 따라 창조된 인간의 영혼 안에 고귀한 것이 있다고 전제할 때, 인간의 본래적 진면목인 불성(佛性)을 가리키는 진여자성(眞如自性)으로서 육근(六根)에 흔들리지 않는 자성청정심(自性淸淨心)이나 지눌(知訥)이 주장한 고요하고 신묘한 앎의 작용을 일으키는 공적영지지심(空寂靈知之心)과 초탈된 영혼의 근저인 지성은 서로 유사점이 있다고 주장한다.287) 그러나 하나님의 형상을 따라 창조된 영혼의 근저는 자신 안에 거하시는 하나님을 인식하고 중생의 불성은 자신 안에 품고 있는 니르바나(nirvāṇa: 열반)의 마음을 발견하고 닦아나가는 견성성불(見性成佛)이기에 서로 내용이 다르다. 그리고 존재 그 자체이신 하나님의 신성의 자존하심과 자유하심이라는 속성이 무와 그것을 다시 부정하는 침묵으로 말해지며 불교의 공성이 무와 그것을 다시 부정하는 절대무(絶對無)로 비슷하게 표현된다고 하여 그것들이 서로의 내용적 의미에 있어서 동일한 개념은 아니다. 비신론(非神論)적인 연기법의 공성은 그것을 체득한 불자로 하여금 붓다가 마음속에 체득했던 니르바나에 눈뜨고 열반적정(涅槃寂靜)을 누리게 만들며 일체의 집착을 벗어나 분별과 차별이 없는 자타불이(自他不二)의 세계관 속에서 뭇 중생이 자신들 안에 간직한 불성에 눈 뜨기를 염원하는 동체자비(同體慈悲)를 행하며 살아가도록 종용한다. 이는 타인들의 영혼 안에도 하나님의 아들의 탄생이 일어나 회복될 하나님의 형상을 바라보며 이웃과 원수를 사랑하라는 예수의 사랑과 윤리적인 삶의 실천적 측면에서 어느 정도 일맥상통하지만, 다음과 같은 점에서 역동적인 하나님의 신성의 활동과 내용적인 차이가 확연하게 드러난다. 즉 하나님의 신성은 세계와의 관계성 속에서 끊임없이 넘쳐흐르는 사랑으로 경륜하는 창조주 하나님의 사랑과 자기비하의 성육신을 통하여 영혼의 근저에 탄생하시는 구속주 예수 그리스도의 은혜와 영혼을 가난하게 만들어

---

285) 길희성, 『마이스터 엑카르트의 영성 사상』(왜관: 분도출판사, 2003), 5-6, 18-21.
286) 김용표, "마이스터 에크하르트의 신비사상과 불교와의 대화: 신성의 공성과 초탈의 보편적 종교성," 『한국불교학』 72 (2014), 7-56.
287) 길희성, 『보살 예수: 불교와 그리스도교의 창조적인 만남』(서울: 현암사, 2004), 281-287.

그 속에 하나님의 탄생을 일으키는 성령의 계속적 창조의 은총으로 펼쳐지고, 더 나아가 하나님의 신성은 영혼의 내면의 근저를 넘어서 삼위일체 하나님의 자신의 정의와 사랑의 통치가 이루어지는 새 하늘과 새 땅이 이 피조세계에 임하게 하시며 하나님의 자녀들로 태어난 성도들로 하여금 하나님과의 일치 안에서 사랑을 실천하며 살게 하고 썩지 아니할 영생부활의 몸을 입게 만들 것이기 때문이다.288)

6. 요약 및 결론

에크하르트의 하나님에 대한 부정신학적인 접근은 긍정신학의 인식론적인 한계를 지적하고 하나님의 이름을 부여함에 있어서 겸손한 자세와 개방성을 열어주어 하나님의 불가해성과 자유하심을 보존하며 신학적 진술의 풍성함을 가져온다. 또한 부정이 부정을 넘어선 절대 긍정의 삼위일체 하나님의 상호내주적 일체성인 신성과 영혼의 일치는 성령의 조명을 통하여 가난한 영혼의 근저에 일어나는 하나님의 아들의 탄생에 의지하여 실현되고, 이를 통하여 지성이신 하나님의 형상을 따라 창조된 인간 영혼에 잠재된 자연이성의 고귀함이 드러나게 되며, 그렇게 하나님의 신성과 하나가 된 하나님의 자녀들의 삶은 영원한 현재 속에서 영생을 소유하며 말씀을 듣고 기뻐하는 단계를 넘어서 일상생활 속에서 그 말씀을 실천하는 순종과 사랑의 삶을 살아가게 된다.

그러나 에크하르트가 삼위일체 하나님의 순수한 신성을 이도 저도 아닌 어떤 것, 아버지도 아들도 성령도 아닌 어떤 것, 더 나아가 무라고 말하고 그마저도 부정하며 입을 닫아버리는 침묵으로 표현하지만, 이와 동시에 그의 표현들은 방편적으로 어떤 것이나 무와 침묵이라는 언어를 사용할 수밖에 없다는 한계를 지니고 있다. 이는 하나님의 풍성한 이름과 광대한 사역에 대한 협소화를 초래한다. 그러므로 하나님에 대한 부정신학적인 접근은 그 자체에 목적이 있다기보다 부정의 부정을 통하여 더 다양하고 풍성한 긍정신학적인 접근과 표현들로 나아가기 위한 하나의 징검다리와 같은 역할을 하는 것으로 보는 것이 좋을 듯하다. 그리

---
288) 김형근, 『마이스터 에크하르트와 불교』, 330.

고 에크하르트가 하나님의 신성과 영혼의 일치를 위하여 영혼의 내밀한 근저에 탄생하시는 하나님의 아들의 탄생을 너무 강조하려다 보니, 영혼의 근저를 넘어 피조세계 전체를 사랑하시어 성육신 하신 예수 그리스도의 구원사역의 지평이 인간의 내면으로 축소되어 그 지평의 협소화를 가져오는 측면이 있다. 이제 예수 그리스도는 인간 영혼의 근저뿐만 아니라 이 사회의 왜곡된 경제와 정치 현실 속에, 남북 분단의 아픈 현실 속에, 오염되고 착취되어 파괴된 자연의 신음 속에서도 탄생하셔야만 한다. 그리고 에크하르트가 독일어설교 8번에서 순교자는 하나님으로부터 새로운 존재를 받는 것이라고 언급하지만[289], 하나님과 영혼의 일치를 위하여 작용하는 기능적인 그리스도론은 예수 그리스도의 십자가와 부활을 통하여 일어나는 종말론적인 구원의 완성으로서 새 하늘과 새 땅의 도래와 성도들이 받아 누릴 영원한 생명의 미래적인 소망을 영원한 현재로 환원시키는 경향이 있다. 그럼에도 불구하고 에크하르트가 영혼과 하나님이 하나가 되는 신비적인 일치를 의미하는 초탈된 영혼 안에 일어나는 하나님의 아들의 탄생을 통하여, 하나님에 대한 인식이 새롭게 된 인간존재의 내면의 변화와 그에 따라오는 새로운 삶으로의 변화를 외치고, 그 당시 가톨릭교회의 영성수련의 외면적인 방식들을 쇄신하려는 순수한 의도를 가지고 열정적인 모국어로 설교한 것은 높이 평가할 만하다.

---

[289] Niklaus Largier, *Meister Eckhart Werke I*, 99.

VI. 마이스터 에크하르트의 "영혼의 가난"의 기여에 대한 성찰[290]
-독일어 설교 52번을 중심으로-

마태복음 5장 3절: 심령이 가난한 자는 복이 있나니 천국이 그들의 것임이요.

1. 서론

소유욕의 충족을 부추기고 무비판적인 시장 중심의 도시문화 홍수 속에서 살아가는 21세기의 대부분의 사람은 자신의 소유욕을 충족시켜야만 행복하다고 생각한다. 이와는 달리 월터 브루거만(Walter Brueggemann)은 과학기술의 발날로 족진된 소비 중심의 지배적인 문화를 거부하고 하나님의 명령인 안식일 계명을 준수해야만 한다고 역설한다. 왜냐하면 안식일을 기억하여 거룩하게 지키는 것이야말로 상품을 생산하는 부단한 노동으로부터 유한한 피조물인 인간에게 쉼을 주고, 상품을 구매하여 소유하려는 욕구로부터 인간을 해방하여 하나님만을 바라보게 하고 참된 자유와 행복과 희망을 가져오기 때문이다.[291] 그리고 김균진도 인간 생명의 상품화와 자연환경의 파괴와 같은 현재 세계의 위기를 일으키는 원인 중의 하나로 인간이 갈구하는 무한한 소유욕의 폐해를 지적한다. 즉 끝없는 소유욕을 충족시킴으로써 행복을 추구하는 인간은 자신의 배를 하나님으로 숭배하고 탐욕의 포로로 전락하여 하나님 안에서 참된 안식과 행복을 누리지 못하며, 새로운 수요의 창출과 더 많은 소비를 부추기는 자유시장경제체제의 노예가 되어버렸다는 것이다.[292]

---

290) 이 논문은, 김형근, "마이스터 에크하르트의 '영혼의 가난'의 기여에 대한 성찰," 『장신논단』 56권 3호 (2024), 95-126에 실린 것이다.
291) Walter Brueggemann, *Mandate to Difference: An Invitation of the Contemporary Church* (Louisville·London: Westminster John Knox Press, 2007), 63-65.
292) 김균진, 『자연환경에 대한 기독교 신학의 이해』 (서울: 연세대학교출판부, 2006), 55-65.

그러나 중세 후기의 마이스터 에크하르트(Meister Eckhart)는 영혼 안에 하나님으로 자리 잡은 소유욕의 충족을 버리는 것이 참된 행복이라고 말한다. 그는 인간의 지극한 행복은 하나님 아닌 일체의 것을 버린 영혼의 가난(die Armut der Seele)을 통하여 일어나는 영혼의 하나님의 순수한 신성 안으로의 돌파(Durchbruch), 즉 가난한 영혼 안에 하나님의 아들의 탄생을 통하여 일어나는 영혼과 하나님과의 일치에 있다고 독일어 설교 52번293)에서 역설한다. 이 설교는 소유욕에 사로잡힌 현대인에게 삶의 행복을 추구하는 다른 방식을 제시하며 큰 경종을 울린다. 이런 점에서 소비와 소유의 지배적인 문화 속에서 살아가는 우리는 그의 외침의 고귀한 가치를 다시 주목할 필요가 있다.294) 그리고 이 설교는 "심령이 가난한 자는 복이 있나니 천국이 그들의 것임이요."라는 마태복음 5장 3절을 본문으로 하여 인간 존재의 심연에 자리 잡은 영혼의 내적 가난을 말한다. 그런데 그 내용이 너무나도 심오하고 난해하기 때문에, 논자는 그의 다른 본문들을 참고하여 조명하고 다양한 관점들을 제시하는 선행연구를 고찰하여 적절한 해석을 시도할 필요성이 있다고 생각한다. 이를 위해 이 논문은 먼저 국외의 연구자들인 매튜 폭스(Matthew Fox)295), 우도 케른(Udo Kern)296)의 해석과 국내의 연

---

293) Niklaus Largier, ed., *Meister Eckhart Werke I* (Frankfurt am Main: Deutscher Klassiker Verlag, 1993), 551-63. 그리고 에크하르트의 독일어 설교 52번의 번역본들을 소개하면, Raymond B. Blakney, ed., *Meister Eckhart: A Modern Translation*, 이민재 옮김, 『마이스터 에크하르트 1』 (서울: 다산글방, 1994), 364-72; Matthew Fox, ed., *Passion for Creation: The Earth-Honoring Spirituality of Meister Eckhart*, 김순현 옮김, 『마이스터 엑카르트 설교』 (왜관: 분도출판사, 2006), 319-27.

294) 소유 지향적인 삶을 지양하고 존재 지향적인 삶을 추구하는 에리히 프롬(Erich Fromm)도 에크하르트의 독일어 설교 52번의 주제인 영혼의 가난을 높이 평가한다. 프롬에 따르면, 가난한 영혼이 소유 대상을 향한 자신의 내면적인 욕구와 집착을 버리는 것이 소유 지향적인 삶으로부터 자유롭게 되는 길이라는 것이다. 그리고 에크하르트가 참된 인식이 참된 존재를 결정하고 더 나아가 그 존재로부터 참된 행위가 나온다고 말한 것을 인용하여 프롬은 자신의 주장을 피력한다. 즉 "우리가 깊이 생각해야 할 것은 내가 무엇을 행해야 할 것인가"라기보다, 오히려 "나는 과연 어떤 존재인가"에 더 주의를 기울여야만 한다는 것이다. 따라서 모든 참다운 활동의 전제는 소유 지향적인 실존 양식을 깨뜨리고 나오는 것이며, 에크하르트의 윤리적 체계에서는 내면적 생산 활동이 지고의 미덕이며, 그 전제는 일체의 아집과 탐욕을 극복하는 영혼의 가난이라는 것이다. Erich Fromm, *To Have or To Be*, 차경아 옮김, 『소유냐 존재냐』(서울: 까치글방, 1996), 89-97.

구자들인 길희성297), 이준섭298), 이상섭299)의 해석을 비교하여 독일어 설교 52번의 진의를 고찰할 것이다. 더 나아가 이 논문은 에크하르트가 자신의 설교에서 영혼과 하나님의 일치를 중요하게 생각하고, 그것의 방법론인 영혼의 내적 가난을 강조하기 위하여 예수의 삶을 따라 물질에 대한 집착을 버리고 사랑으로 이웃에게 베푸는 외적 가난에 대하여 많은 지면을 할애하지 않는다는 점도 주목하고자 한다. 그럼에도 불구하고 영혼의 내적 가난을 통하여 하나님과의 일치에 도달한 인간의 존재됨으로부터 나오는 사랑의 실천을 소홀히 여길 수 없다는 그의 다른 설교에 기초하여 통전적인 견지에서 외적 가난의 가치를 새롭게 조명하고자 한다. 또한 그가 예수 그리스도를 통하여 이루어진 구원의 지평을 영혼의 내면으로 너무나 축소하여 영혼의 구원을 창조 이전의 하나님 안에 있는 본래적인 존재로의 돌아감이라고 말함으로써 삶과 세계의 구원과 장차 도래할 구원의 종말론적인 지평을 약화시킨다는 점도 드러낼 것이다.

2. 본문 분석과 해석

에크하르트는 하나님의 순수한 신성 안으로 진입하는 가난한 영혼의 돌파와 이를 통한 영혼과 하나님의 근저의 일치 그리고 그 가난한 영혼의 근저 안에서 일어나는 하나님의 아들의 탄생을 위한 방법론으로서 영혼의 초탈(Abgeschiedenheit)300)과 초연(Gelassenheit)의 극치,

---

295) Matthew Fox, 『마이스터 엑카르트 설교』, 327-37.
296) Udo Kern, *Gottes Sein ist mein Leben: Philosophische Brocken bei Meister Eckhart* (Berlin: Walter de Gruyter, 2003), 78-97.
297) 길희성, 『마이스터 엑카르트의 영성 사상』 (왜관: 분도출판사, 2003), 204-17.
298) 이준섭, "중세 신비주의란 무엇인가?: 마이스트 에크하르트(Meister Eckhart)의 가난 사상에서의 신비적 이해," 『한국기독교철학회』 7 (2008. 12), 121-59. 이와 유사한 내용으로 구성된 동일저자의 독일어 논문이 있다. Yi Jun-Seop, "EIN MYSTISCHES VERSTÄNDNIS DER ARMUTSLEHRE BEI MEISTER ECKHART," 『장신논단』 47-3 (2015. 9), 107-32.
299) 이상섭, "지복직관, 누구의 것인가?: 마이스터 에크하르트의 독일어 강론 52를 읽는 하나의 관점," 『한국중세철학회』 24 (2018. 12), 107-38.
300) 이준섭도 초탈을 에크하르트의 핵심사상으로 보면서 버리고 떠나 있기로 해석한다. 이준섭, "마이스터 에크하르트(Meister Eckhart)의 사상에서 스콜라주의와 신비주의와의 상관관계: '버리고 떠나 있음'(Abgeschiedenheit)의 사변적-신비적 이

즉 하나님을 위하여 하나님을 떠나는 것으로서 영혼의 가난을 외친다. 그는 독일어 설교 53번의 서두에서 "영혼의 초탈이야말로 자신의 설교에서 습관적으로 말하는 중요한 목적 중의 하나였다."[301] 라고 말하며, 또한 "초탈에 관하여"라는 자신의 논문에서 사랑과 겸손과 자비보다 가난한 영혼 안에 하나님의 아들의 탄생을 통하여 하나님과 영혼이 하나가 되게 만드는 영혼의 초탈을 다음과 같이 강조한다.

"초탈이란 바로 영혼이 마음속을 헤집고 들어오는 모든 애착이나 고통, 명예나 불명예, 악담에 마주 대하여 흔들림 없이 서 있는 것이다. 마치 납같이 무거운 산이 약한 바람에 맞닥뜨려 움직임이 없는 것과 마찬가지다. 이러한 흔들림이 없는 초탈이란 인간을 하나님과의 가장 위대한 일치 안으로 들어가게 한다."[302]

이런 점에서 영혼의 초탈은 그의 중심사상 중의 하나라 할 수 있다. 그리고 케른도 독일어 설교 53번에 근거하여 에크하르트의 의도의 핵심 가운데 하나는 영혼이 "초탈과 그 초탈을 통하여 자유롭게 되는 것이다."[303] 라고 말한다. 이와 마찬가지로 주장하는 요제프 크빈트(Josef Quint)에 따르면, 에크하르트의 설교의 목적이자 핵심적인 근본사상은 바로 지성인 하나님의 형상을 닮은 초탈된 영혼의 근저 안에 하나님의 아들의 탄생이 사랑의 하나님으로부터 일어난다는 것이다.[304]

특히 에크하르트는 가난한 영혼과 하나님의 일치를 역설하는 독일어 설교 52번에서, "단지 하나님으로부터만 어떤 것을 기대하는"[305] 영혼이 가난한 자를 다름 아닌 영혼이 초탈되고 초연한 자로서 이해한다.

해를 위한 한 논고," 『장신논단』 50-5 (2018. 12), 149.
301) Niklaus Largier, ed., *Meister Eckhart Werke I*, 565.
302) Niklaus Largier, ed., *Meister Eckhart Werke II* (Frankfurt am Main: Deutscher Klassiker Verlag, 1993), 443.
303) Udo Kern, *Gottes Sein ist mein Leben*, 21.
304) Josef Quint, ed., *Meister Eckehart: Deutsche Predigten und Traktate* (München: Carl Hanser Verlag, 1955), 21-22.
305) Deutsche Bibelgesellschaft, ed., *Gute Nachricht Bibel: Das neue Testament* (Stuttgart: Deutsche Bibelgesellschaft, 1997), 7.

모든 피조물로부터 초탈된 가난한 영혼은 피조물과 관계하시는 하나님마저도 놓아버리고 하나님의 본질인 신성의 근저로 돌파해 들어간다. 이러한 영혼의 초탈과 신성으로의 돌파를 통하여 하나님은 자신과 영혼의 근저의 일치 안에 자신의 아들을 낳으신다. 그러므로 본질적인 하나님과의 일치를 위한 방법론으로서 영혼의 초탈은 신성 안으로 돌파해 들어가 신성과 하나가 된 영혼 안에 하나님의 아들의 탄생을 일으킨다. 이런 돌파와 탄생을 통하여 가난한 영혼과 하나님은 윤리적(의지적), 인식론적, 존재론적, 형이상학적인 일치를 이룬다.[306]

2.1 외적 가난과 내적 가난

이 설교의 서두에서 성부 하나님의 지혜이신 예수 그리스도는 입을 열어 "영혼이 가난한 자는 복이 있나니"라고 선포하신다. 이 말씀에 의지하여 설교하는 에크하르트는 영혼의 가난을 외적 가난(eine äußere Armut)으로 이해하지 않고, 내적 가난(eine innere Armut)으로 이해한다. 에크하르트의 평가에 따르면, 외적 가난은 예수 그리스도를 너무나도 사랑하여 닮아가려고 자발적으로 가난을 짊어진 사람들에게서 발견되는 구원의 길로서 선하고 칭찬할 만한 것이다.[307] 그럼에도 불구하고 교회사의 맥락에서 에크하르트가 설교하는 영혼의 내적 가난은 프란체스코수도회의 물질적 가난으로서 외적 가난 이해를 극복하고, 또한 전통적인 도미니크수도회가 고수해 온 것으로서 일체를 여의고 하나님에게만 집중하려는 가난 이해를 넘어서려고 시도한 것이다.[308] 다시 말해서, 프란체스코처럼 이웃을 위하여 자기의 소유를 나누어주거나 포기하는 것은 매우 훌륭한 것이다. 그러나 에크하르트는 외적 가난에 대한 발언을 자제하며 내적 가난에 자신의 관심을 집중시킨다. 왜냐하면 그는

---

[306] 김형근, 『마이스터 에크하르트와 불교』 (옥천: 도서출판 은소몽, 2019), 138.
[307] 프란체스코에게 있어서 "구원은 하나님에 대한 관조와 신비한 연합 속에서 이루어지는 피조물과의 연합, 철저한 자기 포기, 소유의 포기, 청빈의 생활, 연약한 생명들을 위한 자기희생에 있다. 한 마디로 구원의 길은 예수의 가난한 삶을 닮음에 있다." 김균진, 『기독교 신학』 3 (서울: 새물결플러스, 2014), 285.
[308] 이준섭, "중세 신비주의란 무엇인가?," 125-26.

가난한 영혼 안에 하나님의 아들의 탄생이 일어나 그 영혼과 하나님이 일치를 이루고, 이런 일치에 도달하기 위한 방법론이 바로 영혼의 내적 가난, 즉 영혼의 초탈과 초연이라고 생각하기 때문이다.309) 이런 자신의 의도로 인하여 그가 영혼의 내적 가난을 중시하고 영혼의 외적 가난을 이 설교의 중심 주제로 다루고 있지 않다는 것이 잘 드러난다.

그리고 에크하르트는 영원한 진리에 기대어 설교하는 내용을 청중이 잘 이해하려면, 먼저 자신의 설교를 이해할 수 있을 만큼 그들의 영혼이 가난해져야만 하고, 또한 자신이 나누려는 진리와 그들이 같아져야만 한다고 말하면서 서로의 동일성을 요구한다. 더 나아가 그는 자신이 존경하는 스승인 도미니크수도회의 알베르투스 마그누스(Albertus Magnus)가 "하나님이 창조하신 만물에 전혀 만족하지 않는 사람이 가난한 사람"이라고 정의한 것을 훌륭한 견해로 평가한다. 하지만 그는 이에 만족하지 않고 더 나아가 영혼의 내적 가난에 대하여 보다 더 훌륭하고 고차원적인 이해를 제시한다. 즉 내적으로 가난한 사람은 의지적인 차원에서 아무것도 원하지 않고(nichts will), 인식론적인 차원에서 아무것도 아는 것이 없으며(nichts weiß), 존재론적인 차원에서 아무것도 가진 것이 없는(nichts hat) 가난한 영혼을 간직한 사람이다. 이에 부연하여 그는 세 가지 차원으로 말해진 영혼의 내적 가난의 진리를 청중이 잘 이해하면 더할 나위 없이 좋지만, 그것은 소수의 훌륭한 사람들만이 파악할 수 있기 때문에 다 이해하지 못하더라도 너무 염려하지 말라고 친절하게 청중을 위로한다.310) 이런 점에서 에크하르트가 전통적인 프란체스코수도회나 도미니크수도회에서 주장하는 영혼의 가난 이해를 극복하려고 했지만, 그에게는 대중적인 이해나 실천으로부터 동떨어진 거리감이 존재한다.

2.2 아무것도 원하지 않는 사람

앞서 언급한 내용에 이어서 에크하르트는 세 가지 차원에서 영혼의

---

309) Niklaus Largier, ed., *Meister Eckhart Werke* I, 551.
310) 위의 책.

내적 가난을 구체적으로 설교한다. 첫째로, 그는 의지적인 차원에서 아무것도 원하는 것이 없는 가난한 사람은 바로 자신의 완고한 의지를 버린 사람이라고 정의한다. 그리고 그는 자신의 설교를 이해하지 못하는 사람들은 중세교회가 권면하는 참회와 외면적인 수행 방법들에 사로잡혀 이기적인 자아에 도취한 자들이라고 질타한다. 에크하르트는 그들이 외관상 거룩하게 보일 수도 있지만 하나님의 진리의 참된 의미를 이해하지 못함으로써 내면적으로는 바보와 같다고 혹평한다. 그러면서도 그 바보들이 자신을 진정으로 아무것도 원하지 않는 사람이라고 자화자찬하는 이유는, 그들 자신의 뜻이 아니라 하나님이 기뻐워하시는 뜻을 이루기 위하여 살고 있다고 스스로 자부하기 때문이다. 그럼에도 불구하고 에크하르트는 그들의 의도가 선하기 때문에 완덕을 향한 그들의 외면적인 수행 방법들이 나름대로 옳고 칭찬받을 만하다고 말하면서, 그들이 자비하신 하나님으로부터 천국을 유업으로 받게 되기를 기원한다. 그러나 하나님의 진리인 영혼의 내적 가난의 차원에서 그들을 바라볼 때, 그들은 진정으로 가난한 사람도 아니고 가난한 사람을 닮은 사람도 아니라고 에크하르트는 비판한다.311)

    그렇다면 도대체 에크하르트가 말하는 영혼이 내적으로 가난한 사람은 어떤 사람인가? 그것은 바로 아무것도 원하거나 탐착하지 않는 영혼의 소유자이다. "만일 어떤 사람이 하나님을 만족시키기 위하여 자신의 한 의지를 가지고 그것을 고집한다면, 그는 아직도 진정으로 가난한 영혼을 소유한 존재가 아니다."312) 라고 에크하르트는 설명한다. 그런 사람은 자신의 의지로 하나님의 뜻을 이루려고 하는 사람이기에 참된 가난을 모르는 사람이다. 참으로 영혼이 가난한 사람은 하나님의 뜻을 이루려는 자신의 의지를 버리고, 영원과 하나님을 원하는 마음을 벗어나 마치 자신의 창조된 의지가 존재하지 않았던 것처럼 살아가는 사람이다. 이는 하나님의 뜻과 영광과 나라를 위한다는 명분으로 자신의 한 의지를 일으켜 그것을 관철시키려는 바램이나 집착을 버리라는 에크하르트의 외침으로 우리에게 다가온다. 이러한 영혼의 가난은 겟세마네 동산에

---

311) 위의 책, 553.
312) 위의 책, 555.

서 자신과 아버지의 뜻 사이에서 갈등하며 피땀이 흐르도록 전심으로 기도하셨던 예수께서 고난의 쓴잔을 마시지 않으려는 자신의 뜻을 버리고 결국 아버지의 뜻이 이루어지도록 십자가의 죽음을 수락하는 모습에서 잘 드러난다(눅 22:22-44).

이어서 에크하르트는 앞서 언급한 영혼의 창조된 의지가 존재하지 않았던 것과 같은 가난한 영혼의 상태에 대하여 더 자세히 설명한다. 에크하르트는 영혼이 창조 이전의 제일원인인 하나님의 의지와 일치된 상태에 있었을 때를 상정하며, 그 일치 속에서 창조된 영혼의 의지가 만들어 내거나 관계하는 하나님은 없었기 때문에 "나는 나의 제일원인 안에 있었던 때에, 나는 하나님을 가지지 않았고, 나는 나 자신의 원인으로서 존재하였다(und da war ich Ursache meiner selbst).”[313] 라고 말한다. 그리고 거기서 영혼은 아무것도 원하거나 바라는 것이 없는 순수한 존재로 머물러 있었고, 자기 자신 안에서 자기 자신을 인식하는 진리이신 하나님과 함께 기뻐하면서 자기 자신을 인식하는 자였다는 것이다. 이런 의지적인 일치 속에서 영혼은 피조 세계와 관계하는 하나님과 만물로부터 초탈하여 아무것도 원하지 않으면서 있는 그대로의 자기 자신만을 원했다는 것이다. 그러나 창조주 하나님께서 세계를 창조하시고 영혼에게 창조된 존재를 주었을 때, 그 영혼은 하나님과 일치된 자유의지를 잃어버리고 하나님의 의지와 분리된 창조된 의지를 가진 존재가 되어 무엇인가를 원하는 의지를 가지게 되었고, 창조 이전의 하나님은 창조주 하나님으로서 본래의 하나님이 아닌 피조 세계와 관계하시는 하나님이 되었다는 것이다. 그러므로 에크하르트는 피조물들을 창조하시고 그것들과 관계하시는 하나님을 자기 자신에게서 제거해 달라고 기도한다. 이처럼 창조 이전의 하나님 안에서 그 하나님과 가난한 영혼의 일치를 통하여 영혼이 본래적인 자기 자신으로, 즉 하나님의 순수한 신성 안에 선재했던 자기 자신으로 돌아가는 것의 중요성을 언급하는 그의 진술은 이후로도 두 번이나 더 자신의 설교에서 반복된다. 이를 통해 그는 피조물들에게 자신의 존재를 전달하는 하나님의 선한 창조를 하나님과의 분리로 이해하며, 그것을 극복하기 위하여 가난한 영혼과 하

---

313) 위의 책.

나님의 형이상학적인 일치를 강조한다.

 이런 방식으로 영혼의 선재를 말하는 에크하르트의 사상의 출처는 지혜를 창조 이전의 영원하신 하나님과 동급으로 신격화시키는 잠언 8장 22-26절에서 발견된다.314)

 "여호와께서 그 조화의 시작 곧 태초에 일하시기 전에 나를 가지셨으며, 만세 전부터, 태초부터, 땅이 생기기 전부터 내가 세움을 받았나니, 아직 바다가 생기지 아니하였고 큰 샘들이 있기 전에 내가 이미 났으며, 산이 세워지기 전에, 언덕이 생기기 전에 내가 이미 났으니, 하나님이 아직 땅도, 들도, 세상 진토의 근원도 짓지 아니하셨을 때에라."

여기서 하나님과 동일한 존재인 지혜는 하나님 곁에서 창조자가 되어 하나님과 동역한 것으로 나타난다. 이와 동일한 사고는 하나님의 지혜와 말씀 자체이신 그리스도를 선포하는 요한복음 1장 1-3절의 선재적인 로고스 그리스도론에서도 엿보인다. "태초에 말씀이 계시니라 이 말씀이 하나님과 함께 계셨으니 이 말씀은 곧 하나님이시니라, 그가 태초에 하나님과 함께 계셨고, 만물이 그로 말미암아 지은 바 되었으니 지은 것이 하나도 그가 없이는 된 것이 없느니라." 이와 같은 선재 사상에 의지하여 에크하르트는 하나님의 순수한 신성 안에 가난한 영혼이 선재하

---

314) Matthew Fox, ed., 『마이스터 엑카르트 설교』, 328-29. 그리고 이준섭은 영원하신 하나님 안에 있는 가난한 영혼의 상태는 "출생 전의 실존으로서 내적 가난"이라고 표현하며 다음과 같이 주장한다. 이런 영혼의 가난은 영혼 안에 신적인 부요함을 가득 채울 수 있는 전제조건이다. 내적 가난은 영혼을 창조되기 이전으로 회귀하도록 만들고, 즉 영혼이 자기 자신을 부정하고 하나님과의 일치로 향하도록 하는 부정의 길이다. 이런 점에서 에크하르트가 취한 부정의 길이란 아무것도 원하는 것이 없고, 알지 못하며, 소유하지 않는 가난으로 설명된다. 즉 내적으로 가난한 영혼은 모든 피조물과 자신의 의지로부터 심지어 하나님으로부터도 자유로우며, 이런 자유로움은 영혼으로 하여금 자신의 근저 안에 하나님의 아들의 탄생을 수용하게 만들고, 이 탄생을 통하여 영혼은 영원하신 하나님 안에서 하나님으로 충만하며 하나님의 존재와 하나가 된다. 이와 같이 극도로 가난한 영혼을 설교한 에크하르트의 신비주의 사상은 교회사적인 맥락에서 어거스틴(Augustine)과 스콜라 철학적 관점의 이성주의 전통에 정립될 수도 있지만, 우선적으로 위 디오니시우스(Pseudo-Dionysius Areopagita)의 신비신학적인 영향 아래에서 정립된 것으로서 이해되어야 한다. 이준섭, "중세 신비주의란 무엇인가?," 136-38.

였음과 그 하나님 안에서 하나님과 영혼의 온전한 일치를 설교한다.

다시 말해서 자신의 창조된 의지로부터 초탈되어 가난한 영혼을 소유하기를 원하는 사람은 하나님을 위한다는 명분으로 자신의 의지를 갖지 않고, 모든 피조물의 형상들로부터 만들어진 하나님으로도 만족하지 않고, 그런 하나님에 대한 자신의 편협한 형상들을 원하지 않는다는 것이다. 창조 이전의 본래적인 하나님과의 일치를 위하여 창조된 자신의 의지가 원하는 하나님을 놓아버리는 사람은 자신과 하나님과의 일치 안에서 참된 자기 자신과 하나님 자신을 발견한다. 가난한 영혼이 하나님의 순수한 신성 안으로 돌파해 들어가 그분의 신성과 하나를 이루는 온전한 일치 안에, 즉 모든 피조물이 본래적인 하나님으로부터 흘러나와 창조되기 이전에 하나님과의 일치 속에 있었던 가난한 사람은 모든 것으로부터 벗어나 얽매임이 없는 존재였고, 제일원인이었으며, 자기 자신 안에서 자기 자신을 인식하는 자로서 창조된 자신의 의지를 따라 원하거나 바라는 것이 없는 사람이라는 것이다.315)

이처럼 에크하르트는 하나이신 하나님으로부터 만물이 흘러나와 분리되었다가 다시 창조 이전의 그 하나님에게로 되돌아가는 "흐름의 형이상학"의 차원에서 태초의 창조와 종말론적인 구원을 만물의 출원과 환원으로서 이해한다.316) 그러나 하나님의 창조를 일회적 창조로서가 아니라 계속적 창조라는 차원에서 볼 때, 이런 에크하르트의 관점은 부활하신 예수 그리스도께서 가져오실 종말론적인 구원의 완성을 향하여, 즉 개인과 세계의 역사가 미래의 종말론적인 구원의 지평에서 도래할 영생 부활과 새 하늘과 새 땅을 향하여 나아가고 있다는 차원이라기보다는 창조 이전의 상태인 영원한 하나님 안으로의 회귀라는 신플라톤주의적인 측면을 강조하기에 일말의 아쉬움을 간직하고 있다. 이는 에크하르트가 만물에게 존재를 수여하는 하나님의 선한 창조를 본질적인 하나님과 영혼의 분리로 이해하기 때문이다.

---

315) 김형근, 『마이스터 에크하르트와 불교』, 154.
316) Bernard McGinn, *The Mystical Thought of Meister Eckhart: The Man from Whom God Hid Nothing*, 김형근 옮김, 『마이스터 에크하르트의 신비주의 사상』(옥천: 도서출판 은소몽, 2021), 71.

2.3 아무것도 알지 않는 사람

아무것도 원하지 않는 사람에 이어서 에크하르트는 영혼의 내적 가난의 두 번째 차원으로서 아무것도 알지 않는 가난한 사람이라는 주제를 다룬다. 인식론적인 가난에 도달하려는 사람은 자기 자신과 진리를 위해서나 혹은 하나님을 위해서 살고 있다는 자신의 인식을 버려야만 한다는 것이다. 그것은 바로 "온전하지 못한 인식에 포착된 하나님에 대한 일체의 인식을 버린 사람이고, 심지어 자기 자신 안에 하나님이 함께 임재하여 살아계신다는 것조차도 모르는 사람이 되어야 한다."317) 라는 말이다. 만일 사람이 자기 자신 안에 하나님께서 살아계심을 인식한다면, 그의 영혼은 아직 인식론적으로 가난한 것이 아니다. 사람은 자기 자신과 진리와 하나님에 대한 자신의 인식 없이 살아가야만 한다. 즉 사람은 창조 이전의 영원하신 하나님의 존재 속에서 그 하나님과 일치된 존재와 인식의 상태에서와 같이 자신의 지식을 내려놓고 하나님이 원하고 바라는 것을 이루시도록 초탈해야만 한다. 왜냐하면 인식론적으로 아무것도 모르는 가난한 영혼을 소유한 사람 안에서 자유로우신 하나님이 자기 스스로 활동하고 머물러 계시기 때문이다. 이와 유사하게 위 디오니시우스도 자신의 바라봄과 인식의 빛을 넘어서 하나님의 감추어진 신성의 어두움에 도달하기를 하나님께 기도한다. 왜냐하면 그는 감추어진 신성의 어두움 속에 머물러 계신 순수한 하나님을 바라보고 인식하기를 원했기 때문이다.318)

이처럼 에크하르트는 사람이 영원하신 하나님의 인식과의 일치 속에 머물러 있어 마치 존재하지 않았을 때와 같은 영혼의 인식론적인 가난을 언급한다. 이러한 가난의 전제조건은 초탈하신 하나님의 신성의 근저와 동일하게 영혼의 근저도 초탈되어야만 한다는 것이다. 그리고 그는 하나님과 영혼의 초탈된 근저의 일치 안에서 아무것도 모르는 영혼의 내적 가난이 진정한 행복이라고 설교한다. 즉 하나님의 순수한 신성의

---

317) Niklaus Largier, ed., *Meister Eckhart Werke I*, 557.
318) Pseudo-Dionysius the Areopagite, trans. by Colm Luibheid and Paul Rorem, *Pseudo-Dionysius: The Complete Works* (New York: Paulist Press, 1987), 138.

근저로부터 만물이 흘러나오듯이 행복은 사람의 영혼의 근저로부터 흘러나온 영혼의 인식 기능들과 동일한 방식으로 영혼의 근저로부터 비롯된 영혼의 인식 작용과 사랑의 행위 안에 있는 것이 아니고, 오히려 자족하여 얽매임이 없는 영혼의 근저 안에, 즉 무엇이라고 말할 수 없는 "영혼 안에 있는 어떤 것"(영혼의 근저) 속에 놓여 있다는 것이다. 그 이유는 자기 자신 안에서 자족하는 영혼의 근저는 그것으로부터 일어나는 인식과 사랑으로부터, 시간의 흐름으로부터 그리고 어떠한 이해득실로부터 떠나 있어 자유롭기 때문이다. 더 나아가 하나님이 자기 자신의 신성의 근저에서 스스로 자족하시며 머물러 계신 것처럼, 하나님은 모든 것으로부터 자유로운 영혼의 근저 안에서 자기 스스로 활동하시기 때문이다. 그러므로 그가 말하는 아무것도 알지 못하는 가난한 영혼의 사람이란, 자기 자신의 근저 안에서 하나님이 활동하신다는 것조차도 모르는 가난한 사람이다.[319] 그의 부정신학적인 표현으로 말해지는 하나님은 어떤 존재도 아니고 어떤 지성적인 존재도 아닐뿐더러, 모든 피조물로부터 비롯된 인식들로부터 자유하시고, 이와 동시에 자기 자신 안에 만물을 품고 계시는 만유재신론적인 하나님이시기 때문이다. 모든 것을 초탈하여 자유로우신 하나님의 형상으로부터 창조된 본래적인 영혼의 근저도 역시 인식론적으로 모든 것으로부터 자유롭다. 따라서 사람은 초탈하신 하나님의 근저와 함께 영혼의 근저 안에서 하나가 되기 위하여 자기 자신의 모든 앎으로부터 인식론적으로 가난해져야만 한다. 영혼이 가난한 사람은 아무것도 알지 못하고, 심지어 창조주 하나님과 피조물과 자기 자신도 알지 못한다. 이런 점에서 영혼의 가난을 통하여 하나님과 인식론적으로 하나가 되려는 사람은 하나님의 활동들에 대하여 아무것도 알거나 인식할 수 없기를 바라는 것이 절실히 필요하다.[320]

그런데 지식을 소유욕의 충족으로서가 아니라 파고드는 사유의 자유로운 활동으로서 이해한 프롬의 설명을 수용하는 길희성은, 에크하르트의 "아무것도 알지 않는 사람"을 자신이 아는 것을 소유하지 않고 잊어버리는 사람으로서, 자신이 알고 있는 지식에 대한 끊임없는 집착을

---

319) Niklaus Largier, ed., *Meister Eckhart Werke I*, 557.
320) 위의 책, 559.

버리는 사람으로서, 즉 선불교적으로 견성했다는 생각에 머무르지 않고 텅 비워버리는 무심(無心)이나 무념(無念)의 상태에 도달한 선수행자와 동일한 의미로서 해석한다.321) 그러나 이는 기존의 지식에 대한 소유욕과 새로운 지식욕에 대한 집착으로부터의 자유라기보다, 정확히는 창조 이전의 하나님이 가난한 영혼 안에서 직접적으로 활동하실 수 있도록 하나님 이외의 모든 지식을 버리고 하나님에 대한 잘못된 선입견과 상업적인 인식을 떠나는 것을 의미한다고 보는 것이 본문의 맥락에 더 가깝다. 따라서 에크하르트의 가난한 영혼과 집착하여 머무름이 없는 불성에 대하여 길희성이 선불교적인 해석을 통하여 양자를 동일시하는 것은 그 설득력이 약하다.322) 또한 영혼의 가난에 대한 길희성의 해석은 영혼의 외적 가난인 물질적 가난을 강조한다기보다, 오히려 에크하르트와 마찬가지로 영혼의 내적 가난을 의미하는 영혼의 내면적 초탈과 초연으로 소개된다.

2.4 아무것도 소유하지 않은 사람

아무것도 알지 않는 사람에 이어서 에크하르트는 영혼의 내적 가난의 세 번째 차원으로서 아무것도 가진 것이 없는 가난한 사람이라는 주

---

321) 길희성, 『마이스터 엑카르트의 영성 사상』, 210-11. 그리고 길희성에 따르면, 자기 자신에 대한 집착을 놓아버리는 가난한 영혼의 초연과 초탈은 불교의 방하착(放下着)에 해당된다. 즉 가난한 영혼이 의지적으로 바라는 것이 없는 무원(無願)과, 인식론적으로 아는 것이 없는 무지(無知)와, 존재론적으로 가난한 무소유(無所有)에 상응하는 혜능의 무념은 진여자성을 가리키고 견성을 위한 선수행이다. 길희성, 『보살예수』(서울: 현암사, 2004), 288-91. 이러한 길희성의 종교다원주의적인 사고는 혜능의 선법으로부터 기인한다. 혜능은 무념(無念)과 무상(無相)과 무주(無住)를 통하여, 즉 좌선을 통하여 모든 인간 안에 있는 불성을 인식하는 견성을 설법한다. "있는 그대로의 진여자성이 생각을 일으키기 때문에, 육근을 통하여 보고 듣고 느끼고 아는 작용이 가능하면서도, 외부의 모든 대상에 더럽혀지지 않는다." 법해(法海), 六祖壇經, 양기봉 옮김, 『육조단경』(서울: 김영사, 1993), 77-79. 여기서 혜능이 말하는 무심은 견성하고 성불하여 더 이상 갈애의 집착과 성냄과 분별의 불꽃이 타오르지 않고 고통이 사라진 니르바나이며 진여의 실상인 공을 의미한다. 박건주, 『달마선』(서울: 운주사, 2006), 29-41. 자신의 청정한 불성에 눈뜨는 견성은 진여의 본질적인 자아로의 돌아감과 인간 자신의 능력을 통하여 이루어지는 선불교적인 니르바나를 의미하기 때문에, 삼위일체 하나님의 신성과의 본질적인 일치를 지향하는 가난한 영혼과 내용적으로 완전히 다르다.
322) 김형근, 『마이스터 에크하르트와 불교』, 327-29.

제를 취급한다. 이 부분에서 에크하르트는 지상의 물질적인 것들을 아무 것도 가지지 않는 것이 완전함이라고 많은 사람이 말하지만, 이런 의도적인 물질적 가난은 자신이 생각하는 영혼의 내적 가난이 아니라고 다시 한 번 더 강조한다. 여기서 그는 영혼의 내적 가난에 너무나도 집중하기 때문에 영혼의 외적 가난을 그렇게 중요하게 취급하고 있지 않다는 자신의 의도를 잘 보여준다. 그러면서 그는 앞서 언급한 아무것도 원하는 것이 없는 영혼의 가난을 최고의 가난으로, 아무것도 알지 못하는 영혼의 가난을 가장 순수한 가난으로, 아무것도 가진 것이 없는 영혼의 가난을 극도의 가난으로 평가한다. 위대한 대가들이 말하는 바와 같이, 에크하르트 자신도 사람은 자신의 내면에 하나님이 활동하실 수 있는 하나님의 한 장소가 있어야 한다고 종종 말하곤 했다고 고백한다. 이처럼 영혼이 자신의 내면에 하나님이 활동하실 수 있는 적절한 처소가 되려면, 영혼은 하나님의 은총으로 만물과 모든 활동과 내외적인 모든 것들로부터 초탈되어야만 한다. 그러나 사람이 하나님과 모든 피조물과 자기 자신을 소유하려는 집착을 버렸더라도, 만일 그 자신 안에 하나님이 활동하시는 한 장소를 여전히 가지고 있다면, 그의 영혼은 아직 가난하지 않다고 에크하르트는 다음과 같이 강조한다.

"아무것도 가진 것이 없는 사람은 자신 안에 하나님이 활동하시는 장소조차도 소유하지 않은 사람이다. 다시 말해서, 모름지기 사람은 하나님과 자신의 모든 활동에도 얽매이지 말아야 한다는 것이다. 그리고 나서야 사람은 아무것도 가지지 않은 가난한 영혼이 되어, 자기 자신 안에 하나님의 존재와 하나님이 활동하실 수 있는 장소를 소유하지 않는다."[323]

왜냐하면 사람이 진실로 자기 자신의 모든 소유에 대하여 마땅히 가난해져 하나님 안에서 하나님과 존재론적으로 일치된 가난한 영혼이 될 때만, 가난한 영혼과 하나가 된 하나님은 자기 자신 안에서 자기 자신이 활동하는 장소가 되어 스스로 활동하시고, 영혼은 하나님 자기 자신

---

323) Niklaus Largier, ed., *Meister Eckhart Werke Ⅰ*, 559.

의 활동을 위한 하나님만의 장소가 되기 때문이다. 이러한 가난 속에서 하나님의 영원한 현재 안에 머물러 있는 사람은 전에도 있었고, 지금도 있으며, 미래에도 영원히 머물러 있을 영원한 존재에 도달한다. 이처럼 에크하르트에게 있어서, 영원하신 하나님의 존재와 하나가 되어 하나님의 영원하심에 잇대어 영생의 삶을 살아가는 구원받은 영혼에게는 하나님의 영원한 현재 안에서 세상의 무상한 시간성이 지양된다.

그런데 모든 것으로부터 초탈된 가난한 영혼이 되는 것과 그런 영혼 안에 일어나는 하나님의 아들의 탄생과 같은 하나님의 생산적인 활동은 하나님 편에서는 능동적으로 활동하시는 것이고, 인간 편에서는 수동적으로 감당해야 하는 것이다. 이 때문에 인간은 단지 하나님의 은혜를 통해서만 모든 것으로부터 초탈된 가난한 영혼의 소유자가 되어, 자신의 영혼 안에서 하나님 자기 자신이 직접적으로 활동하시는 것을 수동적으로 체험하고, 하나님과 온전한 일치를 이루어 본래적인 자기 자신으로 돌아가게 된다. 만일 영혼이 하나님의 은혜로 가난하게 되어 하나님을 통하여, 하나님과 함께, 하나님 안에서, 하나님과 하나가 되어 본래적인 자기 자신으로 돌아간다면, 하나님으로부터 창조된 은총은 자신의 역할을 마친다. 고린도전서 15장 10절의 "내가 나 된 것은 하나님의 은혜로 된 것이니"라는 바울의 고백을 의지하여 그 무엇보다도 상위에 있는 하나님의 은혜의 역할에 대하여 말하는 에크하르트에 따르면, 하나님의 은혜가 바울 안에 머물러 역사하셨다는 것은 필수적인 것이었다. 왜냐하면 하나님의 은혜는 바울 안에서 그의 우연적인 존재가 본질적인 존재로 완성되도록 활동했기 때문이다. 하나님의 은혜가 자신의 사역을 완성하고 그쳤을 때, 바로 그때 바울은 자기 자신이었던 자기로 돌아가 본질적인 자기로 머물러 있었다. 이처럼 에크하르트는 바울이 본질적인 자기 자신으로 되돌아가도록 그에게 역사한 하나님의 은혜를 다른 어떤 창조된 은총보다, 또한 창조된 인간의 존재와 인식과 의지와 열망보다도 더 상위에 있는 것으로 평가한다.[324] 그러므로 가난한 영혼과 하나님의 일치는 영혼의 본래적인 능력이나 자력 수행으로 되는 것이 아니라 양자를 하나가 되게 만드는 하나님의 은총의 동일성으로 가능한 것이

---

324) 위의 책, 561.

다.325)

이처럼 하나님의 은혜가 바울에게 역사하여 모든 것으로부터 초탈되고 초연하게 되는 것326)의 극단적인 예를 에크하르트는 로마서 9장 3절에서 발견한다. 즉 "나의 형제 곧 골육의 친척을 위하여 내 자신이 저주를 받아 그리스도에게서 끊어질지라도 원하는 바로라." 이는 그의 다른 독일어 작품인 『하나님의 위로의 책』에 잘 소개되어 있다. 그는 하나님이신 그리스도로부터 끊어질지라도 자신의 동족인 유대인들의 구원을 바라는 바울의 간절한 마음을 극도로 초탈된 영혼의 가난으로 해석하며 다음과 같이 설명한다.

"그 때문에 성 바울은 하나님을 위하여, 하나님의 뜻을 위하여, 하나님의 명예를 위하여 하나님으로부터 분리되기를 원했다. 왜냐하면 진정으로 온전한 사람은 마땅히 길들여져야 하고, 자기 자신에 대하여 철저하게 죽어야 하며, 하나님 안에서 피조물의 형상을 모두 다 벗어던져 그 형상으로부터 탈피해야 하고, 하나님의 뜻 안에서 온전하게 변형되어야만 한다. 그 결과 온전한 사람의 모든 축복은 바로 하나님과의 일치 안에 있다. 이와 같이 온전한 사람은 자기 자신에 대해서, 그리고 그 밖의 모든 것에 대해서 아무것도 아는 것이 없고 오히려 하나님 한 분만을 안다. 그리고 그는 아무것도 원하는 것이 없지만 하나님의 뜻만은 알기 원하고, (고린도전서 13장 12절의 바울의 말처럼) 하나님께서 나를 아시는 것처럼 그렇게 하나님을 온전히 인식하기를 원한다."327)

이런 바울처럼 우리도 자기 자신 속에 있는 하나님의 존재 안에, 그리고 하나님의 순수한 신성과의 일치 안에 머무르기 위하여, 하나님을 위하여 하나님을 놓아버려야만 한다. 에크하르트의 독일어 설교 12번에

---

325) 이준섭, "마이스터 에크하르트(Meister Eckhart)의 사상에서 스콜라주의와 신비주의와의 상관관계," 163.
326) 위의 논문, 161. 여기서 이준섭은 하나님을 향한 완덕의 길로서 버리고 떠나 있음은 자기 자신의 자아에 대한 죽음을 전제로 한다고 말한다.
327) Niklaus Largier, ed., *Meister Eckhart Werke II*, 251.

따르면, 사람은 하나님에게 바칠 것과 하나님으로부터 받을 것들 이 모두를 놓아버리고 초탈되어 본래의 하나님을 위하여 피조물들의 형상을 따라 파악된 하나님을 놓아버려야만 한다. 왜냐하면 하나님은 자기 자신 안에 존재하시는 것과 같이 사람으로부터 주고받는 관계의 방식이 아니라, 오히려 자기 자신의 존재 안에서 초탈된 그 사람에게 머물러 계시기 때문이다. 초탈되어 가난한 사람은 이미 하나님 안에서 하나님과 하나가 되었기에 하나님께 드릴 어떤 것과 하나님으로부터 받을 어떤 것도 없다. 모든 것으로부터 초탈되어 가난해진 사람과 만유를 자신 안에 품고 있는 존재 자체인 동시에 만물을 초월하여 초탈하신 하나님, 즉 모든 것의 모든 것 되시는 하나님은 서로의 차이를 극복하고 하나가 되어 순수한 일치를 이루기 때문이다.[328]

2.5 가난한 영혼의 신성으로의 돌파와 일치

아무것도 가진 것이 없는 가난한 영혼, 즉 하나님이 활동하실 수 있는 어떤 장소조차도 소유하지 않은 영혼을 에크하르트가 역설하는 이유는 바로 창조주 하나님과 피조물인 영혼 사이의 차이를 극복하고, 창조 이전의 하나님과 극도로 가난한 영혼이 하나가 되는 신비스런 일치를 선포하기 위해서이다. 피조 세계와 관계하시는 하나님의 형상들로부터 초탈된 가난한 영혼은 감추어진 하나님의 순수한 신성의 근저로 돌파해 들어가고 초탈하신 하나님은 영혼의 근저로 돌파해 들어가 그 영혼의 근저 안에 하나님의 아들의 탄생을 일으키고 영혼과 하나가 되신다. 그래서 그는 영혼이 본래의 하나님으로부터 벗어나 하나님에 대하여 차별적으로 만들어 낸 형상들을 자기 자신으로부터 제거하여 영혼의 분별과 소유욕이 투영된 하나님으로부터 자신을 자유롭게 해달라고 다시 한 번 더 기도한다. 즉 서로의 차이 때문에 구별되는 모든 피조물의 존재를 초월하여 구별의 대상에서 벗어난 존재 자체이신 하나님 안에서 영혼은 다름 아닌 본질적인 자기 자신으로 머물러 있었다는 것이다. 이것이 바로 가난한 영혼이 하나님의 순수한 신성 안으로 돌파하여 그 속

---

[328] Niklaus Largier, ed., *Meister Eckhart Werke I*, 147.

에서 찾고자 하는 것으로서 하나님과 하나가 된 본래적인 자기 자신이다. 다시 말해서 초탈된 가난한 영혼은 제일원인이신 하나님과의 본질적인 일치로 돌아가고, 모든 피조물이 창조되기 이전에 있었던 순수한 하나님과의 차별이 없는 신비적인 일치에 도달한다. 가난한 영혼이 원래 나였던 나로 돌아가는 하나님과의 일치 안에서, 하나님 안에 영혼의 영원한 탄생이 있고 영혼 안에 하나님의 아들의 지속적인 탄생이 있다. 이러한 영원한 탄생 안에서 만물을 품고 계시는 하나님과 영혼 그리고 만물은 전적으로 하나다. 여기서 우리는 만물을 초월하시는 하나님 안에서 일어나는 영혼의 영원한 탄생과, 이와 마찬가지로 영혼 안에 자신의 아들을 탄생시키는 하나님의 세계내적인 측면을 통하여 에크하르트의 만유재신론적인 하나님과 마주하게 된다.[329] 이는 존재 자체이신 하나님이 단순한 하나로 만물을 초월하여 만물을 품고 계시고 동시에 만물 안에 내재하는 존재의 충만으로 머물러 계시기 때문이다. 이와 동시에 만물은 하나님을 통하여 하나님과 함께 하나님 안에 있다. 이것은 하나님과 영혼의 관계에서도 마찬가지로 적용된다. 즉 가난한 영혼은 존재의 충만으로서 존재 자체이신 하나님과 하나가 되어 존재론적인 초월을 체험하고, 또한 시간의 충만으로서 영원하신 하나님과 하나가 되어 시간성의 초월을 경험한다. 이는 시간적 존재자인 영혼이 존재 자체인 하나님 안에서 자기 자신의 본래적인 존재를 획득하고 영원한 생명으로 다시 태어나는 것을 의미한다. 다시 말해서, 그것은 영원과 시간의 종합이자 하나님과 동일 본질인 예수 그리스도께서 하나님의 은혜로써 영혼을 모든 것으로부터 가난하게 만들어 그 영혼 안에 자신이 탄생하시는 것을 통하여 시간 속에서 본래적인 존재를 상실한 그 영혼을 영원하신 하나님의 영원한 현재 속으로, 즉 하나님의 영원한 존재 속으로 이끌어 들인다는 것이다.[330]

    이어지는 이 설교의 결론에서, 에크하르트는 하나님의 순수한 신성으로부터 만물이 흘러나오는 것보다 역으로 그 신성으로 만물이 돌파해 들어가 회귀하는 것이 더 귀하다는 한 대가의 말에 동의한다.[331] 그러

---

[329] 위의 책, 563.
[330] 김형근, 『마이스터 에크하르트와 불교』, 155.

면서 에크하르트는 극도로 가난한 영혼이 삼위일체 하나님의 위격들을 넘어 그 깊이를 측량할 수 없는 심연과 같은 "하나님의 순수한 신성의 무저(ein Abgrund der Gottheit)" 안으로 돌파해 들어감을 외친다. 이를 통하여 영혼은 본질적인 자기 자신에게로 돌아가고, 하나님의 신성과의 일치 안에서 영혼은 부동의 동자와 제일원인으로서 자신의 비피조성을 획득한다. 만일 극도로 가난한 영혼이 자신의 초탈을 통하여 최종 목적지인 하나님의 신성의 근저 안으로 돌파해 들어가면, 자기 자신 안에 하나님의 아들의 탄생을 경험하고 영혼은 하나님의 신성과의 일치에 도달한다. 가난한 영혼이 돌파해 들어가는 하나님의 신성 안에서 하나님과 영혼은 일치함으로써 영혼은 피조물도 아니고 하나님은 그 피조물의 하나님도 아니고, 오히려 영혼은 자기 자신으로 하나님은 순수한 신성으로 머물러 있다. 하나님의 신성으로 돌파해 들어가 하나님과 일치된 가난한 영혼은 피조물인 자신의 의지와 창조주 하나님의 뜻으로부터, 피조물과 관계하시는 하나님의 모든 활동으로부터, 하나님의 신성과 질적으로 다른 영혼 안에서 한 장소를 가지고 활동하시는 창조주 하나님으로부터 자유롭게 되어 과거와 현재 그리고 미래에도 언제나 동일성을 유지한 채로, 즉 항상 있는 그대로의 자기 자신인 나였던 나로 머물러 있다. 이는 만물의 원인이시고 부동의 동자인 하나님과 하나가 되는 일치를 이룬 가난한 영혼이 존재 자체인 영원하신 하나님 안에서 자기 자신의 영원한 존재를 획득함을 의미한다. 이것이 바로 에크하르트가 자신의 독일어 설교 52번을 통하여 말하고자 하였던 것이다. 즉 극도로 가난한

---

331) 신플라톤주의를 통하여 마니교로부터 지적으로 회심한 어거스틴도 하나님을 떠나 하나님과 자기 자신으로부터 분리된 자아가 다시 하나님을 향하여 나아가 하나님 안에서 참된 안식과 행복 그리고 참된 자아를 찾게 해달라고, 즉 영혼이 하나님으로부터의 분열을 극복하고 그 하나님과의 통합을 이루게 해달라고 기도한다. "나는 오직 한 분(一者)이신 당신을 떠나 잡다(雜多)한 세계로 떨어져서 산산조각이 나 흩어져 버렸으니 이제 나를 거두어 모아 주소서." 이는 최고의 존재인 일자로부터 흘러나온 만물이 일자와 분리되어 있지만, 만물은 다시 자신들의 근원인 그 일자에게로 돌아간다는 신플라톤주의 사상의 영향을 받은 어거스틴의 흔적이 에크하르트에게도 엿보인다. St. Augustine, *Confessiones*, 선한용 옮김, 『성 어거스틴의 고백록』 (서울: 대한기독교서회, 2019), 77. 그리고 선한용, 『성 어거스틴의 고백록 해설』 (서울: 대한기독교서회, 2019), 74. 이와 마찬가지로 버나드 맥긴(Bernard McGinn)도 에크하르트에 대한 어거스틴의 지대한 신학적 영향력을 언급한다. Bernard McGinn, 『마이스터 에크하르트의 신비주의 사상』, 262.

영혼은 하나님의 순수한 신성 안으로 거침없이 돌파해 들어가 하나님과 존재론적이고도 인식론적인 일치에 도달하고, 서로 하나가 된 그 일치 안에서 가난한 영혼은 하나님과 더불어 지극한 행복을 누리게 된다는 것이다.332) 이와 마찬가지로 그는 자신의 『하나님의 위로의 책』에서도 가난한 영혼과 하나님이 이루시는 일치의 중요성을 다음과 같이 강조한다. "영혼이 순수하고 벌거벗으며 가난하면 가난할수록, 영혼이 피조물들을 적게 소유하면 소유할수록, 그리고 영혼이 하나님이 아닌 모든 것을 텅 비우면 비울수록 하나님을 더 순수하게 인식하고 하나님 안에서 더 많이 파악한다. 그리고 영혼은 하나님과 하나가 된다."333) 그러므로 에크하르트는 독일어 설교 22번에서 다음과 같이 설교한다. "만일 사람이 자신의 영혼의 근저에 하나님의 아들이 탄생하여 하나님의 자녀가 되고 하나님과 하나가 되려면, 그는 영혼의 가난을 통하여 영혼과 하나님 사이에서 일치를 방해하는 모든 이질적인 매개물들과 방해물들을 자신으로부터 반드시 제거해야만 한다."334)

이와 같이 영혼과 하나님이 서로 자기 자신을 부정하고 다시 자기 자신을 긍정하는 일치로 돌아감, 즉 본래의 존재와 인식으로 돌아감에 대하여 에크하르트는 크빈트 편집본의 독일어 설교 26번에서 다음과 같이 말한다.

"만일 내가 (본질적인) 하나님 안으로 돌아가면, 나는 (피조세계와 관계하는 창조주) 하나님에게 머물러 있지 않기에, 나의 돌파는 나의 유출보다 더 고귀하다. 나는 홀로 모든 피조물이 내 안에서 하나이도록, 그들의 영적인 존재로부터 모든 피조물을 나의 지성 안으로 데려온다. 만일 내가 (하나님의 순수한) 신성의 근저 안으로, 그 신성의 대지 안으로, 그 신성의 대하 안으로, 그 신성의 원천 안으로 가면, 아무도 내가 어디에서 오는지 혹은 내가 어디에 있었는지 나에게 질문하지 않을 것이다. 바로 거기서는 아무도 내가 없음을 한탄하지 않

---

332) Niklaus Largier, ed., *Meister Eckhart Werke* Ⅰ, 563.
333) Niklaus Largier, ed., *Meister Eckhart Werke* Ⅱ, 265-67.
334) Niklaus Largier, ed., *Meister Eckhart Werke* Ⅰ, 263.

앉을 것이고, 그리고 거기서는 (피조물인 나와 관계하시는) 하나님은 해체되었다."[335]

다시 말해서 하나님의 순수한 신성의 근저 안으로 가난한 영혼이 돌파해 들어가 회귀하면, 가난한 영혼과 순수한 하나님의 신비스러운 일치 안에서 피조물들의 대상으로서 하나님은 해체되고 영혼이 지닌 피조성이 사라진다는 것이다.[336] 즉 에크하르트의 독일어 설교 69번에 따르면, 하나님은 본래의 하나님으로 머물러 계시고 영혼은 원래의 나였던 나로 존재한다. 그러므로 하나님의 순수한 신성 안에는 단지 가난한 영혼과 하나님의 본질적인 일치라는 단순한 하나만이 존재한다. 왜냐하면 하나님의 형상을 닮아 모든 것을 초탈한 영혼 안의 한 능력인 지성은 신성의 깊숙한 곳을 들여다보고 그것을 돌파하기 때문이다. 가난한 영혼의 지성은 아버지의 가슴 속에서, 즉 하나님의 근저 안에서 하나님의 아들을 받아 자신의 근저 안에 위치시킨다. 이 지성은 선과 지혜와 진리와 삼위일체 하나님과 그리고 자기 자신에도 만족하지 않고, 그 모든 것을 초탈하여 하나님의 신성의 근저 안으로 돌파한다. 즉 그 지성은 창조된 만물과 모든 차별적인 것이 흘러나온 성부와 성자와 성령의 근원인 하

---

335) Josef Quint, ed., *Meister Eckehart*, 273.
336) 에크하르트에 따르면, 영혼은 하나님의 형상을 따라 하나님을 너무나도 많이 닮은 지성적인 존재로 창조되었다. 에크하르트 자신이 선호하는 진리, 즉 영혼과 하나님의 신성의 일치를 너무 강조하다 보니 하나님과 하나가 된 일치 속에 있는 영혼의 비피조성을 말하게 되었다. 이것이 바로 에크하르트가 너무 멀리 나가 청중들에게 범신론자로 오해받을 수 있는 이유 중의 하나라고 말할 수 있다. Raymond B. Blakney, ed., *Meister Eckhart: A Modern Translation* (New York: Harper & Brothers Publishers, 1941), 328. 그러나 에크하르트의 귀속의 유비에 따르면, 실물이 거울 속에 비추는 영상은 그 실물과 똑같이 보이는 둘로서 하나이지만 그 실물에 귀속되어 있어 실물이 거울 앞에서 사라지면 그 영상은 사라진다. 이와 같이 실물과 거울에 비친 그 영상이 동일한 모습이지만 서로 질적으로 다른 것처럼 하나님과 영혼은 서로 닮은 하나인 둘로서 본질적인 차이가 있다. 김형근, 『마이스터 에크하르트와 불교』 93-95. 또한 이상섭에 따르면, 에크하르트의 지복직관은 신의 본질을 통한 신의 본질의 직관으로서 가난한 영혼과 하나님의 차이가 없는 하나라는 전제에서 가능하다는 것이다. 즉 에크하르트는 자신의 유비론을 통하여 하나님과 영혼의 극단적인 대립을 설정하고 동시에 일의적인 단일성을 부각시켜 강조함으로써 가난한 영혼의 지복직관을 독창적으로 설파할 수 있었다. 이상섭, "지복직관, 누구의 것인가?: 마이스터 에크하르트의 독일어 강론 52를 읽는 하나의 관점," 107-108, 162-63.

나님의 신성의 뿌리까지 돌파해 들어간다.337) 그리고 그의 독일어 설교 26번에 의하면, 순수한 지성 그 자체이신 하나님의 신성을 닮아 창조된 영혼의 지성은 하나님이 위격적인 이름들을 갖지 않고 일체로 존재하시는 보다 고귀하고 더 나은 "하나님의 신성의 순수한 무(ein reines Nichts der Gottheit)"로 항상 돌파해 들어간다.338)

그런데 가난한 영혼이 하나님의 순수한 신성의 근저 안으로 돌파하여 하나님을 인식하려면, 그 이전에 먼저 영혼은 초탈과 초연을 통하여 자신의 근저 안으로 들어가서 자기 자신을 인식해야만 한다고 에크하르트는 독일어 설교 54B번에서 말한다.339) 즉 가난한 영혼이 하나님의 근저로 돌파하려면, 영혼은 먼저 자기 자신의 근저에 도달해야만 한다. 또한 그는 독일어 설교 54A번에서 "우리가 마땅히 하나님의 근저 안으로, 즉 하나님의 가장 깊은 곳 안으로 들어가려면, 우리는 먼저 우리 자신의 근저에 있는 순수한 겸손 안으로, 즉 우리 자신의 가장 깊은 내면 안으로 들어가야만 한다."340) 라고 설교한다. 이럴 때 가난한 영혼이 하나님의 근저 안으로 돌파해 들어가고, 하나님은 영혼의 근저 안으로 돌파해 들어가신다. 이처럼 영혼과 하나님이 서로의 근저로 돌파하는 것은 결과적으로 "하나님의 근저는 나의 근저이고 나의 근저는 하나님의 근저이다."라는 인식론적이고도 존재론적인 일치를 가져온다. 가난한 영혼이 하나님을 인식하는 것은 바로 하나님 안에서 자기 자신을 인식하는 것이다. 만일 하나님의 은혜로 초탈되어 극도로 가난해진 영혼이 하나님의 순수한 신성의 근저로 돌파하여 거기서 본래의 하나님과 하나가 된다면, 그 영혼은 본질적으로 자기 자신 안에서 스스로 활동하시는 하나님 자신을 발견할 것이라고 그는 독일어 설교 5B번에서 외친다.341) 이렇게 온전히 하나가 되는 일치 안에서 영혼이 본질적인 자기 자신에게로 돌아가 원래 나였던 나로서의 비피조성을 획득하고 삼위 하나님께서도 위격적인 특징들을 넘어서 본질적인 자기 자신의 신성으로 돌아가시

---

337) Niklaus Largier, ed., *Meister Eckhart Werke* II, 53-55.
338) Niklaus Largier, ed., *Meister Eckhart Werke* I, 299.
339) 위의 책, 585.
340) 위의 책, 573.
341) 위의 책, 71-75.

면, 그곳에는 서로의 단순하고 본질적인 일치만이 존재한다. 영원하신 사랑의 하나님은 자신 안에서 자신과 하나가 되어 동일하게 된 가난한 영혼의 근저 안에 자신의 가장 깊은 근원 속에 품고 있는 자신의 독생자를 낳으신다.342) 이로 인하여 하나님의 아들의 탄생을 영접한 사람은 자신 안에서 본래적인 자기로 진실하게 살 것이고, 존재 자체인 하나님과의 일치 안에서 자기 자신의 존재와 생명을 위하여 살아간다. 왜냐하면 "영원하신 하나님과 자신의 근저의 일치 안에서 예수 그리스도의 탄생을 체험한 가난한 영혼은 창조 이전의 하나님 안에서 이미 하나였었다."343) 라고 그가 독일어 설교 6번에서 역설하기 때문이다.

3. 영혼의 내적 가난에 대한 비판적 이해

하나님의 순수한 신성과의 일치로 돌파해 들어가는 가난한 영혼에 대한 에크하르트의 신비주의적 이해는 소유욕의 충족이 참된 행복이라고 오해하며 살아가는 우리에게 자신의 내면성을 성찰하도록 새로운 통찰력을 제공한다.344) 하나님은 자신과 하나가 된 가난한 영혼의 근저에 자신의 독생자를 탄생시켜 영혼으로 하여금 진리 그 자체이신 하나님 자신에 대한 새로운 인식을 불러일으키고, 그 인식으로부터 정립된 새로운 존재에 이르게 하며, 그 존재로부터 나오는 사랑의 윤리를 실천하게 하신다. 일체로부터 초탈되고 초연하게 된 영혼의 세 가지 내적 가난을 통하여 도달하게 되는 하나님과의 의지적, 인식론적, 존재론적 일치가 진정한 행복이라고 외치는 에크하르트의 설교는 우리로 하여금 오늘의 물질만능주의의 속박으로부터 벗어나 하나님 자신에게 집중하게 만들어 하나님만으로 풍성하고 자유로운 삶을 살아가게 하는 매우 긍정적인 기능이 있다. 즉 영혼의 내적 가난을 통하여 "하나님의 의지가 나의 의지가 되고, 하나님의 인식이 나의 인식이 되며, 하나님의 존재가 나의 존재가 되는"345) 온전한 일치가 하나님으로부터 창조된 영혼이 누리는 참

---

342) 위의 책, 73.
343) 위의 책, 87.
344) 길희성, 『마이스터 엑카르트의 영성 사상』, 217.
345) Niklaus Largier, ed., *Meister Eckhart Werke I*, 147-49.

된 행복과 만족이라는 것이다.

그러나 에크하르트의 영혼의 내적 가난은 통전적인 국면에서 비판적으로 고찰될 필요가 있다. 첫째로, 신비주의자인 그가 영혼과 하나님의 온전한 일치를 위하여 영혼의 내적인 가난을 너무 강조하다 보니 설교 중에서 두 번이나 외적 가난의 중요성을 소홀히 취급한다.346) 즉, 역으로 일상생활 속에서 성도들이 은밀하게 반복적으로 나누어주고 놓아버리는 물질적 가난의 실천을 통하여 영혼의 내적 가난에 도달할 수도 있다는 대중적인 실천의 측면이 간과되는 것을 피하기 어렵다.347) 가난한 영혼의 근저에 탄생하시는 예수 그리스도에 대한 인식이 존재를 결정하고 그 새로운 존재로부터 사랑의 행위가 나온다고 말하는 것이 그의 방식이라면, 이와 반대로 일상생활 속에서 그리스도의 사랑의 윤리를 실천하는 삶을 통하여 그 실천이 존재를 새롭게 하고 새롭게 된 그 존재로부터 진리이신 예수 그리스도를 바르게 인식하는 새로운 인식에 도달하게 될 수도 있다. 한국 교회 일부의 설교강단에서 하나님의 사랑을 선포하는 설교에 비하여 물질의 포기와 참된 사랑의 실천이 너무나도 부족한 현실에서, 또한 물질에 대한 소유욕을 채우는 것이 행복이라는 가치관에 물든 작금의 세계 속에서 소비 제품과 그것을 구매할 돈에 대한 탐착을 버리는 외적인 가난을 자발적으로 실천하는 성도야말로 진정으로 하나님과 하나가 된 사람이라는 생각이 든다. 이런 점에서, 무절제한 소비 욕구를 부채질하는 지금의 세상 속에서 살아가는 그리스도인들

---

346) 위의 책, 551, 559. 여기서 에크하르트는 영혼의 외적 가난에 대해서 더 이상 말하지 않겠다고 말하며 내적 가난으로 관심을 옮긴다. 왜냐하면 그리스도의 뒤를 따르기 위한 자발적인 물질적 가난은 에크하르트 자신이 말하는 의미의 영혼의 가난이 아니기 때문이다. 이와 마찬가지로 케른도 독일어 설교 52번을 분석하면서 영혼의 내적 가난에 몰두한 에크하르트가 외적인 가난에 대하여 관심을 기울이지 않는다고 말한다. 더 나아가 케른은 아무것도 소유하지 않은 가난한 영혼이 하나님 안에서 모든 것을 소유하는 영혼이라고 언급한다. Udo Kern, *Gottes Sein ist mein Leben*, 79, 96. 그러나 누가복음 6장 20절은 "너희 가난한 자는 복이 있나니"라고 선포하며 영혼의 가난(마 5:3)을 말하지 않고 단순하게 물질의 가난을 말한다.
347) 위의 책, 553, 563. 여기서 에크하르트는 자신이 설교하는 영혼의 내적 가난에 대한 진리는 극소수의 선한 사람들만이 이해할 수 있다고 말한다. 또한 그는 자신의 그러한 설교를 이해하지 못하는 사람들에게 너무 걱정하지 말라는 위로의 말까지 남긴다. 이런 점에서, 그의 설교는 난해하기에 대중적인 이해와 실천으로부터 조금 동떨어져 있다고 말할 수 있다.

에게 외적 가난의 실천이 더 현실감 있는 사랑의 실천으로 다가올 수도 있다. 앞서 언급한 독일어 설교 52번과는 달리 이런 견해를 지지하는 독일어 설교 86번에서 에크하르트는 이미 하나님과 온전히 일치되어 생활 속에서 사랑과 봉사를 실천하는 마르다의 삶을 칭찬한다. 그는 예수 그리스도의 모습에 사로잡혀 말씀을 경청하는 마리아의 관상적인 삶을 넘어서 사랑을 실천하는 마르다의 삶이, 즉 하나님의 순수한 신성의 근저와 이미 하나가 되어 그 일치된 근저로부터 활동하고 생활 속에서 아무런 이유 없이 하나님의 사랑을 실천하며 타인을 위해 봉사하는 삶이 더 훌륭한 것이라고 극찬한다.[348] 또한 그는 자신의 초기 독일어 작품인 『분별에 관한 담화』에서, 만일 어떤 사람이 하나님의 은혜로 바울이 체험했던 황홀경에 젖어 그 황홀한 상태를 계속 유지하려고 시급한 도움을 바라는 병든 이웃의 필요를 외면하기보다는, 오히려 먹을 것을 달라고 간청하는 그 이웃에게 죽 한 그릇을 대접하며 그 이웃의 필요를 채워주는 사랑이 더 나은 삶이라고 관상보다 더 큰 사랑의 실천을 높이 평가한다.[349]

　　이런 맥락에서 도로테 죌레(Dorothee Soelle)도 종교와 윤리 사이의 치명적인 분리를 극복하려고 저작한 자신의 책에서 에크하르트의 사랑의 실천에 대한 강조를 소개한다.[350] 죌레는 에크하르트가 관상적인 삶과 실천적인 삶의 일치에 대한 모범적인 예로 제시하는 마르다, 즉 하나님의 신성과 하나가 되어 일상적인 생활 속에서 하나님의 딸로 살아가는 마르다를 인용한다. 죌레는 하나님의 아들의 탄생을 자신의 영혼의 근저에 경험한 마르다의 사랑의 봉사 안에서 통합되는 마리아의 관상적인 삶이란, 즉 진정한 관상이란 적합한 행위를 하게 하는 것으로서 이론은 실천 속에 통합된다고 말한다. 왜냐하면, 영혼이 바울과 같은 황홀경에 침잠하여 있더라도 찾아와서 배고픔을 호소하는 이웃이 있다면 그 황홀경에서 벗어나 그에게 죽 한 그릇을 끓여 대접하는 것이 더 훌륭하다고 에크하르트가 말하기 때문이다. 죌레가 자신의 책에서 말하는

---

348) Niklaus Largier, ed., *Meister Eckhart Werke* II, 208-29.
349) Josef Quint, ed., *Meister Eckehart*, 67.
350) Dorothee Soelle, *Mystik und Widerstand*, 정미현 옮김, 『신비와 저항』 (서울: 이화여자대학교출판부, 2006), 300-301.

신비는 일상생활의 문제를 진지하게 취급하는 저항정신을 간직한 것으로서 세계로부터 은둔하여 고립된 삶이 아닌 세상을 향한 조용한 외침이다. 이는 피안이 아닌 차안의 세계로 지속적으로 들어가 현재의 삶 속에서 정의를 추구하며 정열적으로 살아가는 실천적인 신비주의를 의미한다.351)

둘째로, 에크하르트의 가난한 영혼이 도달하는 구원의 지평의 협소화를 극복하기 위하여 이를 비판적으로 살펴볼 필요가 있다. 가난한 영혼이 하나님의 순수한 신성으로 돌파하여 하나님과 하나를 이루고, 그 일치 안에 있는 영혼의 근저에 탄생하시는 예수 그리스도를 통하여 시간 속에 있는 영혼의 내면에서 일어나는 영원성의 획득과 그 영혼이 창조 이전의 하나님에게로 돌아가는 것을 구원의 완성으로 보는 에크하르트의 과거로의 회귀적 경향성은 재림하시는 예수 그리스도를 통하여 미래에 도래할 종말론적인 구원의 차원을 약화시킨다. 이처럼 구원의 미래적 지평을 상실한 시간의 영원화(영원한 현재)를 비판하고 구원의 미래적 지평과 그 미래적 지평의 현재로의 돌파를 주장하는 위르겐 몰트만(Jürgen Moltmann)에 따르면, 부활하신 예수 그리스도께서 장차 일으키실 종말론적인 구원은 가난한 영혼이 창조 이전으로 돌아가는 회귀가 아니라, 오히려 장차 다시 오실 예수 그리스도를 통하여 이루어질 미래적 지평의 참된 희망이 예수 그리스도의 십자가와 부활을 통하여 이미 우리에게 주어져 있고, 그 희망은 우리의 절망적인 현실을 변혁시키고 종말론적인 구원의 완성을 향하여 우리를 전진시킨다는 것이다. 다시 말해서 가난한 영혼 안에 탄생하시는 하나님의 아들 예수 그리스도를 통하여 일어나는 구원은 창조 이전의 시간으로 거슬러 올라가 영원하신 하나님에게로의 회귀가 아니라, 오히려 종말론적인 재림의 시점으로부터 초림 예수의 시대와 현재로 또한 지금 여기의 가난한 영혼의 근저로 돌파해 들어오시는 영원하신 하나님의 생명과 희망이고, 구원과 사랑이며, 위로와 기쁨이다.352) 종말론적인 재림이 있을 미래로부터 오시어 가난한

---

351) 에크하르트의 신비주의의 실천적인 측면은 다음의 논문을 참고하라. 이준섭, "마이스터 에크하르트(Meister Eckhart)의 실천적 신비주의 연구," (미간행 석사학위논문, 호남신학대학교, 2001).
352) Jürgen Moltmann, *Das Kommen Gottes: Christliche Eschatologie*, 김균진 옮

영혼의 근저에 탄생하신 예수 그리스도의 십자가의 사랑과 부활의 새 생명의 능력은 현실의 어려운 세상을 이기게 만들고, 우리의 고통스러운 생명을 하나님의 영화로운 구원의 종말론적인 지평을 향하여 개방시킨다고 보는 것이 더 타당한 듯하다.

이와는 달리 세상 안으로 성육신하신 예수를 초탈된 가난한 영혼의 깊은 근저에 탄생하시는 하나님의 아들로 해석하는 에크하르트에게 있어서 구원의 지평은 영원하신 하나님과 시간적인 영혼의 일치라는 개념으로 말해진다. 또한 이런 에크하르트의 구원의 지평은 하나님과 분리된 영혼이 창조 이전의 하나님의 순수한 신성과의 일치로 돌아가는 본래적인 존재로의 회귀를 의미한다. 그러므로 에크하르트에게 있어서 그리스도의 구원의 지평은 인간의 내면으로 축소될 뿐만 아니라 또한 창조 이전의 상태로 회귀하여 그 미래적인 지평이 상실된다. 그러므로 우리는 몰트만의 종말론적인 구원론의 관점도 간과할 수 없다. 왜냐하면, 부활하시어 미래적 희망으로 재림하실 예수 그리스도를 통하여 도래할 종말론적인 우주와 개인의 구원의 현실이, 즉 새 하늘과 새 땅의 도래와 다시는 울부짖음과 죽음이 없고 썩지 아니할 신령한 부활의 몸으로 변화될 온전한 회복과 구원의 종말론적인 지평이, 지금 여기로 돌파해 들어와 현재적 삶의 지평을 희망의 현실로 회복시키고 변혁시키기 때문이다. 이런 점들을 고려할 때, 중세 후기의 신비주의자로서 에크하르트가 영혼의 내적 가난을 통하여 하나님과 영혼의 일치 안에 있는 지극한 행복을 강력하게 부르짖었다는 기여도를 감안하면, 그의 영혼의 가난 사상은 매우 긍정적으로 평가된다. 그러나 에크하르트의 실천적 신비주의의 통전적인 견지에서 볼 때, 성도들이 일상적인 생활 속에서 가난하셨던 그리스도의 모범을 따르기 위하여 자발적으로 물질을 포기하고 가난하게 되

김, 『오시는 하나님』(서울: 대한기독교서회, 2017), 41-66. 또한 이 책의 57에서 몰트만은, "희망의 하나님은 오시는 하나님이다. 하나님이 그의 영광과 함께 오실 때, 그는 온 우주를 그의 영광으로 가득 채울 것이며, 모든 사람이 그를 볼 것이며, 그는 죽음을 영원히 삼켜버릴 것이다. 이 미래는 역사에 있어 하나님의 존재 방식이다." 라고 말한다. 따라서 그리스도인의 지극한 행복의 완성은 가난한 영혼이 영원하신 하나님의 순수한 신성으로 회귀하는 것에 있다기보다는, 오히려 부활하신 예수 그리스도의 종말론적인 재림을 통하여 도래할 희망의 완성과 만물의 회복, 즉 미래의 영생 부활과 영화에 있다.

는 것을 의미하는 영혼의 외적 가난과 그리스도의 종말론적인 구원의 광범위한 지평들을 소홀히 취급한 것은 그의 영혼의 내적 가난 이해에서 아쉬운 점들로 여겨진다.

4. 결론

에크하르트는 외적인 가난보다 극도의 내적인 가난을 영혼의 참된 가난이라고 설교한다. 내적으로 가난한 영혼은 물질적인 가난을 넘어서 하나님을 위한다는 자신의 의지마저도 놓아버리고, 하나님이 자신과 함께 활동하신다는 인식조차도 없으며, 하나님이 자신 안에서 활동하시는 장소마저도 소유하지 않는다. 이로써 가난한 영혼은 하나님의 순수한 신성의 근저 안으로 돌파해 들어가 창조 이전의 하나님과 하나가 되는 일치에 도달하고, 자신의 근저에서 하나님의 아들의 탄생을 경험하며 본래의 자기 자신에게로 돌아간다는 것이다. 이처럼 에크하르트가 영혼이 하나님의 신성과 온전히 하나가 되는 일치를 이루는 것을 말할 때는, 영혼의 내적 가난을 강조하고 외적 가난에 대한 언급을 자제한다. 그러나 그는 영혼이 하나님의 신성과 일치를 이루고 나서 그 일치로부터 살아가는 일상생활 속에서 외적 가난을 몸소 실천하는 삶, 즉 사랑으로 이웃의 필요를 채워주는 봉사의 삶을 더 훌륭한 것으로 평가한다. 이런 점에서 에크하르트가 독일어 설교 86번에서 언급한 바와 같이, 내적 가난을 통하여 영혼이 하나님 안에서 하나님의 신성과 일치를 이룬 후에, 가난한 영혼이 그 일치의 황홀한 행복감마저도 버리고 떠나 겸손과 가난을 몸소 실천하신 예수를 본받기 위해 자신의 물질을 포기하는 외적 가난을 실천하는 초탈한 삶으로 나아간다는 점을 부각시키면 더 좋을 것 같다. 이처럼 그가 물질에 초탈하고 초연한 외적 가난의 실천도 강조함으로써 하나님과의 일치에 도달한 영혼이 하나님과의 일치마저도 놓아버리고 더 자유로워진다는 점을 고려한다면, 더 온전한 내적 가난의 목적, 즉 가난한 영혼 안에서 사랑의 하나님 자신이 직접 활동하시는 것에 도달하는 것이다. 더 나아가 에크하르트가 온 세상을 위하여 오신 예수의 성육신의 의미를 영혼의 근저 안에 탄생하시는 하나님의 아들에 대한 집중을 넘어서 부활하신 그리스도의 재림을 통하여 이루어질 종말론적인 구원의 광대한 지평까지도 겸전한다면, 그의 구원론이 영혼의 깊은 내면으로의 축소됨을 극복하고 보다 더 통전적인 것으로 이해될 수도 있을 것이다.

Ⅶ. "하나님의 위로"에 대한 마이스터 에크하르트의 통찰[353]

고린도후서 1장 3-5: 찬송하리로다 그는 우리 주 예수 그리스도의 하나님이시요 자비의 아버지시요 모든 위로의 하나님이시며, 우리의 모든 환난 중에서 우리를 위로하사 우리로 하여금 하나님께 받는 위로로써 모든 환난 중에 있는 자들을 능히 위로하게 하시는 이시로다, 그리스도의 고난이 우리에게 넘친 것 같이 우리가 받는 위로도 그리스도로 말미암아 넘치는도다.

1. 서론

기후재앙으로 인해 최근 들어서 가장 무더웠던 여름이[354] 지나가고 시원한 바람이 불어 사람들에게 위로가 되고 있지만, 우리 주변에는 무능하고, 무책임하며, 대책이 없는 삼무 정권이라 불리는 행정부와[355] 윤리적인 측면에서 세상의 지탄을 받아 위상이 떨어진 예장통합총회와[356] 저출산 때문에 줄어드는 교회와 성도 수[357]에 따른 헌금감소라는 어려운 현실들이 우리를 여전히 둘러싸고 있다. 이러한 상황에 직면하여 우리는 큰 슬픔에 시달리고 탄식하며 참된 위로를 받지 못하고 있다. 우리의 삶 한가운데는 익숙한 죽음의 문화가 여전히 강세를 떨치고 있고,[358] 채수근 상병의 억울한 사망사고에[359] 더하여 심지어 의료대난으로 응급실을 전전하다 죽어가는 억울한 죽음이[360] 우리의 가슴에서 희망을 앗아가고 있다. 그래서 사람들은 희망을 포기한 채로 절망의 현실에 내몰려 이를 감내하며 살아가고 있다. 이런 암울한 현장 속에서 우

---
353) 이 논문은, 김형근, "'하나님의 위로'에 대한 마이스터 에크하르트의 통찰," 『신학과 문화』 28집 (2024), 73-108에 실린 것이다.
354) https://nownews.seoul.co.kr/news/newsView.php?id=20240930601001&wlog_tag3=naver
355) https://blog.naver.com/ieverynews/222910895757
356) https://pckworld.com/article.php?aid=10389689403
357) https://www.newsnjoy.or.kr/news/articleView.html?idxno=306656
358) 김균진, 『죽음의 신학』 (서울: 대한기독교서회, 2003), 48-64.
359) https://www.moneys.co.kr/article/2024091014532692554
360) http://www.domin.co.kr/news/articleView.html?idxno=1478455

리는 술과 마약 그리고 게임과 도박의 중독으로부터 헛된 위로를 구하지 말고 삼위일체 하나님 안에서 참된 위로와 기쁨을 찾아야 할 것이다. 바울도 빌립보서 4장 4절에서 "주 안에서 항상 기뻐하라 내가 다시 말하노니 기뻐하라."고 권면한다.

작금의 우리와 같이 마이스터 에크하르트(Meister Eckhart, 1260 ~1328. 1. 28) 자신도 상당히 어려운 시대를 살았다. 그가 살았던 시대는 지진과 같은 자연재해로 삶이 황폐화 되었고, 황제가 없는 시기 (1256-1273)와 교황청의 아비뇽 유수(1309-1377)로 인해 사회를 지탱하는 세력들이 약화되었던 때이다.361) 그러나 그는 좌절하지 않았고, 오히려 남편의 죽음을 맞이하여 슬픔에 잠겨있던 한 여인을 위로하고자 "하나님의 위로의 책(Das Buch der göttlichen Tröstung)"362)이라는 독일어로 된 논문을 집필하였다. "하나님의 위로의 책"은 "고귀한 사람에 관하여"라는 논문과 함께 "축복의 책(Liber Benedictus)" 속에 들어있는 두 개의 논문들 중에 하나로서 성인이 된 에크하르트의 완숙한 작품이다. "하나님의 위로의 책"은 어려움에 처한 누군가에게 전해진 위로의 메시지를 담고 있는 책으로서 중세에 잘 알려진 위로문학의 장르에 속한다.363) 이 논문을 통하여 위로받은 사람은 헝가리의 왕비 아그네스 (Agnes of Hungary, 1281~1364)라고 전해진다. 아마도 에크하르트의 위로가 그녀에게 전해진 곤궁의 시기는 1308년이었을 것으로 추정된다. 바로 이때가 그녀의 아버지, 즉 합스부르크 왕가의 알버트(Albert of Hapsburg, 1255~1308)가 살해당했던 시기였기 때문이다. 대략 세 부

---

361) Udo Kern, *Gottes Sein ist mein Leben* (Berlin: Walter de Gruyter, 2003), 2.
362) Niklaus Largier, ed., *Meister Eckhart Werke II* (Frankfurt am Main: Deutscher Klassiker Verlag, 1993), 232-313. "하나님의 위로의 책"을 이민재는 "하나님의 위로의 서"로 번역한다. Raymond B. Blakney, ed., *Meister Eckhart*, 이민재 옮김, 『마이스터 에크하르트』,1 (서울: 다산글방, 1994), 91-136. 그리고 이부현은 이를 "신적 위로의 책"으로 번역한다. Josef Quint, ed., *Meister Eckehart*, 이부현 옮김, 『마이스터 에크하르트 독일어 논고』(서울: 누멘, 2009), 146-208.
363) Anicius M. S. Boethius, *De Consolatione Philosophiae*, 정의채 옮김, 『철학의 위안』(서울: 성바오로출판사, 1993), 22. 보에티우스는 어떤 천재지변이나 자신을 불명예스런 유배형에 처하고 결국 사형선고를 내릴 폭군의 처사도 자신의 마음을 흔들 수 없다고 노래한다. 그의 이러한 초연함은 그가 어떠한 운명에도 의연하고, 아무것도 바라지 않으며, 아무것도 두려워하지 않기 때문이다.

분으로 구성된 "하나님의 위로의 책"은 에크하르트의 가르침의 가장 난해하고 사변적인 측면들에 대하여 주목할 만한 내용을 담고 있는 작품이다. 그리고 이 논문은 우리에게 그 여왕의 지적인 이해력과 영적인 성숙도에 관하여 많은 것을 보여준다.[364]

"초탈에 관하여"라는 독일어 논문에서, 에크하르트는 영혼과 하나님의 온전한 일치로 옮겨다 줄 수 있는 가장 빠른 동물(말)은 우리가 당하는 고통이라고 말한다. 왜냐하면 그리스도와 함께 당하는 쓰라린 고통은 영원한 달콤함을 맛보게 하고, 하나님 앞에서 영혼을 아름답게 장식하며, 온전함의 토대가 되는 겸손하고도 초탈한 본성에 이르게 하기 때문이다.[365] 즉 그는 삶의 고통은 하나님께로 달려가는 성도들로 하여금 그분에게 더 빨리 가까이 나아가게 하고, 결국 덧없는 세상일과 멀어져 하나님과의 신비스런 일치를 이루게 만든다고 말한다. 그리고 에크하르트의 초기 독일어 작품인 『분별에 관한 담화』에 따르면, 선한 사람들이 종종 자신이 행하는 선한 일들로부터 방해를 받고 고통에 시달리도록 하나님이 허락하시는 이유는, 즉 그들이 축적한 경건의 업적과 의를 하나님이 허물고 제거하는 것은 그것들이 아니라 하나님 자신만이 그들의 유일한 받침대와 버팀목이 되기를 원하시기 때문이다. 즉 성도들은 하나님에게만 자신의 삶의 토대를 두어야 한다는 것이다.[366] 이처럼 에크하

---

364) Meister Eckhart, *Meister Eckhart: The Essential Sermons, Commentaries, Treatises and Defense*, trans. by Edmund Colledge, O.S.A. and Bernard McGinn (New Jersey: Paulist Press, 1981), 68. 이에 대하여 버나드 맥긴은 조금 다르게 설명한다. "하나님의 위로의 책은 6세기 보에티우스의 『철학의 위안』에까지 연대를 거슬러 올라가는 중세의 위로문학의 긴 전통에 사로잡혀 있었다. 에크하르트의 이단성에 대한 그 후의 수사에 있어서 원고로 된 증거는, 이를 헝가리의 왕비 아그네스와 관련시킨다. 그래서 많은 학자들은 이를 곤궁한 시기에 처한 그 왕비에게 보내진 위로의 작품으로 여겨왔다. 하지만 다른 학자들의 주장에 따르면, 이는 최고 지배자의 요구에 부응하기 위해 편집되었기에 이단혐의를 받는 본문들의 일부였을 것이며, 또한 그 후에 이것은 에크하르트의 고소인에게 전송된 것으로 여겨진다. 어쨌든 이를 아그네스 왕비와 특별히 관련시킬 수는 없다. 쿠르트 루(Kurt Ruh)가 말한 것처럼, '에크하르트가 제공하는 위로는 세상으로부터 벗어나기를 원하는 사람 누구에게나 의미가 있는 위로이다.'" Bernard McGinn, *The Mystical Thought of Meister Eckhart*, 김형근 옮김, 『마이스터 에크하르트의 신비주의 사상』(옥천: 도서출판 은소몽, 2021), 27.
365) Niklaus Largier, ed., *Meister Eckhart Werke* II, 459.
366) 위의 책, 393-394.

르트는 인간이 당하는 고통을 부정적인 것으로만 보지 않고, 사람이 오로지 하나님만을 의지하고 그 하나님과 온전한 일치를 이루는데 있어서 긍정적인 기능을 하는 것으로 이해한다. 에크하르트가 제공하는 하나님의 위로에 대한 통찰이 험한 세상에서 참된 위로를 받지 못하고 살아가는 지금의 사람들에게 안식과 평안과 기쁨을 줄 수 있다는 점에서, "하나님의 위로의 책"을 중심으로 하나님이 주시는 위로에 대해 간략하게 논하고자 한다.

2. 본문 분석
2.1 하나님의 위로의 책의 서언

사도 바울은 고린도후서 1장 3-5절에서 환란 가운데서 하나님이 주시는 위로를 찬양한다. "찬송하리로다 그는 우리 주 예수 그리스도의 하나님이시요 자비의 아버지시요 모든 위로의 하나님이시며, 우리의 모든 환란 중에서 우리를 위로하사 우리로 하여금 하나님께 받는 위로로써 모든 환란 중에 있는 자들을 능히 위로하게 하시는 이시로다, 그리스도의 고난이 우리에게 넘친 것 같이 우리가 받는 위로도 그리스도로 말미암아 넘치는도다." 바울의 이런 고백을 인용한 에크하르트는 세상이라는 유배지에서 우리를 괴롭히는 환란이 세 가지가 있는데, 그것들은 바로 외적 재산의 손실에서 오는 상실감, 친척과 친구들에게 닥치는 불행, 멸시, 역경, 육체적 고통과 정신적 고뇌로부터 밀려오는 불행이라고 말한다. 그리고 그는 사람들이 겪는 모든 역경과 슬픔과 고통으로부터 위로 받을 수 있는 논문의 전개순서를 밝힌다.367) "분별에 관한 담화"처럼 이 논문은 세 개의 단락들로 구성되어 있다. 첫 번째 단락은 "모든 슬픔에 대하여 완전한 위안을 발견하도록" 고안된 "다양하고도 참된 격언들"을 취급한다. 긴 두 번째 단락은 큰 위로를 얻도록 30여개의 주제 혹은 교훈을 상술한다. 그리고 세 번째 단락은 "지혜로운 사람들"이 고난 가운데서 말하고 실천한 모범들을 제공한다.368)

---

367) 위의 책, 233.
368) Bernard McGinn, 『마이스터 에크하르트의 신비주의 사상』, 27.

2.2 적절하고도 온전한 위로를 주는 참된 진리

"하나님의 위로의 책" 첫 번째 단락에서, 에크하르트는 자신의 『삼부작』에서 말해진 인간과 하나님의 형이상학적인 일치(단일성의 형이상학: Einheitsmetaphysik)가 고통 중에 있는 사람들을 위로할 수 있는 토대라고 제시한다.369) 에크하르트에 따르면, "지혜와 지혜로운 사람, 참됨과 참된 사람, 의로움과 의로운 사람, 선함과 선한 사람은 서로 연결되어 얽혀있는 관계를 맺고 있다."370) 거울에 비친 모상이 실물의 원형상에 철저하게 의존되어 있다는 귀속의 유비에 근거하여 선함 그 자체로부터 낳아진 선한 사람을 예로 들어 이를 설명하면, 선함은 창조된 것도, 만들어진 것도, 낳아진 것도 아닌 자존성을 지니고 있다. 이와 마찬가지로 선한 사람도 그가 선한 사람인 한에 있어서, 만들어진 것도 창조된 것도 아니고, 선한 사람은 선함 그 자체의 아들이기에 선함 그 자체와 선한 사람은 다름 아닌 완전히 하나의 선함인 것이다. 즉 선한 사람은 자신의 선한 모든 것을 선함 그 자체로부터 넘겨받았기 때문에, 양자는 전적으로 하나의 존재이고, 하나의 생명이며, 하나의 인식이고, 하나의 사랑이며, 하나의 활동이다. 이런 점에서 예수는 요한복음 14장 10절에서 아버지 하나님의 일이 자신의 일이라고 서로의 완전한 일치성을 말한다. "내가 아버지 안에 거하고 아버지는 내 안에 계신 것을 네가 믿지 아니하느냐, 내가 너희에게 이르는 말은 스스로 하는 것이 아니라 아버지께서 내 안에 계셔서 그의 일을 하시는 것이라." 그러므로 우리는 선한 사람 안에 있는 선한 것은 선함 그 자체로부터 베풀어지거나 낳아진 것이라는 점에 한에서만, 선한 사람의 선한 것을 말할 수 있다. 그래서 예수는 요한복음 5장 26절에서 "아버지께서 자기 속에 생명이 있음 같이 아들에게도 생명을 주어 그 속에 있게 하셨고"라고 말씀하시며, 자기 자신 속에(in sich selbst) 있는 생명은 아버지께서 자신 안에 있는 생명을 주신 것으로서 동일한 하나의 생명이라고 역설하신다.371)

---

369) Josef Quint, ed., 『마이스터 에크하르트 독일어 논고』, 255.
370) Niklaus Largier, ed., *Meister Eckhart Werke II*, 233.

에크하르트가 선함과 선한 사람에 대해 앞서 언급한 모든 것은, 참됨과 참된 사람, 의로움과 의로운 사람, 지혜와 지혜로운 사람, 아버지 하나님과 하나님의 아들 그리고 하나님으로부터 태어나서 차안에서 어떤 아버지 하나님도 갖지 않는 모든 것에도 동일하게 적용되는 말이다. 하나님 아버지로부터 태어나 차안에서 어떤 아버지도 갖지 않는 것에는 순수하고 투명한 하나님 이외에 그 어떤 형상도 없다. 이는 요한복음 1장 12-13절에 잘 나타나 있다. "영접하는 자 곧 그 이름을 믿는 자들에게는 하나님의 자녀가 되는 권세를 주셨으니, 이는 혈통으로나 육정으로나 사람의 뜻으로 나지 아니하고 오직 하나님께로부터 난 자들이니라." 이에 따르면, 하나님에 의해서 하나님으로부터 태어난 예수 그리스도를 영접하는 사람들에게만 하나님의 자녀가 되는 힘과 능력이 주어져 있다는 의미이다. 사람의 순수한 영혼 안에 있는 최고의 능력들은 본래 육신적 욕망과 뒤섞여 있지 않고, 시공간 안에 있는 육감의 작용으로부터도 자유롭다. 그러나 영혼의 최고의 능력들은 초탈하신 하나님 자신이 아니며 영혼 안에 영혼과 함께 있는 것임으로, 하나님의 형상을 따라 다시 형성되어 하나님의 자녀가 되어야 하고, 자기 자신의 형상을 벗어버리며, 하나님 안에서 자기 자신으로부터 벗어나 새롭게 변형되어야만 한다. 다시 말해서 존재 자체인 하나님으로부터 낳아진 하나님의 자녀는 하나님 안에서 하나님과 동일한 하나의 존재이고 하나님의 아들인 한에 있어서, 하나님이 가진 선함과 의로움과 참됨과 지혜와 모든 것을 소유하게 된다.372)

더 나아가 에크하르트가 하나님으로부터 낳아진 하나님의 아들과 하나님의 존재론적인 일치와 동일성을 이야기하는 이유는 초탈하신 하나님 안에는 인간이 겪는 고통이 없기 때문에, 모든 고통에 대한 참된 위로를 하나님 안에서 발견할 수 있다고 이해하기 때문이다. 이에 대한 전거를 밝히려고, 에크하르트는 시공간의 차이를 초월한 "하나님에게는 어떤 슬픔이나 고통과 어려움도 없다."373)라는 성 아우구스티누스

---

371) 위의 책, 235.
372) 위의 책, 237.
373) 위의 책, 259.

(Augustinus)의 말을 인용한다. 따라서 우리가 하나님을 떠나 겪는 모든 어려움과 고통에서 벗어나고자 한다면, 오직 하나님에게로 삶의 방향을 순수하게 전환하여 의로우신 하나님 안에서 철저하게 재형성되고 중생해야만 한다.374) 우리가 의로움 자체이신 하나님과 하나가 되어 그분 안에서 살아간다면, 어떤 어려움과 고통에도 빠지지 않고 기쁨과 즐거움과 환희를 누리게 된다. 왜냐하면 창조된 세계의 피조물들이 의로우신 창조주 하나님에게 고통을 줄 수 없듯이, 하나님과 하나가 되어 살아가는 의로운 자를 고통으로 몰아넣지 못한다. 의로운 자는 의로움 자체이신 하나님과 그분 안에서 하나가 되어 그의 존재와 생명, 그의 인식과 지식 그리고 그의 사랑이 하나님의 자신의 것이 되었기 때문이다. 그러므로 우리는 우리의 생명이나 자연적인 존재에 대하여 기쁨을 갖기보다, 오히려 우리 안에서 활동하시는 의로움 자체이신 하나님과 그분의 활동에 기뻐해야 한다.375) 오직 선하시고 진리이신 하나님만이 우리에게 위로의 유일한 샘이고 원천이기에 그 하나님과의 불일치는 쓰라린 고통과 슬픔이다. 이 때문에, 우리가 의로우신 하나님이 아닌 피조물들에게서 위로를 찾으려고 집착한다면, 하나님은 자신에게로 우리를 돌이키기 위하여 우리에게 외적 손실을 입히고 그로 인해 고통당하게 하신다. 우리

---

374) 하나님은 신이시기 때문에 고통을 느끼지 않는다는 사상, 즉 하나님은 부동심(apatheia)을 유지하시기에 인간과는 달리 감정이 없고 무감동하다고 이해하는 신관은 그리스의 신화와 아리스토텔레스 철학의 형이상학적인 신 개념(제일 원인, 제일 기동자)의 영향이다. 그러나 기타모리 가조(北森加藏)와 위르겐 몰트만(Jürgen Moltmann)은 하나님의 속성으로서 하나님의 애타는 고통과 하나님의 고난 가능성을 말한다. 성부 하나님이 허락하고 참여하는 대리적 고통인 십자가에 달리신 하나님, 즉 예수 그리스도의 피흘리심과 죽음이 그것이다. 하나님이 감정이 없고 고통당하지 않는다는 것을 전제로 한 초탈하신 하나님의 부동심에서 위로를 찾는 에크하르트보다, 오히려 하나님이 예수 그리스도의 십자가를 통하여 고통에 참여하여 철저하게 인간이 겪는 고통을 체휼하셨다는 죽음의 불같은 사랑이 고난당하는 인간에게는 더 위로가 된다. 무고통한 하나님에게로 가난한 영혼이 상승하여 그 하나님 안에서 위로를 찾는 것 보다, 오히려 하강하시는 하나님의 희생적 사랑을 계시하려고 고난 받아 죽으시고 부활하신 예수 그리스도를 통하여, 즉 그분의 재림으로 도래할 종말론적인 구원의 완성인 신령한 몸의 부활을 통하여 이 세상에서 고난당한 성도들에게 영원한 생명과 더 큰 기쁨과 위로가 있다. Kazoh Kitamori, *Theology of the Pain of God*, 이원재 옮김, 『하나님의 아픔의 신학』(서울: 새물결플러스, 2017), 178-179. 그리고 Jürgen Moltmann, *Die gekreuzigte Gott*, 김균진 옮김, 『십자가에 달리신 하나님』(서울: 새물결플러스, 2017), 346-366.
375) Niklaus Largier, ed., *Meister Eckhart Werke II*, 241.

가 이런 고통에서 벗어나고자 한다면, 피조물들 가운데서 오직 하나님만을 사랑하고 오직 하나님 안에서만 피조물들을 사랑하는 사람이 되어야 한다. 하나님으로부터 창조된 피조물들과 자기 자신의 존재에 대한 집착으로 인해 고통으로 얼룩진 이 세상에서 참되고 올바르고 한결같은 위로가 있다면, 그것은 바로 세계를 창조하신 선하고 의로운 하나님 자신이고, 그 하나님 안에만 참된 기쁨과 위로가 있다.[376]

2.3 바르고도 온전한 위안을 주는 가르침

앞에서 선한 인간과 선함 그 자체이신 하나님의 형이상학적인 일치 속에 참된 위로가 있다고 말한 다음에 "하나님의 위로의 책" 두 번째 단락에서, 에크하르트는 고통을 겪고 있는 지성적인 사람에게 적절한 위로를 주려고 대략 30여개의 항목들을 제시한다.

2.3.1 손실과 고통 속의 위로

우선 에크하르트는 어떠한 손실과 고통에도 즐거움이 없는 것은 아니기에 단지 그것이 손실과 고통만은 아니라고 말한다. 그래서 바울은 하나님의 성실하심과 선하심을 의지하여 고린도전서 10장 13절에서 다음과 같이 선언한다. "사람이 감당할 시험 밖에는 너희가 당한 것이 없나니 오직 하나님은 미쁘사 너희가 감당하지 못할 시험 당함을 허락하지 아니하시고 시험 당할 즈음에 또한 피할 길을 내사 너희로 능히 감당하게 하시느니라." 이에 대하여 에크하르트는 하나의 예화를 제시한다. 즉 100마르크를 가진 사람이 40마르크를 분실하고 60마르크를 가지고 있는데, 잃어버린 40마르크에 집착하면 고통에 시달릴 것이지만 여전히 남아 있는 60마르크를 감사하면 확실히 위로를 받을 것이다. 그러나 있지도 않고, 좋지도 않은 것, 나의 것이 아닌 것, 내가 잃어버린 것은 필시 불쾌감과 고통과 슬픔을 가져올 것이다. 그러므로 "고통의 날들 가운데서도 좋은 날을 기억하고(집회서 11:27)," 고통과 괴로움 속에 있

---

376) 위의 책, 243.

더라도 아직 남아 있는 좋은 것과 즐거운 것을 생각할 필요가 있다. 만일 어떤 사람이 병이 들어 큰 고통을 겪고 있지만 음식과 주거지가 있고 의사의 처방전과 간호하는 사람이 있으며 친구들이 돌봐주어 불편함이 없다면, 그렇지 못한 형편에 처한 사람보다 훨씬 좋다는 생각을 하면서 위로를 받을 것이다. 따라서 우리가 위로를 받으려면 우리보다 형편이 더 나은 사람을 생각하지 말고, 형편이 더 좋지 않은 사람들의 고생을 생각하라고 에크하르트는 권면한다.377)

모든 고통은 하나님의 뜻을 따르기보다 덧없는 사물들에 매달리는 사랑과 애착 때문에 생긴다.378) 이럴 때 하나님은 우리가 그것들로부터 돌아서도록 우리에게 고통과 손실을 주신다. 그러므로 아우구스티누스는 진리이신 하나님과 오류투성이와 기만덩어리인 피조물을 동시에 소유하려는 자신의 욕망 때문에 하나님을 거역하고 잃어버리게 되었다고 고백한다. 그리고 너무나도 탐욕스러운 사람은 하나님 한 분 만으로 만족하지 못하고, 또한 피조물들 속에 있는 하나님의 선물들에도 만족하지 못한다고 지적한다. 즉 하나님보다 더 사랑하는 것이 있다면 그것은 사람에게 고통을 가중시킬 뿐이다. 그래서 아우구스티누스는 하나님 이외에 다른 아무것도 원하지 않는다고 자신의 심중을 토로한다. 진리이신 하나님과 함께하는 것만이 사람에게 진정한 위로가 된다. 모든 경향성과 즐거움과 사랑은 서로 유사한 것들 사이에서 생겨난다. 순수하고 의로운 사람은 의로움을 사랑하고 순수하고 의로우신 하나님에게로 기울어진다.

---

377) 위의 책, 245.
378) 붓다는 모든 고통이라는 결과는 그 원인인 갈애와 집착으로부터 생긴다고 말하며, 그 원인을 제거하면 당연히 그 결과는 사라진다는 연기법을 설하였다. 목이 타들어가 냉수를 갈구하는 것과 같이 타오르는 탐심을 제거하면 고통은 사라지고 니르바나(열반적정)에 이른다고 설파하였다. 탐·진·치 삼독의 불이 더 이상 타오르지 않는 니르바나를 깨닫는 불성이 모든 중생에게 있다는 것이다. 그러므로 붓다는 모름지기 사람은 자신 안에 잠들어 있는 불성을 바라보고 깨달아 그것을 닦기에 힘써 붓다가 되는 견성성불을 말한다. 김형근, 『마이스터 에크하르트와 불교』(옥천: 도서출판 은소몽, 2017), 206-213. 그러나 여기서 에크하르트는 모든 고통생성의 원인이 탐착이라고 붓다와 비슷한 이야기를 하지만, 결국 하나님을 제일 먼저 사랑하는 것을 통하여 고통으로부터의 해방과 위로를 말한다. 따라서 붓다가 가리키는 것은 사람 안에 잠들어 있는 불성을 깨우라는 것이고, 에크하르트가 가리키는 것은 하나님을 인식하는 인간 내면의 영혼의 고귀함이기도 하지만, 결국은 하나이신 하나님이고 그 하나님 안에서 영혼과 하나님이 하나가 되는 일치의 지복이다.

사람이 마음속에 가득한 것을 입으로 말하듯이(눅 6:45), 하나님 밖에 있는 피조물들에게서 위로를 찾는다면 마음속에 하나님이 아니라 피조물들이 자리하고 있어 위로의 하나님이 거주하지 못하신다. 그러므로 선한 사람은 자신의 손실과 고통에 대해서 탄식하지 말고, 자신 안에 참된 위로의 하나님이 거주하고 충만하게 활동하시기보다 오히려 피조물들에 대한 애착이 가득 차 있는 것을 부끄럽게 여기고 경계해야만 한다.379)

만일 성도들이 사소한 일들로 인해 슬픔과 고통에 빠진다면, 자신들이 하나님의 자녀이고 천국시민이라고 말하기 어려울 것이다. 그래서 에크하르트는 모든 고통과 불행 가운데서 최고의 위로는 하나님의 의지로부터 모든 것이 비롯되었다고 받아들이며, 하나님의 의지에 나의 의지를 일치시키는 것이라고 말하는 세네카(Seneca)를 소개한다.380) 하나님은 자신의 영광을 나타내기 위하여 인간의 더 큰 고통을 막아주거나, 이 세상에서 강하게 위로하고, 고통을 통하여 더 좋은 것을 주시고자 자신의 의지를 발동시킨다. 선한 사람은 자신에게 손해와 저주스런 일이 일어났을지라도 고통이나 불행에서 건지시는 하나님의 의지에 자신의 의지를 통일시켜야만 한다. 그래서 로마서 9장 3절에서와 같이, 바울은 하나님의 영광과 의지를 위하여, 즉 이스라엘의 구원을 위하여 자신이 그리스도에게서 끊어지기를 바랐던 것이다. 이처럼 의롭고 온전한 사람은 하나님 안에서 낡은 자기 자신을 죽이고, 옛 사람을 벗어 버리며, 하나님의 의지를 따라 재형성되어야만 한다. 이를 위해 바울은 인식론적으로 일체를 버리고381) 오직 하나님의 의지만을 바라고 하나님만을 인식

---

379) Niklaus Largier, ed., *Meister Eckhart Werke II*, 247.
380) 위의 책, 249.
381) "에크하르트는 독일어 설교 52번에서 아무것도 알지 않는 가난한 사람, 즉 영혼의 인식론적인 가난에 도달하려는 사람은 자기 자신과 진리를 위해서나 혹은 하나님을 위해서 살고 있다는 자신의 인식을 버려야만 한다고 역설한다. 그것은 바로 온전하지 못한 인식에 포착된 하나님에 대한 일체의 인식을 버린 사람이고, 심지어 자기 자신 안에 하나님이 함께 임재하여 살아계신다는 것조차도 모르는 사람이 되어야 한다는 말이다. 만일 사람이 자기 자신 안에 하나님께서 살아계심을 인식한다면, 그의 영혼은 아직 인식론적으로 가난한 것이 아니다. 사람은 자기 자신과 진리와 하나님에 대한 자신의 인식 없이 살아가야만 한다. 즉 사람은 창조 이전의 영원하신 하나님의 존재 속에서 그 하나님과 일치된 존재와 인식의 상태에서와 같이 자신의 지식을 내려놓고 하나님이 원하고 바라는 것을 이루시도록 초탈해야만

하고자 했던 것이다. 하나님이 나를 인식하듯이 내가 하나님을 인식하는 것이 나의 모든 지복이기 때문이다(고후 13:12). 그래서 요한복음 17장 3절은 "영생은 곧 유일하신 참 하나님과 그가 보내신 자 예수 그리스도를 아는 것이니이다."382)라고 보도한다.

천국에서 지복을 누리는 사람들은 피조물의 모든 형상으로부터 피조물들을 인식하기보다, 오히려 그들은 하나이신 하나님의 형상 안에서 자신과 모든 피조물을 인식하고 사랑하며 그분이 원하시는 방식으로 피조물들을 인식한다. 그러므로 우리는 예수 그리스도를 통하여 하나님을 인식하고 우리 자신의 풍요로움보다 하나님의 풍요로움을 소유해야만 한다. 마태복음 5장 3절에서 예수가 영혼이 가난한 자에게 복이 있다고 말씀하시는 것은 우리의 의지가 가난하여 하나님의 뜻에 우리의 뜻을 일치시켜 아무것도 원하는 것이 없는 사람이 되라는 것이다. 즉 우리가 하나님과 한 마음이 되어 하나님이 원하시는 모든 것을 하나님이 원하시는 방식대로 원하라는 것이다. 다시 말해서 영혼이 가난한 사람은 하나님을 위해 모든 피조물로부터 인식된 하나님을 버리고, 하나님을 위해 자기 욕심이 그려낸 하나님을 떠나야만 한다. 그러므로 에크하르트는 피조물들을 창조하시고 그것들과 관계하시는 하나님을 자기 자신에게서 제거해 달라고 기도한다.383) 이런 점에서 예수 그리스도는 하나님의 선하심과 사랑으로부터 솟아오르는 뜻에 따라서 십자가의 고통과 죽음을 받아들이고 감당하셨던 것이다(눅 22:22-44). 선한 사람은 그가 선한 사람인 한에 있어서, 선함 그 자체와 완전히 하나의 존재 안으로, 즉 자기 자신 안에 있는 하나님의 존재 안으로 들어가기 때문에, 선함 그 자체이신 하나님의 의지에 따라 고통을 받더라도, 즉 그것이 하나님의 뜻이기에 고통을 받더라도 그것이 고통만은 아니고 결국 예수의 부활승리와 같은 것이 된다. 이것이 자신의 영광을 위하여 사랑하는 자에게 고통을

한다. 왜냐하면 인식론적으로 아무것도 모르는 가난한 영혼을 소유한 사람 안에서 자유로우신 하나님이 자기 스스로 활동하고 머물러 계시기 때문이다." 김형근, "마이스터 에크하르트의 '영혼의 가난'의 기여에 대한 성찰," 『장신논단』 56권 3호 (2024), 106. 그리고 Niklaus Largier, ed., *Meister Eckhart Werke I*, (Frankfurt am Main: Deutscher Klassiker Verlag, 1993), 557-559.
382) Niklaus Largier, ed., *Meister Eckhart Werke II*, 251.
383) Niklaus Largier, ed., *Meister Eckhart Werke I*, 555.

주시는 하나님의 의지에 자신의 의지를 온전히 일치시킨 사람이 하나님 안에서 누리는 참된 위로이다. 위로의 하나님 안에 있는 우리에게는 하늘에서와 같이 이 땅에서도 불행이 행복처럼 고통이 사랑처럼 느껴진다. 어떤 면에서 우리가 하나님으로부터 무엇을 받는 것을 통해서보다 거절당하여 없이 지내는 것이 하나님과의 본질적인 일치에 이르게 한다.384)

그리고 어떤 사람이 재산이나 친구나 신체의 일부를 잃어버렸다 할지라도 그런 고통을 하나님의 뜻을 위하여 참고 견딘다면, 그것이 자신이 원하지 않았던 손실이라도 반대급부로 부어주시는 하나님의 계산방식으로 그는 이미 보상받았다는 것을 믿고 있는 것이다. 이는 마태복음 18장 9절의 "만일 네 눈이 너를 범죄하게 하거든 빼어 내버리라 한 눈으로 영생에 들어가는 것이 두 눈을 가지고 지옥 불에 던져지는 것보다 나으니라."에서 잘 드러난다. 한 눈을 잃었지만 그것으로 영생을 얻었으니 이를 생각하는 사람은 위로를 얻을 수 있다. 이와 마찬가지로 마태복음 19장 29절에서도 "또 내 이름을 위하여 집이나 형제나 자매나 부모나 자식이나 전토를 버린 자마다 여러 배를 받고 또 영생을 상속하리라."고 예수께서 말씀하신다. 물론 우리가 하나님의 뜻 안에서 부모형제와 친척들을 통하여 자연스럽게 위로를 받을 수도 있지만, 그렇지 못하여도 자연스런 인간관계의 사랑을 버리는 것이 하나님의 뜻이라고 받아들이면 고통가운데서도 위로를 받을 수 있다. 그래서 아우구스티누스는 하나님의 영광과 뜻을 위하여 하나님 아닌 이러 저러한 좋은 것을 버림으로써 진리이신 하나님 자신에게만 집중할 것을 권면한다.385)

또 다른 한편으로 만일 어떤 사람이 한 눈을 잃어도 어느 정도의 시간이 지나 그것을 다시 돌려받거나 자신의 희생으로써 자신의 친구를 죽음으로부터 구하고 하나님의 빛 가운데서 하나님과 자기 자신과 모든 피조물을 인식할 수 있다면, 그는 기꺼이 한쪽 눈을 잃어버리는 희생을 감수할 것이다. 그러므로 우리가 탄식하고 안타까워해야 할 일은 무엇을 잃어버려 고통스럽다는 사실이 아니라, 오히려 그 고통을 위로하는 참된 하나님의 위로가 있다는 사실을 모르고 살아가는 것이다. 우리는 우리를

---

384) Niklaus Largier, ed., *Meister Eckhart Werke* II, 253.
385) 위의 책, 255-257.

고통스럽게 하는 피조물들에게 신경을 쓰기보다는, 오히려 그것들로부터 완전히 벗어나 우리의 전 존재가 하나님의 선하심을 덧입어 진리이신 하나님의 형상으로 변화되는 것이 참된 위로라는 사실을 명심해야만 한다.386)

2.3.2 하나님으로 채워져 위로받는 가난한 영혼

우리는 하나님이 진리를 말씀하시고 진리이신 자기 자신의 말로 약속하신 것을 고통 속에서도 믿을 때에 참된 위로를 얻을 수 있다. 이를 위해 우리는 마음속에 의심을 버리고 하나님의 말씀과 약속에 대한 믿음으로 충만해야 할 것이다. 만일 우리가 어떤 그릇에 술을 담으려면 그 그릇을 비워야만 하듯이, 우리 안에 하나님과 그분의 기쁨을 가득 수용하려면 반드시 하나님 아닌 피조물들을 마음속에서 비워야만 한다. 이런 점에서 아우구스티누스는 "가득 차려면 비우고, 사랑하는 것을 배우려면 사랑하지 않는 것을 배우며, 도달하기 위해 뒤로 물러나라."고 충고한다. 이는 눈이 모든 색깔로부터 벗어나 텅 비워져 있기 때문에 모든 색깔들을 인식할 수 있는 것과 같은 이치이다. 즉 눈은 어떤 색깔도 가지고 있지 않지만, 가장 참된 의미에서 모든 색깔을 가지고 있다. 모든 것으로부터 초탈되어 순수해지고 온전해진 가난한 영혼, 즉 자기 자신과 모든 피조물을 완전히 비운 영혼은 하나님 자신을 충만히 받아들여 그 하나님의 존재 안에서 하나님과 하나가 된다.387) 하나님과 하나가 된 가난한 영혼 안에는 사랑과 기쁨과 평화와 행복감이 충만하다. 그 어떤 달콤한 위로라도 하나님 안에서 하나님과 하나가 된 가난한 영혼이 누리는 일치감과 충만함과는 비교될 수 없다. 그러므로 우리가 하나님 안에 흘러넘치는 위로와 기쁨을 발견하여 소유하려면, 모든 피조물로부터 그리고 그것들이 주는 위로로부터 벗어나 있어야 한다. 무상한 피조물들이 아닌 오직 하나님만이 우리의 참된 위로이며 소망이다. 텅 빈 술잔에 술이 채워지듯이 모든 피조물로부터 벗어나고 가난하게 되어

---

386) 위의 책, 259.
387) 위의 책, 261.

텅 비워진 영혼은 하나님에게 이르게 되고 하나님으로 가득 채워진다. 성부와 성자와 성령 삼위일체 하나님이 각자의 위격적인 특성을 지니면서도 상호내주적인 사랑의 동일성으로 일체를 이루듯이, 하나님과 영혼도 동일성의 사랑 속에서 하나로서 둘이고 둘로서 하나이다.388)

　모든 피조물이 원천으로 되돌아 흘러가듯이, 동일성으로부터 일어난 불같은 사랑은 가난한 영혼을 위로 이끌어 올려 하늘과 땅에 있는 만물의 아버지, 즉 최초의 원천이고 하나이신 하나님에게로 데려간다. 하나인 하나님으로부터 태어난 동일성은 영혼을 자신의 감추어진 일치 안에서 하나인 하나님에게로 이끌어 들인다. 이것이 바로 하나님과 영혼의 일치라는 말의 의미이다. 하나님과 영혼을 하나로 일치시키는 성령의 사랑의 불꽃은 영혼으로 하여금 부모형제나 영혼 자신까지도 망각하고 포기하게 만든다.389) 그리하여 영혼이 자신 안에 있는 모든 피조물을 텅 비우거나 그것들에 집착하지 않는다면, 즉 "영혼이 점점 더 순수해지고, 벌거벗게 되고, 더 가난하게 되고, 피조물들을 적게 소유하고, 하나님이 아닌 만물에 대해서 자신을 텅 비울수록, 더욱 더 순수한 하나님과 같이 되고, 하나님 안에서 더 많이 파악하고, 하나님과 함께 더 많이 하나가 된다. 그러면 사도 바울의 말처럼 그날에 하나의 형상 안에서 모습이 변형된 것과 같이, 영혼과 하나님이 얼굴과 얼굴을 마주 대하여 바라보는 것처럼 서로를 더 잘 들여다볼 수 있을 것이다."390) 이는 성령의 불같은 사랑으로 영혼이 만물과 자기 자신으로부터 초탈되고 초연하게 되어 하나님 안에서 하나님과 하나가 되어 살아가는 것이 참된 위로라는 말이다. 왜냐하면 하나님으로부터 흘러나온 동일성이 하나님의 능

---

388) 위의 책, 263. 에크하르트의 독일어 설교 12번에 의하면, "하나님과 영혼은 본질적으로 하나이기에 하나의 인식을 가진다. 영혼 안에 있는 어떤 것(지성)은 본질적으로 하나님과 친밀한 관계에 있기 때문이다. 그것은 원래 하나였던 하나이지 다른 둘의 하나로의 연합이 아니다. 영혼이 하나님을 보는 눈은 하나님이 영혼을 보는 눈과 동일하다. 그러므로 영혼의 눈은 하나님의 눈이다. 하나인 하나님 안에서 하나님과 영혼 사이에는 하나의 눈, 하나의 바라봄, 하나의 인식과 하나의 사랑만이 있다. 하나님과 영혼은 원래 하나로서 둘(Zwei als Eins: 일치로부터의 차이)이며 동시에 둘로서 하나(Eins als Zwei: 차이로부터의 일치)인 것이다." 김형근, 『마이스터 에크하르트와 불교』, 117.
389) 위의 책, 265.
390) 위의 책, 267.

력을 통해 하나님에게로 이끌리기에, 이끄는 것이든 이끌리는 것이든 양자가 하나로 일치되기 전에는 어떠한 만족도 안정도 없기 때문이다. 하나님은 영혼이 자신 안에서 자신과 함께 하나가 될 때까지 쉬거나 만족하지 않으시며 하나가 되게 하시려고 예수 그리스도 안에서 자신을 계시하고 성령의 사랑의 불 속에서 자기 자신이 불붙어 타오르신다. 불과 목재가 맹렬히 타올라 하나가 되면 불은 고요하게 되고 목재가 입을 다무는 것처럼 하나님은 영혼으로부터 동일하지 않는 것이 벗겨져 제거될 때까지, 즉 하나님과 영혼이 온전히 하나가 될 때까지 쉬지 않고 타올라 수고하신다. 이때 영혼은 동일성 그 자체보다는 동일성 가운데 있는 하나이신 아버지를 더 사랑하고, 시작 없는 하나의 시작이며 하늘과 땅의 모든 것 속에서 모든 것 되시는 하나님과 하나가 되기를 더 간절히 원한다. 영혼과 하나님이 하나가 되려고 동일성의 불꽃 속으로 서로를 끌어당겨 쉬지 않고 맹렬히 타오르지만, 고통과 신음으로 해산한 여인이 출산의 진통을 잊어버리듯이 양자가 하나가 되면 동일성은 하나이신 아버지 안에서 침묵하게 되고 하나의 존재를 향한 모든 욕망을 그치고 고요하게 된다. 따라서 인간이 모든 고통과 불행과 손실들 속에서 위로받지 못하는 이유는 여전히 피조물들에게서 벗어나지 못하여 하나님과 멀리 떨어져 있고, 또한 하나님과 하나가 되지 못하여 하나님의 사랑에 차갑게 반응함으로써 지속적으로 위로를 받지 못한다고 에크하르트는 단언한다.[391]

또 다른 차원에서 주어지는 위로를 소개하는 에크하르트는 우리가 당하는 외적인 손실과 고통 속에서 그 문제 자체를 바라보고 원망하기보다는, 우리에게 재물과 행복을 이제까지 허락하신 하나님께 감사와 영광을 돌리며 "그럼에도 불구하고 혹은 그리 아니하실지라도 감사해요"라고 말하면 참된 위로가 찾아올 수 있다고 말한다. 내가 만약 다른 인생의 길을 걸어갔더라면 이런 어려움은 당하지 않았을 것이라고 후회하기보다는, 이 길을 걸어와서 고난을 덜 당했다고 생각하면 위로가 된다. 또한 내가 많은 재물을 잃어버렸을 때, 그 잃어버린 재물을 생각하고 마음 아파하기보다는 그 재물을 주셨던 하나님께 감사를 돌리면 위로가 된다. 이제까지 내가 누려왔던 명예와 편안함이 사라졌을 때에도, 불행해졌다고 생각하기

---

391) 위의 책, 269.

보다는 그것을 나에게 허락했던 하나님에게 감사를 드리면 위로가 된다. 왜냐하면 우리에게 모든 것을 잠시 빌려주었던 만물의 주인은 삼위일체 하나님이시기 때문이다.392) 우리에게 위로를 주는 것이나 모든 좋은 것을 빌려주었던 하나님이 다시 그것들을 거두어 가신다 하여, 우리는 화를 내거나 불평할 수 없고 그것들을 일정기간 동안 허락하신 하나님께 감사해야만 한다. 여기에 참된 위로가 있다.393)

자연적이고 인간적인 덕이 아무리 탁월하고 강력할지라도, 하나님의 내적인 활동이 그리로 들어가거나 그 안에서 이루어지기 어렵고, 그것이 온전하게 침투해 들어갈 수 있는 분들은 성부와 동일한 성자와 성령이시다. 성부 하나님의 내적 활동은 성자와 성령을 통하여 인간의 영혼 안에서 계시되고 믿어지며, 그리하여 하나님의 아들의 탄생을 맞이하는 영혼은 자신 안에서 활동하시는 선하신 하나님을 사랑하고 원하게 된다.394) 돌이 중력에 의하여 아래로 떨어지는 내적인 경향성을 가지고 있는 것처럼, 선한 덕의 내적 활동은 하나님 아닌 것을 거부하고 선하신 하나님을 향하여 달려가려는 열심과 경향성을 지니고 있다.395) 그래서 덕은 끊임없이 하나님과 선행을 위하여 고통 받기를 원한다. 그래서 예수께서 마태복음 5장 10절에서 "의를 위하여 박해를 받은 자는 복이 있나니 천국이 그들의 것임이라"고 말씀하시는 것이다. 이것은 하늘에서 상이 크기 때문에 고통이라기보다는 기쁨이요 즐거움이다. 이런 고통의 즐거움에 참여하기 위하여 바울은 이스라엘의 구원을 간절히 바라는 진정한 마음으로 하나님을 위해 그리스도로부터 끊어져 하나님 없이 지내려고도 하였다.396) 선함을 지닌 덕의 내적 활동은 신적이며 하나님과 같은 종류이며 하나님의 속성을 지니고 있기에, 초탈된 영혼으로 하여금 하나이신 하나님으로부터

---

392) 위의 책, 271.
393) 위의 책, 273.
394) 위의 책, 275.
395) "모든 피조물이 하나님으로부터 창조되었다면, 항상 하나님으로부터 먹고 살아가고 하나님에 대하여 늘 배고프다. 왜냐하면 피조물은 자기 자신으로부터 존재하는 것이 아니라, 하나의 타자로서 존재 자체인 하나님으로부터 존재하기 때문이다. 하나님으로부터 하나님에 의해 창조된 모든 피조물은 자신의 완성을 향하여 존재 자체인 하나님과의 일치로 달려가도록 정향되어 있다." 김형근, 『마이스터 에크하르트와 불교』, 96.
396) Niklaus Largier, ed., *Meister Eckhart Werke II*, 277.

출생한 하나님의 아들 예수 그리스도의 탄생을 받아들여 하나님의 아들이 되게 한다. 그러므로 우리는 모든 다수성과 차이를 초월한 하나, 즉 삼위 하나님의 일체성에만 몸을 의탁해야 한다. 우리가 하나인 하나님에게 더 가까이 접근할수록, 우리는 더욱 더 하나님의 아들이 되고 성령이 우리 안에서 더 많이 역사하실 것이다. 하나님의 신성 가운데서 태어난 존재이자 하나님의 아들인 성자는 성령의 사랑을 유출하는 근원이자 원천으로서 가난한 영혼의 근저에 탄생하시어 완전하고 올바르며 하나이신 하늘 아버지의 향기를 뿜어주신다. 성자와 상호내주적으로 사랑을 나누시는 성부 하나님은, 또한 성자로부터 뿜어져 나오는 성령의 사랑은 인간적인 차원을 넘어선 가난한 영혼으로 하여금 하나님의 아들로 태어나게 만들고 하나이신 하나님에게로 되돌아가게 하신다.397) 하나님 아버지가 아들의 성령 안에서 우리에게 자신을 계시하시고 성령 하나님이 성서해석학의 열쇠인 것처럼 하나님의 일의 사정은 성령께서 통달하여 잘 알고 계신다. 이러한 성령의 사랑을 통하여 하나님의 아들 예수 그리스도의 탄생을 자신의 근저에서 경험하여 하나님의 아들이 되어 하나님과 일치된 영혼은, 아무런 이유 없이 하나님의 영광을 위해서만 하나님과 모든 것을 사랑하고 묵묵히 자신의 일을 해 나간다.398)

  이를 더 부연하여 말하자면, 하나님 아버지와 그분으로부터 출생한 아들 예수 그리스도 그리고 자신의 근저에 예수 그리스도의 탄생을 영접하여 하나님의 아들로 태어난 영혼은 모두 하나님 안에서 하나가 되어 형이상학적인 일치를 이룬다.399) 하나님과 하나가 된 영혼은 하나님 자신

---

397) 위의 책, 279-281.
398) 위의 책, 283.
399) "에크하르트에 의하면 하나님이 삼위일체의 영원 속에서 자신의 아들을 낳으시는 것처럼, 시간 속에서는 단지 영혼의 근저와 존재 안에서만 자기 자신인 자신의 아들을 낳으신다. 이러한 영원과 시간 속에서 하나님의 아들의 두 가지 탄생은 하나님 안에서 동일한 하나의 탄생이다. 하나님의 형상을 따라 창조된 영혼은 자신 안에 하나님의 아들의 탄생을 통해서만 완성되고, 하나님의 온전한 빛과 은혜와 축복을 받는다. '하나님은 왜 사람이 되셨는가?'(Cur deus homo)라는 성육신의 의미를 묻는 질문에 에크하르트는 다음과 같이 대답한다. 그것은 하나님이 영혼 안에 탄생하고, 또한 영혼이 하나님 안에 태어나기 위해서이다. 사람이 하나님으로 태어나기 위해서, 하나님의 역사하심과 하나님을 믿는 성도들의 모든 활동은 영혼 안에 일어나는 하나님의 탄생에 집중되어야만 한다. 신성의 근저에서 하나님의 영원한 아들이 태어나는 것처럼, 만일 성령 하나님의 은혜를 통하여 사람의 초탈된

을 위해 하나님을 사랑하고, 하나님의 사랑을 위해 하나님을 사랑하며, 하나님의 활동을 위해 자신의 활동을 행한다. 그러므로 자신의 의지를 포기하고 하나님과 하나가 된 선한 사람은, 즉 그가 선하신 하나님의 아들인 한에 있어서, 하나님을 위한 활동이나 고통당하는 것이라도 하나님의 뜻이라면 기꺼이 행동하고 고통당하는 것을 사랑하기 때문에, 하나님이 그 사람 안에서 직접 활동하시게 되고 하나님의 활동 자체가 그 사람의 본성과 존재와 사랑과 지복인 것이다.400)

2.3.3 초탈된 영혼과 하나님의 일치 안에 있는 위로

선함 그 자체인 하나님으로부터 태어난 선한 사람이 선한 사람인 한에 있어서, 그는 하나님을 위해서나 자기 자신을 위해서 사랑하고 활동하는 가운데서 하나님의 속성을 가진다. 즉 삼위일체 하나님이 하나인 것처럼, 영혼의 가장 내적인 근저와 높은 자리는 영원 속에서 성부 하나님의 가슴으로부터 출생하는 예수 그리스도와 시간 속에서 예수 그리스도가 영혼의 근저에 탄생하시어 영혼 자신이 하나님의 아들 됨을 만들어내고 수용한다. 가난한 영혼이 자신의 근저에서 하나님의 아들의 탄생을 수용하려면, 모든 피조물과 자신의 의지와 욕망으로부터 초탈되어야만 한다. 이를 위해 마태복음 16장 24절에서 "예수께서 제자들에게 이르시되 누구든지 나를 따라오려거든 자기를 부인하고 자기 십자가를 지고 나를 따를 것이니라."고 말씀하셨다. 의로움을 위하여 자신을 포기하고 십자가를 지며 고통을 받는 것은 그것을 감당하는 사람에게 즐거움과 희열이고 기쁨이며 지복이다.401) 또한 "자기를 부인하고 자기 십

영혼의 근저 안에 하나님의 아들이 태어나면, 사람은 하나님의 아들이 된다. 이런 하나님의 아들은 하나님과의 관계에서 의인이고 하나님과의 일치를 향하여 보다 내적이고도 고귀하게, 이유 없이, 가난하고도 자유로운 영혼으로 살아간다. 더 나아가 하나님의 아들은 자신의 영혼과 하나님과의 형이상학적인, 존재론적인, 인식론적인 그리고 윤리적인 일치 안에서, 관상적인 삶(*vita contemplativa*)과 실천적인 삶(*vita activa*)의 일치 안에서, 즉 하나인 신성을 통해 하나 안에서 하나와 함께 하나로 영원한 현재에서 살아간다." 김형근, 『마이스터 에크하르트와 불교』, 163.
400) Niklaus Largier, ed., *Meister Eckhart Werke Ⅱ*, 285.
401) 위의 책, 287.

자가를 지고 나를 따를 것이니라."의 의미는 영혼이 초탈되어 하나님의 아들의 탄생을 받아들여 영혼도 하나님의 아들이 되어 하나님과의 일치 가운데서 살아가라는 것이다. 호세아 2장 14절의 "그러므로 보라 내가 그를 타일러 거친 들로 데리고 가서 말로 위로하고"에서 보여주듯이, 성부 하나님이 유대백성을 사랑하시는 것처럼 초탈된 영혼을 사랑하여 하나인 자신에게로 유혹하여 이끄신다. 모든 피조물은 하나이신 하나님을 찾고 인식하며 추구한다. 이런 점에서 하나님의 아들 예수 그리스도는 자신의 말을 듣고 자신에게로 나아와 자신을 따르는 자들도 로고스로서 그리스도 자신이 계신 아버지의 신성 안에 자신과 함께 있게 될 것이라고 말씀하실 것이다.402)

　　의사가 우리의 생명을 살리기 위하여 신체의 일부를 잘라내는 수술을 하듯이, 때로는 하나님이 우리의 더 큰 유익을 위하여 우리에게 작은 고통을 허락하실 수 있는데, 이때 우리는 고통 가운데서도 여전히 하나님을 신뢰하여야 위로를 얻을 수 있다.403) 예를 들어 시간 속에서 예수 그리스도가 인간구원을 위하여 고통당하셨듯이, 하나님은 자신의 아들이 된 영혼을 훈육하기 위하여 고통을 주시기도 하신다. 이는 욥기 23장 10절의 "그러나 내가 가는 길을 그가 아시나니 그가 나를 단련하신 후에는 내가 순금 같이 되어 나오리라."와 같이 하나님이 우리를 순금으로 만드시려고 용광로에서 단련의 고통을 거치게 하시는 것이니, 우리가 우리를 제련하시는 하나님을 향하여 불평하기보다는 감사하는 것이 우리에게 더 큰 위로가 된다. 성 안토니우스(Antonius)도 사막에서 마귀의 시험을 받아 곤경에 처했을 때, 하나님은 그의 경건을 시험하고자 고통 가운데 그를 내버려두고 그와 함께 계셨다는 일화가 있다. 이와 마찬가지로 사도행전 5장 41절의 사도들도 예수 그리스도의 이름을 위하여 자신들이 능욕 받는 일에 합당한 자로 여겨짐을 기뻐하였다. 이

---

402) 위의 책, 289. 에크하르트는 "고귀한 사람(Vom edlen Menschen)"이라는 자신의 독일어 논문에서 호세아 2장 14절과 관련하여 명언으로 기원을 올린다. 즉 에크하르트는 우리가 하나님의 신성의 내적인 근저에서 태어난 고귀한 사람과 같이 하나이신 하나님 안에서 하나가 되기를 소원하면서, "하나와 함께 하나가, 하나로부터 하나가, 하나 안에서 그리고 하나의 하나 안에서 하나가" 되게 해달라고 축원한다. Niklaus Largier, ed., *Meister Eckhart Werke Ⅱ*, 333.
403) 위의 책, 291.

는 그들이 채찍질당하는 핍박의 고통 가운데서도 "예수는 그리스도라고 가르치기와 전도하기를 그치지 아니하는(행 5:42)" 하나님의 위로 속에 있었던 것으로 보인다.404)

더 나아가 에크하르트는 고통 받는 자와 함께 고통 중에 있는 선한 사람들에 대하여 말한다. 이를 위해 그는 시편 33편 18-19절의 "여호와는 그를 경외하는 자 곧 그의 인자하심을 바라는 자를 살피사, 그들의 영혼을 사망에서 건지시며 그들이 굶주릴 때에 그들을 살리시는도다."에 의거하여 일곱 개의 위로의 근거를 제시한다. ① 아우구스티누스에 따르면, 희망의 하나님이 베푸실 은혜를 바라보고 하나님을 위해 고통 중에도 참는 것이 더 가치가 있으며 더 고귀한 일이다. ② 하나님이 고통 중에 있는 사람과 함께 계시기 때문에 하나님 한 분 만이 만족이요 기쁨이다. 선하신 하나님과 함께 주어지는 것이 선한 것이고 모든 피조물의 무성을 극복하는 가치가 있는 것이다. 시편 90편 15절의 "우리를 괴롭게 하신 날수대로와 우리가 화를 당한 연수대로 우리를 기쁘게 하소서."와 같이 하나님은 고통 가운데 있는 사람들과 함께 하시어 그들을 회복시켜 주신다.405) ③ 하나님은 고통 가운데 있는 우리와 함께하시며 우리보다도 더 고통을 받고 계시는데, 이것이 하나님의 뜻을 따라 고통 받는 우리에게는 참된 위로이다. ④ 나의 고통을 함께하는 친구의 동정이 나에게 위로가 된다면, 나와 함께 고통을 받는 하나님의 동정은 더 큰 위로가 된다. ⑤ 서로 사랑하는 사람들이 고통을 함께 감수하는 것처럼, 하나님이 나를 사랑하신다면, 당연히 나도 하나님과 함께 고통을 받아야만 한다.406) ⑥ 만일 하나님이 내가 고통 받기 전에 먼저 고통을 당하시고, 내가 그 하나님을 위해 고통을 당한다면, 나의 고통은 나에게 위로요 기쁨이다. 나의 영혼이 잠시 겪는 고통 후에 하나님 안에서 하나님과 하나 되어 살아가는 달콤함을 생각한다면, 나는 기꺼이 그 고통을 감수할 것이다. 이를 위해 하나님은 영혼 속에서 자신과 이질적이고 반대되는 모든 것을 불태워 제거해 버리신다.407) ⑦ 어떠한 다수성도

---

404) 위의 책, 293.
405) 위의 책, 295.
406) 위의 책, 297.
407) 위의 책, 299.

없이 순수한 하나로 존재하시는 속성을 지닌 하나님이 우리와 함께 고통당하신다는 것이 우리에게 위로가 된다. 즉 나의 고통이 하나님 가운데 있고, 나의 고통이 하나님의 고통이라면, 나의 고통은 그 고통의 성격을 잃어버리게 되고 더 이상 그것은 나에게 고통이 아니다. 이런 방식으로 하나님을 위해 고통을 당하는 영혼은 하나님의 뜻과 의를 위하여 그분 안에서 고통당하기 때문에 너무나도 복되다.408)

죄를 짓고 매를 맞으며 고통당하는 것은 당연한 일이지만, 선한 사람이 하나님의 의로움 때문에 고통을 받는 것은 더 이상 고통도 불행도 아니고, 그것은 그들에게 큰 행운과 지복일 것이다. 하나님과 그분을 사랑하는 것에만 관심과 가치를 두는 선한 사람은 하나님의 이름을 위해 기꺼이 고통을 받고 그것을 자신의 기쁨과 명예로 여긴다. 구약외경 솔로몬의 지혜서 3장 1-5절에 따르면 사방으로 우겨쌈을 당한 의인들이 원수들의 눈에는 곧 죽을 것 같이 보이지만, 그들은 하나님 안에서 평화를 누리고 하나님이 주실 은총에 대한 기대로 희망에 가득 차 있다.409)

"의인들의 영혼은 하나님의 손에 있어서 아무런 고통도 받지 않을 것이다. 미련한 자들의 눈에는 그들이 죽은 것처럼 보이고 그들이 이 세상을 떠나는 것이 재앙으로 생각될 것이며, 우리 곁을 떠나는 것이 아주 없어져 버리는 것으로 생각되겠지만, 의인들은 평화를 누리고 있다. 사람들 눈에 의인들이 벌을 받은 것처럼 보일지라도 그들은 불멸의 희망으로 가득 차 있다. 그들이 받는 고통은 후에 받을 큰 축복에 비하면 아무것도 아니다."410)

2.4 지혜로운 사람들의 선행 속에서 발견되는 위로

압살롬의 반란을 피하여 도망가던 다윗은 시므이의 저주하는 욕을

---

408) 위의 책, 301.
409) 위의 책, 303-305.
410) 이상근, 『외경주해 1: 구약외경』(대구: 성등사, 1998), 93-94.

듣고 그를 죽여 복수하기보다는, 사무엘하 16장 12절에서 "혹시 여호와께서 나의 원통함을 감찰하시리니 오늘 그 저주 때문에 여호와께서 선으로 내게 갚아 주시리라."고 말하며 고통을 감내하였다.411) 고통이 은총이라는 것을 아는 사람은 고통을 기꺼이 감당할 수 있도록 은총을 내려달라고 하나님께 기도한다. 그리고 에크하르트는 아픈 사람이 낫게 해 달라고 하나님께 기도하지 않는 이유를 다음과 같이 밝힌다. 무엇보다도 사랑의 하나님이 그 아픔을 통해서 최상의 것을 가져다주시기 때문이다. 또한 선한 사람은 사랑의 하나님이 원하시는 뜻을 순순히 따라가지만, 자신의 소원을 하나님에게 강요하지 않기 때문이다. 그리고 건강을 간청하는 나의 기도가 풍요롭고 사랑이 충만하며 모든 사람을 자유롭게 하시는 하나님께는 너무 미미하여 부끄러운 것일 수도 있기 때문이다. 성서와 성인들의 전기와 이교도들의 책에 따르면, 무상한 세상의 것에 일희일비 하지 않는 경건한 사람들이 하나님과 자연적인 덕을 위하여 자신의 생명을 바치고 자신을 절제하였다고 전해진다.412) 이런 맥락에서 소크라테스(Socrates)는 "덕은 불가능한 것을 가능하게 할뿐만 아니라 가볍고 쾌적하게 한다."라고 말했다. 또한 마카베오 하 7장의 용감한 부인은 자신의 일곱 아들에게 하나님의 의로움을 위하여 몸과 영혼을 기꺼이 바치라고 충고하였다. 선함 그 자체이신 하나님의 형상을 따라 낳아진 선한 사람들, 즉 예수 그리스도를 영혼의 근저에 영접하는 것을 통하여 중생한 하나님의 자녀들은 하나님과 그분이 주시는 영생의 지복을 위하여 사소한 고통을 기꺼이 감수하는데, 이것은 고통을 감내하는 하나님의 사람들에게 큰 의미가 있는 것이다.413)

에크하르트는 "하나님의 위로의 책"의 결론부에 이르러 아우구스티누스와 세네카의 말을 인용하여 자신에게 드리워지기 시작한 이단혐의의 조짐을 방어한다. 이는 모국어로 된 에크하르트의 가르침과 관련하여, 또한 이단에 대한 두려움으로 가득 찬 중대사건으로 이끌어 들이기 시작한 반대변론과 관련해서도 귀중한 증거를 제공한다. 에크하르트는

---

411) Niklaus Largier, ed., *Meister Eckhart Werke II*, 305.
412) 위의 책, 307-309.
413) 위의 책, 311.

일반적인 청중들에게 그런 심도 있고 난해한 주제를 제기한 자신을 반대하여 생겨날 수 있는 불평들을 고심하며 취급한다.414) 우선 첫째로, 에크하르트 자신을 오해하고 공격한 사람들에 맞서서 아우구스티누스의 말을 인용하면서 다음과 같이 자신을 방어한다. "결코 외적인 눈이 파고들 수 없는 것을 다양한 개념과 대상과 비유적 표현 없이 내적으로 인식하는 사람은 이러한 나의 말이 참되다는 것을 안다."415)라는 것만으로도 "그것은 나에게 충분하다"라고 에크하르트 자신의 입장을 밝힌다. 그 다음에 에크하르트는 그러한 고상한 것들이 일반적인 청중들에게 제시되어서는 안 된다고 그와 논쟁했을 수도 있는 사람들에게 변론을 계속해 나간다. 즉 에크하르트는 새롭고도 모국어로 된 신학의 중요성에 대한 자신의 요구를 세네카의 "우리는 위대하고 숭고한 것에 대해 위대하고 숭고한 감정으로, 또한 숭고한 영혼으로 말해야 한다."라는 말로써 천명하며 이와 동일한 맥락에서 변증적으로 설파한다.

"교육을 받지 않은 사람들에게 그러한 가르침들을 말하거나 저술하지 말아야 한다고 우리에게 말해질 것이다. 그러나 이것에 대하여 나는 다음과 같이 말한다. 만일 우리가 교육을 받지 못한 사람들을 가르치지 않는다면, 아무도 가르침을 받지 못할 것이고, 또한 아무도 가르치거나 저술할 수가 없을 것이다. 교육을 받지 못한 사람들이 무식한 사람에서 유식한 사람으로 변화될 수 있도록 하는 것, 바로 그것이 우리가 교육받지 못한 사람들에게 가르치는 이유인 것이다."416)

에크하르트는 머지않아 자신을 오해하였던 사람들을 직접 대면하여 공방을 벌이는 체험을 하게 될 운명이었다. 또한 그 사람들은 자신들의 오해에 따라 행동하며 에크하르트에게 이단혐의를 덮어씌울 권력을 지니고 있었다.

---

414) Bernard McGinn, 『마이스터 에크하르트의 신비주의 사상』, 27-28.
415) Niklaus Largier, ed., *Meister Eckhart Werke II*, 313.
416) 위의 책.

3. 결론

"수천의 학문의 스승보다 한 명의 삶의 스승이 더 낫다."라고 말한 에크하르트는 후세에 큰 영향을 끼치고 논란의 여지를 남겼으며 하나님과의 일치 안에서 누리는 위로를 부르짖은 신비주의자였다. 에크하르트는 자신의 시대에 유명한 파리 대학에서 취득한 신학교수의 자격인 마기스터(Magister) 학위로, 자신이 속한 도미니크수도회 내에서 높은 공식적인 업무를 수행한 행정가로서, 대중적인 인기를 누린 설교자와 영적인 지도자로서 존경을 받았다.[417]

이런 에크하르트를 이해하는데 있어서 전제조건은, 의로움 그 자체인 하나님과 그분으로부터 낳아진 의로운 사람 사이에 존재하는 형이상학적인 동일성과 차이를 이해하는 것이다. 즉 에크하르트는 거울에 비친 실물의 모상(模像)이 실물과 같이 동일하다는 자신의 모상론을 통해 지성인 하나님의 신성과 그것을 닮은 영혼의 지성과의 사이에 존재하는 인식론적인 일치와 차이를 설명한다. 다시 말해서, 이는 거울에 비친 모상이 실물에 의존하여 철저하게 귀속된다는 귀속(歸屬)의 유비를 말하는 것이다. 그러므로 의로운 사람이나 선한 사람은 하나님의 의로움과 선함 그 자체에 귀속되어 있기에, 의인의 의로움과 선한 사람의 선함은 자생적인 것이 아니라 의로움과 선함 그 자체인 하나님으로부터 받아 가진 것이다.[418] 하나님의 형상을 따라 창조된 영혼은 하나님과의 형이상학적인 일치 안에서 너무나도 순전하게 하나이신 하나님과 동일한 존재이고, 가난한 영혼은 자신의 인간적인 본성과 존재와 생명을 잃어버리고 하나님의 순수한 신성 안에서 다시 태어나 그 안에서 너무나도 하나님과 하나이기에, 그 일치 안에서는 하나님이 하나님으로 영혼이 영혼으로 남아 있는 것을 제외하고는 차별이 없다. 하나이신 하나님과의 일치 속에 있는 초탈된 영혼은 하나님의 뜻을 따라 고통당하기에 그 고통을 고통으로 느끼지 않고 위로를 받는다는 것이 에크하르트의 논지이다.[419]

---

417) Bernard McGinn, 『마이스터 에크하르트의 신비주의 사상』, 11.
418) 위의 책, 25.
419) 위의 책, 17-18.

고통당하는 선한 사람들에게 주어지는 하나님의 위로에 대한 이해에 있어서 에크하르트의 공헌점이 있다면, 고통이 고통만이 아니라 오히려 그것이 하나님의 뜻을 따르는 선한 사람들에게는 하나님의 위로요 축복이라는 것이다. 예를 들어, 로마서 9장 3절(나의 형제 곧 골육의 친척을 위하여 내 자신이 저주를 받아 그리스도에게서 끊어질지라도 원하는 바로라)에서 자신의 애타는 심정을 고백하는 바울이 도달한 극도의 초탈은 하나님의 뜻을 따르는 고통이고, 마태복음 5장 10절(의를 위하여 박해를 받은 자는 복이 있나니 천국이 그들의 것임이라)에서 선포되는 의인이 당하는 박해도 하나님의 뜻과 일치된 고난이며, 사도행전 5장 41절(사도들은 그 이름을 위하여 능욕 받는 일에 합당한 자로 여기심을 기뻐하면서 공회 앞을 떠나니라)에서 하나님을 위해 하나님과 함께 기꺼이 박해를 받는 사도들도 하나님의 뜻 가운데서 능욕을 받았다는 것이다. 이 모든 사례들이 의로운 하나님의 사람들에게 고통이라기보다는 오히려 선함 그 자체이신 하나님으로부터 주어지는 한에 있어서, 그것들은 참된 위로였다는 것이다.

하나님의 위로에 대한 에크하르트의 통찰에 있어서 한 가지 아쉬운 점이 있다면, 하나님은 초월적인 신이시기 때문에 고통당하지만 그것을 고통으로 느끼지 않는 속성을 지니셨기에, 즉 우리가 그런 하나님 안에서 하나가 되어 하나님과 함께 고통을 받더라도 하나님처럼 고통을 느끼지 않기에 하나님의 참된 위로를 체감하게 된다는 것이다. 이는 십자가에 달리신 예수 그리스도의 하나님이라기보다 하나님의 고난가능성을 배제하는 그리스철학적인 냉담한 신관이다. 오히려 사랑의 하나님이 십자가 위에서 피 흘리시고 죽음의 고통을 당하신 예수 그리스도를 통해 우리의 비참한 고통과 죽음을 외면하지 않으시고, 우리의 고통에 참여하시려고 함께 고난을 겪으시며 너무나도 처절하게 아파하셨다는 것이 우리에게 더 설득력 있는 하나님의 참된 위로로 다가온다.

Ⅷ. 마이스터 에크하르트의 "고귀한 사람"과 하나님의 형상

창세기 1장 26-28절: 하나님이 이르시되 우리의 형상을 따라 우리의 모양대로 우리가 사람을 만들고 그들로 바다의 물고기와 하늘의 새와 가축과 온 땅과 땅에 기는 모든 것을 다스리게 하자 하시고, 하나님이 자기 형상 곧 하나님의 형상대로 사람을 창조하시되 남자와 여자를 창조하시고, 하나님이 그들에게 복을 주시며 하나님이 그들에게 이르시되 생육하고 번성하여 땅에 충만하라, 땅을 정복하라, 바다의 물고기와 하늘의 새와 땅에 움직이는 모든 생물을 다스리라 하시니라.

골로새서 1장 14-15절: 그 아들 안에서 우리가 속량 곧 죄 사함을 얻었도다. 그는 보이지 아니하는 하나님의 형상이시요 모든 피조물보다 먼저 나신이시니.

1. 서론

2년여의 파리대학교 교수직을 수행한 후에 말년에 접어든 마이스터 에크하르트는, 1313-1323년 10년 동안에 현재의 프랑스령인 쉬트라스부르크(Straßburg)에서 주교총대리(Generalvikar), 즉 도미니크회 소속 여성수도회 회원들을 돌보는 총장주교의 보좌신부로 활동하였다. 여기서 수도원들 특히 토이토니아(Teutonia) 지방의 여성수도원들에 대한 영적인 돌봄(Seelsorge)과 설교가 그의 주된 업무였다. 이 기간에 에크하르트가 쉬트라스부르크에서 체류한 것을 보여주는 기록들은 여러 가지가 있다. 즉 1314년 4월 13일에 에크하르트는 쉬트라스부르크의 한 증여문서에 증인으로 등장한다. 그리고 1316년 11월 15일에 에크하르트는 쉬트라스부르크의 한 문서에 도미니크수도회 주교의 보좌신부로 모습을 드러낸다. 또한 도미니크수도회의 지도를 받으며 콜마르(Colmar)에 있는 운터린덴(Unterlinden) 수녀원을 위하여 에크하르트가 안수한 사제 서품이 언급된다. 에크하르트는 이것을 수녀원 시찰 중인 1322년 12월 10일에 선포했다. 이 시기에 에크하르트가 독일어로 행한 대부분의 설교들과 소논문들인 『하나님의 위로에 관한 책』(Das Buch der göttlichen Tröstung)과 "고귀한 사람에 관하여"(Vom edlen Menschen)420)와 "초탈에 관하여"(Von Abgeschiedenheit)가 집필되었다. 이들 중에서 "고귀한 사람에 관하여"라는 논문은 "하나님의 위로의 책"과 함께 "축복의 책(Liber Benedictus)" 속에 들어 있는 두 개의 논문들 중에 하나로서 성인이 된 그의 성숙한 작품이다.421) "고귀한 사람에 관하여"에서 에크하르트는 영혼 안에 깃들어 있는 하나님의 형상의 고귀함을 역설하고, 그 고귀함이 완전히 파괴되지 않고 어느 정도 남아 있음을 천명한다. 그 고귀함은 하나님의 아들의 탄생을 자신 안에 받아들여 하나님과 하나가 되어 일치를 이루는 고귀함이다. 이처럼 그가 영혼이 고귀하다고 생각한 이유는 하나님의 형상을 따라 창조되었고, 특히 지성 그 자체이신 하나님의 신성을 닮아 창조된 영혼 안에도 하나이신 하나님과의 일치를 향한 지성(자연이성)의 불꽃이 타오르기 때문이다.

2. 고귀한 사람에 대한 분석
2.1 본성상 고귀한 영혼

에크하르트는 누가복음 19장 12절인 "이르시되 어떤 귀인이 왕위를 받아가지고 오려고 먼 나라로 갈 때에"를 자신의 논문을 위한 핵심요절로 제시하고, 이를 우의적으로 해석함으로써 영혼의 근저에 하나님의 아들의 탄생을 통하여 하나님과 하나가 되는 일치를 이루는 고귀한 사람에 대한 자신의 논지를 전개한다. 사람의 영혼은 하나님이 창조하신 자신의 본성 안에서 아주 고귀하고, 하나님의 은혜를 통하여 자기 자신 안에 있는 하나님의 탄생에 도달한다. 이러한 점에서 영혼은 신적이다. 에크하르트는 우리가 하나님 안에서 하나님과 하나가 되어 하나님이 될

---

420) 이민재와 김순현은 "Vom edlen Menschen"을 "귀인"으로, 이부현은 "고귀한 사람"으로 번역하였다. 이민재 옮김, 『마이스터 에크하르트 1』 (서울: 다산글방, 1994),137-148; Matthew Fox ed./ 김순현 옮김, 『마이스터 엑카르트 설교』 (왜관: 분도출판사, 2006), 736-746; Josef Quint ed./ 이부현 옮김, 『마이스터 에크하르트 독일어 논고』 (서울: 누멘, 2009), 209-221.
421) 김형근, 『마이스터 에크하르트와 불교: 하나님의 신성과 불교의 공』 (옥천: 도서출판 은소몽, 2014), 15-16.

수 있다고 우리에게 가르친다. 영혼 안에 하나님의 아들의 탄생을 통하여 하나님과 영혼이 일치를 이루기 위하여, 먼저 그전에 영혼과 하나님 사이에 이미 하나였던 존재론적인 일치가 전제된다.

이런 점에서 하나님의 형상인 영혼은 하나님이 영혼 안에 자신의 독생자를 출산하기 위한 본래적인 준비성을 의미한다. 그 때문에 에크하르트는 내적이고도 영적인 사람과 외적이고도 육적인 사람을 구분한다. 여기서 에크하르트가 말하는 내적인 사람은 하늘에 속한 젊은 사람이고 하나님의 친구이자 고귀한 사람(왕위를 받아가지고 오려고 먼 나라로 간 어떤 귀인)이며, 외적인 사람은 땅에 속한 늙은 사람이고 낯설고 노예와 같은 사람을 의미한다.[422] 하나님에 의하여 신적인 지성과 하나님의 형상과 하나님의 본성의 씨앗이 내적인 사람의 영혼의 근저 안에 본질적으로 심겨져 있다. 여기서 말하는 신적인 본성의 씨앗은 하나님의 아들과 하나님의 말씀을 가리키는 것이다.[423] 하나님의 형상은 죄에 의하여 가려지고 감춰질 수 있지만, 그것은 영혼 안에서 멸절되거나 사라지지 않는다. 하나님의 은혜를 통하여 영혼이 간직한 하나님의 형상은 생생하고도 휘황찬란하게 빛을 발하고 불타오르며 항상 하나님을 향한다.[424]

2.2 고귀한 영혼의 신적 본성과 초탈

앞서 언급한 바와 같이 사람은 본성상 하나님의 아들로 태어났고, 태어날 수 있음에도 불구하고, 외적인 사람의 영혼 안에 있는 하나님의 형상은 지금도 여전히 죄에 의하여 가려지고 감추어져 있다. 여기서 죄를 비유적으로 말하면, 생동하는 영혼의 샘을 방해하고 덮어 버리는 지상의 탐욕과 같은 것이고, 태양과 우리 사이에 놓여 있는 구름이나 안개와 같다. 그리고 죄에 사로잡힌 영혼은 태양빛을 인식하지 못하는 병든 눈과 같고, 장인의 끌과 정에 의하여 아직 다듬어지지 않아서 그가 원하는 형상을 아직 드러내지 못하는 목재나 석재와 같다. 이처럼 영혼

---

422) Niklaus Largier, ed., *Meister Eckhart Werke II* (Frankfurt am Main: Deutscher Klassiker Verlag, 1993), 315.
423) 위의 책, 317.
424) 위의 책, 319.

은 본성상 자신 안에 고귀함을 간직했음에도 불구하고, 죄에 가로막혀 하나님의 신성과 일치를 이루지 못한다. 그래서 에크하르트는 영혼이 단순한 하나인 하나님의 순수한 신성과 존재론적, 인식론적, 윤리적인 일치를 이루는 필요조건으로 신성의 근저 안으로 돌파해 들어가는 영혼 안에 하나님의 탄생(하나님의 아들의 탄생)을 요청한다. 그러한 하나님의 탄생과 영혼의 돌파는 하나님의 은혜를 힘입은 영혼의 초탈을 통하여 가능하게 된다. 왜냐하면 영혼은 시간과 공간 안에서 모든 피조물의 형상에 사로잡혀 있다. 그리고 신성으로부터 세상 안으로 흘러나온 영혼은 차별성과 복수성 안에서 살아가기 때문이다. 하지만 하나님의 거룩한 형상을 따라 창조된 영혼은 자신의 근저 안에 생동하는 샘과 같은 하나님의 형상, 즉 하나님의 아들을 가지고 있다. 이처럼 하나님의 형상인 영혼은 시간과 영원 사이에서 두 얼굴(영원하신 하나님과 하나이지만 죄로 인해 분리되어 시간 속에서 둘이고, 영원하신 하나님과 분리되어 시간 속에서 둘이지만 예수 그리스도 안에서 하나인 모습)을 지니고 있다. 지상에서 삶을 살아가는 영혼의 샘은 세속적인 집착, 즉 하나님보다 다른 것을 더 사랑하는 죄에 의하여 막혀 있고 방해를 받는다. 그 때문에 죄에 물든 영혼은 단순한 하나님을 인식하지 못하고 순수한 신성과 하나가 되지 못한다.[425]

요제프 크빈트(Josef Quint)에 따르면, 인간의 영혼의 근저의 심연 속에 있는 신적인 영혼의 불꽃(영혼의 지성, 혹은 자연이성)은 자기추구와 피조물의 제한 속에 사로잡힌 자아의 집착 아래에 은폐되어 있고 파묻혀 있다. 그래서 인간은 영혼을 분산시키고 방해하는 피조물들의 다수성 안에 놓여 있는 시간과 공간의, 육체의 감옥의, 자기추구의 속박으로부터 신비한 죽음과 벗어남을 통하여 자신과 세상을 놓아버려야만 한다. 그것이 바로 에크하르트의 신비주의가 말하는 영혼의 초연과 초탈이고, 초탈된 영혼 안에 하나님의 탄생, 하나님의 말씀의 탄생, 즉 하나님의 아들의 탄생이 영원한 현재의 차원에서 일어난다.[426]

그러므로 사람이 하나님의 아들이 되고 하나님과 하나가 되려면,

---

425) 위의 책, 321-323
426) Josef Quint, ed., *Meister Eckehart: Deutsche Predigten und Traktate* (München: Carl Hanser Verlag, 1955), 27-28.

영혼의 가난을 통하여 영혼과 하나님의 사이에서 일치를 방해하는 모든 이질적인 매개물들과 방해물들이 반드시 제거되어야만 한다. 왜냐하면 하나이신 하나님의 신적인 본성은 모든 종류의 매개적 개념들에 낯설기 때문이다. 하나님께서 "나는 ~이다"(Ich bin)라고 하실 때, 이것은 하나님이 처음과 나중이시라는 것이다(계 22:13). 차별성은 하나이신 하나님의 본성 안에도 그 본성의 일치에 부합하는 인격들 안에도 없다. 하나님의 본성은 하나다. 삼위일체 하나님의 각각의 인격은 하나이며 동일한 본성의 하나다. 존재와 본질 사이의 차별은 하나로 파악되고 하나다.427)

　　에크하르트는 하나인 하나님을 향한 고귀한 영혼의 삶의 신비적 과정을 아우구스티누스(Augustinus)의 방식을 따라 여섯 단계로 이해한다. 영혼 안에 있는 신적 본성의 씨앗은 항상 하나님을 향하여 움직이고 하나님을 추구한다. 내적이고도 새로운 사람의 첫 번째 단계는, 훌륭하고 거룩한 사람들의 모범을 따라 살아가는 것이다. 그러나 그는 아직도 어머니의 젖을 필요로 한다. 두 번째 단계는, 명예를 위하여 그리고 하나님과 신적인 지혜의 충고를 위하여 급히 서둘러 달려간다. 즉 어머니의 품으로부터 벗어나 인간적인 것으로부터 등을 돌리고 하나님에게 얼굴을 돌린다. 세 번째 단계는, 어머니의 품으로부터 더욱더 멀리 떠나고 근심과 두려움을 떨쳐버린다. 왜냐하면 내적인 사람은 하나님의 사랑 안에서 하나님과 함께 결합되기 때문이다. 네 번째 단계는, 하나님의 사랑 안에서 점점 더 진보하고 뿌리를 내린다. 또한 모든 시련과 유혹과 거리낌을 기쁘게 견딜 수 있다. 다섯 번째 단계는, 자기 자신과 모든 것을 놓아버리고 자기 자신 안에서 자유롭게 살아간다. 지극히 높고 말할 수 없는 지혜의 풍성함과 흘러넘침 안에서 조용히 안식한다. 여섯 번째 단계의 내적인 사람은 영원한 하나님에 의하여 자신의 형상으로부터 벗어나 하나님의 형상으로 전적으로 변형된다. 고귀한 영혼 안에 하나님은 자신의 아들을 낳으신다. 그것을 통하여 내적인 사람은 하나님의 자녀가 된다. 영혼 안에서 일어나는 하나님의 탄생 가운데에 내적인 사람의 최종 목적지인 영원한 안식과 하나님의 축복과 생명이 있다. 내적인 사람

---

427) Niklaus Largier, ed., *Meister Eckhart Werke* II, 325.

은 하나를 통하여, 하나 안에서, 하나와 함께, 하나와 하나가 된다.428)

이처럼 내적인 사람, 즉 하나와의 일치를 위해 노력하고 예수 그리스도를 자신의 근저에 영접한 사람은 하나님의 아들이 된다. 그리스도 안에 있는 하나님의 자녀들은 하나를 통하여 하나 안에서 하나와 함께 하나를 향하여 살아간다. 하나이신 하나님 안에 있는 하나님의 아들은 의인으로 살고, 특정한 방식과 이유에 얽매이지 않는 방식과 이유 없이 살며, 자신과 하나님 사이에 차별이 없는 인식 가운데 살고, 관상과 실천의 삶이 온전히 하나로 일치된 삶을 살아간다. 자신의 영혼 안에 하나님의 아들의 탄생을 경험한 하나님의 자녀들은 자기 자신의 존재의 근저와 본질로부터, 자기 자신 안에서, 자기 자신으로 자유롭게 살아간다. 마치 하나님께서 자기 자신 안에서 자유롭게 자기 자신으로 머물러 계시고 인식하시고 활동하시는 것처럼 말이다.

2.3 하나님의 형상과 동일한 영혼과 하나님의 본질적인 일치

에크하르트는 자신의 설교의 네 가지 주제 중에 하나로 "하나님께서 영혼 안에 심어 두신 영혼의 고귀함"을 취급하며 다음과 같이 말한다.

"하나님은 만물 안에 있는 본질이고 활동이며 능력이다. 그러나 하나님은 출산하는 것을 단지 영혼 안에만 두었다. 모든 피조물들이 하나님의 흔적일지라도, 영혼만이 하나님의 본질에 따라 만들어졌기 때문이다. 이러한 영혼 안에 있는 하나님의 형상은 영혼 안에 하나님의 탄생에 의하여 장식되고 완성된다. 이러한 하나님의 출산활동과 탄생에 대하여 다른 피조물들은 수용적이지 못하고 영혼만이 유일하게 하나님의 탄생을 감당한다."429)

영혼의 지성 안에서 하나님의 아들의 탄생이 일어나는 것과 같이, 지성

---

428) 위의 책, 319.
429) Josef Quint, ed., *Meister Eckehart: Deutsche Predigten und Traktate*, 425.

처럼 하나님과 친밀한 것은 없다고 에크하르트는 말한다. 그래서 에크하르트는 "지성은 하나님의 성전이고, 하나님이 자신의 성전인 지성 안에서보다 더 본래적으로 거하시는 곳은 없다"라고 말한다.430) 하나님이 자신의 자유의지에 따라 강력하게 지배하는 성전인 지성은 바로 하나님 자신의 형상을 따라 동일하게 창조된 인간의 영혼이다.431)

하나님께서 영혼 안에 두신 하나님의 형상인 하나님의 씨앗은 바로 지성인데, 이 지성이 하나님의 신성 안으로 돌파해 들어간다. 결국 지성을 간직한 내적이고도 고귀한 사람은 최종목적지인 영원한 생명에 도달한다. 에크하르트에 따르면 사람이 하나님의 영원성에 의하여 자신의 형태에서 벗어나 변형되면 무상하고 시간적인 생명을 떠나서 전적으로 완전한 망각에 이른다. 사람이 하나님의 자녀가 되면 신적인 형상에 흡수되어 그 형상으로 변형된다. 그것을 넘어 더 이상 높은 단계는 없다. 그곳이 영원한 휴식이고 축복이다. 내적인 인간과 새사람의 최종목적지는 영원한 생명이기 때문이다.432)

또한 영혼이 지닌 하나님의 형상 개념에서 한걸음 더 나아가서, 영혼은 하나님의 아들의 형상 안에서 새롭게 변용되고 날인되며 각인되어야만 한다. 그래서 에크하르트는 개별적인 형상들을 넘어서 있는 하나님의 아들의 초형상적인 형상을 고르게 소유한 영혼에 대하여 말한다. 하나님의 아들인 영혼은 숨어 계시는 신성의 형상이다. 하나님은 영혼과 자신의 일치를 위하여 자기 자신을 영혼의 고귀함 안에 형상과 초상 없이 주시기 때문이다.433) 초형상적인 형상인 지성 개념을 통하여 우리는 하나님 혹은 하나님의 아들과 영혼의 사이에 일치를 이해할 수 있다. 하나님과 하나님의 아들 그리고 영혼은 모두 숨어 계신 신성으로부터, 즉 하나의 동일한 근저로부터 흘러나온 것이기 때문이다. 하나님과 영혼의 동일한 근저 안에서 일어나는 하나님의 아들의 탄생에 대하여 에크하르트는 다음과 같이 말한다.

---

430) Niklaus Largier, ed., *Meister Eckhart Werke I* (Frankfurt am Main: Deutscher Klassiker Verlag, 1993), 109-111.
431) 위의 책, 11.
432) Niklaus Largier, ed., *Meister Eckhart Werke II*, 321.
433) 위의 책, 83.

"아버지 하나님은 자신의 단순한 본성 안에서 자신의 아들을 당연히 낳으신다. 아버지는 자신의 아들을 영의 가장 깊은 곳에, 즉 내면세계에 낳으신다. 이러한 내면세계가 바로 하나님의 근저와 영혼의 근저가 일치하는 곳이다. 즉 영혼의 근저는 하나님의 근저이다. 그 근저로부터 영혼은 자기 자신으로부터 산다. 마치 하나님께서 자기 자신의 것으로부터 살듯이 말이다. 이러한 근저의 일치 안에서 하나님은 가장 깊은 곳의 샘 안에 자신의 아들을 낳으신다. 그곳이 성령이 바람처럼 역사하시는 곳이며, 영혼에게 속한 한 의지가 하나님 안에서 솟아오르는 곳이다."434)

그리고 하나님은 영원 속에서 자신과 동일하게 자신의 아들을 낳으신다. 마찬가지로 하나님은 우리를 자신의 자녀들로 낳으실 뿐만 아니라, 더 나아가 자신의 본성과 존재로 우리를, 즉 하나님으로서 우리를, 우리로서 하나님을 중단하지 않고 계속해서 차별 없이 낳으신다.435) 이러한 영혼의 근저 안에 일어나는 하나님의 아들의 탄생은 영혼과 하나이신 하나님과 하나가 되는 것을 의미한다. 이것을 하나와 함께 하나가, 하나로부터 하나가, 하나 안에서 그리고 하나의 하나 안에서 하나가 되는 것이라고 에크하르트는 노래한다.

3. 결론

2025년 8월 현재에 우리는, 전직 대통령 부부가 자신의 혐의사실 일체를 부인하고, 심지어 아버지가 자신의 아들을 총으로 쏴 죽이며, 거기에 더하여 종교지도자들도 일말의 부끄러운 기색도 없이 거짓말을 밥 먹듯이 하는 세상 속에서 살아가고 있다. 작금의 이러한 현실을 보면서 우리는 하나님의 형상을 따라 지음을 받은 우리 자신의 인간성에 대하여 회의감을 품을 수도 있다. 그러나 에크하르트는 인간을 본래적으로 하나님 안에서 하나님과 하나였던 존재로, 그 하나이신 하나님에게로 다

---

434) Niklaus Largier, ed., *Meister Eckhart Werke Ⅰ*, 71-73.
435) 위의 책, 83-85.

시 돌아갈 고귀한 하나님의 형상을 지닌 존재로, 즉 영혼의 지성을 지닌 존재로, 영혼의 근저에 하나님의 아들의 탄생을 영접할 수 있는 신적인 존재로 높이 평가한다. 이런 에크하르트의 논지는 타락하여 썩어 문드러져 냄새나는 인간임에도 그 본래의 고귀함을 강조함으로써 인간이 새로운 내면성을 지닌 내적인 사람으로 변화될 수 있다는 희망을 노래하는 환영할 만한 긍정적인 메시지다.

에크하르트의 이런 관점을 극찬하는 폭스(Matthew Fox)는, 하나님 앞에 평등한 사람의 본성이 너무나도 고귀하게 창조되었고 사람 안에 있는 하나님의 형상이 빛을 발하기 때문에 모든 사람을 귀인이고 왕다운 사람으로 평가한다.436) 모든 사람은 왕이신 하나님이 영혼 안에 심으신 하나님의 씨앗을 받아가지고 있으며, 이는 결국 하나님으로 자라나게 되고 사람은 하나님의 본성을 닮게 된다.437) 이처럼 하나님의 본성과 같아지는 영혼 안에 심겨진 신적 본성의 씨앗은 하나님의 아들과 말씀이기에, 하나님의 은총으로 싹이 트고 자라나서 꽃을 피우며 하나님의 아들의 탄생(하나님의 말씀의 탄생)을 그 열매로 맺는다.438) 하나이신 하나님과 하나가 된 하나님의 아들은 하나님 안에서 하나님의 시각으로 모든 피조물을 바라보는 '여명의 지식'으로 무상하고 덧없는 모든 것들을 놓아버리며, 하나님의 근저에서 하나님과 하나가 된 영혼은 자신의 존재와 영원한 생명을 획득하고 하나님 이외에는 아무것도 인식하지 않는다. 이는 하나님의 순수한 신성과 하나가 된 영혼 자신이 하나님을 단지 안다는 차원을 넘어서, 자신이 하나님을 인식하고 있다는 것을 인식하는 것을 의미하는 것이다. 호세아 2장 14절의 말씀처럼, 하나님은 자신의 신성의 순수한 황야, 즉 신성의 깨끗한 빈들로 고귀한 영혼을 인도하여 사랑을 속삭이며 위로하고 자신과 하나가 되도록 유혹하신다.439)

그러나 종교개혁가 칼뱅(John Calvin)에 따르면, 하나님을 아는 지식과 우리 자신을 아는 지식은 서로 연결되어 있어서, 먼저 하나님을

---

436) Matthew Fox ed./ 김순현 옮김, 『마이스터 엑카르트 설교』, 746-747.
437) 위의 책, 748-749.
438) 위의 책, 750-752.
439) 위의 책, 759-763.

바라보는 것이 교만을 피하고 우리의 진면목을 깨닫게 한다는 것이다. 하나님을 아는 지식의 목적은 사람으로 하여금 하나님을 사랑하고 경배하는 참된 경건과 예배에 이르게 하는 것이다.440) 하나님을 아는 지식, 즉 종교의 씨앗이 본성적으로 사람의 마음에 심겨져 있고 또한 하나님을 아는 지식이 우주의 창조와 그 지속적인 운행에서 분명히 드러난다고 칼뱅은 말한다. 그러나 무지와 악의에 의해서 하나님을 아는 지식이 짓눌리거나 더럽혀져 있어, 타락한 죄인들이 하나님께 예배와 영광을 돌리지 않고 피조물을 하나님보다 더 섬기고 사랑한다.441) 칼뱅에 의하면, 본래 사람은 하나님의 형상을 따라 흠이 없이 창조되었으나, 스스로 부패하여서 폭격을 맞아 무너진 건물의 잔해나 베어진 나무의 그루터기와 같이 그 흔적만이 남아 하나님을 인식하는 기능을 상실하여, 타락하여 어두워진 자신의 능력으로 하나님을 인식하고 찬양하며 예배하고 구원을 얻을 수가 없다. 전적으로 타락한 죄인은 하나님이 주신 자유의지를 상실하고 그 부패한 본성에서 나오는 모든 것은 다 저주받은 것임으로, 따라서 타락한 인간은 마땅히 예수 그리스도 안에서 구속을 간구하여야만 한다. 우리가 그 아들 안에서 구속 곧 죄 사함을 받았고 영생을 얻었다는 것이다.442)

정리하면, 마이스터 에크하르트는 인간의 영혼 안에 태어나시는 하나님의 아들 예수 그리스도의 탄생을 말하지만, 그 탄생을 영접할(인식할) 수 있는 인간 영혼의 지성의 고귀함을 강조하는 것처럼 보인다. 이는 인간이 짐승과 육체가 되어 인간성을 상실한 우리시대에 고귀한 가르침으로 다가온다. 그러나 칼뱅은 하나님을 아는 종교의 씨앗이 사람의 본성 속에 심겨져 있다고 할지라도, 타락한 인간이 하나님을 스스로 인식할 수 없고, 성령 하나님의 은밀한 역사를 통한 도우심과 모든 경건

---

440) 존 칼빈, *Institutes of the Christian Religion*, 원광연 옮김, 『기독교강요 상권』 (고양: 크리스챤다이제스트, 2003), 41-48. 하나님과 인간의 질적 차이를 강조하는 칼뱅과는 달리 에크하르트에게 있어서 영혼이 하나님을 아는 지식은 바로 영혼과 하나님이 일치된 하나 안에서 하나님 안에 있는 자기 자신을 아는 차원을 강조하는 것으로서 하나님의 눈과 나의 눈은 하나이고, 따라서 하나의 존재이고 하나의 바라봄이며 하나의 인식이고 하나의 사랑이며 생명이고 삶이다.
441) 위의 책, 49-78.
442) 위의 책, 221, 295, 311, 351, 418.

한 자들의 어머니로서 교회에서 선포되는 하나님의 말씀을 듣는 것을 강조하였다. 그럼에도 불구하고 에크하르트와 칼뱅 모두 하나님의 은총, 즉 자연은총을 인정하고 특별은총을 더욱더 찬양하고 드높인다.

IX. 칼뱅의 이중예정론에 대한 신학적 수용과 비판[443]

에베소서 1장 3-7절: 찬송하리로다 하나님 곧 우리 주 예수 그리스도의 아버지께서 그리스도 안에서 하늘에 속한 모든 신령한 복을 우리에게 주시되, 곧 창세 전에 그리스도 안에서 우리를 택하사 우리로 사랑 안에서 그 앞에 거룩하고 흠이 없게 하시려고, 그 기쁘신 뜻대로 우리를 예정하사 예수 그리스도로 말미암아 자기의 아들들이 되게 하셨으니, 이는 그가 사랑하시는 자 안에서 우리에게 거저 주시는 바 그의 은혜의 영광을 찬송하게 하려는 것이라. 우리는 그리스도 안에서 그의 은혜의 풍성함을 따라 그의 피로 말미암아 속량 곧 죄 사함을 받았느니라.

1. 서론

몰트만(Jürgen Moltmann)은 자신의 『희망의 신학』[444]에서 부활하신 그리스도의 미래적 재림이 있을 종말론적인 시점으로부터 초림예수의 시대로 그리고 지금 여기에 살고 있는 우리의 삶속으로 돌파해 들어오시는 하나님이 주는 희망을 부르짖었다. 그리고 그는 그리스도의 십자가를 통하여 선취된 부활의 희망은 죽음을 깨뜨리고 절망적인 현실을 변혁하며 하나님의 미래적 약속을 믿는 사람들로 하여금 현실의 절망을 극복하고 종말론적으로 완성될 하나님의 나라의 새로운 미래적 개방성을 향해 끊임없이 앞으로 나아가게 만드는 원동력이라고 말하였다.[445] 이런 희망을 가져오신 그리스도의 부활의 근거인 초림예수의 고통스러

---

[443] 이 논문은, 김형근, "칼뱅의 이중예정론에 대한 신학적 수용과 비판,"『신학과 사회』38집 1호 (2024), 163-206에 실린 것이다. 그리고 이 논문은 김형근, "구원론," 대한예수교장로회 총회교육자원부 편,『조직신학개론』(서울: 한국장로교출판사, 2019)에서 이미 다룬 이중예정과 만유구원의 주제를 더 심도 있게 취급한 확장판이다. 그러므로 이 책의 1장과 다소 중복되는 내용이 있다.
[444] Jürgen Moltmann/ 이신건 옮김,『희망의 신학: 그리스도교적 종말론의 근거와 의미에 대한 연구』(서울: 대한기독교서회, 2017), 27, 49, 107.
[445] 신옥수,『몰트만 신학 새롭게 읽기』(서울: 새물결플러스, 2015), 52-53.

운 십자가를 통하여 최종적으로 완성될 만물의 회복의 미래적인 희망을 노래하는 몰트만은, 자신의 우주적 종말론을 피력한 『오시는 하나님』에서 이중심판의 결과를 극복하는 만유구원론446)을 주장하기 위하여447) 칼뱅(John Calvin)의 이중예정론을 "참된 분립주의"448)로서 그리고 이를 재해석한 바르트(Karl Barth)의 객관적 화해론을 "개방된 보편주의"449)로서 소개한다. 그리고 몰트만은 바르트의 객관적 화해론에 입각하여 이중심판의 한 결과인 지옥을 한시적인 과정으로서 주장하고 지옥같이 고통스러운 십자가에 달리신 그리스도께서 가져오는 구원사역의 범위를 만인과 만물에로 확대시켜 적용한다.450) 이를 통해 몰트만은 최종적으로 만유의 회복과 구원이 이루어지는 새 하늘과 새 땅이 도래하는 새 창조를 말하고, 모든 것 안에서 모든 것이 되실 하나님이 우주의 시공간에 충만히 임재하시는 하나님의 우주적 쉐키나(Schechina)451)를 통하여 드러날 새 창조의 영광을 찬양한다. 그러나 이런 몰트만의 만유구원론의 신학적인 공헌점이 김균진과 김명용에 의하여 긍정적으로 검

---

446) 기독교대백과사전편찬위원회 편, 『기독교대백과사전 10권』(서울: 기독교문사, 1983), 1129에 따르면, 만물의 회복(ἀποκατάστασις παντων: 만유구원)이라는 말은 결국 만물이 원래의 상태로 회복되고 만인이 구원받는다는 의미를 내포하고 있다. 이는 사도행전 3장 21절의 "하나님이 영원 전부터 거룩한 선지자들의 입을 통하여 말씀하신바 만물을 회복하실(ἀποκαταστασεως παντων) 때까지는 하늘이 마땅히 그를 받아 두리라."에서 유래하였다. 이런 만물의 회복의 교리는 알렉산드리아의 클레멘스(하나님의 형벌은 만물이 회개에 이르게 만드는 교육적 의미를 지님)와 오리게네스(최종적으로 만물이 하나님의 발아래 복종하게 될 것이라는 바울의 말을 잃어버려진 모든 사람도 구원을 얻게 될 것이라고 해석함)로부터 시작되었다. 그러나 아우구스티누스는 영원한 형벌을 주장하였다.
447) Jürgen Moltmann/ 김균진 옮김, 『오시는 하나님: 그리스도교적 종말론』(서울: 대한기독교서회, 2017), 372-404. 제3장 하나님의 나라: 역사적 종말론의 11절에서 모든 사물의 회복이 취급된다.
448) 위의 책, 389에서 몰트만은, 창세전에 하나님이 작정하신 인간의 선택과 유기가 역사 속에서 복음의 두 가지 작용을 통하여 신앙과 불신앙을 불러일으키고 이것들의 결과는 최후에 명백하게 분리된 이중심판으로 귀결된다는 의미로 '참된 분립주의'라는 용어를 사용한다.
449) 위의 책, 393에서 몰트만은, 하나님께서 인간을 선택하거나 유기하기로 결정하시기 전에 하나님의 자기규정을 통하여 자기 자신을 인간의 창조자와 화해자로 그리고 구원자로 결정하고 죄인 대신 버림받은 그리스도 안에서 하나님의 은혜가 모두에게 개방된 보편적 선택을 하신다는 의미로 '개방된 보편주의'라는 용어를 사용한다.
450) 위의 책, 403.
451) 위의 책, 494.

토되기도 하지만,452) 김도훈은 그 이론의 성서적 전거가 지닌 많은 문제점을 지적하고 만유구원론을 지지하는 구절들을 성서본문의 맥락에서 새롭게 해석하며 이중심판의 결과를 옹호하기도 한다.453) 또한 이러한 논란에 직면하여 밀리오리(Daniel L. Migliore)는 성서에 제시된 구원과 멸망이라는 이중심판의 결과와 만유구원의 평행선적인 혼재를 그대로 내버려두자는, 즉 양자 사이에 있는 신학적 긴장의 해소를 억지로 시도하지 말자는 방치를 말하고,454) 최태영은 양자의 통전적인 종합을 시도하고455) 신옥수는 양자의 비판적 대화를 시도하며 몰트만 신학의 공헌점을 말하기도 한다.456) 그러므로 이중심판의 결과인 영생을 누리는 천국과 영벌을 받는 지옥이냐? 아니면 이중심판의 과정을 거치고 난 후에 있을 만유의 회복과 구원이냐? 또 그도 아니면 양자의 공존이냐? 라는 질문들 앞에서 우리는 혼란을 느낄 수밖에 없다. 교회현장에서 목회자의 올바른 선포나 평신도를 건강하게 양육하기 위해서는 건전하고 적절한 성서해석과 신학적 소개가 요청된다.

따라서 이 논문은 먼저 칼뱅의 이중예정론을 살펴보고 그 다음에 이를 재해석한 바르트의 객관적 화해론을 다루고, 더 나아가 이중예정론에 따른 이중심판의 결과에 대하여 비판적인 대안으로 제시하는 몰트만의 만유구원론을 취급할 것이다. 자유롭고 전능하신 하나님으로부터 무조건적으로 선택된 사람들만이 제한적인 구속을 받는다는 이중예정론을 주장하는 칼뱅은 『기독교강요』 1권 16-18장에서 하나님의 섭리를 영원히 현존하시는 하나님의 손으로 말한다.457) 동심원적인 사고구조를 지닌

---

452) 김명용, "몰트만의 만유구원론과 구원론의 새로운 지평," 『장신논단』 16 (2000), 295-297. 그리고 김균진, 『기독교 신학 5』 (서울: 새물결플러스, 2020), 447-478.
453) 김도훈, "만유구원론에 대한 비판적 고찰(1): 만유구원론의 출발점과 성서적 근거에 대한 비판," 『장신논단』 30 (2007), 185-199. 그리고 김도훈, "만유구원론에 대한 비판적 고찰: 몰트만의 만물의 회복에 대한 이론을 중심으로," 『한국조직신학논총』 22 (2008), 69-105.
454) 김균진, 『기독교 신학 5』, 453.
455) 최태영, "몰트만의 만유구원론에 대한 통전적 이해," 『한국조직신학논총』 22 (2008), 128-132.
456) 신옥수, "몰트만의 우주적 종말론," 『敎會와 神學』 79 (2014), 212-216.
457) John Calvin/ 원광연 옮김, 『기독교강요 상권』 (고양: 크리스천다이제스트, 2003), 238-291.

칼뱅은 인간 구원에 있어서 인간의 믿음보다 하나님의 절대 주권과 은혜의 영광을 드높이기 위하여 창세전에 일군의 무리를 선택하여 제한적으로 구속하는 하나님의 예정하시는 섭리를 중심적인 것으로 보고 인간의 주관적인 신앙의 응답은 주변적인 것으로 처리한다.458) 칼뱅의 이중예정론이 인간의 구원에 있어서 하나님의 절대 주권과 은혜의 우선성을 강조하려는 선한 의도를 지닌 교리이지만, 하나님의 속성인 정의와 사랑에 적합하지 않기 때문에 바르트는 이를 예수 그리스도 안에서 일어나는 하나님의 사랑의 선택459)을 강조하는 차원에서 칼뱅의 이중예정론을 그리스도 중심적으로 새롭게 재정립하였다.460) 칼뱅의 이중예정론은 인간의 자유의지에 따른 선택을 배제하는 경향성을 지니고 있다. 그래서 하나님의 무조건적인 선택과 불가항력적인 은혜에 반대하고 하나님의 뜻에 동의하는 인간의 자유의지를 강조한 아르미니우스를461) 비롯한 많은 신학자들이 이를 비판적인 눈으로 바라보았다. 이런 점에서, 전통적인 예정론에 대한 바르트의 창조적인 재해석을 소개하고 그것이 제시하는 대안을 검토함으로써 칼뱅의 예정론이 가진 문제를 지적하고자 한다.

그리고 하나님의 절대적인 자비와 사랑의 계시인 그리스도의 십자가의 화해와 구원에 기초한 바르트의 객관적 화해론을 수용한 몰트만은 이중예정에 따른 이중심판의 결과를 극복하고자 이를 만유구원론으로 확장시킨다. 즉 몰트만은 고통스러운 지옥을 체험하고 극복한 그리스도께서 가져오시는 최후심판의 결과로서 만유구원론이라는 "희망의 고백"462)을 제시한다. 이를 통하여 몰트만은 이중심판의 결과와 만유구원

---

458) 이양호, 『칼빈 생애와 사상』(서울: 한국신학연구소, 2010), 187.
459) 창세전에 자유로우신 하나님이 그리스도 안에서 자신의 자녀들을 선택하기로 작정하신 은혜와 사랑을 명확하게 말하는 본문은 에베소서 1장 4-7절이다. 즉 "곧 창세전에 그리스도 안에서 우리를 택하사 우리로 사랑 안에서 그 앞에 거룩하고 흠이 없게 하시려고, 그 기쁘신 뜻대로 우리를 예정하사 예수 그리스도로 말미암아 자기의 아들들이 되게 하셨으니, 이는 그가 사랑하시는 자 안에서 우리에게 거저 주시는 바 그의 은혜의 영광을 찬송하게 하려는 것이라, 우리는 그리스도 안에서 그의 은혜의 풍성함을 따라 그의 피로 말미암아 속량 곧 죄 사함을 받았느니라."
460) 김명용, 『칼 바르트의 신학』(서울: 이레서원, 2007), 155.
461) Bruce Demarest/ 이용중 옮김, 『십자가와 구원』(서울: 부흥과개혁사, 2006), 147-148.
462) Jürgen Moltmann, 『오시는 하나님: 그리스도교적 종말론』, 404.

론의 혼재적인 방치나 대립을 해소하고, 천국과 지옥은 만유회복의 과정에 봉사하는 것으로 재해석한다. 그러나 모든 인간을 포함하여 전 피조세계의 구원을 말하는 몰트만의 만유구원론은 성서 신학적으로 많은 찬반의 논란을 불러일으켰기463) 때문에, 만유구원론의 장점들은 이중심판론을 지지하는 성서의 구절들에 기초하여 비판적으로 재검토될 필요가 있다. 그러므로 이 논문은 선행연구 결과들을 참조하면서 이중예정론과 그 결과인 이중심판론, 그리고 객관적 화해론과 그것의 발전된 형태인 만유구원론으로 이어지는 교리적인 틀에서 그것들이 지닌 장단점을 충분히 비교하고자 한다. 이를 통하여 어느 교리의 내용이 성경에 나타나신 하나님의 속성(정의와 사랑과 자유의지)과 하나님으로부터 창조된 인간의 자유의지에 더 부합하는지를 고찰하고, 성서에 기초한 종말론적인 구원론을 제시하고자 한다.

2. 이중예정론

모든 것을 지배하시는 하나님의 자유로운 선택과 유기를 말하는 칼뱅의 이중예정론464)에 대하여 예장통합측 교단신앙고백서는, 전적으로 타락한 인간은 자신의 공로적인 의로 구원받는 것이 아니라, 창세전에 그리스도 안에서 성도를 선택하시는 하나님의 사랑의 섭리인 선행은총으로 구원받는다고 말한다. 따라서 전적으로 타락한 인간을 구원하는 주도권은 인간 자신의 내재적인 능력과 그로부터 발현되는 덕행들에 있는 것이 아니라, 사랑의 하나님이 거저주시는 은혜인 그리스도의 십자가를 통하여 구원하시고자 하는 하나님의 선택에 있다는 것이다. 더 나아가 죄지은 인간 구원의 주도권은 하나님이 베푸신 구원의 은혜인 그리스도의 처절한 사랑에 응답하는 인간의 주관적인 신앙고백적인 차원이 아니라, 오히려 인간의 믿음보다 우선하여 창세전에 인간이 타락할 것을 예지하신 하나님이 죄인들을 그리스도 안에서 선택하고 구원하시려는 사랑과 은혜의 예정섭리가 인간과 우주를 감싸고 있었음에 있다는 것이다.

---

463) 신옥수, "몰트만의 우주적 종말론," 216.
464) 김형근, 『상황과 신학: 절망 속의 희망』(옥천: 도서출판 은소몽, 2021), 64-67에도 이중예정론에 대하여 동일한 주제와 내용이 언급되어 있다.

다시 말해서, 타락한 인간의 본성으로부터 나오는 왜곡된 자유의지의 산물인 불완전한 인간의 선행은 그 나름대로 어느 정도 가치가 있지만, 거룩하신 하나님 앞에서 온전치 못하고 인간을 구원하기에 부족하기 때문에 그리스도를 통하여 계시된 구원의 은혜인 하나님의 의가 절대적으로 필요하고, 그 특별은총을 통하여 중생하고 새롭게 변화되어 가는 인간의 자연이성은 하나님의 나라의 건설과 영광을 위해서 봉사하게 된다는 것이다.[465]

칼뱅은 목회현장에서 복음이 모두에게 전해지는 것도 아니고 전해진 복음에 대한 반응도 사람마다 각각 다르며, 즉 한편의 사람들에게는 구원이 값없는 은혜로 베풀어지나 다른 한편에게는 구원으로 들어가는 문이 닫히는 일을 체험하였다. 그래서 칼뱅은 자유로우신 하나님의 영원한 선택으로 말미암아 어떤 이들은 생명의 구원에 이르도록 또한 그 구원으로부터 제외된 사람들은 멸망의 형벌에 이르도록 예정되었다고 다음과 같이 말하게 되었다.[466] "그러므로 우리는 성경이 분명히 보여주는 바와 같이 그의 영원하고도 불변한 계획을 통해서, 하나님께서는 구원에 이르도록 받아들이실 자들과 또한 그 반대로 멸망에 내어주실 자들을 오래 전에 단번에 정하여 세우셨다고 말한다. 택함을 받은 자들에 대해서는 이 계획이 인간의 가치와는 상관없이 하나님의 값없이 주신 긍휼하심을 기초로 한 것이라는 것과, 반대로 정죄에 내어주신 자들에 대해서는 공의롭고 비난할 수 없으며 또한 불가해한 그의 판단에 의하여 생명의 문을 막아놓으셨다는 것을 주장한다. 택함을 받은 자들에 대해서는 그 부르심이 선택의 증거라고 간주한다. 그리고 칭의를, 그들이 영광 가운데로 들어가 선택이 완성되기까지 그 선택의 사실을 드러내 주는 또 하나의 표징으로 본다."[467]

위에서 언급한 바와 같이, 창세전에 하나님이 자신의 자유로우신 의지에 따라 모든 사람을 차별적으로 영원한 생명(선택)과 영원한 저주(유기)로 이중예정 하셨다는 칼뱅의 입장은 그의 신학정신을 이은 베자

---

465) 대한예수교장로회총회 헌법개정위원회 편, 『헌법』(서울: 한국장로교출판사, 2007), 148.
466) Bruce Demarest, 『십자가와 구원』, 157.
467) John Calvin, *Institues of The Christian Religion 2*, (Philadelphia: The Westminster Press, 1973), 931.

(Theodore Beza)에 의해 창조론과 결부되어 더욱 완고한 입장으로 계승되었다. 베자는 모든 일이 영원 전부터 하나님이 뜻하신 방식으로 일어나고, 하나님이 어떤 이들은 생명을 위해서 또한 그로부터 제외된 이들은 저주를 위해서 창조하셨다고 강하게 주장하였다.468) 그 후로 칼뱅의 이중예정론은 프로테스탄트 스콜라주의 시대에 이르러 도르트 회의(Synod of Dort)에서 칼뱅주의 5대강령으로 발전되어 더욱더 논리적인 합리성의 체계를 갖추게 된다. 이를 통하여 칼뱅의 이중예정론은 인간의 자유의지가 하나님의 예정과 주권에 송속되는 형태로 체계화되었다. 5대강령 중에서 예정론과 결부된 무조건적인 선택(Unconditional election)과 제한 구속(Limited atonement)이라는 항목들은469) 전적으로 타락한 인간을 전능하신 하나님이 무조건적으로 선택하여 예정된 사람들만을 제한적으로 구속하신다는 내용이다. 이처럼 창세전에 하나님에 의하여 결정된 선택과 유기를 말하는 이중예정론은, 전적으로 타락한 인간 자신들이 애써 쌓아올린 의로움이나 공로와는 상관없이 하나님의 무조건적인 은혜로 선택된 사람들만이 제한적으로 구속함을 받고 선택받지 못한 사람들은 유기되어 구원받지 못한다고 말한다. 이처럼 인간의 자유의지에 반하는 운명결정론적인 교리가 이중예정론의 문제점이다.

그리고 『웨스트민스터 신앙고백』은 칼뱅과 거의 동일한 맥락에서 "선택하시는 하나님의 영원하신 경륜에 관하여" 말하면서, 그것은 하나님이 인간에게 허락하신 자유의지를 침해하는 것이 아니라는 비교적 원숙한 개혁신학의 입장을 보여준다. 즉, 하나님의 영원 속에서의 자유로 우신 예정이 하나님을 악과 죄의 창시자로 만들거나, 인간의 자유의지를 부정하거나, 제2원인의 자유와 우연성을 제거하는 것이 아니라, 오히려 그것을 확립하신다는 것이다. 다시 말해서, 하나님이 자신의 전능한 지성적 파악에 있어서 앞으로 발생하든지 발생할 수 있는 모든 것을 아신다 하더라도, 하나님이 그것을 미래로 예견하셨거나 혹은 일정한 상태로 일어날 것이라고 해서 그것을 정하신 것은 아니라는 것이다. 그러나 『웨스트민스터 신앙고백』은 다시 이중예정의 원점으로 돌아가 이어서

---

468) Bruce Demarest, 『십자가와 구원』, 159-162.
469) 총회교육자원부 편, 『개혁교회의 신앙고백』(서울: 한국장로교출판사, 2007), 287-315.

고백하기를, 하나님의 영광을 나타내고 하나님의 영화로운 은혜를 찬양하게 하시려고 생명으로 예정된 사람들을 창세전에 그리스도 안에서 선택하셨다는 것이다. 즉, 어떤 이는 영생으로 어떤 이는 영원한 죽음으로 미리 경륜되었기에, 선택받은 무리들의 숫자는 특별하고 변함이 없게 결정되어 그 수의 증감이 없다는 것이다.470)

앞서 언급된 강경한 입장을 완화시킨 개혁신학은 무조건적이고 이중적인 선택과 유기가 아니라, 오히려 유기를 제외한 구원받을 자에 대해서만 무조건적이고 단일한 선택을 말함으로써 강제적으로 유기된 사람들의 억울함을 해소하고 하나님에게 투영된 악의 창시자라는 이미지를 제거한다. 즉, 자유로우신 하나님의 은혜와 사랑을 통해 무조건적으로 선택받은 사람들은 구원에 이를 수 있지만, 죄인들이 버림받아 구원받지 못하는 것은 하나님이 미리 예정하신 것이 아니라 차별 없이 전해지는 복음을 거부한 그들의 자유의지적인 반응에 기인한 것이다.471)

3. 이중예정론의 재해석

김명용은 자신의 『칼 바르트의 신학』에서 칼뱅의 이중예정론에 대한 바르트의 재해석472)을 명료하게 요약한다. 즉 이중예정의 교리에서 문제가 되는 것은 창세전에 인간의 자유의지에 따른 참여도 없이 하나님의 자유로우신 결정에 따라 정해진 하나님의 영원한 결의로서 선택되지 못한 일군의 무리를 유기하기로 작정하셨다는 것이다. 칼뱅은 자신의 이중예정론의 성서적 전거로서 로마서 9장을 예로 제시하고 선택받은 야곱과 유기된 에서를 명백하게 구분하면서 하나님의 예정을 말한다.473)

---

470) 대한예수교장로회총회 헌법개정위원회 편, 『헌법』, 74-75.
471) Bruce Demarest, *The Cross and Salvation*, (Wheaton: Crossway Books, 1997), 113.
472) 김형근, 『평신도를 위한 신학자 연구』(옥천: 도서출판 은소몽), 221-223에도 동일한 주제와 내용이 다루어져 있다.
473) 칼뱅이 주목한 로마서 9장 11-13절: "그 자식들이 아직 나지도 아니하고 무슨 선이나 악을 행하지 아니한 때에 택하심을 따라 되는 하나님의 뜻이 행위로 말미암지 않고 오직 부르시는 이로 말미암아 서게 하려 하사, 리브가에게 이르시되 큰 자가 어린 자를 섬기리라 하셨나니, 기록된바 내가 야곱은 사랑하고 에서는 미워하였다 하심과 같으니라."

이런 이중예정론은 인간의 구원에 있어서 하나님의 절대 주권을 강조하고 하나님의 절대적인 은총에 의해서만 구원이 가능하며 그런 하나님의 영광을 찬양하려는 선한 의도를 장점으로 지니고 있다.474) 그러나 로마서 9-11장은 칼뱅의 해석처럼 창세전의 이중예정을 보도하는 본문이라기보다는, 오히려 에서보다 야곱을 사랑하시고 자신의 뜻대로 그릇을 만드는 토기장이와 같은 하나님의 자유하심과 그 자유에 따라 이방인들을 먼저 구원하고 나중에 예수 그리스도의 복음을 거부하는 이스라엘을 구원하실지라도 그렇게 행하시는 하나님의 자유로운 구원사역에 대하여 인간은 할 말이 없다고 말하는 본문이다.475) 그러므로 로마서 9장에 대한 칼뱅의 이중예정론적인 해석은 본문의 본래적인 의미를 벗어나 있다. 그리고 칼뱅이 주장하는 하나님의 이중예정에 따르면, 에서와 같이 하나님의 구원으로부터 유기된 일군의 무리는 그 억울함을 하소연할 길이 없고 구원받지 못하며 오로지 지옥의 형벌을 감당해야만 한다.

    이와 같은 이중예정론의 본래적인 목적은 인간의 구원에 있어서 전능하신 하나님의 절대적인 주도권과 자유로우신 하나님으로부터 값없이 베풀어지는 은총을 높이 찬양하려는 것이었다. 그러나 이중예정론이 신학적으로 비판의 대상이 된 까닭은, 그것이 아무런 잘못도 없이 유기되기로 작정된 사람들의 억울함을 해명하지 못하고, 하나님의 선택과 그 선택을 완성시키는 불가항력적 은혜 앞에서 인간의 자유의지에 따른 응답이 무시되는 결과를 낳았기 때문이다. 마찬가지로 바르트도, 고정된 체계를 말하는 기계적인 이중예정론이 역사 속에서 선택하고 버리시는 하나님의 활동의 자유와 주권을 침해하고, 인간의 자유의지와 결단을 무의미한 것으로 전락시키는 비성서적인 결과들을 불러왔으며, 진지한 회개로 부르시는 하나님의 소명에 응답하는 인간의 책임성을 약화시킨다고 비판했다. 무엇보다도 이런 바르트에 따르면, 선택과 유기를 작정하신 하나님과 자신의 아들이 순종함으로 감당한 십자가의 대속적인 고통에 동참한 성부의 아픔과 사랑의 속성이 서로 일치하지 않는다는 것이

---

474) 김명용, 『칼 바르트의 신학』, 150-152.
475) 로마서 9장 3절("나의 형제 곧 골육의 친척을 위하여 내 자신이 저주를 받아 그리스도에게서 끊어질지라도 원하는 바로라.")에는 자신의 동족 이스라엘의 구원을 간절히 바라는 바울의 의도가 잘 드러나 있다.

다. 자신의 아들을 십자가에 내어주며 함께 고통에 동참했던 성부는 무조건적으로 사람들을 유기하여 지옥에 보내는 진노의 하나님이 아니라, 오히려 그리스도 안에서 무조건적으로 사람들을 선택하여 모두가 구원받기를 바라는 보편적인 사랑과 은혜가 충만한 하나님이시라는 것이다. 이런 점에서 바르트에게 이중예정론은, 흠결이 있는 교리라기보다는 오히려 그리스도를 통하여 하나님의 은혜와 사랑을 전하는 "복음의 총화"인 것이다.[476] 하지만 하나님의 객관적인 계시에 응답하는 구원의 주관적인 차원에서 성령의 역사를 통하여 일어나는 인간의 믿음의 응답여부에 따라 그리스도 안에서 구원받는 선택과 그리스도를 거부하여 스스로 자기를 버리는 유기가 결정되기 때문에, 결과적으로 하나님의 보편적인 사랑을 보여주는 바르트의 객관적인 만인화해론이 라너(Karl Rahner)의 만인구원론[477]이나 더 나아가 종말에 만인과 만물의 총체적인 구원을 말하는 몰트만의 만유구원론이 되기 어렵고 또한 종말론적인 이중심판의 두 결과를 피해갈 수 없다. 왜냐하면 "너희는 나를 누구라 하느냐?(막 8:29)"라고 제자들에게 질문했던 그리스도의 십자가와 부활의 복음은 믿음의 고백과 결단을 분명하게 요구하기 때문이다.[478] 그 결과로 하나님의 아들인 예수를 믿지 아니하는 불신앙 그 자체가 심판이 된다(요3:16-18).

그리고 철저하게 예수 그리스도 중심적인 바르트의 이중예정론과 이에 기초한 객관적 화해론은 그것들의 토대가 되시는 그리스도 안에서의 보편적인 선택과 그리스도를 통한 객관적 화해를 강조한다. 그리스도의 십자가 사건을 통해서 나타나는 은총의 하나님을 발견한 바르트의 1942년의 예정론은 활짝 만개한 사랑의 복음을 보여준다. 즉 십자가에 달리신 예수 그리스도는 영원 전에 일어난 하나님의 자기규정이라는 것이다. 이것은 하나님이 그리스도 밖이 아니라, 그리스도 안에 존재하고 세상을 창조하며 인간을 만나신다는 의미이다. 즉 창조세계와 역사의 중

---

[476] 김명용, 『칼 바르트의 신학』, 153-157.
[477] 심상태, 『익명의 그리스도인: 칼 라너의 학설의 비판적 연구』(서울: 성바오로출판사, 1989), 113-114.
[478] 김영한, "몰트만의 보편화해론에 대한 비판적 고찰," 『조직신학연구』 1 (2002), 119-235.

심이신 그리스도 안에 있는 하나님은, 그리스도의 십자가를 통해서 자신을 계시하는 하나님이시다. 그리스도 안에 존재하는 하나님은 영원 전에 인간을 사랑하기로 결의하였기에 그리스도 안에서 인간을 선택하여 긍정하기를 원하시는 하나님이시다. 그러므로 영원하신 하나님의 이중예정은, 그리스도 안에서 인간을 선택하고 인간을 대신하여 하나님 자신이 버림받는 하나님의 극단적인 사랑과 은총의 계시인 그리스도의 십자가 사건을 의미한다. 하나님은 인간을 무조건적으로 유기하는 것이 아니라, 즉 인간을 버리는 대신에 그리스도 안에서 인간을 선택하고 하나님 자신을 버림으로써 예수 그리스도가 버림받으신 분이 되신다.[479] 그리스도의 십자가 사건은 인간을 정죄하고 버리는 것이 아니라, 죄인들을 대신하여 일어난 극단적인 대리적 교환으로서 버림받은 그리스도를 통하여 인간을 선택하고 사랑하겠다는 하나님의 자기계시라는 것이다. 그래서 하나님의 만민을 향한 보편적인 선택은 성령의 역사를 통하여 그리스도를 영접하는 믿음의 사건으로 현재의 시간 속에서 지속적으로 일어나는 것이다. 그럼에도 불구하고 버림받은 자들이 존재하는 이유는 하나님은 언제나 그리스도 안에서 인간에게 사랑과 은총의 선택으로 다가서지만, 그런 하나님의 선한 의지가 죄로 물든 인간들의 자유의지에 의하여 계속해서 거절당하기 때문이다.

4. 객관적 화해론

이런 바르트의 그리스도 중심적인 이중예정론은 객관적 화해론[480]에 이르러 정점에 이른다. 그리고 그의 화해론은 『교회교의학』에서 그의 신학의 절정을 이루는데, 이것이 바로 객관적 화해론 혹은 객관적 구원론으로 불린다. 즉 객관적 화해론이란, 만인은 예수 그리스도에 대한 주관적 믿음과 관계없이 십자가 사건을 통하여 객관적으로 하나님과 이미 화해되어 있다는 것이다. 전통적인 입장은 예수 그리스도를 구주로

---

479) Karl Barth, *Die kirchliche Dogmatik* II, 2, (Zürich: Theologischer Verlag, 1970), 181-183.
480) 김형근, 『평신도를 위한 신학자 연구』, 224-226에도 동일한 주제와 내용이 취급되어 있다.

믿어 받아들이는 순간이 바로 인간이 하나님과 화해되는 시점이다. 이와는 달리 바르트는 인류가 하나님과 화해된 순간은 개개인의 믿음의 순간이 아니고, 오히려 초림 예수께서 수치스럽고 고통스러운 십자가에서 인류의 죄악을 짊어지고 죽으실 때이며, 바로 그때 모든 인류의 죄는 다 해결되었다는 것이다. 즉, 인류를 향한 객관적 사건인 십자가의 구원을 사람이 주관적으로 믿든지 아니 믿든지 하나님은 인류와 이미 화해하셨고 만인의 죄는 용서되었다는 것이다.[481]

이런 바르트에 따르면, 예수 그리스도는 인류를 심판하실 수 있으신 진정한 심판자이심에도 우리를 대신해서 성부로부터 버림받아 심판을 받으셨다. 예수 그리스도의 십자가의 고난과 죽음을 통하여 대리적 교환이 일어나 인류의 죄에 대한 하나님의 형벌은 끝이 났다는 것이다. 인류의 죄를 용서하기 위하여 고통과 죽음을 겪으신 예수 그리스도의 십자가는, 극단적인 하나님의 사랑과 자비의 계시이고 이를 통하여 인류는 이미 하나님과 화해되어 있다는 것이다. 하나님과 인간 사이의 화해는 인간의 믿음에 의하여 규정되지 아니하고, 인간을 향한 하나님의 용서는 이미 영원히 결정되었으며, 하나님은 인간에게 영원히 사랑과 자비를 베푸시는 아버지이시다. 인간이 자비하신 하나님을 영원히 모를 수는 있어도, 하나님께서 인간을 향한 자신의 자비하심을 거두지는 아니하신다. 비록 인간이 십자가에 계시된 은총이 넘치는 화해의 사건을 모를 수는 있어도, 하나님이 일으키시고 완성하신 화해의 사건을 철회시킬 수는 없다는 것이다. 이런 바르트의 화해론은, 인간과 하나님의 화해를 내가 주관적으로 믿는 순간인 지금 여기로부터 예수 그리스도께서 십자가에서 죽으셨던 순간으로 시간이동을 시킨 객관적 화해론이다. 이는 화해의 시점에 대한 인식론적인 전환을 통하여 화해의 시간을 앞당기고 화해의 주도권을 인간보다는 하나님에게 두고자 하는 의도가 깃들인 것으로 보인다. 또한 이는 역사에 있어서 단 한 번 일어난 화해의 사건이지만 영원한 사건이기에 십자가 이전과 그 이후의 미래의 역사를 관통하는 중심사건인 것이다.[482] 이런 점에서 예수 그리스도 십자가 사건 이

---

481) 김명용,『칼 바르트의 신학』, 230.
482) 위의 책, 231-232.

전의 사람들은 음부에 내려가셔서 복음을 전파하신 예수의 설교를 통하여 이 화해를 인식할 수도 있다고 여겨진다. 그런 이해는 사도신경에서 삭제된 "음부에 내려가셨다가"라는 표현과 벧전 3:19절의 "영으로 옥에 있는 영들에게 전파하셨다"와 벧전 4:6절의 "이를 위하여 죽은 자들에게도 복음이 전파되었으니"라는 증언들에서 엿볼 수 있다.

    모든 인류가 하나님과 화해되어 있다는 바르트의 객관적 화해론은 인간의 믿음 없이도 마침내 모든 인류가 구원에 이른다는 만인구원론으로 오해할 수도 있는 신학적 질문을 유발시켰다. 이에 대해 바르트는 자신의 객관적 화해론은 믿음 없이 모두가 구원받는 "만인구원론(Allerlösungslehre)"이 아니라, 오히려 모두가 하나님과 화해되어 있다는 "만인화해론(Allversöhnungslehre)"이라고 해명하였다. 바르트에 따르면, 하나님의 객관적인 화해와 인간의 주관적인 신앙고백을 통해서 얻는 구원은 서로 다른 별개의 사건이다. 예수 그리스도의 십자가에서 죄와 죽음의 어두운 세력 사탄은 이미 패배하였고 무(無)의 세력은 끝이 났다. 이것이 하나님과 인간 사이의 객관적인 화해이고, 이 기쁜 화해의 소식을 전하여 사람들이 그것을 믿음으로써 구원받도록 하는 것이 교회의 선교적 사명의 시간이고 성령이 역사하시는 시간이라는 것이다. 성령이 역사하시어 교회가 전한 예수의 십자가와 부활의 복음을 개인적인 고백과 결단을 통하여 각 개인이 주관적으로 믿을 때에 화해의 복음이 구원을 가져오는 것이다. 그러나 믿지 않는 사람들은 그 불신앙 때문에 죄와 죽음의 어두운 통치가 계속되는 비참한 곤궁 속에서 벗어나지 못한 상태로 살아간다는 것이다. 바르트의 원죄에 대한 재해석에 따르면, 예수의 십자가와 부활의 복음을 듣고서도 죄 가운데서 여전히 행복하게 살 수 있다고 고집스럽게 우기는 것이 "교만(Hochheit)"으로서의 죄이고, 예수를 믿고 자유와 기쁨의 새 생활을 누리는 삶으로 나아가지 않겠다는 어리석음이 "태만(Trägheit)"으로서의 죄이며, 예수의 십자가를 통하여 죄와 죽음의 세력이 이미 패망하였고 그리스도께서 부활하셨다는 사실이 거짓말이라고 생각하는 것이 스스로 속는 "기만(Lüge)"으로서의 죄다.[483] 이런 원죄에 빠진 사람들은 복음과 성령의 역사를 거부

---

[483] 위의 책, 233-236.

하고 하나님을 믿지 않으며 하나님 아닌 다른 것들을 인생의 피난처와 의지처로 삼고 거기서 헛된 위로와 기쁨을 구하기에 인생의 무상함 속에서 허무를 느낄 것이고, 살았으나 여전히 죽음의 세력 가운데 있는 절망의 사람들이다. 그러나 삶의 무의미성과 절망과 죽음을 극복하시고 부활하신 예수 그리스도는 우리를 향하신 하나님의 사랑과 은혜이고 우리 인생의 구원이고 생명이며 기쁨이다.

5. 이중심판론

앞서 언급된 바르트의 객관적 화해론은 격렬한 신학적 파장을 불러일으켰다. 바르트의 그런 주장이 성경의 천국과 지옥이라는 이중심판의 결과를 부정하고 인간의 판단을 넘어 자유로우신 하나님의 영역에 속하는 만인구원론을 지향한다는 이유로 브루너(Emil Brunner)와 그의 제자 에벨링(Gerhard Ebeling)이 그것에 대하여 비판하였다.[484] 그러나 바르트 자신은 만인화해론을 주장하였다고 밝혔으며, 즉 만인을 향한 선택과 화해를 의미하는 자신의 이중예정론과 객관적 화해론에서 만인구원론을 이끌어내는 신학적 상상의 산물을 경계하였다. 그리고 하나님의 사랑과 정의는 서로 균형과 조화를 이루는 동전의 양면과 같은 것인데, 정의 없이 하나님의 사랑의 속성에서만 만인구원론이라는 신학적 결과를 도출하는 것은 논리의 비약이라고 경고했다. 또한 바르트는 하나님은 살아계셔서 자유롭게 활동하시기 때문에, 인간이 예단하는 논리로써 하나님의 자유로우신 활동과 미래를 결정하는 것은 잘못된 것이라고 지적하였다. 그래서 많은 신학자들이 바르트의 객관적 화해론에 따라오는 구체적인 구원론이 나오기를 고대하였지만, 그는 그것을 완성하지 못하였다.[485]

여기까지 논의한 칼뱅의 이중예정론과 바르트의 객관적 화해론의 종말론적인 결과는 이중심판의 두 현실인 영생과 영벌이다. 이들에 앞서 성서에는 이중심판의 두 결과에 대하여 이야기하는 구절들[486]이 너

---

484) 김균진, 『기독교 신학 5』, 453.
485) 김명용,『칼 바르트의 신학』, 237-238.

무나도 많이 있는데 그 중에서 명확한 몇 개를 소개하면 다음과 같다. 마태복음 7장 13-14절에서 예수는 멸망으로 인도하는 문은 크고 그 길이 넓어 그리로 들어가는 자가 많고 생명으로 인도하는 문은 좁고 길이 협착하여 찾는 자가 적다고 말씀하신다. 마태복음 25장 45-46절에서 재판하는 임금은 주님으로 여겨지는 지극히 작은 자 하나를 대접한 의인들을 영생으로 그들을 대접하지 아니한 불의한 자들은 영벌에 들어가는 것을 선언한다. 마가복음 9장 47절은 한 눈으로 하나님의 나라에 들어가는 것이 두 눈을 가지고 지옥에 던져지는 것보다 낫다고 회개의 중요성을 일깨운다. 요한복음 3장 16-18절은 하나님이 세상을 이처럼 사랑하사 독생자를 주셨으니 이는 그를 믿는 자마다 멸망하지 않고 영생을 얻게 하려 하심이고, 하나님이 그 아들을 세상에 보내신 것은 세상을 심판하려 하심이 아니라 그로 말미암아 세상이 구원을 받게 하려 하심이고, 그를 믿는 자는 심판을 받지 아니하는 것이며 믿지 아니하는 자는 하나님의 독생자의 이름을 믿지 아니하므로 이미 심판을 받은 것이라고 보도한다. 요한복음 5장 28-29절의 심판하는 권한을 위임받은 인자의 선포에 따르면, 무덤 속에 있는 자가 다 그의 음성을 들을 때가 오고 선한 일을 행한 자는 생명의 부활로 악한 일을 행한 자는 심판의 부활로 나올 것이라고 한다. 요한계시록 20장 13-15절의 천년왕국 이후에 있을 최후심판에 따르면, 바다와 사망과 음부도 그 가운데에서 죽은 자들을 내어주고 각 사람이 자기의 행위대로 심판을 받을 뿐만 아니라 사망과 음부도 불못에 던져지니 이것이 둘째 사망 곧 불못이며 누구든지 생명책에 기록되지 못한 자는 불못에 던져진다는 것이다.

    이와 같이 성서는 이중심판의 결과로 천국에서 누리는 영원한 생명과 지옥에서 고통당하는 영벌을 엄중한 경고조로 분명히 말한다. 그러나 그것들과 더불어 성서에는 최후에 일어날 만물의 회복, 즉 만유구원을 지지하는 구절들도 혼재되어 있는 것도 사실이다. 그럼에도 불구하고 앞서 언급한 바와 같이 김영한은 예수 그리스도를 통한 구원은 그분에 대한 믿음을 전제로 한다는 차원에서 이루어지기 때문에 그리스도에 대한 신앙고백 없이 만인에게 주어지는 구원을 찬성하지 않는다.[487] 그리고

---

486) 김균진, 『기독교 신학 5』, 455-466.

김도훈은 몰트만이나 만유구원론자들이 주장하는 성서적 전거들을 본문의 맥락에서 주석하여 만유구원론의 단순한 토대를 뒤흔들며 오히려 이 중심판론이 더 성서적임을 주장한다.488)

6. 만유구원론
6.1 객관적 화해론의 파장

바르트가 경고한 바와 같이 그의 객관적 화해론은 만인구원론이 아님에도 불구하고 개신교를 넘어 가톨릭의 신학에도 그 영향력을 행사했다. 김명용에 따르면, 바르트의 객관적 화해론에 영향을 받은 가톨릭신학자 칼 라너는 "익명의 그리스도인"489) 개념을 말하면서, 모든 인간은 이미 그리스도의 사건 속에서 선험적으로 의롭게 된 인간이라고 생각했다. 즉 모든 인류는 그리스도의 은총을 통하여 객관적으로 관통되어 있다는 것이다. 그러므로 모든 인류는 의롭게 된 존재이고 그리스도의 은총을 경험할 가능성을 선험적으로 가지고 있다는 것이다. 전 인류를 관통하는 그리스도의 은혜를 힘입어 살아가는 모두는 그리스도의 은혜를 경험하고 살아가는데, 특히 초월적인 존재를 향해 자신을 개방하는 사람들, 이웃과 선함 그 자체이신 하나님을 위해 자신을 개방하는 사람들은 그리스도의 은총을 더욱더 경험할 가능성이 높다는 것이다. 다시 말해서, 모든 사람들이 언젠가는 복음을 믿어 구원의 영역으로 편입될 잠정적인 그리스도인들로서 이와 같은 사람들이 익명의 그리스도인이라는 것이다. 익명의 그리스도인들은 특히 타종교인들 속에 많이 존재하고, 이들이 가톨릭교회의 구원의 범주에 들어올 가능성이 더 많다는 것이다. 이런 라너의 포용주의적인 종교신학은 제2차 바티칸 공의회의 교령에 신학적으로 큰 영향을 끼쳤다. 그리고 이러한 신학적 기초위에서 가톨릭교회는 타종교에 대하여 개방적인 태도를 취하게 되었으며, 타종교를 관통하는 그리스도의 은총을 인정하여 그들을 통하여 빛나는 그리스도의

---
487) 김영한, "몰트만의 보편화해론에 대한 비판적 고찰," 126-127.
488) 김도훈, "만유구원론에 대한 비판적 고찰: 몰트만의 만물의 회복에 대한 이론을 중심으로," 73-97.
489) 심상태, 『익명의 그리스도인: 칼 라너의 학설의 비판적 연구』, 254.

은총을 존중할 것을 가르쳤다.[490]

　더 나아가 바르트의 객관적 화해론을 수용한 몰트만은 칼뱅의 이중 예정론에 따른 심판의 두 결과를 사랑의 하나님의 영광을 밝히 드러내는 만유구원에 이르는 하나의 과정이라고 해석했다. 그리고 몰트만은 바르트가 남긴 미완성의 과제를 발전시켜 자신의 『오시는 하나님』에서 바르트의 만인화해론과 라너의 만인구원론을 넘어서 그것들을 다 포용하는 만유구원론으로까지 종말론적인 구원의 범위를 우주적으로 확대하였다.[491] 다시 말해서 고통스러운 십자가에 달리시고 부활하신 예수 그리스도를 통하여 선취된 희망은, 인간의 세계와 역사 속에서 죽음을 극복하고 생명의 하나님 나라를 만들어 가고 있을 뿐만 아니라, 몰트만으로 하여금 지옥의 형벌을 넘어서 최후에 일어날 만물의 회복이라는 희망을 고백하게 만들고 결국 그것은 온 우주에 영광스런 하나님의 임재가 충만하게 되는 만유재신론적인 만유구원으로 성취될 것이라고 말하게 한다.[492] 즉 초림 예수에게서 선취된 종말론적인 희망은 부활하신 예수의 재림을 통하여 완성되는데, 그것은 파멸과 끝이 아니라 창조의 목적의 완성이고 하나의 새로운 시작이며 구원의 완성이라는 것이다. 이러한 몰트만의 신학적 근거는 십자가에 달린 그리스도를 강조하는 신학정신, 즉 하나님이 먼저 주도적으로 인간을 용서하신다는 바르트의 객관적 화해론과 인간의 심판받을 행위를 넘어 용서하신다는 루터의 십자가신학이다. 즉 만유를 구원하기 위하여 십자가를 대신 지신 그리스도와 함께 고난당하시는 성부의 속성은 인간의 믿음의 응답여부에 따라오는 심판의 두 결과를 능히 극복하실 수 있는 전능성과 악인과 사탄까지도 품으시는 무한한 사랑이다.[493]

　이런 주장의 핵심적인 성경적 근거는, 세상과 화해하시는 하나님은 구원하기로 선택하신 사람들뿐만 아니라 전 '우주'를 자기 자신과 화해시키셨고(고후 5:19), 또한 사랑의 하나님이 독생자를 주신 것은 믿는 사람들뿐만 아니라 죄로 물든 '세상'을 사랑하셨기 때문이라는 것이다

---

490) 김명용, 『칼 바르트의 신학』, 242-243.
491) Jürgen Moltmann,『오시는 하나님: 그리스도교적 종말론』, 389-391, 393-395.
492) 위의 책, 404, 495.
493) 김균진, 『기독교 신학 5』, 458-462.

(요 3:16). 멸망에서 구원으로의 위대한 전환은 예수의 십자가가 서 있었던 골고다에서 이미 일어났으며, 지금 여기에 있는 우리의 믿음의 결단이나 회개의 시간에 일어나는 것이 아니라는 것이다. 즉, 회개하고 주 예수 그리스도를 믿는 것은 개인적인 신앙의 체험과 수단이지 멸망으로부터의 구원 그 자체가 아니라는 것이다. 다시 말해서, 나의 믿음이 나에게 구원을 마련하는 것이 아니라, 그리스도의 구원이 나에게 믿음을 마련한다는 것이다. 인과론적인 카르마의 법칙을 깨뜨리는 하나님의 사랑과 은혜를 강조하는 몰트만에 따르면, 인간을 위한 하나님의 결정이 영원의 영역에 속한다면 신앙을 거부하는 인간의 결정은 시간의 영역에 속한다는 것이다. 시간 속에 있는 인간이 하나님의 사랑의 결정을 거부할 수 있지만 영원하신 하나님의 구원결정을 뒤엎을 수 없다는 것이다. 인간의 운명을 최종적으로 결정하는 주체는 인간이 아니라 하나님이시고, 예수 그리스도의 십자가를 통하여 계시된 인간의 궁극적인 운명은 이중심판의 결과를 넘어선 만물의 회복이라는 것이다. 인간은 지속적으로 그리스도의 사랑을 거부할 수 있지만 인간을 사랑하시는 하나님의 사랑의 영원성을 극복할 수 없다는 것이다. 몰트만은 모든 인간이 그리스도 안에서 객관적으로 화해되어 있다는 바르트의 진술에 찬성하면서, 인간이 하나님의 사랑을 거부하는 것보다 인간을 사랑하는 하나님의 사랑의 영원성이 더 크시다고 말한다.[494]

그러나 고린도후서 5장 19절에 이어지는 20절에서 바울은 세상과 그리스도 안에서 화해하시는 하나님과 너희는 화목하라고 수신자들에게 권면하면서 인간 편에서 응답하는 믿음도 강조한다. 그리고 요한복음 3장 16절 전후의 문맥은 하나님의 사랑의 계시로서 성육신하신 예수 그리스도를 영접하여 영생을 얻으려면 그분에 대한 분명한 믿음의 응답이 요구된다고 말한다. 영원하신 하나님의 품에 안겨있던 독생자 예수 그리스도께서 십자가 위에서 드러낸 은혜와 진리는 세상 사람들로 하여금 그것을 믿는 믿음을 통하여 멸망당할 심판을 벗어나 영생과 구원을 얻게 하려고 의도된 사랑과 생명의 계시이기 때문이다. 그러므로 하나님이 믿지 아니하는 자들을 사랑하지 아니하여 그들이 불신앙에 떨어지고 정

---

494) Jürgen Moltmann, 『오시는 하나님: 그리스도교적 종말론』, 388-389.

죄당하는 것이 아니라, 오히려 그들이 하나님을 믿지 아니함으로 자기 자신들을 정죄하는 것이다.495) 물론 절대적인 사랑의 하나님은 거부당한 자신의 사랑에 가슴아파하시며 예수를 영접하지 아니하는 자들을 매우 안타까워하시겠지만, 이중심판의 결과로서 지옥에 있는 모든 자들과 사탄까지도 구원하신다고 진술하는 것은 인간의 예단으로서 전능하신 하나님의 자유를 침해하는 것이다.496) 만유구원은 유한한 인간의 측량과 사유를 초월하여 계시는 자유로우신 하나님이 알아서 하실 것으로서 하나님 자신에게 맡겨 두어야 할 영역으로 여겨진다.

6.2 만유구원론의 성서적 전거에 대한 비판적 검토

김균진이 몰트만의 신학을 수용하여 성서에 공존하는 이중심판론과 만유구원론의 평행선적인 긴장을 궁극 이전인 이중심판 후에 있을 궁극적인 만유구원으로 해소하려고 시도한 것처럼,497) 몰트만이 이중심판의 결과를 지나서 도래하는 만유구원론을 옹호하려고 인용한 성경구절들을 주의 깊게 다시 살펴볼 필요가 있는데, 그것들을 열거하면 다음과 같다.498)

6.2.1 만물의 회복

바르트의 객관적 화해론에 반대하면서 그것을 공상적인 이론으로 파악했던 부루너와 에벨링을 넘어서 몰트만은 사도행전 3장 21절의 "만물을 회복하실 때"를 만물의 화해가 아니라 하나님의 약속의 성취로서 이해한다. 그러나 "만물을 회복하실 때"는 이중심판이 지나간 후라기보다는 종말론적인 그리스도의 재림을 통하여 이중심판이 행해질 때에 실

---

495) 김도훈, "만유구원론에 대한 비판적 고찰: 몰트만의 만물의 회복에 대한 이론을 중심으로," 75.
496) 김균진, 『기독교 신학 5』, 458. 이런 내용을 소개하지만 김균진은 이것을 넘어 만유구원론을 주장한다.
497) 위의 책, 456-457.
498) Jürgen Moltmann, 『오시는 하나님: 그리스도교적 종말론』, 381-382, 384-388.

현될 만물의 소생과 성도들이 복락에 참여하는 축복의 시기라 할 수 있다. 그리고 사도행전 3장 21절의 "마땅히 하늘이 그를 받아두리라"는 부활하신 예수께서 재림하시기까지 하나님 우편에 앉아계시는 것으로 본다면, 이중심판으로 일어나는 만물의 회복은 그리스도의 재림에 바로 이어지는 것으로 보는 것이 더 타당하다.499) 이어서 에베소서 1장 10절의 "하늘에 있는 것이나 땅에 있는 것이 다 그리스도 안에서 통일되게 하려 하심이라"와 골로새서 1장 20절의 "그의 십자가의 피로 화평을 이루사 만물 곧 땅에 있는 것들이나 하늘에 있는 것들이 그로 말미암아 자기와 화목하게 되기를 기뻐하심이라."를 몰트만은 우주적 그리스도를 통하여 하나님과 화해될 만물, 즉 모든 사람과 생물과 천사와 불순종한 천사들까지도 포함하는 만물의 회복과 세계의 완성을 향한 만물의 귀향으로 해석한다. 에베소서 1장 10절은 그리스도 안에서 예정되었던 것으로서 일어날 만물의 통일은 인류의 구원과 더 아름답고 완전한 회복을 말한다.500) 그러나 바울의 신학에 따르면, 그러한 만물의 회복은 지옥이 없는 하나님의 통치방식을 의미하는 것이 아니다. 오히려 그것은 주권적인 하나님의 이중심판의 결과로 드러나는 공의로우신 하나님의 긍정적인 통치 방식인 천국을 인정함과 동시에 그분의 부정적인 통치 방식인 지옥을 배제하지 않는다는 것이다.501) 또한 골로새서 1장 20절은 화목의 중보자인 그리스도의 십자가의 피로써 하나님과 인간과 만물이 상호 간에 화해에 이르게 되었다는 것을 말한다. 그렇지만 이 구절을 만인을 포함한 만유의 구원과 심지어 하나님을 대적하는 사탄까지도 구원한다고 해석하는 것은 하나의 입증되지 않은 가정에 불과하다고 김도훈은 주장한다.502)

---

499) 이상근, 『신약성서 주해: 사도행전』(대구: 성등사, 1993), 71.
500) 이상근, 『신약성서 주해: 옥중서신』(대구: 성등사, 1993), 33-34.
501) 김도훈, "만유구원론에 대한 비판적 고찰(1): 만유구원론의 출발점과 성서적 근거에 대한 비판," 186-187.
502) 위의 책, 189.

6.2.2 우주적 그리스도와 아담-그리스도 유형론

전술한 자신의 주장을 이어가는 몰트만에 따르면, 빌립보서 2장 10-11절의 "하늘에 있는 자들과 땅에 있는 자들과 땅 아래에 있는 자들로 모든 무릎을 예수의 이름에 꿇게 하시고, 모든 입으로 예수 그리스도를 주라 시인하여 하나님 아버지께 영광을 돌리게 하셨느니라."는 십자가에서 죽으시고 부활하신 그리스도를 통하여 평화롭고 영광스런 우주가 도래할 것을 노래하는 그리스도 찬미송의 결론이다. 그리고 고린도전서 15장 25절과 28절의 "그가 모든 원수를 그 발아래에 둘 때까지 반드시 왕 노릇 하시리니, 만물을 그에게 복종하게 하실 때에는 아들 자신도 그 때에 만물을 자기에게 복종하게 하신 이에게 복종하게 되리니 이는 하나님이 만유의 주로서 만유 안에 계시려 하심이라."는 만유의 통치자인 그리스도 앞에 만유와 모든 적이 무릎 꿇을 것이고, 만유의 주님이신 하나님이 모든 것 안에서 모든 것이 되실 것을 말한다. 그리고 썩지 아니할 몸의 부활을 증언하는 고린도전서 15장은 이중심판의 두 결과를 말하지 않는다고 몰트만은 주장한다. 그러나 빌립보서 2장 5-11절에 이르는 그리스도 찬미송을 노래한 바울의 의도는 만유구원이 아니라 오히려 생명의 말씀인 예수 그리스도를 믿어 구원을 이루어가라고 권면하는 12절 이하의 내용에서 분명히 드러난다. 즉 바울은 "그러므로 나의 사랑하는 자들아 너희가 나 있을 때뿐 아니라 더욱 지금 나 없을 때에도 항상 복종하여 두렵고 떨림으로 너희 구원을 이루라."고 말하기 위해서이다. 그리고 김도훈이 동의하는 쉬바르츠(Hans Schwarz)에 따르면, 고린도전서 15장 28절에 나오는 "하나님이 만유의 주로서 만유 안에 계시려 하심이라"는 진술의 가장 심오한 의미는 공의로우신 하나님의 지옥에 대한 주권적인 통치를 부정하려는 것이 아니라, 오히려 이미 구원받은 자와 저주받은 자들을 다스리시는 하나님이 새로운 세계에서 지옥과 모든 반신적 세력들에 대한 승리자가 되실 것을 뜻하는 것이다.[503]

이어서 몰트만은 로마서 5장 18절의 "그런즉 한 범죄로 많은 사람

---

503) 위의 책, 188.

이 정죄에 이른 것 같이 한 의로운 행위로 말미암아 많은 사람이 의롭다 하심을 받아 생명에 이르렀느니라."와 고린도전서 15장 22절의 "아담 안에서 모든 사람이 죽은 것 같이 그리스도 안에서 모든 사람이 삶을 얻으리라."와 로마서 11장 32절의 "하나님이 모든 사람을 순종하지 아니하는 가운데 가두어 두심은 모든 사람에게 긍휼을 베풀려 하심이로다."를 아담-그리스도의 유형론을 말하는 것으로 보며 이를 통해 만유구원론을 주장한다. 즉, 로마서 5장 18절과 고린도전서 15장 22절에 표현된 보편주의는 유대인과 이방인의 구별을 폐기하지 않으면서 그들 모두가 포괄적인 구원의 대상임을 말한다. 그리고 로마서 11장 32절은 모든 사람의 불순종을 통하여 역으로 그들에게 베풀어지는 하나님의 자비와 긍휼을 역설한다는 것이다. 그러나 이런 아담-그리스도의 유형론은 로마서의 맥락 속에서 둘째 아담인 그리스도의 속죄를 통하여 이루어질 만유구원을 의미하는 것이라기보다, 오히려 예수 그리스도를 믿는 자들에게 미치는 영생을 말하는 의미에 더 가깝다.504)

6.2.3 한시적인 지옥

전술한 내용에 이어서 몰트만은 이중심판의 두 결과와 관계된 본문들을 열거하고 이를 만유구원론과 조화시키려고, 마가복음 9장 49절의 "사람마다 불로써 소금 치듯 함을 받으리라"에 나오는 지옥의 불을 정화의 불로서, 즉 교육과정을 위한 벌로서 이해한다. 다시 말해서 몰트만은 이중심판의 결과로서 멸망과 지옥의 고통은 있지만 그것은 어느 정도의 긴 시간이지 무시간적인 영원이 아니라고 다음과 같이 해석한다. 즉, "헬라어 '아이오니오스'(aionios)는 히브리어 '올람'(olam)과 같이 고정된 끝이 없는 시간, 긴 시간을 뜻하며, 그리스 형이상학에서 말하는 절대적이고 무시간적인 의미에서의 영원을 뜻하지 않는다. 그러므로 무시간적인 영원이란 오직 단수형으로만 있기 때문에, 이 무시간적인 영원으로부터는 있을 수 없는 복수형 '올라민'(olamin) 혹은 '아이오네스'(aiones)가 있다. 멸망과 지옥의 고통이 영원하다면, 그것은 시대적

---
504) 위의 책, 193-196.

(aeonisch)이며, 긴 시간적 혹은 마지막 시간적(endzeitlich)이다. 하나님 자신만이 절대적 의미에서 '영원'(ewig)하시며, 양적 의미에서 '무한'(unendlich)하시다."505) 그리고 마태복음 25장에 등장하는 세상 처음부터 마련되어 있는 구원(창세로부터 너희를 위하여 예비된 나라)에 들어가는 축복받은 사람들과 세상 처음부터 마련되어 있지 않은 멸망을 당할 사람들이 들어가는 지옥의 불(마귀와 그 사자들을 위하여 예비된 영원한 불)은 시간적인 불균형을 말해주는데, 이로 미루어보아 지옥의 불이 세상 끝 날까지 지속될 필요가 없다고 몰트만은 주장한다. 또한 바울과 요한도 멸망을 현재형으로 말하지 미래형으로 말하지 않는다는 것이다. 몰트만은 멸망이 종말론적인 지평에서 마지막 이전의 것이지 마지막 것이 아니라고 생각하며, 마지막 것은 요한계시록 21장 5절의 "보라 내가 만물을 새롭게 하노라"이다. 즉 최후에 있을 만물의 화해와 구원은 새 하늘과 새 땅이 도래하는 새 창조로서 자연적 죽음도, 죄의 죽음도, 영원한 죽음도 없다는 것을 의미한다.506)

그러나 마가복음 9장 42절의 영생에 대비되는 지옥의 꺼지지 않는 불과 마태복음 25장 46절의 "그들은 영벌에, 의인들은 영생에 들어가리라."는 선언은 영생과 영벌의 개념을 달리는 평행선처럼 극명하게 대조시켜 말하고 있다. 또한 요한계시록 21장 3-7절은 처음과 마지막이신 하나님이 새 창조를 행하시어 모든 눈물과 사망이 없고 애통과 곡하는 것이나 아픈 것이 없는 하나님 나라에서 값없이 주시는 생명수 샘물은 하나님의 백성과 자녀가 되어 이기는 자들만이 상속할 수 있다고 보도한다.507) 이어지는 8절은 "그러나 두려워하는 자들과 믿지 아니하는 자들과 흉악한 자들과 살인자들과 음행하는 자들과 점술가들과 우상 숭배자들과 거짓말하는 모든 자들은 불과 유황으로 타는 못에 던져지리니 이것이 둘째 사망이라"고 분명하게 증언한다. 그러므로 모두가 하나님의 백성과 자녀가 되어 하나님이 주시는 선물인 영원한 생명을 누릴 수 없기 때문에, 하나님의 자녀가 아닌 사람들이 던져지는 둘째 사망이 없다

---

505) Jürgen Moltmann,『오시는 하나님: 그리스도교적 종말론』, 383.
506) 위의 책, 384.
507) 박수암,『요한계시록』(서울: 대한기독교서회, 2021), 444.

고 말하는 것도 8절의 본래적인 의미를 벗어난 해석이다.[508]

6.2.4 인간의 죄악을 넘어서는 하나님의 사랑

앞서 언급한 내용으로부터 더 나아가 로마서 5장 20절의 "죄가 더한 곳에 은혜가 더욱 넘쳤나니"를 전거로 하여 자신의 주장을 펼치는 몰트만에 따르면, 죄를 지은 인간의 인격은 긍정하고 죄를 미워함으로써 그 인간이 지은 죄에 대하여 일어나는 일시적인 분노를 넘어서 결국 용서하시는 하나님의 사랑과 은혜의 더 크심을 믿는다면 우리가 이중심판의 두 결과를 거부할 수 있다는 것이다. 그리고 몰트만은 사무엘상 2장 6절의 "스올에 내리게도 하시고 거기에서 올리기도 하시는도다."와 시편 30편 5절의 "그의 노염은 잠깐이요 그의 은총은 평생이로다."에 의거하여 영원히 지속되는 것은 하나님의 분노가 아니라 사랑과 은혜라고 말한다. 따라서 이중예정에 따른 심판의 두 결과는 만유의 화해와 구원을 위하여 은혜로우신 하나님의 의를 보편적으로 관철시키는데 봉사한다. 결국 인간이 지은 죄에 대한 분노를 넘어, 즉 죄인을 그가 지은 죄와 분리시켜 사랑하시는 하나님의 은혜의 풍성함은 세계의 심판과 만유구원의 모순을 극복하신다. 다시 말해서 의로우신 하나님은 분노의 심판을 통하여 너무나도 은혜로운 만유의 회복을 일으키신다. 이처럼 하나님의 사랑과 은혜를 무한히 신뢰하는 만유구원론은 사랑의 하나님의 구원의 총체성을 강조하는 반면에, 하나님의 계시에 대한 인간의 주관적인 신앙고백을 신뢰하는 이중심판론은 하나님의 구원에 응답하는 신앙의 상호성을 강조한다고 몰트만은 말한다. 이런 점에서 예수 그리스도에 대하여 명시적인 신앙을 고백하지 못하는 죽은 어린이들과 중증에 시달리는 신체 장애인들은 주관적인 신앙을 고백하기 어렵기 때문에, 인간의 자기신뢰적인 신앙고백보다는 우리를 위하시는 하나님 편에서 그리스도를 통하여 주시는 사랑과 은혜가 더 크고 절대적이어야 한다는 것이다. 그래야만 하나님의 주권적인 결단으로 나타난 그리스도의 사랑이 인간

---

[508] 김도훈, "만유구원론에 대한 비판적 고찰(1): 만유구원론의 출발점과 성서적 근거에 대한 비판," 198-199.

의 신앙고백을 초월하여 만유를 구원할 수 있다는 것이다. 이런 몰트만은 인간 편에서 하나님께 드리는 주관적인 신앙고백상의 그리스도를 통하여 일어나는 제한적인 구원에 의문을 제기한다. 그러면서 몰트만은 로마서 8장 31절의 "만일 하나님이 우리를 위하시면 누가 우리를 대적하리요."를 우리 자신의 신앙고백이 아니라, 오히려 그리스도의 십자가와 부활을 통하여 일어난 우리를 위하시는 하나님의 단 일회적인 사랑의 결단으로 이해한다. 따라서 하나님은 우주적 그리스도를 통하여 일군의 선택된 사람들뿐만 아니라 모든 인간과 우주만물을 자기 자신과 화해시키고 사랑하시며 구원하신다(고후 5:19, 요 3:16).509)

그러나 로마서 5장 20절의 "죄가 더한 곳에 은혜가 더욱 넘쳤나니"라는 구절의 의미는 이중심판에 따라오는 영벌을 극복하는 것이라기보다, 오히려 그리스도 앞에서 지은 죄를 많이 깨닫고 크게 회개하는 곳에 그만큼 그리스도의 은혜가 더 풍성하게 넘친다는 의미로 보는 것이 좋을 것 같다. 이어지는 21절은 아담을 초월하시는 "우리 주 예수 그리스도로 말미암아(은혜로 말미암은 의를 통하여) 영생에 이르게 하려 함이라."고 말한다. 그리고 허물과 죄로 죽었던 본질상 진노의 자녀를 살리는 그리스도를 믿는 믿음은 인간에게서 자생하는 것도 아니고 인간의 주관적인 신앙고백의 차원을 넘어서 하나님이 주시는 은혜로운 선물이다(엡 2:8). 게다가 몰트만은 예수 그리스도의 십자가를 통하여 나타난 사랑의 하나님의 의에 대하여 믿음을 고백하는 성도들이나 믿음을 고백하지 않는 불신자들이나 하나님을 대적하는 사탄이나 허무에 굴복하여 탄식하며 하나님의 자녀들이 누리는 자유를 갈구하는 만물에게까지도 하나님의 사랑의 절대성과 의로우심을 무차별적으로 적용한다. 이를 통하여 몰트만은 하나님의 속성인 정의와 자유를 제거하고 하나님에게 사랑을 강요하며 만물의 회복인 만유구원을 말하는 경향이 있다.510) 몰트만이 이렇게 생각하는 이유는, 사랑이 충만하신 하나님의 공의의 태양이 비추는 범위를 우주만물에게로 확대시켜 그리스도의 재림을 통하여 먼저 교회와 이스라엘이 부활하고 이어서 나머지 인류도 부활하는데, 그들

---

509) Jürgen Moltmann, 『오시는 하나님: 그리스도교적 종말론』, 385-388.
510) 김도훈, "만유구원론에 대한 비판적 고찰: 몰트만의 만물의 회복에 대한 이론을 중심으로," 76.

모두에게 이중심판의 두 결과가 적용된 후에 교회와 이스라엘을 포함한 만인과 만물에게 구원을 가져오는 차별이 없는 새 창조의 복음을 높이 찬양하려는 의도 때문이다. 즉 몰트만은 고통스러운 십자가에 달리시고 부활하신 그리스도께서 재림하시어 하나님의 한없는 사랑과 공의로 피해자들을 위로하고 회복시키시며 가해자들을 바로 잡고 그들 모두를 사랑으로 품어 안아주실 것을 확신한다.511) 따라서 몰트만은 "선한 것이 영원하기 때문에 악한 것이 영원할 수 없고, 하나님의 구원이 영원하기 때문에 비참이 영원할 수 없으며, 하나님의 구원이 있기 때문에 구원이 아닌 모든 것은 중지된다."512)고 말하며 영생과 영벌의 강요된 균형을 거부하는 불룸하르트(Christoph Gottlief Blumhardt)의 입장을 받아들인다.

6.2.5 실존적인 경험으로서 지옥

전술한 바와 같이 인간이 감히 측량할 수 없는 하나님의 크신 사랑과 공의를 드러내려고 십자가에 달리신 그리스도에 기초하여 지옥을 실존적인 경험으로 이해하며 지옥의 형벌이 일시적임을 주장하는 몰트만에 따르면, 십자가에서 지옥 같은 죽음의 고통을 당하시고 지옥을 여행한 예수 그리스도를 통하여 만물의 회복이 있다는 것이다. 즉 "만유화해에 대한 희망의 참된 그리스도교적 근거는 십자가의 신학이고, 그 십자가의 신학으로부터 나오는 유일한 실제적 귀결은 모든 사물의 회복이다."513) 이런 점에서 십자가에 달리신 그리스도는 자신을 믿음으로써 구원받을 성도들뿐만이 아니라, 아울러 자신을 거부하여 지옥에서 심판받을 자들의 구원과 행복을 위한 모두의 구원자가 되신다. 여기서 예수 그리스도에 대하여 신앙을 고백하는 믿음을 넘어서는 칭의론의 확대가 일어나는데, 바로 그것은 복수하고 심판하는 그리스도의 의가 아니라 오히려 원수를 사랑하고 공법을 세우며 회복하고 만유를 의롭게 하시는

---

511) 이형기, 『몰트만의 구원론: 그 보편성과 특수성』(서울: 한들출판사, 2020), 256-257.
512) Jürgen Moltmann, 『오시는 하나님: 그리스도교적 종말론』, 395.
513) Jürgen Moltmann, *Das Kommen Gottes: Christliche Eschatologie*, (Gütersloh: Chr. Kaiser, Gütersloher Verlagshaus, 1995), 279.

그리스도의 아버지이신 성부 하나님의 충만한 의다. 지옥의 형벌로부터 회복을 일으키시는 그리스도의 재림을 통하여 이루어질 최후심판은 종말이 아니라 새로운 시작이고, 그것의 목적은 이중심판의 과정을 넘어서 영원한 하나님의 나라를 건설하기 위한 만유의 구원이다. 이런 만유구원을 위한 신적인 근거는 그리스도가 고난과 죽음 속에서 만유를 대신하여 하나님으로부터 저주받고 버림받아 총체적인 지옥을 경험하였다는 것이다. 하나님 없는 세계에 대한 하나님의 현재적 분노와 미래적 분노를 짊어진 그리스도가 경험한 지옥은 특정한 장소가 아니라 죄와 하나님 없는 존재들에 대한 하나님의 분노와 저주를 체험하는 "실존적 경험"이었다고 몰트만은 생각한다.514) 따라서 시편 139편 8절의 "스올에 내 자리를 펼지라도 거기 계십니다."와 마찬가지로 그리스도의 지옥여행의 의미는 인간이 겪는 지옥 같은 경험들 속에 함께 있기 위해서라는 것이다. 고린도후서 5장 21절의 "우리를 대신하여 죄로 삼으신 것"과 갈라디아서 3장 13절의 "그리스도께서 우리를 위하여 저주를 받은바 되사"는 우리의 화해와 우리가 받을 저주를 위하여 고통당하신 그리스도의 지옥여행과 부활을 통하여 성도들과 복음을 거부한 자들이 겪는 지옥의 죽음과 죽음의 독침까지도 해소되었다고 몰트만은 이해한다(고전 15:55-57). 죽음을 겪으신 그리스도가 생명의 하나님에 의하여 사망의 고통에서 풀려나 그것에 매여 있지 않기 때문에, 성도들이 누리는 영생에도 불신자 모두가 죽음의 형벌로부터 해방되어 함께 들어간다는 것이다(행 2:24). 그리스도가 지옥의 고통을 온전히 경험하시고 그 지옥으로부터 나오셨기 때문에 지옥의 문은 활짝 열렸고 그 담은 무너졌으며 그것은 파괴되었다. 그리하여 부활하신 그리스도의 값비싼 은혜는 영생을 누리는 성도들뿐만 아니라 모든 희망이 포기된 미래의 지옥에 처할 불신자들에게도 희망이 된다고 몰트만은 확언한다.515)

그러나 "하나님이 죄를 알지도 못하신 이를 우리를 대신하여 죄로 삼으신 것은 우리로 하여금 그 안에서 하나님의 의가 되게 하려 하심이라."는 고린도후서 5장 21절과, 그리고 "그리스도께서 우리를 위하여

---

514) Jürgen Moltmann, 『오시는 하나님: 그리스도교적 종말론』, 399-400.
515) 위의 책, 401-403.

저주를 받은바 되사 율법의 저주에서 우리를 속량하셨으니 기록된바 나무에 달린 자마다 저주 아래에 있는 자라 하였음이라, 이는 그리스도 예수 안에서 아브라함의 복이 이방인에게 미치게 하고 또 우리로 하여금 믿음으로 말미암아 성령의 약속을 받게 하려 함이라."는 갈라디아서 3장 13-14절과, 그리고 "우리 주 예수 그리스도로 말미암아 우리에게 승리를 주시는 하나님께 감사하노니"라는 고린도전서 15장 57절의 내용은 만인을 위해서 만인에게 적용되는 복음이라고 보기는 어렵다. 왜냐하면 이 구절들에 등장하는 "우리"는 대속적인 고통을 당하신 그리스도를 믿어 그리스도 안에 있는 자들로서 바로 그들이 하나님의 의가 되고 믿음으로 말미암아 성령을 받는 자들이며 예수 그리스도를 주로 고백하여 그리스도가 죽음을 이기고 부활하시어 쟁취한 승리를 전유하는 성도들을 가리키는 것으로서 이해하는 편이 본문의 맥락상 무난하기 때문이다.516) 또한 누가복음 23장 43절의 "오늘 네가 나와 함께 낙원에 있으리라"와, 고린도후서 12장 4절의 "그가 낙원으로 이끌려가서"와, 요한계시록 2장 7절의 "이기는 그에게는 내가 하나님의 낙원에 있는 생명나무의 열매를 주어 먹게 하리라"와, 그리고 디모데후서 4장 18절의 "주께서 나를 모든 악한 일에서 건져내시고 또 그의 천국에 들어가도록 구원하시리니 그에게 영광이 세세무궁토록 있을지어다."는 낙원과 천국의 공간적 실재성을 분명히 증언한다. 따라서 마태복음 10장 2절의 "오직 몸과 영혼을 능히 지옥에 멸하실 수 있는 이를 두려워하라."와 그리고 베드로후서 2장 4절의 "하나님이 범죄한 천사들을 용서하지 아니하시고 지옥에 던져 어두운 구덩이에 두어 심판 때까지 지키게 하셨으며"라는 내용은 지금 여기에서 우리가 겪는 실존적인 경험으로서의 지옥이 아닌 지옥의 공간적 실재성을 분명하게 증언하는 의미로 이해하는 것이 더 타당하다. 몰트만이 주장한 바와 같이 영벌지옥이 그것의 공간성이 부정되는 실존적인 경험뿐이라면, 그가 동시에 주장하는 것처럼 최후심판 후에 모두가 누릴 영생복락의 천국의 공간도 실존적인 경험으로 축소되는 아쉬움으로 남아있게 된다.

---

516) 김도훈, "만유구원론에 대한 비판적 고찰: 몰트만의 만물의 회복에 대한 이론을 중심으로," 94-97.

7. 평가와 결론

창조하신 어느 것도 버리지 않으시는 사랑의 하나님만이 만인을 포함한 만유구원론자라고 말하는 몰트만의 결론적 주장은 만인과 만물까지 더 나아가 사탄 마귀들까지도 구원을 받는다는 희망의 고백으로서 만유구원론이다. 즉 지옥의 가장 낮은 자리까지도 경험하신 예수 그리스도는 심판할 수는 있지만 결코 저주하실 수 없다는 것이다. 종말론적인 최후심판의 의미는 사랑으로 만유를 구원하시는 하나님의 나라이다. 최후심판을 통하여 만물의 회복을 말하는 만유구원론은 고난당한 성도들을 회복시키시는 하나님의 심판과 지옥에서 고통당하는 자들까지도 새로운 생명으로 회복시키시는 하나님의 나라의 완성이다.517) 모든 것이 그리스도 안에서 하나로 통일되는 새로운 시작으로서 하나님이 모든 것의 모든 것 되시는 만유회복을 말하는 김균진이나518) 그리스도의 십자가와 부활을 죄와 죽음과 지옥을 극복하는 능력으로 바라보면서 성도들이 누리는 구원의 특수성이 만인에게 보편적으로 확대되어 적용될 것을 말하는 이형기도519) 몰트만의 만유구원론을 수용하는 것으로 보인다. 그리고 김명용은 몰트만의 만유구원론이 신학적으로 공헌한 점들을 다음과 같이 천명한다. 몰트만의 만유구원론은 바르트의 객관적 화해론이 남긴 커다란 과제를 나름대로 잘 해결하였고, 그리스도의 복음을 듣지 못하고 죽은 사람들에게도 구원의 희망을 개방할 수 있으며, 회복될 만유를 위로하는 기쁨의 복음이고, 가톨릭의 연옥설과는 다른 방식으로 살아있는 자와 죽은 자의 친교의 가능성을 회복시키며, 바르트의 만인화해론을 넘어 만유구원론으로까지 구원의 범위를 확장시키고, 버림받은 십자가에 달리신 그리스도의 죽음과 부활로부터 사랑의 하나님이 만유를 구원하시려는 의지를 파악하였다는 것이다.520) 그리고 인간을 죄와 죽음으로부터 해방하고 온갖 질병과 상처로부터 치유하시는 그리스도의 궁극적인 목적은 만유를 치유하고 회복시키며 새롭게 창조함으로써 영원토

---

517) Jürgen Moltmann, 『오시는 하나님: 그리스도교적 종말론』, 404.
518) 김균진, 『기독교 신학 5』, 478.
519) 이형기, 『몰트만의 구원론: 그 보편성과 특수성』, 318, 324.
520) 김명용, "몰트만의 만유구원론과 구원론의 새로운 지평," 295-297.

록 하나님을 영화롭게 하는 것이라고 말하는 윤철호도 몰트만의 만유구원론을 긍정적으로 평가한다.521) 또한 만인과 만물을 포용하는 사랑의 하나님 나라를 지향하는 만유구원론은 만인과 만물에게도 심지어 원수에게까지도 차별이 없는 사랑을 베푸시는 예수 그리스도의 복음의 통전성을 회복하는 장점이 있다고 이찬석은 말한다.522) 이어서 이찬석은 만유구원론이 주는 선교신학적인 의미를 다음과 같이 제시한다. 선교는 불신자를 향한 하나님의 엄중한 심판에 대한 경고보다는 오히려 하나님의 무한한 사랑을 신뢰하면서 십자가에 달린 예수의 처절한 사랑을 전하는 것이 되어야 하고, 종말론적으로 도래할 구원을 영원한 천국과 지옥으로서 이중심판의 두 결과를 이야기하는 분리적인 구조를 벗어나 통전적인 만유구원론을 지향해야 하며, 그리스도를 믿지 않는 불신자들에게도 개방적인 그리스도교라는 새로운 이미지를 심으며 이루어져야 한다는 것이다.523)

다른 한편으로 상당히 균형감 있게 몰트만의 만유구원론을 취급하는 신옥수는 몰트만의 우주적 종말론의 핵심적인 사상을 하나님과 세계가 페리코레시스적으로 상호내주 하는 하나님의 우주적 쉐키나라고 지적한다. 이를 통하여 하나님은 만유를 자신에게로 인도하여 새롭게 변화시키고 그것을 통해 자신의 무한한 영광을 드러내실 것이다. 이런 점에서 신옥수는 몰트만의 만유구원론이 현재진행형으로 찬성과 반대를 유발시키지만, 그럼에도 불구하고 몰트만의 희망적인 제안은 신선하고도 풍부한 신학적 통찰력을 전 세계의 신학계에 제공한다고 호평한다.524) 이중심판론과 만유구원론의 통전적인 중재를 시도한 최태영은 성서에 명확하게 계시되어 있는 이중심판론을 적극적으로 고백하며 가르치는 동시에, 더 나아가 하나님의 궁극적인 진리로서의 가능성이 있는 만유구원론을 다가올 미래의 희망으로 고백하며 그 희망이 종말론적으로 실현되기를 기도하는 자세가 온전한 신앙생활이라고 생각한다.525) 그러나 전

---

521) 윤철호, "치유적 관점에서 본 몰트만의 구원론," 『敎會와 神學』 78 (2013), 138-140.
522) 이찬석, "몰트만의 만유구원론에 대한 고찰," 『한국조직신학논총』 39 (2014), 303.
523) 이찬석, "몰트만의 만유구원론과 선교," 『한국조직신학논총』 41 (2015), 370.
524) 신옥수, "몰트만의 우주적 종말론," 216.
525) 최태영, "몰트만의 만유구원론에 대한 통전적 이해," 132.

술한 바와 같이 그리스도를 믿지 않는, 즉 믿음이 없는 구원을 수용하는 만유구원론을 배척하는 김영한과 그리스도에 대한 믿음이 없이도 모든 불의한 자들과 사탄까지도 구원받는다는 만유구원론의 성서적 전거들을 그 맥락과 본의에서 날카롭게 비판하는 김도훈은 유명한 신학자 몰트만의 만유구원론을 상당히 회의적인 시각으로 바라본다. 김도훈이 지적하는 만유구원론의 문제점들은 다음과 같다. 즉 몰트만은 믿음과 구원의 관계를 논하면서 인간 편에서 결단하는 믿음을 소홀히 취급하면서 인간을 향한 하나님의 구원의지와 사랑을 지나치게 강조한 나머지 하나님의 다른 속성인 자유와 공의를 균형감 있게 다루지 못했고, 종말론적인 최후심판을 통한 만물의 회복이라는 희망의 고백을 제시하여 종말론적인 구원에 대해 다시 한 번 더 심사숙고하도록 한 것은 분명한 장점이지만 형벌의 지옥을 향한 하나님의 영원한 진노를 충분히 설명하지 못했으며, 영벌을 겪는 지옥도 하나님의 주권이 미치는 통치영역이라는 것과 그 지옥의 실재적인 공간성을 잘 드러내지 못했고, 전반적으로 성서의 저자들, 특히 바울의 의도와 성서본문이 지닌 전후문맥상의 의미를 깊이 고려하지 않고 인용한 본문들에 대해 편파적인 해석을 가하였다는 것이다. 그 무엇보다도 만유구원론에 대한 성서적 증언들이 너무 적다는 것이 몰트만이 주장하는 만유구원론이 지닌 가장 큰 약점이라는 것이다.526)

이런 점들을 고려하여 요약하면, 그리스도를 믿는 성도들은 하나님으로부터 영원 전에 그리스도 안에서 선택된 사람들이며, 그리스도의 저주받은 십자가는 바로 하나님의 영원한 선택의 보증으로 서 있다는 것이다. 그리스도의 구원의 복음을 전하고 하나님의 은혜를 찬양하는 교리가 바로 이중예정론이다.527) 칼뱅의 이중예정론의 목적과 그것에 대한 바르트의 재해석의 의도는 구원하시는 하나님의 절대 주권을 높이고 하나님의 은혜의 영광을 찬양한다는 점에서 일맥상통한다. 하지만 창세전에 작정하신 하나님의 선택과 유기를 말하고 그 유기가 선택받은 자를 구원하시는 하나님의 영광을 드러내는데 봉사한다고 주장하는 칼뱅과

---

526) 김도훈, "만유구원론에 대한 비판적 고찰: 몰트만의 만물의 회복에 대한 이론을 중심으로," 97-100.
527) 김명용, 『칼 바르트의 신학』, 162-174.

예수 그리스도 안에서의 하나님의 은혜로우신 보편선택을 말하는 바르트의 이중예정론의 내용은 서로 다르다. 즉 죄인의 구원에 있어서, 칼뱅은 엄위하신 하나님의 절대 주권의 주도권과 영광을 드높이고, 바르트는 그리스도의 십자가를 통해서 나타난 하나님의 극단적인 사랑과 자비의 주도권을 강조한 것이다. 하지만 칼뱅이 이중예정론에 있어서 창세전에 선택하시는 하나님의 자유로운 주권에 강조점을 두었다면, 바르트는 계시하시는 하나님의 선택과 사랑이 그리스도의 십자가에서 이루어진 객관적 화해에 대한 신앙과 불신앙의 응답여부에 중점을 두었다. 이런 면에서 칼뱅의 이중예정론을 바르트가 하나님의 정의와 사랑의 속성에 더 부합하도록 예수 그리스도 중심적으로 해석함으로써 그것이 야기하는 여러 신학적인 문제를 탁월하게 극복하였다고 평가할 수 있다.

  이로부터 더 나아가 몰트만은 십자가에 달린 그리스도의 계시는 인간만을 구원하는 것이 아니라 그것을 넘어 만유를 구원하고자 하는 하나님의 사랑의 의지의 노출이라고 생각하였다. 바르트의 객관적 화해론이 인간을 향하여 화해하시는 하나님의 사랑에 중점을 두었다면, 몰트만의 만유구원론은 이중심판을 넘어 만물의 회복과 구원을 향한 하나님의 사랑의 십자가를 강조한다. 몰트만은 예수 그리스도의 십자가가 우리로 하여금 미래적으로 도래할 만유의 구원을 희망적으로 기다리게 만드는 능력이고 또한 그것이 성취되기를 바라며 간절한 희망을 고백할 수 있도록 하는 근거라고 여겼다. 그러므로 십자가에 계시된 하나님의 긍휼과 자비 그리고 부활하신 그리스도의 지옥여행은 죽은 자들의 세계에도 복음이 전파되는 것으로까지 확대되고 더 나아가 피조세계 전체로까지 확장된다.528) 그러나 보편적인 선택을 지지하는 만유구원론이 칼뱅이 말한 전통적인 구원론, 즉 이중예정에 따른 이중심판의 두 결과를 소홀히 여겨서는 안 될 것이다.529) 또한 바르트가 말한 것처럼 하나님 편에서 그

---

528) 위의 책, 239-241.
529) 최윤배, "깔뱅의 구원론," 『구원론』(서울: 대한기독교서회, 2015), 154에서 이중심판론을 지지하는 최윤배에 따르면, 칼뱅은 썩지 아니할 부활의 몸으로 변화되는 것을 영화로 파악하고 예수 그리스도의 재림의 때에 일어날 부활과 심판을 영생과 영벌이라는 최후심판의 두 결과로 이해함으로써 그리스도교 초기에 활동했던 알렉산드리아의 오리게네스로부터 오늘의 몰트만에게까지 이어지는 만유구원론(총괄갱신론: *apokatastasis panton*)을 받아들이지 않는다.

리스도의 십자가를 통하여 이루어진 객관적 화해론은 분명히 만인구원론이 아니기에 구원에 있어서 성령의 역사를 통한 성도들의 주관적인 신앙고백의 결단을 포함하고 있음에도 불구하고, 이것을 넘어 그리스도의 십자가의 속죄를 만인구원으로까지 확대한 라너와 구원의 범위를 만유구원론으로까지 확장시킨 몰트만은 자신의 이론을 위하여 이중심판의 결과인 지옥을 만유구원을 위한 일종의 통과하는 과정으로 보면서 양자를 조화시키려고 시도하였다.530) 그러나 이런 만유구원론이 이미 굳게 정형화된 교리나 완성된 결론이라기보다는 몰트만의 희망의 신학의 차원에서 하나님의 종말론적인 구원에 대한 희망의 고백으로서 성도들이 그것을 위하여 소망을 품고 기도해야 할 미래적인 비전으로 머물러 있음을 간과하지 말아야 할 것이다.531)

  이처럼 하나님은 자신으로부터 선택받은 성도들을 넘어 온 세상 전체를 사랑하셨고 세상 전체와 화해하셨다. 그러므로 장차 그리스도 안에서 이루어질 만물의 통일과 그리스도의 십자가의 피로 이룬 만물의 화해를 주장하는 라너와 몰트만의 견해들은, 이중심판의 두 결과로서 영생과 심판의 부활을 말하는 성서의 증언들을 넘어서 희망적인 만유구원의 미래적 전망을 제시한다. 이와 같이 성서 안에는 평행선적으로 펼쳐진 신학적 입장들이 공존하기에 성서를 교리적으로 획일화시키는 것보다, 오히려 성서가 지닌 가능한 다양성을 개방적으로 열어두는 것이 성서를 더욱더 성서답게 한다고 생각한다. 그러나 예수 그리스도의 십자가의 사랑과 생명의 부활을 증언하는 영인 성령의 강력한 역사를 통하여 교회의 현실적인 부흥을 간절히 열망하고 기도하면서 선교지와 목회현장에서 분명한 구원의 진리를 제시하고 하나님의 말씀을 바르게 선포해야만 하는 선교사와 목회자들은 자기 자신들로부터 하나님의 말씀을 듣는 교회의 여린 성도들을 세심하게 고려하지 아니할 수 없다. 사랑의 하나님이 종말론적으로 성취하실 풍성한 구원의 범위를 확대시켜 말하는 만인구원론이나 만유구원론보다, 오히려 요한복음 5장 29절의 "선한 일을 행한 자는 생명의 부활로 악한 일을 행한 자는 심판의 부활로 나오리

---

530) 김명용,『칼 바르트의 신학』, 234-237.
531) 신옥수,『몰트만 신학 새롭게 읽기』, 233-234.

라."에 근거하여 생명의 부활과 심판의 부활을 말하는 이중심판의 두 결과인 천국과 지옥의 복음을 선포하는 것이 교회현장에서 훨씬 더 바람직하다고 여겨진다.

X. 주님이 명하신 목양의 사명을 수행하기 위한 필수조건[532]
-요한복음 21장 15-22절을 중심으로-

요한복음 21장 15-22절: 그들이 조반 먹은 후에 예수께서 시몬 베드로에게 이르시되 요한의 아들 시몬아 네가 이 사람들보다(이것들보다) 나를 더 사랑하느냐 하시니 이르되 주님 그러하나이다 내가 주님을 사랑하는 줄 주님께서 아시나이다 이르시되 내 어린 양을 먹이라 하시고, 또 두 번째 이르시되 요한의 아들 시몬아 네가 나를 사랑하느냐 하시니 이르되 주님 그러하나이다 내가 주님을 사랑하는 줄 주님께서 아시나이다 이르시되 내 양을 치라 하시고, 세 번째 이르시되 요한의 아들 시몬아 네가 나를 사랑하느냐 하시니 주께서 세 번째 네가 나를 사랑하느냐 하시므로 베드로가 근심하여 이르되 주님 모든 것을 아시오매 내가 주님을 사랑하는 줄을 주님께서 아시나이다 예수께서 이르시되 내 양을 먹이라, 내가 진실로 진실로 네게 이르노니 네가 젊어서는 스스로 띠 띠고 원하는 곳으로 다녔거니와 늙어서는 네 팔을 벌리리니 남이 네게 띠 띠우고 원하지 아니하는 곳으로 데려가리라, 이 말씀을 하심은 베드로가 어떠한 죽음으로 하나님께 영광을 돌릴 것을 가리키심이러라 이 말씀을 하시고 베드로에게 이르시되 나를 따르라 하시니, 베드로가 돌이켜 예수께서 사랑하시는 그 제자가 따르는 것을 보니 그는 만찬석에서 예수의 품에 의지하여 주님 주님을 파는 자가 누구오니이까 묻던 자더라, 이에 베드로가 그를 보고 예수께 여짜오되 주님 이 사람은 어떻게 되겠사옵나이까, 예수께서 이르시되 내가 올 때까지 그를 머물게 하고자 할지라도 네게 무슨 상관이냐 너는 나를 따르라 하시더라.[533]

---

532) 이 논문은 김형근, "부활하신 예수께서 위탁하신 목양의 사명을 수행하기 위한 필수조건," 『신학과 문화』 27집 (2023), 51-83에 실린 것이다.
533) 대한성서공회 편, 『개역개정판 성경전서』(서울: 대한성서공회, 2008), 신약전서 185.

1. 서론

어떤 사람들은 신학을 공부하고 나서 하나님의 말씀을 선포하고 성례전을 집전할 자격을 부여받는 목사안수를 받았지만, 부와 권세와 명예를 누리지 못하고 수치와 죽음을 겪어야만 하는 그리스도의 제자로 살아가야 하는 삶이 너무 구질구질하고 싫어서 또는 자신의 행실의 거룩함의 한계를 문제 삼아 "나는 할 수 없어."라고 말하며 그 길을 저버리고 부담 없는 다른 직업을 선택하여 살아가기도 한다.[534] 그리고 신학대학교에서 신학을 전공하여 돈 없고 인기 없는 목사가 되려고 하는 지원자가 점점 줄어들고 있어 교회사역의 현장에서 부족한 일꾼들 때문에 힘들어하고 있는 현실이다.[535] 이처럼 돈도 많이 못 벌고 개인의 자유분방한 삶을 제한당하는 부담스런 목사직의 수행과 진리탐구에 대한 열정을 상실하여 신학도로 지원하는 것을 기피하는 현상들은 우리 주변에서 흔히 목도할 수 있는 교계의 어두운 면들이다. 게다가 서울에서 목회하시는 어떤 담임목사님은 자신이 직접 목회하고 있는 현장인 한국개신교회가 말씀대로 살지 않기에 희망이 없다고 말하기도 한다. 그러므로 이 논문에서 저자는 요한복음 21장 15-22절에 기초하여 어떻게 하면 베드로처럼 한 번 실패한 제자의 삶에 좌절하지 않고, 부활하신 예수 그리스도의 뒤를 소망을 품고 사랑으로 끝까지 따라가 주님의 양을 먹이고 치는 목양의 사명을 수행할 수 있을지를 검토해보려고 한다.

예수 그리스도의 십자가의 고통과 죽음을 통하여 베풀어지는 용서와 사랑은 실패하고 상처받은 우리의 아픈 내면을 치료하는 명약이라고 할 수 있다. 성서는 타락한 인간을 용서하시는 하나님과 그 하나님으로부터 용서받은 인간과의 사이에 기적적으로 일어난 화해를 말해주는 아

---

[534] 본 저자의 장로회신학대학교 신학대학원 입학 동기들 중에서 저자가 아는 몇몇은 여러 가지 이유로 결국 목회의 길을 떠나 다른 직업을 선택하였다.

[535] 본 저자가 근무하는 대전신학대학교 학부 신학과와 신학대학원 지원자가 학령인구의 감소라는 물리적인 측면도 있지만 정원을 채우지 못하고 10년 전부터 계속 감소하는 형세를 보여주고 있다. 이는 대한예수교장로회 통합측 교단 내의 다른 직영 신학대학들도 장신대를 제외하고 이러한 위기에 직면하고 있는 형편이다. 이와 관련하여, 신학대학 경쟁률이 전과 비교하여 낮아지고 있다는 뉴스를 보도한 국민일보 2021.01.20(http://news.kmib.co.kr/article/view.asp?arcid=0924174760).

름다운 진리의 책이라고 할 수 있다. 즉 성서에는 하나님이 사랑으로 인간을 창조하였지만, 하나님의 형상을 잃어버리고 전적으로 타락하여 자기 자신을 스스로 구원하지 못하고 죄의 늪에 빠져 허우적거리는 인간을 용서하고 구원하시는 하나님의 사랑이 잘 나타나 있다. 요한복음 21장에 나타난 예수 그리스도의 아가페적인 사랑과 용서가 배반한 전력으로 인해 의기소침해진 베드로를 북돋우어 세워주는 것처럼, 실패하고 실수하여 넘어진 우리를 다시 굳세게 일으켜 세워준다. 아마도 예수님은 베드로에게 목양의 사명을 위탁하시며 부언하여 다음과 같이 말씀하셨을 것이라고 이하준 목사는 설교한 적이 있다. "괜찮아, 베드로야 넌 앞으로 잘 할 수 있어. 내가 너를 사랑한다. 나의 십자가의 사랑으로 너를 덮는다. 내가 십자가의 고통과 죽음으로 너의 실패와 고통과 탄식을 받아들여 이미 치유하였다. 자, 다시 일어나 함께 걸어가자!"

용서가 상처받은 내면을 치료하는 명약임을 보여주는 어느 예화집의 한 이야기를 소개하면 다음과 같다. 어느 한 여인이 가슴에 원인모를 통증이 발생하여 병원을 찾아가 의사로부터 진찰과 종합검진을 아무리 받아도 그 원인을 뚜렷이 찾아낼 수가 없었다. 그녀는 아이들의 효도와 남편의 사랑을 받으며 남부럽지 않게 살아가는 단란한 가정을 이루었지만 삶이 무너질 정도로 알 수 없는 불안에 지속적으로 시달렸다. 그러던 중에 그녀는 치료받으려고 상담사를 찾아가 상담을 받던 중에 자신의 삶을 힘들게 하는 원인이 바로 지난날 용서하지 못했던 아버지라는 기억의 편린을 보게 되었다. 어린 시절에 그녀는 술중독자였던 아버지가 취하면 집에 돌아와 어머니와 아이들에게 폭력을 행사하는 것을 목도하곤 하였다. 이런 사실을 아는 주변사람들 앞에 스스로 나서기가 부끄러웠고 수치심과 증오에 떨면서 "나는 절대로 아버지를 용서하지 않을 것이다."라고 마음속에 다짐하곤 하였다. 이처럼 마음에 상처를 받아 증오로 얼룩져 있었던 그녀는 어느덧 세월이 흘러 어른이 되어 아이들의 어머니가 되어 있었지만, 꾹꾹 내리눌러 놓았던 증오의 감정이 그녀의 내면 깊은 곳에 독사처럼 도사리고 있었다. 이러한 상한 감정의 독이 그녀의 현재의 삶을 평안하지 못하게 괴롭히고 있었던 것이다. 이를 깨달은 그녀는 눈물을 흘리며 독이 되는 증오라는 감정의 찌꺼기를 버리며 과거의 아버지를 용서하고 마음의 고침을 받아 가정에서나 교회에서 모든 생활이 기쁘고 평안하며 활기차게 변하게 되었다. 이런 점에서 예수 그리스도의 고통스러운 십자가를 통하여 나타난 사랑의 하나님의 용서를 체험하고, 나에게 잘못한 사람에게도 그것을 적용하여 용서하는 일이야말로 증오로 얼룩진 마음의 분노와 그로부터 기인하는 불안을 치료하는 가장 확실한 명약이라고 할 수 있다.

예수 그리스도께서 십자가상의 고통 중에도 자기를 처형하는 자들을 용서하신 것처럼, 예수 그리스도의 십자가와 부활의 복음을 증언하던 스데반 안수집사가 돌에 맞아 죽어가면서 자기를 돌로 치는 자들의 죄를 용서해 달라고 기도한 것처럼, 우리가 우리에게 잘못한 사람을 용서하는 것은 상대방에게 새로운 앞길을 열어주고 우리가 죽음의 어두운 상처로부터 구원받고 부활하는 하나님의 자녀 됨의 정체성을 유지시켜 주는 위대한 승리의 길이다. 여기서 한 걸음 더 나아가 부끄럽고도 죽을만한 죄를 짓고 자책감에 떨다가 용서받고 새로운 삶을 살아간다는 것은, 즉 사랑하고 용서하는 사람의 용서를 겸손하게 감사함으로 받아들이는 것은 사랑을 사랑되게 용서를 용서되게 하는 아름다운 응답이다. 고난으로 점철된 인생길에서 예수 그리스도의 십자가의 고통을 통하여 모두에게 흘러들어가는 하나님의 사랑과 용서를 받아들이는 것이야말로 용서와 사랑에 응답하여 기쁨 속에서 살아갈 수 있는 삶의 비결이다. 그러므로 이미 예수 그리스도의 사랑 안에 받아들여진 자기 자신을 용납하지 못하거나 자기에게 잘못한 사람들을 용서하지 못하는 사람이나 타인이 사랑으로 자신의 잘못을 용서하는데도 그것을 감사함으로 받아들이지 못하는 사람은, 예수 그리스도의 십자가의 사랑과 상관이 없는, 즉 어두움에 속하여 원수 맺고 증오하는 삶을 살아가는 불쌍한 사람들이다.

2. 본문의 정황

이 논문의 논지를 풀어가기 위하여 선택된 본문인 요한복음 21장의 말씀에는 제자를 향한 예수 그리스도의 따뜻한 용서와 사랑이 듬뿍 담겨져 있고, 이런 예수의 용서하시는 사랑에 감격하여 그것을 믿고 받아들여 그 사랑을 따라간 제자 베드로의 이야기가 보도되어 있다.

본문의 분위기는 깊은 침묵과 어둠을 헤치고 붉은 태양이 떠올라 갈릴리 호수의 수면을 비추자 그 햇살에 물결이 잔잔히 부서지는 아침이었다. 이런 여명의 호숫가에서 물고기를 잡는 자들이 있었으니 그들은 바로 예수를 열렬히 추종했던 제자들이었다. 그들은 위대한 스승을 따라가기 위하여 과감하게 포기하고 돌아섰던 옛 생업인 가난한 어부들의 삶으로 다시 되돌아가 고기잡이에 열중하고 있었다. 성육신하시어 하나님 나라를 선포한 예수께서 그 제자들에게 사람을 낚는 어부의 사명을 주었으나, 예수의 십자가 처형을 목도하고 가슴에 품었던 희망이 산산이 깨어져나가는 것을 경험한 베드로는 "나는 물고기 잡으러 가노라."고 말하며 익숙한 옛 직업의 세계로 돌아가 삶의 안전을 도모하고자 하였다. 그러자 베드로와 같이 있던 제자들도 덩달아 그를 따라나섰던 것이다. 그러나 제자들은 예수를 처음 만났을 그때처럼 물고기를 잡지도 못하고 허기진 상태로 밤새도록 그물던지기의 헛수고를 반복하고 있었다. 스승으로부터 자신들에게 위임된 거룩한 선교의 사명보다 물고기를 더 열망하는 제자들은 그들의 헛수고를 조금 떨어진 호숫가에서 안타까운 눈으로 바라보고 계신 부활하신 예수 그리스도를 알아보지 못하고 있었다.

자신의 제자들이 사명을 저버리고 물고기도 잡지 못하고 고생하는 호숫가에 서 계신 예수는 그들이 너무나도 안쓰러워 말씀하시기를, "얘들아 너희에게 고기가 있느냐?"라고 물었는데 그들은 "없습니다."라고 대답하였다. 그러자 예수는 제자들과 자신의 첫 대면한 장면을 연상시키려는 것처럼 "오른편에 그물을 던져라."고 하자 그들은 그 말씀에 순종하여 153마리의 많은 물고기를 잡았다. 이렇게 놀라운 기적이 일어나자 예수의 애제자 요한은 기적을 일으키신 분이 바로 자신을 특별히 사랑하시던 예수님이신 줄 알아보고 베드로에게 "주님이시다!"라고 외쳤다. 이 말을 들은 베드로는 놀랍기도 하고 반갑기도 하여 겉옷을 두르고 바다로 뛰어내렸다. 다른 제자들도 작은 배로 물고기가 들어있는 그물을 끌고 육지에 올라서니, 바로 그곳에서 부활하신 예수께서 숯불 위에 생선과 떡을 굽고 계시다가 "지금 잡은 생선을 좀 가져오라."고 하셨다.

이에 베드로가 그물을 끌어 육지에 올리고 생선을 가져오자 예수께서 제자들에게 와서 조반을 먹으라고 하셨다. 이에 제자들 모두가 부활하신 주님을 알아보게 되었고 호숫가에서 서로 둘러앉아 마주보고 먹게 되었는데 아마도 무거운 침묵이 흐르는 조용한 식사시간이었을 것이다. 왜냐하면 제자들은 전심으로 따랐던 스승의 죽음에 절망하여 이전의 삶의 터전으로 돌아와 있었기 때문에 감히 고개를 들어 예수를 바라보지 못하고 생선과 떡만을 꾸역꾸역 삼키고 있었을 것이다.

그러던 중에 식사하다가 고개를 든 베드로의 죄송스런 눈과 부활하신 예수의 따뜻한 애정이 듬뿍 담긴 눈빛이 서로 마주치게 되었다. 아마도 베드로의 마음속에는 만감이 교차하는 순간이었을 것이다. 주님을 절대적으로 긍정하며 끝까지 따르지 못하였기에 먹고 있던 생선과 떡도 허기진 베드로에게는 풍미를 느끼지 못하는 모래알처럼 입안을 구르고 있었다. 아마도 그런 베드로의 머리를 순간적으로 스치고 지나가는 다음과 같은 여러 생각들이 있었을 것이다. 즉 베드로가 예수와의 첫 만남에서도 물고기를 잡지 못하고 밤새도록 허탕 치다가 "깊은 데로 가서 그물을 내려 고기를 잡으라(눅5:4)."는 예수님의 지시를 따라 물고기를 많이 잡는 기적을 체험하고 놀랐던 일, 그리고 그분의 무릎 아래 엎드리어 "주여 나를 떠나소서 나는 죄인이로소이다(눅5:8)."라고 고백하던 자신의 모습, 사람을 낚는 어부로 불러준 고귀한 사명을 저버리고 결심을 돌이켜 정든 가족의 품과 물고기를 잡는 생업의 현장으로 돌아와 그물을 만지고 있는 자기 자신에 대한 자책감, 자신의 장모의 열병을 고쳐주시던 자상한 예수의 모습, 만신전이 널려있던 가이사랴 빌립보 지방에서 "너희는 나를 누구라 하느냐?(마16:15)"는 예수의 도전적인 질문에 "주는 그리스도시요 살아 계신 하나님의 아들이시니이다(마16:16)."라고 하늘 아버지의 성령에 사로잡혀 신앙 고백하고 인정받았던 반석 같은 믿음, 담대하게 물위를 걷다가 믿음이 흔들리고 의심하여 물속에 빠져가던 자신을 건져주신 강력한 예수의 손, 변화산에서 보았던 예수의 영광스런 모습(막9:29), 모두 주를 버릴지라도 나는 버리지 않고 "주와 함께 죽을지언정 주를 부인하지 않겠나이다(막14:31)."라고 확언하던 자신의 결심이 산산이 무너져버렸음을 깨달았을 때 "오늘 밤 닭 울기 전에 네가 세 번 나를 부인하리라(마26:34)."라고 예언하신 주님의 말씀이 생각나서 땅바닥에 엎드리어 통곡하던 자신의 모습과 같은 것들이 생각났을 것이다.

　　그러나 사회학적인 성서해석을 시도하는 서중석 교수에 따르면, 요한복음서에는 그곳에 등장하는 베드로의 모습을 격하시키려는 요한공동체의 의도가 깃들어 있다. 예를 들어 마가복음 17장 42절은 베드로가 닭이 울자마자 "울었다"라며 말하고 마태복음 26장 75절과 누가복음 22장 62절은 "심히 통곡했다"고 증언하는 반면에, 요한복음 18장 27절은 "이에 베드로가 또 부인하니 곧 닭이 울더라."와 같이 그냥 닭이 울었다고만 보도하며 베드로의 울음과 통곡을 이야기하지 않음으로 공관복음서와는 달리 베드로의 실수를 교정해주지 않고 지나간다는 것이다.536) 이처럼 베드로는 자신이 예수의 제자가 아니라고 강력하게 부인했을 뿐만이 아니라 예수의 십자가 처형장면에도 등장하지 않았으며 예수의 최후의 유언537)도 받지 못했다고 보도하는 요한복음서는 사도의 실제적인 권위가 베드로에게 있지 않고 예수께서 사랑하시던 제자, 즉 애제자 요한에게 있음을 천명한다. 그리고 요한복음서는 베드로보다 요한에게 우위적인 권위를 부여하면서 그는 예수를 부인하지도 않았고 예수가 죽는 곳까지도 동행하였으며 예수를 여전히 사랑했던 애제자로 부각시킨다. 이런 점에서 서중석은 요한복음 21장 15-17절의 예수와 베드로의 사랑의 대화에서도, 예수를 부인하지 않았던 요한이 빠진 것은 예수가 사랑한 애제자 요한이 여전히 예수를 변함없이 사랑하는 제자로 전제되어 있기에 새삼스럽게 주님이 그에게 "나를 사랑하느냐?"고 묻거나 그가 예수를 사랑한다고 고백할 필요가 없었다고 말한다. 이런 맥락에서 예수의 베드로에 대한 세 번에 걸친 질문도 모자란 베드로의 세 번에 걸친 부인을 환기시키고, 더 나아가 예수는 자신이 던지는 아가페적인 사랑의 질문을 베드로가 잘 이해하지 못하자 그 질문의 수준과 기

---

536) 서중석,『복음서해석』(서울: 대한기독교서회, 1992), 253, 271-272.
537) 요한복음 19장 26-27절: "예수께서 자기의 어머니와 **사랑하시는 제자가 곁에 서 있는 것을** 보시고 자기 어머니께 말씀하시되 **여자여 보소서 아들이니이다** 하시고, 또 그 제자에게 이르시되 **보라 네 어머니라** 하신대 그 때부터 그 제자가 자기 집에 모시니라."

대를 친구의 수준으로 낮추기 때문에, 이에 대한 베드로의 사랑의 응답으로 그에게 위임된 목양의 권위조차도 부분적으로는 베드로의 권위를 회복시켜주는 듯도 하지만 또 다른 한편으로는 베드로의 권위를 격하시키고 요한의 권위를 추켜세운다는 것이다.538) 하지만 이 논문에서 저자는 베드로공동체와 요한공동체와의 갈등했던 상황 속에서 베드로가 위임받은 목양의 권위가 온전하지 못한 것이었다 할지라도, 예수께서 사랑고백자 베드로에게 위임하신 목양의 권위를 어느 정도 인정하고, 하나님의 아들 예수 그리스도에게 주옥같은 신앙을 고백하고 인정받았던 반석 베드로가539) 주를 세 번이나 부인함으로써 비록 실패했지만 또다시 주님께 드린 사랑의 고백과 이에 따르는 그의 순종에 집중하여 그것이 사명자의 필수조건임을 말하고자 한다. 다시 말해서, 베드로부터 사랑고백을 받아내는 예수 그리스도의 부드럽게 감싸는 사랑은 베드로에게 목양의 사명과 그 사명을 완수하기 위한 고난의 십자가를 준다는 것이 이 사랑의 대화의 핵심이라 할 수 있다.540)

또한 서중석은, 최후의 편집자가 요한복음 21장을 후대에 변화된 요한공동체의 상황에 맞추어, 즉 애제자 요한이 죽은 후 베드로공동체와의 타협을 위하여 첨가시킨 것으로 말하면서, 이를 통하여 베드로의 권위를 어느 정도 인정하지만 그래도 요한의 권위가 여전히 베드로보다 우위에 있음을 보여준다고 주장한다. 그러면서도 요한복음 1-20장에서 계속적으로 베드로보다 월등히 우월한 권위를 유지하던 요한의 권위를 손상시키는 21장의 베드로에게 목양의 사명을 위임하는 내용이 요한공동체의 내부에 분열을 가져왔고 그 공동체를 와해시켰다고 볼 수도 있지만,541) 김춘기는 요한복음 21장이 후대의 첨가물이 아니라 요한복음

---

538) 서중석, 『복음서해석』, 285-286.
539) 마태복음 16장 15-19절: "이르시되 너희는 나를 누구라 하느냐, 시몬 베드로가 대답하여 이르되 **주는 그리스도시요 살아 계신 하나님의 아들이시니이다**, 예수께서 대답하여 이르시되 바요나 시몬아 네가 복이 있도다 이를 네게 알게 한 이는 혈육이 아니요 하늘에 계신 내 아버지시니라, 또 내가 네게 이르노니 **너는 베드로라 내가 이 반석 위에 내 교회를 세우리니 음부의 권세가 이기지 못하리라**, 내가 천국 열쇠를 네게 주리니 네가 땅에서 무엇이든지 매면 하늘에서도 매일 것이요 네가 땅에서 무엇이든지 풀면 하늘에서도 풀리리라 하시고."
540) William Barclay, *The Gospel of John Vol. II*, 박근용 번역, 『요한복음 하』 (서울: 기독교문사, 1993), 479.

의 서론과 본론과 이어지는 신학적 통일성을 지닌 결론이라고 보며 21장과 1-20장의 신학적인 연속성을 예수의 계시가 지닌 문학적 구성의 차원에서 주장한다. 그러므로 예수의 계시의 과거-현재-미래의 차원에서 예수와 베드로의 사랑의 대화의 사건에서는 예수가 실천했던 목양과 선포의 사역이 베드로와 애제자 요한에게 미래적으로 승계되고 있다고 보아야 한다는 것이다. 이는 부활하신 예수께서 승천하신 이후에도 베드로와 요한이 양들에게 복음을 증언하는 실천적인 사랑의 삶을 통하여 예수의 계시사건은 미래적으로 계속된다는 점을 보여주는 것으로 볼 수도 있다.[542] 이런 점에서 우리는 예수와 베드로의 사랑의 대화를 베드로와 비교하여 요한이 지닌 권위의 우위를 보도하는 것으로 바라보기보다, 오히려 주님이 맡기신 목양의 사명을 수행하는 제자의 차원에서 하나님 아버지의 사랑의 계시자인 주님의 사랑과 그 주님에 대한 사랑이 자연스러운 주제라고 말할 수도 있을 것이다.

3. 본문 분석

예수는 조반을 제공함으로써 육체적으로 허기지고 지친 제자들의 원기를 회복시킨 후에 베드로에게 다음과 같이 세 번이나 거듭하여 질문하시었다. 요한복음 21장 15절의 첫 번째 질문에서, 주님이 베드로에게 "요한의 아들 시몬아 네가 이 사람들보다(τουτων: 투톤: 혹은 이것들보다) 나를 더 사랑하느냐?"고 묻자, 이에 베드로가 "주님 그러하나이다 내가 주님을 사랑하는 줄 주님께서 아시나이다."라고 대답하고, 주님은 그런 베드로에게 "내 어린 양을 먹이라."고 명하신다. 16절의 두 번째 질문에서, 주님이 베드로에게 "요한의 아들 시몬아 네가 나를 사랑하느냐?"라고 재차 질문하자, 베드로가 주님에게 "주님 그러하나이다 내가 주님을 사랑하는 줄 주님께서 아시나이다."라고 응답하고, 주님이 그런 베드로에게 "내 양을 치라."고 또 다시 명하신다. 17절의 세 번째 질문에서, 주님이 베드로에게 세 번이나 반복하여 "요한의 아들 시몬아 네

---

541) 서중석, 『복음서해석』, 287-288.
542) 김춘기, "예수의 계시사건으로 본 요한복음 21장," 계명대학교 대학원, 미간행박사학위논문(2003), 262-265.

가 나를 사랑하느냐?"라고 그의 사랑고백의 진실성을 확인하자, 이에 베드로는 근심하며 모든 것을 아시는 주님의 전지하심에 의지하여 "내가 주님을 사랑하는 줄을 주님께서 아시나이다."라고 호소하며 응답하고, 예수는 그런 사랑의 고백자 베드로에게 "내 양을 먹이라."고 위대한 목양의 사명을 위탁하신다.

이 본문에 등장하는 예수와 베드로 사이에 주고받은 사랑의 대화를 한글성경이 아닌 희랍어 원어성경543)으로 살펴보면 한글로 읽을 때 잘 드러나지 않는 좀 색다른 묘미를 느낄 수 있다. 예수가 베드로에게 아가페의 사랑으로 나를 사랑하느냐(ἀγαπᾷς με: 아가파스 메)고 두 번이나 물으시고, 이에 베드로는 친구의 사랑으로 당신을 사랑합니다(φιλῶ σε: 필로 세)라고 두 번 대답한다. 그러자 세 번째 질문에서 예수는 베드로의 마음에 상응하여 친구의 사랑으로 나를 사랑하느냐(φιλεῖς με: 필레이스 메)고 질문해주시고, 이에 베드로는 한결같이 친구의 사랑으로 주님을 사랑한다(φιλῶ σε: 필로 세)고 대답한다. 즉 주님께서 베드로에게 내가 너를 십자가의 고통으로 사랑하는 만큼 그렇게 아가페의 절대적인 사랑으로 나를 사랑하느냐고 두 번 물으시자, 베드로는 제가 어떻게 주님께서 저를 사랑하시는 만큼 제가 주님을 사랑할 수가 있겠습니까? 주님 저는 그저 친구의 사랑으로 주님을 사랑합니다. 주님께서는 부족한 저를 너무나도 잘 아십니다. 내가 죽어서 남을 살리겠다는 주님의 십자가의 엄청난 사랑만큼 주님을 사랑하지도 못하고 그저 친구의 사랑으로 주님을 사랑할 뿐이라고 베드로는 두 번 대답한다. 그러자 주님께서는 베드로를 향한 세 번째 질문에서 아가페적인 절대의 사랑으로 묻지 않고 베드로의 눈높이에 맞추어 필리아적인 친구의 사랑으로 "나를 사랑하느냐?"고 물으시자 베드로는 근심 중에 "내가 친구의 사랑으로 주님을 사랑합니다."고 대답한다. 김문현 교수는, 이와 같은 예수와 베드로의 필리아적인 친구의 사랑은 친밀한 양자 사이에 더 강화된 큰 사랑을 주고받는 친구관계임을 강조하고, 그런 관계는 결국 베드로 하여금 예수의 어린양들을 사랑으로 목양하게 만들고 더 나아가 자신의

---

543) United Bible Societies, *The Greek New Testament Third Corrected Edition*, Edited by Kurt Aland외 4인, (Swindon: United Bible Societies, 1983), 413-414.

죽음을 통하여 하나님의 영광을 드러내는 드높은 사랑으로 이어진다고 주장한다.544)

앞에서 언급한 바와 같이 질문하시는 주님과 대답하는 베드로 사이에 주고받은 대화를 요약하면 다음과 같다. ① 절대적인 사랑으로 나를 사랑하느냐? 저는 그저 친구의 사랑으로 주님을 사랑합니다. ② 절대적인 사랑으로 나를 사랑하느냐? 저는 그저 친구의 사랑으로 주님을 사랑합니다. ③ 친구의 사랑으로 나를 사랑하느냐? 저는 그저 친구의 사랑으로 주님을 사랑합니다. 이러한 사랑의 문답 속에서 부활하신 주님을 대하는 베드로의 겸손한 마음과 성숙해진 모습을 엿볼 수 있다고 이계준 목사는 설교한 적이 있다. 이전에 예수가 십자가를 지시기전에 제자들을 향하여 "오늘 밤에 너희가 다 나를 버리리라(마26:31)."고 말씀하셨을 때, 이에 베드로는 "모두 주를 버릴지라도 나는 결코 버리지 않겠나이다. 내가 주와 함께 죽을지언정 주를 부인하지 않겠나이다(마26:33, 35)."라고 자신만은 해당사항 없다고 확언한다. 이때 베드로는 나만은 주님의 예고에 해당사항 없고 절대로 그렇게 될 수 없다고 자신만만한 태도를 보여준다. 그러나 이제는 주님께서 "이 사람들보다 더 나를 사랑하느냐?"라고 물으실 때에, 베드로는 "그래도 내가 다른 제자들보다 더욱더 주님을 사랑합니다."라고 우월감을 드러내어 대답하지 않고 "그저 제가 친구의 사랑으로 주님을 사랑하는 것을 주님께서 아시지 않습니까?"라고 대답한다. 여기서 우리는 이전과는 달라진 베드로의 겸손과 조심스럽고 성숙한 인격을 엿보게 된다. 그러므로 주님의 피 흘리신 사랑을 받은 우리도 위임된 목양의 사명을 감당하기 위해서 주님을 믿는 신앙의 년 수가 늘어갈수록 베드로처럼 주님께 겸손한 사랑을 고백하는 사람들이 되어야만 한다. 즉 "주님이 날 사랑하시는 만큼 나는 주님을 사랑하지 못하기에 나는 부족합니다. 나는 심지가 견고하지 못하여 기회주의자처럼 주님을 모른다고 부인하고 나서 바닥에 엎드리어 눈물 흘리며 통곡하는 자입니다. 주님의 절대적인 사랑으로 배반한 저를 감싸 안아주시니 그저 저는 그 사랑을 외면하지 않고 그 사랑에 의지하여 친구

---

544) 김문현, "요한복음 21장 15-23절 내러티브 읽기: 예수와 베드로의 친구관계를 중심으로," 『신약논단』 제23권 23호(2016년 가을), 668.

의 사랑으로 주님을 사랑할 뿐"이라고 대답합니다.

그리고 이 사랑의 대화에서 또 한 가지 주목할 점은 주님이 베드로에게 물으시는 첫 번째 질문, 즉 "요한의 아들 시몬아 네가 '**이 사람들보다 더**'(혹은 '**이것들보다 더**': τουτων: 투톤) 나를 더 사랑하느냐?"에서 비교의 속격 지시대명사(τουτων: these)를 베드로 외에 다른 제자들을 가리키는 '**이 사람들보다 더**'로 읽을 수도 있지만 주변에 있는 배와 그물과 장비와 잡은 물고기와 같은 물건들을 가리키는545) '**이것들보다 더**'로 읽을 수도 있음을 한글성경 본문의 각주는 보여준다. 다시 말해서 그 대명사를 이 사람들보다로 읽으면, 주님을 사랑하는 데 있어서 다른 제자들보다 더 주님을 사랑하는가의 비교우위를 묻는 질문으로 해석된다. 하지만 그 대명사를 이것들보다로 읽으면, 어업의 도구인 배와 그물과 잡은 물고기와 같은 재물보다 주님을 더 사랑하는지를 묻는 질문으로 해석된다. 즉 주님은 생업의 현장으로 돌아간 베드로에게 생계를 보장하는 생업의 도구와 생계를 이어가는 먹을 것보다도 주님을 더 사랑하는가를 질문하고 계신데, 베드로는 이것들보다 더 주님을 사랑한다고 겸손하게 고백하고 있다. 그러므로 우리도 주님 이외의 모든 것들보다 더 주님을 사랑한다고 베드로처럼 떨리는 사랑의 고백을 드릴 때 주님의 어린 양을 먹이라는 목양의 사명을 감당할 수 있다.

이러한 사랑의 문답 이전의 베드로의 제자로서의 삶은 물고기를 잡는 배와 그물을 버려두고 심지어 가족을 떠나 과감하게 사람을 낚는 예수의 제자로 따라나서 열정적으로 주님을 따랐다. 그러나 사랑하는 스승을 위해서 목숨을 버리는 일에는 실패했다. 그리고 주님을 따라나서기 이전의 어부의 모습으로 돌아와 있었다. 그런 그에게 주님은 다른 제자들의 사랑보다도 또한 익숙한 생업과 가족과 목숨보다도 더 나를 사랑하느냐고 세 번이나 묻고 계시기에, 베드로는 주님을 열심히 따라다니던 자신의 모습과 세 번이나 모른다고 부인하던 자신의 모습이 생각났을 것이다. 그래서 베드로는 사랑하는 스승의 고난에 동참하지 못한 사랑의 배신자라는 얼룩진 상처를 가슴에 지니고 있었다. 그러기에 베드로는 근심하며 친구의 사랑으로 주님을 사랑할 뿐이라고 조심스럽게 대답하고

---

545) William Barclay, *The Gospel of John Vol. II*, 477.

있다. 그러나 주님은 그를 향한 무한한 사랑과 자비의 문답으로 자신과 이어진 친밀한 사랑의 관계를 다시 회복시키시고,546) 그를 세 번이나 북돋아주어 목양의 사명을 감당하도록 용기를 주신다. 이 사랑의 대화를 심리학적으로 해석하는 전창희·최주혜 교수에 따르면, 예수가 베드로에게 거듭하여 세 번이나 던진 질문들은 주님께서 잡히시던 밤에 주님을 모른다고 세 번이나 부인한 베드로로 하여금 자신의 무의식 속에 자리 잡은 부정적 에너지에 눌려 지배당하는 자신의 분열된 자아를 똑바로 대면하게 만들고 주님의 사랑 속에서 다시 그것을 치유하여 하나로 통합시킴으로써 능히 목양의 사명을 감당할 수 있게 만드는 중요한 사건이다.547) 이런 점에서 우리는 주님을 전혀 모른다는 모르쇠로 일관하여 살아난 베드로의 목숨까지라도 여전히 주님의 동정어린 사랑 속에 있었던 것이고, 이를 통하여 부활하신 주님의 승천 이후에 있을 성령세례받은 베드로의 복음전도사역을 예비하기 위한 하나님의 사랑의 섭리가 작용하고 있음을 엿볼 수 있다. 여기서 우리는 베드로를 택하여 제자로 삼는 사랑 무한하신 주님이 실수한 그의 과거를 문제 삼아 절연하지 않는 것처럼, 부족한 우리의 실수와 실패도 선용하시어 하나님 나라의 확장을 위하여 사용하신다는 것을 알 수 있다.

　　이러한 베드로의 사랑고백은, "제가 어떤 사람인지 주님이 아시지 않습니까?" 즉 "다른 제자들은 어떨지 몰라도 나만은 주님을 부인하지 않을 것이라고 했지만, 그렇게 하지 못한 것과 목숨까지도 바치며 따라가지 못할망정 심지어 주님을 저주하기까지 한 것을 주님께서 알고 계십니다."라는 의미를 내포하고 있다. "그러니 주님이 절대적인 사랑과 용서로 부족한 저를 인도하여 주십시오!"라고 베드로는 겸손하게 친구의 사랑으로 고백하고 있다고 우리는 짐작할 수 있다. "주님! 주님이 저를 절대적인 사랑으로 사랑하듯이 제가 그렇게 주님을 사랑할 수 있겠습니까?" 다시 말해서 "주님이 변함없는 사랑으로 저를 굳세게 붙들어 주셔야만, 제가 주님의 사랑에서 떨어지지 않고 주님을 일심으로 사랑하여 다시는 부인하거나 배반하고 저주를 일삼아 주님의 사랑을 욕되게 하는

---

546) 곽선희, 『사랑과 진리의 대화: 요한복음 강해 하』 (서울: 도서출판 엠마오, 1993), 428.
547) 전창희·최주혜, "요한복음 21장 1-17절에 나타난 베드로의 무의식," 『신학과 실천』 제49호(2016), 480.

일이 없을 것입니다."라고 베드로는 조용히 자신의 심정을 토로하고 있다. 이런 베드로의 겸손한 심정을 아시는 주님은 두 번째와 세 번째 질문에서 '**이 사람들보다 더**'('**이것들보다 더**')를 생략하시고 간단하게 그저 "나를 사랑하느냐?"라고 물으시고548) 사랑한다고 대답하는 그에게 "내 양을 치라." 하시고, 더 나아가 세 번째 질문에서 주님은 겸비한 베드로의 심정에 상응하시며 네가 친구의 사랑으로 순수하고 단순하게 나를 사랑한다면, 베드로에게 "내 양을 먹이라"고 가장 위대하고 고귀한 목회의 사명을 위탁하신다.

4. 적용

나를 사랑하느냐고 물으시는 주님께서는 자신을 사랑하고 따르는데 실패한 베드로에게 정의로운 질책보다 포근한 용서와 긍휼과 그의 과거를 잊어주는 절대적인 사랑으로 그의 실수를 덮어주며 베드로의 사랑고백의 수준에 자신의 질문의 수준을 상응시키신다. 보통 우리들 같으면 "야! 베드로야 그거 봐라, 내가 뭐라고 그랬느냐, 시험에 들지 않게 깨어 기도하라니까 잠만 자더니, 자기만은 나를 부인하지 않는다고 큰소리치더니, 닭 울기 전에 세 번이나 나를 부인하다 못해 저주까지 하더라, 야! 해도 해도 너무하더라, 깨소금이다! 앞으로 닭소리 생각나서 닭고기는 못 먹겠지!"라고 비난할 수도 있다. 그러나 주님은 이거저거 다 걷어치우시고, 베드로에게 그저 나를 사랑하느냐고 세 번이나 반복하여 묻고 그로부터 세 번의 사랑의 확답을 받아내신다. 이것은 아마도 주님이 세 번이나 주님을 모른다고 부인한 베드로에게 그 쓰라린 아픔의 기억으로부터 벗어나도록 세 번 긍정의 기회를 부여하시는 사랑의 배려라고 할 수 있다. 다시 말해서 세 번의 모른다는 베드로의 부정을 세 번의 사랑한다는 긍정으로 바꾸시는 주님의 사랑은 베드로 하여금 죄책감에서 해방되어 상처가 치유되고 온전하게 목양의 사명을 감당할 수 있도록 적법한 권위와 자격을 갖춘 제자로 선언하시는 주님의 온정어린 배려다. 이는 죄인까지도 사랑하시는 주님의 사랑을 믿고 받아들여 그 주님을

---

548) 이상근, 『신약주해 요한복음』 (대구: 성등사, 1992), 365.

사랑하는 것만이 목양의 길의 첫 출발점이 된다는 것을 우리에게 각인시키는 아름다운 말씀이다. 따라서 질책과 비난과 지적이 아니라 칭찬과 격려와 위로를 주시는 주님의 사랑만이 사람을 변화시키는 참된 능력이고, 나의 교만한 의가 아니라 주님을 믿고 사랑하고 따르는 것만이 주님의 말씀을 전하는 "사명자의 기본조건"[549]이고 목양의 사명을 잘 감당할 수 있는 참된 능력이다.

주님의 부드러운 사랑으로부터 나오는 칭찬과 격려와 위로가 베드로를 사랑고백자로 만들고 사명자로 다시 세운 것처럼, 뜻밖의 사고로 의기소침해진 어느 목사님도 목회를 계속할 수 있도록 세워주었다. 이야기인즉슨, 그 목사님이 담임하는 교회의 여름수련회 도중에 아이들이 익사하는 사고가 발생하였다. 그래서 목사님은 성난 교인들로부터 질책당할 것을 두려워하며 심히 떨고 있었다. 그러나 책임지라고, 살려내라고 소리치는 사람들보다 평소에 조용히 지내던 여성 집사님들 몇 분이 그 목사님을 찾아와 위로하기를, "하나님께서 뜻이 있어 아이들을 데려가셨으니 목사님 너무 상심하지 마세요."라고 두려워서 떠는 목사님의 마음을 위로하고 굳게 붙들어 주었다. 이런 위로를 받은 목사님은 이후에도 포기하지 않고 목회를 계속할 수 있었고 교회를 크게 부흥시키고 아름답게 목회사역을 마칠 수 있었다.

이처럼 질책은 사람을 죽이고 의기소침하게 만들어 그가 가진 능력을 발휘하지 못하게 만들지만, 따뜻한 위로는 사람을 살리고 다시 세워주며 그가 가진 능력을 십분 발휘하게 하는 원동력이다. 사랑이 무한하신 주님은 물고기 잡느라 지치고 허기진 제자들의 배를 채워주시고, 주님을 사랑하고 따르는데 실패하여 쓰라린 상처와 자책감에 빠진 베드로에게 세 번이나 주님을 사랑한다고 고백하게 만들어 그를 치료하며 자신감을 불어넣어 주신다. 그리고 회복된 그에게 목양의 사명을 세 번이나 거듭하여 부탁하시는 지혜로우신 주님이시다. 현명하신 주님은 육체적으로 배고프고 지친 제자들에게 먹을 것을 주시고 영적으로 침체된 제자들을 북돋우어 사명을 부여하신다. 이와 같이 굶주리고 지친 사람에게는 먹을 것과 위로가 최고라고 생각된다. 가정에서도 식구들 중에서

---

549) 곽선희, 『사랑과 진리의 대화: 요한복음 강해 하』, 425.

누가 배고프고 파김치가 되어 있는데, 거기다 대고 뭐라고 말해보아야 돌아오는 대답은 무반응 내지는 "아이 귀찮아 밥 줘!"이다. 배가 고파서 힘이 빠진 사람에게는 밥을 주고 격려하면서 말을 걸어야지 대화가 통하기 시작한다. 그렇지 않으면 짜증을 내게 되고 서로 소통이 잘 안되고 싸움만 하게 된다. 이런 점에서 여러 한국교회의 현실을 바라보며, 평생을 헌신한 원로목사님들이 건강을 유지하며 정상적인 감정선을 가지고 노후에 판단이 흐려지지 않도록 교회의 평화를 위하여 후임 담임목사님들이 선임들에게 온정어린 식사를 자주 대접하고 주님을 섬기는 사랑으로 잘 보살펴드려야만 한다는 생각이 든다. 마찬가지로 원로목사님들도 후임 담임목사님들이 맡겨진 목양의 사명을 잘 감당할 수 있도록 후임들에게 비난과 서운함으로 일관하기보다는 주의 사랑으로 따뜻한 칭찬과 격려와 위로를 아끼지 말아야 한다.

그러므로 우리 주 예수 그리스도께서 위임하신 목양의 사명은 그 일을 위탁하신 주님을 사랑해야만 온전히 감당할 수 있다. 그렇지 않으면 부득이함이나 어쩔 수 없이 하게 되며, 사례비에 집착하게 되고 공로를 인정해 주기를 바라게 되어 목양의 사명을 오래 지속하지 못하게 되는 것을 우리는 주변에서 종종 본다. 따라서 구원이요 생명이고, 사랑이요 소망이며, 참된 기쁨이요 위로이신 예수 그리스도를 사랑해야만 우리 자신을 그리스도의 사랑 속에서 긍정하며 살고 싶고 지혜와 능력도 생기고 자원하는 마음으로 주님의 일을 기쁘게 감당할 수 있다. 목양의 사명을 위임받은 목회자가 사랑하는 성도들을 생각하면서 심방하고 기도하며 연구하고 힘들게 설교를 작성하듯이 오직 주님께로부터 나오는 사랑만이 주의 일을 행할 수 있는 능력이다. 주님의 용서하고 위로하시는 사랑은 베드로뿐만이 아니라 우리에게도 삶의 이유와 목적과 동기를 제공하고 그것을 감당할 수 있는 의지적인 결단과 실천을 불러오는 원천적인 능력이다. 왜냐하면 예수 그리스도를 통하여 하나님의 놀라운 사랑을 체험한 베드로의 사랑고백에 이어서 그에게 따라온 것은 "내 양을 먹이라."는 주님의 당부이며,[550] 이는 베드로가 주님을 사랑한다면 전지

---

[550] 백성민, "요한복음 21:15-17절의 사랑의 의미," 베뢰아국제대학원대학교, 미간행석사학위논문(2006), 71-72.

전능한 주님이 목숨을 버려 사랑하신 어린양들을 돌보고 사랑하라는 실천을 가져오는 명령이기 때문이다.

따라서 배신자를 감싸 안는 참사랑의 실천자 예수 그리스도에 대한 변함없는 사랑만이 목양의 사명을 수행하기 위한 필수조건이고 교회와 세상을 섬기는 봉사자의 마음가짐이라고 베드로의 사랑고백을 통하여 주님은 지금 첫사랑을 잃어버린 우리에게도 말씀하고 계신다. 베드로를 선택하신 주님께서 자신의 일을 위해 일꾼을 불러 사명을 맡기시기 위해서 고려하신 사항은 그의 높은 자질과 젊은 나이와 가문의 재력과 좋은 출신과 인정받는 학벌을 따지지 않고, 베드로에게 질문하신 것처럼 우리에게도 그저 "나를 사랑하느냐?"고 단순하게 묻고 계신다. 비록 베드로는 어부 출신이지만 마음이 순수했고 자기 잘못을 인정하며 부끄러워할 줄 아는 사람이었고 무엇보다도 주님을 사랑하는 사람이었다. 실수했지만 베드로의 깊은 가슴속 중심에는 주님에 대한 변함없는 사랑이 자리 잡고 있었고, 오직 그것만이 그로 하여금 험난한 목양의 길을 포기하지 않고 계속 걸어가 목숨을 바칠 수 있게 만든 원동력이다. 이처럼 주님의 일을 하고 교회봉사를 하고 이웃을 사랑하고 섬기려면 학벌과 능력도 중요하지만 심성이 고와서 주님을 변함없이 더욱 사랑하는 것이 관건이고, 이 사랑만이 주님께서 맡기신 사역을 지속시키고 마지막 순간에도 참고 견디게 만드는 능력이다. 부활하신 예수 그리스도는 당신의 양들에 대한 사랑 때문에 목숨을 버리신 참된 목자로서[551] 베드로와 우리들에게도 목숨을 다하여 그 주님의 양들을 사랑하고 돌보라고 명령하신다.

그러나 연약한 우리가 주님을 사랑하여 그분의 양들을 먹이고 치라는 명령을 받드는 길은 그렇게 쉽지만은 않은 것 같다. 때로는 우리가 사랑하여 성도들에게 모든 것을 다주고도 욕을 먹을 때가 있고, 그들로부터 받는 인간적인 모욕과 멸시가 있으며, 우리 자신을 자기 맘대로

---

[551] 요한복음 10장 11-15절: "나는 선한 목자라 선한 목자는 양들을 위하여 목숨을 버리거니와, 삯꾼은 목자가 아니요 양도 제 양이 아니라 이리가 오는 것을 보면 양을 버리고 달아나나니 이리가 양을 물어 가고 또 헤치느니라. 달아나는 것은 그가 삯꾼인 까닭에 양을 돌보지 아니함이나, 나는 선한 목자라 나는 내 양을 알고 양도 나를 아는 것이, 아버지께서 나를 아시고 내가 아버지를 아는 것 같으니 나는 양을 위하여 목숨을 버리노라."

하고 싶은 자유를 속박하는 구속이 있고, 아무리 설교해도 변하지 않는 사람들에 대한 절망과 분노가 있을 수 있다. 그래서 우리는 때때로 "왜 나에게 이런 일이 있는가?"라고 하나님께 항변하며 부르짖는다. 그러나 그리스도 안에 있는 바울 사도는 성령의 충만함과 하나님의 은혜를 받아 복음전도를 위하여 자신이 받은 고난을 참된 자랑으로 알았고,552) 하나님이 은혜로 허락하신 육체의 가시를 연약한 자신에게 그리스도의 능력이 머무는 비결이고 기쁨이라고 고백하였다.553) 그리고 바울은 하나님의 나라의 확장을 가져오는 은혜의 복음을 증언하라는 주 예수께 받은 사명을 위하여 자신의 목숨조차 조금도 귀한 것으로 생각하지 아니하였다.554)

이와 마찬가지로 사랑의 고백자 베드로도 주님께서 승천하신 이후에 하나님의 성령에 이끌리어 담대하게 주의 십자가에서의 죽으심과 부활의 복음을 전파하다가, 외경 『베드로의 행전』(Acta Petri)에 따른 "쿼바디스"(Quo vadis: Where are you going?)라는 영화에 나오는 장면처럼 베드로는 자신의 종자와 함께 목숨을 부지하려고 그리스도인들을

---

552) 고린도후서 11장 23-30절: "그들이 그리스도의 일꾼이냐 정신없는 말을 하거니와 나는 더욱 그러하도다 내가 수고를 넘치도록 하고 옥에 갇히기도 더 많이 하고 매도 수없이 맞고 여러 번 죽을 뻔하였으니, 유대인들에게 사십에서 하나 감한 매를 다섯 번 맞았으며, 세 번 태장으로 맞고 한 번 돌로 맞고 세 번 파선하고 일주야를 깊은 바다에서 지냈으며, 여러 번 여행하면서 강의 위험과 강도의 위험과 동족의 위험과 이방인의 위험과 시내의 위험과 광야의 위험과 바다의 위험과 거짓 형제 중의 위험을 당하고, 또 수고하며 애쓰고 여러 번 자지 못하고 주리며 목마르고 여러 번 굶고 춥고 헐벗었노라, 이 외의 일은 고사하고 아직도 날마다 내 속에 눌리는 일이 있으니 곧 모든 교회를 위하여 염려하는 것이라, 누가 약하면 내가 약하지 아니하며 누가 실족하게 되면 내가 애타지 아니하더냐, 내가 부득불 자랑할진대 내가 약한 것을 자랑하리라."
553) 고린도후서 12장 7-10절: "여러 계시를 받은 것이 지극히 크므로 너무 자만하지 않게 하시려고 내 육체에 가시 곧 사탄의 사자를 주셨으니 이는 나를 쳐서 너무 자만하지 않게 하려 하심이라, 이것이 내게서 떠나가게 하기 위하여 내가 세 번 주께 간구하였더니, 나에게 이르시기를 내 은혜가 네게 족하도다 이는 내 능력이 약한 데서 온전하여짐이라 하신지라 그러므로 도리어 크게 기뻐함으로 나의 여러 약한 것들에 대하여 자랑하리니 이는 그리스도의 능력이 내게 머물게 하려 함이라, 그러므로 내가 그리스도를 위하여 약한 것들과 능욕과 궁핍과 박해와 곤고를 기뻐하노니 이는 내가 약한 그 때에 강함이라."
554) 사도행전 20장 24절: "내가 달려갈 길과 주 예수께 받은 사명 곧 하나님의 은혜의 복음을 증언하는 일을 마치려 함에는 나의 생명조차 조금도 귀한 것으로 여기지 아니하노라."

박해하는 로마로부터 도망가는 길에서 십자가를 지시고 로마로 가시는 주님을 만났다. 이때 베드로가 주님에게 물은 말이 "주여 어디로 가시나이까?"(Domine Quo vadis?)555)이다. 그러자 주님은 "네가 버린 양들을 위하여 나는 너 대신에 십자가에 못 박히려고 로마로 간다."라고 말씀하셨다. 이 말씀을 들은 베드로는 목양의 사명을 위탁하시던 주님께 드렸던 자신의 사랑고백이 생각나서 노구를 의지하던 지팡이를 그 자리에 꽂고 로마로 발길을 되돌려가서 거꾸로 매달려 죽는 십자가 처형을 받아 순교하였다는 전설이 전해져 온다.556) 요한복음 21장 18-19절의 본문(내가 진실로 진실로 네게 이르노니 네가 젊어서는 스스로 띠 띠고 원하는 곳으로 다녔거니와 늙어서는 네 팔을 벌리리니 남이 네게 띠 띠우고 원하지 아니하는 곳으로 데려가리라, 이 말씀을 하심은 베드로가 어떠한 죽음으로 하나님께 영광을 돌릴 것을 가리키심이러라 이 말씀을 하시고 베드로에게 이르시되 나를 따르라 하시니)이 주후 90년 이후 요한복음의 저자에 의하여 기록될 당시에는 그 이전에, 즉 주후 64년 7월에 이미 순교한 베드로를 염두에 두고 기록된 것이라고 추정할 수 있다.557) 이처럼 베드로는 주님이 사랑하는 양들을 위해서 또 자신이 사랑하는 주님을 위해서 주를 향해 고백한 사랑을 따라 살고 그 사랑이 인도하는 곳으로 끝까지 따라가 거기서 자신의 생을 장렬하게 불살라 마쳤다. 이와 같이 우리도 우리의 사명 받은 생을 마치는 순간까지 그 길을 따라가야만 하겠다.

    사랑으로 생명을 주시는 성령의 능력 안에서 죽음을 이기시고 부활하신 주님께서는 베드로에게 새로운 길을 열어주고 그를 인격적으로 대우해 주며 용기를 주고 사랑해 주신 것 같이, 주님을 사랑하고 따르는 일에 실패하여 낙담한 우리에게도 새로운 용기와 위로를 주며 목양의 사명을 일깨워 주신다. 이런 주님은 지금 이 순간에도 우리에게 나를

---

555) 폴란드의 작가 헨릭 시엔키에비치(Henryk Sienkiewicz, 1846~1916)의 대표소설로 1895년에 발표하였고, 그는 1905년에 폴란드인 최초로 노벨문학상을 수상하였다.
556) https://terms.naver.com/entry.naver?docId=2369239&cid=69168&categoryId=51340, 베드로가 로마로 발길을 돌렸던 이 장소는 "전설에 따르면 Porta San Sebastiano 근처의 아피아 가도(Via Appia)의 도미네 쿠오바디스 성당이 있는 곳이라고 한다."
557) 이상근, 『신약주해 요한복음』, 367.

더 사랑하라고 격려하시며 실패한 우리가 가진 것과 우리에게 남은 것을 인정하시고 그것들이 주님의 일을 위해서 쓰이기를 원하고 계신다. 그런데 우리를 사랑하시는 주님의 영광을 위하여 주님을 사랑하며 목양의 사명을 감당하는 길을 걸어가는 삶은 우리 자신의 감정과 뜻대로가 아니라 주님이 뜻하시는 곳으로 가야만 하는 주의 사랑에 매인 삶인 것이다.558) 우리가 맡은 교회의 사역과 가정에 어려움이 올 때에 그것으로부터 벗어나기 위하여 돌아서서 그곳을 떠나가는 것이 아니라 어려움의 십자가를 짊어지고 눈물로 기도하면서 감당하기를 주님은 원하신다. 주님의 지극한 사랑은 우리에게 회복을 주시고 동시에 사명을 주며 그 사명을 완수하기 위해서 십자가도 허락하신다. 그러나 사랑이 풍성하신 주님은 연약한 우리가 능히 그 십자가를 감당할 수 있도록 사랑으로 굳게 붙들어 주고 견디는 능력을 부어주신다.

    이러한 십자가를 져야만 하는 사랑의 원리를 모르기에, "기쁠 때나 슬플 때나 즐거울 때나 괴로울 때나 건강하거나 병들었을 때에도 사랑하겠느뇨?"와 같은 결혼서약을 하나님과 사람들 앞에서 "예"라고 크게 대답하고도 대한민국의 이혼율이 급증하여 50%에 육박하는 것이다. 우리는 사랑하기 때문에 결혼하지만 여러 가지 어려움이 닥쳐도 변치 않고 사랑하기로 약속하고 결혼하는 것이고 상대방이 실수하거나 실패해도 용서하고 사랑하기로 서약하며 결혼하는 것이다.559) 우리는 상대방을 한계가 있는 우리 자신의 의와 사랑으로 사랑할 수 없지만, 주님이 나를 용서하고 받아들이신 그 무한하신 사랑으로 결혼서약과 의무를 이행할 수 있다. 주님께서 외면하지 않은 십자가의 죽음으로부터 부활하시어 승리하신 것 같이 우리도 주님의 사랑에 의지하여 사랑의 고난을 극복하고 사랑의 승리를 맛볼 수 있다. 주님을 사랑하는 기쁜 마음으로 자원하여 우리가 교회의 사역과 가정의 자질구레한 일들을 참고 감당하다 보면 주님의 사랑이 그곳에 역사하여 어려운 현실을 변화시켜 생명과 희망의 현실이 되게 하신다. 그러므로 우리는 우리에게 맡겨진 목양의

---

558) 마가복음 8장 34절: "무리와 제자들을 불러 이르시되 누구든지 나를 따라오려거든 자기를 부인하고 자기 십자가를 지고 나를 따를 것이니라."
559) Dietrich Bonhoeffer, *Widerstand und Ergebung*, 손규태·정지련 옮김, 『저항과 복종: 옥중서간』 (서울: 대한기독교서회, 2010), 103-111.

사명을 감당하면서 어렵다고 체념하고 절망하여 가만히 그 자리에 주저앉아 있는 것이 아니라 주님의 밝은 사랑으로 그곳의 어두운 현실에 저항하고 버티며 적극적으로 전도하면서 주의 사랑을 전하는 작은 불씨들이 되어야만 한다. 우리는 하나님이나 주변 사람들을 우리 자신의 능력으로 끝까지 사랑할 수 있다는 착각을 버리고, 주님이 지신 십자가의 사랑만이 모든 문제를 해결할 수 있다고 굳게 믿고 그 사랑의 능력에 사로잡혀 묵묵히 자기 십자가를 지고 걸어가다 보면, 주님이 주시는 사랑의 능력이 내 가슴 속에서 샘솟아나 우리와 주변을 포근히 감싸고 주님과의 사랑의 관계가 더 깊어지는 것을 체험할 수 있다.

    이와 비슷한 사랑을 우리는 자연의 세계에서도 찾아볼 수가 있다. 병든 짝을 저버리고 떠날 수 없어 그 곁을 지키다가 함께 얼어 죽은 황새의 거룩한 사랑의 본능을 보면서 상황에 따라 변하는 우리는 숙연해진다. 하물며 새들도 서로 사랑하고 그 곁을 지키다가 죽는데 우리네 사람들은 어떠한가? 우리는 당면한 지긋지긋하게 어려운 현실을 빨리 떠나는 것이 상책이라고 생각한다. 그러나 김규련의 수필에 등장하는 황새들은 조변석개하는 우리의 사랑과는 다른 본능의 모습을 여실히 보여준다. 그 이야기를 약간 편집하고 요약하면 다음과 같다. "경북 영양군 수비면 어느 마을에 뜻밖의 황새 한 쌍이 날아 들어왔다. 우아한 자태를 뽐내는 이 새들은 그것들을 길조로 여기던 마을 사람들에게 무척이나 사랑을 받았다. 낙엽이 질 무렵의 어느 날 아침, 이 마을을 지나가던 밀렵사가 그 황새를 보고 총을 쏘아 황새 한 마리가 피를 철철 흘리며 마른 억새풀 위에 쓰러져 있게 되었다. 다른 한 마리는 어디로 날아갔는지 보이지 않았다. 그리고 어느 정도 시간이 지나 총소리에 놀라 도망갔던 황새가 돌아와 구슬피 우는 소리가 마을 사람들에게 들렸다. 그런 일이 있고 며칠 뒤, 무서리가 몹시 내린 어느 날 아침에 마을 사람들이 그렇게도 알뜰히 보살펴온 그 한 쌍의 황새가 서로 목을 감고 싸늘하게 죽어 있었다. 마을 사람들은 이 슬픈 광경을 보자 숙연해졌다. 그리고 저마다 무엇을 느꼈음인지 착잡한 심정으로 한참이나 말이 없었다. 서로에게 애틋했던 황새들은 인간이 감히 흉내 낼 수 없는 거룩한 본능을 보여준 것이다. 산골의 날씨는 무섭게 추워지는데, 짝을 버리고 혼자 떠날 수 없었던 애절한 황새의 정이 사람들의 가슴에 잔잔한 울림을 주었다. 물론 조류에 따라서는 암수의 애정이 별스러운 녀석들도 있지만, 그것이 모두 그들의 생태이며 본능이라 할 수 있다. 그러나 하찮은 그 본능이 오늘따라 인간의 종교보다 더 거룩하고 예술보다 더 아름답게 느껴지는 것은 무슨 까닭일까?"560)라고 작가는 말한다.

5. 결론

앞서 언급한 황새의 거룩한 본능적 사랑은 사람들에게 긴 여운을 남기며 죽음으로 끝났지만, 죄 많은 인간을 사랑하고자 짊어진 십자가의 고통스러운 죽음을 이기시고 부활하신 예수 그리스도의 인과론을 넘어선 초탈한 사랑은 베드로와 제자들에게 사랑의 위로와 생명의 환희를 제공하고 이미 저지른 실수로부터 다시 일어나 목양의 길을 걸어갈 수 있는 자격과 소망을 주었다. 여전히 주님을 사랑한다고 고백한 베드로가 주의 사랑에 감동되어 목양의 사명에 붙들린 것처럼, 그와 같은 길을 가는 우리에게도 그것은 주의 사랑에 매이는 것이요 어쩌면 이름도 빛도 없이 영광이 가려진 외로운 희생과 죽음의 길이다. 그러나 이 길의 끝에는 비록 얽매였으나 죄와 그 죄의 삯인 사망으로부터 해방된 자유함이 있다. 바로 거기에 하나님의 나라의 도래를 위한 복음전파가 있으며, 하나님의 영광이 드러나고, 영광스런 생명의 부활이 반드시 있을 줄로 우리는 믿는다. 주님의 생명을 살리시는 사랑은 베드로와 제자들을 덮고 오늘 허물 많은 우리를 덮고 온 천지를 덮는다. 그러므로 우리는 힘들어도 이 사랑을 따라가 자신을 죽여야지만 살고 그 길을 걷는 것만이 하나님의 영광을 드러내고 주의 교회를 위하는 것이라면, 우리를 죽기까지 사랑하신 주님을 그 무엇보다도 사랑한다고 고백하며 끝까지 주님을 믿고 따르며 순종해야만 한다. 이것이야말로 부활하신 주님을 따라 그리스도인이 진정으로 영생하는 길이며 최종적으로 승리하는 그리스도인의 행복한 운명이다. 따라서 주님과 베드로의 사랑의 대화를 통해서

---

560) 김규련, 『거룩한 본능』 (서울: 범우사, 2005), 목차의 세 번째 수필 "거룩한 본능"을 참고하라.

나타난 것처럼, 주님의 사랑을 받고 그 사랑에 응답하여 주님의 양을 먹이라는 목양의 사명을 감당할 수 있는 자격은 어엿한 학벌이라기보다는, "너는 나를 사랑하느냐?"는 주님의 질문에 "예! 저는 주님을 다른 사람들보다도 세상의 그 어떤 것보다도 더 주님을 여전히 사랑합니다."라는 순수한 사랑의 고백이고 그 같은 고백이야말로 주님이 위임하신 목양의 사명을 감당하게 하는 능력이요 필수조건이다. 주님을 여전히 사랑하지 않는 사람에게 주님은 목양의 사명을 맡기지 않을 것이고, 주님께로부터 사명을 받은 자가 아닌 사람은 설령 그 사명을 맡았다고 흉내는 낼 수 있으나 끝까지 그 길을 걸어갈 수 없다. 왜냐하면 주님의 사랑을 저버린 자에게는 주님과 주님의 일보다도 다른 것이 더 좋고 즐거우며 훨씬 더 중요하기 때문이다. 그러므로 목양의 사명을 위임받은 사역자는 십자가의 피 흘리신 사랑으로 자신을 사랑하시는 예수 그리스도를 변치 않고 전심으로 믿고 따르며 사랑하는 것이[561] 그의 삶의 선후경중에서 반드시 먼저 해야만 하는 가장 중요한 첫 번째의 일이다(First things first!: 가장 중요한 것부터 먼저 하자!). 그러므로 찬송가 314장이 우리 구주 예수 그리스도에 대한 우리의 뜨거운 신앙고백이 되어야 함은 마땅하다.

내 구주 예수를 더욱 사랑

① 내 구주 예수를 더욱 사랑 엎드려 비는 말 들으소서 내 진정 소원이 내 구주 예수를 더욱 사랑 더욱 사랑

② 이전엔 세상 낙 기뻤어도 지금 내 기쁨은 오직 예수 다만 내 비는 말 내 구주 예수를 더욱 사랑 더욱 사랑

③ 이 세상 떠날 때 찬양하고 숨질 때 하는 말 이것일세 다만 내 비는 말 내 구주 예수를 더욱 사랑 더욱 사랑. -아멘-

---

561) 이종윤, 『요한복음강해 4』 (서울: 필그림출판사, 1995), 454.